생태학적 상상력과 녹색 수사학

우찬제

서강대 국문학과 교수. 문학비평가. 충주에서 태어나 서강대 경제학과를 졸업하고 같은 대학 대학원 국문학과에서 「현대 장편소설의 욕망시학적 연구」로 문학박사 학위를 받았다. 1987년 중앙일보 신춘문예에 평론 「감금의 상상력과 그 소설적 해부학」이 당선되어 비평 활동을 시작했다. 미국 아이오와대학(2004), 캐나다 브리티시콜럼비아대학(2011) 방문교수를 지냈다. 문학비평과 수사학 분야를 연구하며, 『세계의 문학』 『오늘의 소설』 『포에티카』 『HITEL문학관』 편집위원과 『문학과사회』 편집동인을 역임했고, 대산문학상·팔봉비평문학상·김환태평론문학상·소천이헌구비평문학상 등을 수상했다. 저서로 『욕망의 시학』(1993), 『상처와 상징』(1994), 『타자의 목소리—세기말 시간의식과 타자성의 문학』(1996), 『고독한 공생—밀레니엄 시기 소설 담론』(2003), 『텍스트의 수사학』(2005), 『프로테우스의 탈주』(2010), 『불안의 수사학』(2012), 『나무의 수사학』(2018), 『애도의 심연』(2018), 『책의 질문』(2023), 『「난장이가 쏘아올린 작은 공」의 카오스모스 수사학』(2023), 『천의 바람』(2022, 공저), 『어떤 죽음 2』(2023, 공저)와 공역서 『서사학 강의』(2010), 편저 『오정희 깊이 읽기』(2007), 공편저 『한국문학선집: 소설 2』(2007), 『4.19와 모더니티』(2010), 『우리 안의 파시즘 2.0』(2022), 『#생태_시』(2022), 『#생태_소설』(2022) 등이 있다. 최근에는 주로 기후 침묵을 넘어서서 기후 행동으로 나아가기 위한 환경 인문학적 탐문과 실천을 모색하고 있다.

서강학술총서
153

생태학적 상상력과 녹색 수사학

우찬제 지음

서강대학교출판부

서강학술총서 153

생태학적 상상력과 녹색 수사학

초판 1쇄 발행 | 2025년 4월 3일

지 은 이 | 우찬제
발 행 인 | 심종혁
편 집 인 | 하상응
발 행 처 | 서강대학교출판부
등록 번호 | 제2002-000170호

주 소 | 서울특별시 마포구 백범로 35(신수동)
전 화 | (02) 705-8212
팩 스 | (02) 705-8612

ISBN 978-89-7273-402-4 94800
ISBN 978-89-7273-139-9 (세트)

값 33,000원

* '서강학술총서'는 SK SUPEX 기금의 후원으로 제작됩니다.

책머리에

'창백한 푸른 점'(Pale Blue Dot). 1990년 2월 14일 보이저 1호가 찍은 지구 사진을, 우리는 그렇게 부른다. 이 사진을 보고 감명받아 동명의 저서 『창백한 푸른 점』을 지었다는 칼 세이건은 특별한 소회를 다음과 같이 밝힌 바 있다. 이렇게 멀리 떨어져 보노라면 지구는 그다지 특별해 보이지 않지만, 우리 인류에게는 다르다. 지구는 우리의 집이자, 우리 자신이기 때문이다. 천체 우주의 맥락에서 지구와 인간을 숙고하면서, 인간은 더 겸손하게 지구를 아끼며 살아야 한다고 주장한 칼 세이건. 그는 서로에 대한 배려와 상생 의지, 그리고 유일한 삶의 터전인 저 '창백한 푸른 점'을 보존할 책임감을 강조했다.

그런데 매우 유감스럽게도 저 '창백한 푸른 점'이 더욱 창백해지고 악화일로에 있다는 엄연한 현실을 직시하고 숙고해야 하는 상황이다. 세계적인 기후 위기 문제로 온갖 어려움을 겪고 있으며, 많은 생물종이 임계점에 임박한 상태에서 고통받고 기후난민으로 전락할 처지이다. 그런 까닭에 '여섯 번째 대멸종' 담론까지 넘쳐난다. 이 책은 이런 상황에 대한 환경 인문학적 대응의 일환으로 기획되었다. '창백한 푸른 점'이 우리에게 전송되던 무렵을 전후한 시기부터 2020년대까지 한국문학이 '적색'의 지구 환경에 도전하면서 펼친 생태학적 상상력을 '녹색' 수사학으로 풀어보고자 했다.

『생태학적 상상력과 녹색 수사학』은 프롤로그와 본론 3부 14장 및 에필로그로 구성된다. 프롤로그에서는 '창백한 푸른 점'의 지속 가능한 희망을 위한 생태학적 상상력의 문제를 설정한다. 가이아 지구의 지속 가능성을 위한 생태 비평의 방법론적 성찰을 비롯하여, 문학에서 추구하는 생태 윤리와 그 구현을 위한 녹색 수사학에 대한 예비적인 논의를 펼친다.

1부 '생태 위기와 생태 윤리'는 생태 위기 상황에 대응한 문학 상상력과 생태 윤리의 문제를 다룬다. 1장 '생태 위기와 생태 서사'는 코로나19 상황에서 생태 위기의 상상력을 극적으로 묘출한 생태 서사들을 통해 지구의 건강과 인간의 건강이 하나일 수밖에 없는 팬데믹 상황의 생태 윤리를 논의한다. 2장 '하나뿐인 지구에서의 생태 윤리와 그 적들'은 근본적이면서 구체적인 생태 환경 문제의 특성을 밝히고, 생태 환경 문제에 대한 문학적 대응의 양상을 황순원에서 최성각에 이르기까지 여러 작가들의 작품을 통해 일별한 다음 복합오염 문제를 다룬 총람적 생태소설인 우한용의 『생명의 노래』를 비평한다. 3장 '생태학적 무의식과 생태 윤리: 이청준'에서는 이청준 문학에 나타나는 생태 윤리를 '감싸안기', '기다리기', '묻어두기' 등의 맥락에서 논의한다. 4장 '섭생의 정치경제와 생태 윤리'에서는 먹고사는 문제의 정치경제학과 생태비평의 맥락을 설정한 다음 이동하의 『장난감 도시』, 조세희의 『난장이가 쏘아올린 작은 공』, 한강의 『채식주의자』에 나타난 섭생의 생태 윤리를 분석한다. 5장 "쓰레기-치유'를 위한 생태 윤리'에서는 현대 생산 문명의 어두운 그림자인 쓰레기의 문제를 다룬 문학 작품들을 다루면서, 쓰레기를 통한 대지 공동체의 치유 가능성을 모색한다.

Ⅱ부 '반생태시대의 생태시학'은 생태학적 동일성이 훼손된 반생태시대를 비판적으로 거스르면서 생태시를 창작한 대표적인 시인들의 생태시학을 논의한 부분이다. 6장 '생태학적 동일성에 대한 시적 몽상'은 Ⅱ부의 문제 설정을 보여주는 도입부이다. 7장 '문명 비판과 환멸의 생태시학: 최승호'에서는 그로테스크한 공장지대와 세속도시를 가로지르며 환멸의 파토스를 통해 역설적으로 생태학적 동일성을 추구하는 최승호의 생태시학을 살핀다. 8장 '생명의 연대와 만공(滿空)의 생태시학: 김지하'에서는 정치적 포에지에서 생태학적 상상력의 바다로 변화된 김지하의 시적 역정을 살피면서, 시인이 가여운 생명에 보내는 연민의 비장미를 수사학적으로 성찰한다. 9장 '가이아 명상과 황홀경의 생태시학: 정현종'에서는 대지 공동체의 뭇 구성원들에게 하염없이 교감하며 생명의 구경(究竟)을 탐색하고 생명의 황홀경을 해학적으로 노래하는 정현종의 생태시학을 조명한다. 10장 '오랑우탄-시인과 야생의 생태시학: 최계선'에서는 야생의 상상력을 통해 절멸 위기의 지구 공동체를 살리고자 하는 생태시의 특성을 비평한다.

Ⅲ부 "푸른 광장'과 녹색 수사학'에서는 녹색 수사학의 지평을 더욱 심화한다. 11장 '포괄의 언어와 복합성의 생태학—이문구의 『관촌수필』'에서는 『관촌수필』을 대상으로 생태 언어와 생태 서사의 특성 및 융섭(融攝)의 감각과 복합성의 생태학 등을 논의한다. 12장 '슬픔의 사회생태학과 신명의 미학성: 신경림'에서는 신경림 시에 나타나는 역설적 발견과 사회 생태학적 상상력 등을 비평한다. 13장 '유기적 순환과 무위(無爲)의 이삭: 이상인'에서는 이상인 시에 나타나는 생태학적 상상력과 녹색 수사학을 살피면서 특히 노자가 『도덕경』에서 강조한 '무위'을 생태학적으로 실천하면서 유기적 상호작용으로 빚어내는 상상력의 특성을 해명한다. 14장 "푸른 광장'을 응시하는 녹색 수사학'에서는 분단 환경과 경계선의 생태학적 상상력을 보이는 세 작품을 비교 분석한다. 냉전시대를 비판하면서 푸른 광장을 탐문하고자 했던 최인훈의 『광장』과 탈냉전시대에 냉전의 비극적 조건을 재성찰한 박상연의 『DMZ』, 디지털 시대의 현실과 가상현실 사이의 경계 생태를 다룬 강희진의 『유령』 등이 그 셋이다.

'에필로그: 대전환의 상상력과 녹색 수사학'에서는 생태 환경 문제를 다룬 작품들의 생태학적 상상력의 공분모로 '대전환의 상상력'을 주목하여 심화된 논의를 한 다음, 지속 가능한 희망을 위한 녹색 수사학을 전망하는 것으로 마무리한다.

이 책이 시작된 것은 1991년 이남호·김원중 선생님과 함께 「환경문제와 문학」을 연구하고 발표했던 때로 거슬러 올라간다. 1980년대 민족 문제와 계급 문제와 관련한 다양한 논의들이 격렬하게 전개될 때, 막연하게나마 그 모든 것을 포괄할 문제 설정이 바로 생태 환경 어젠다가 아닐까, 뭔가 근본적인 패러다임 전환이 있어야 하지 않을까 고민했었다. 그러다가 두 분과 공동연구를 하게 되었고, 이후 '문학과환경학회'를 함께 하며 다각적인 연구를 이어 왔다. 그 결과가 이 책 『생태학적 상상력과 녹색 수사학』과 근간 예정인 『기후 정의와 생태 비평』이다. 이 자리를 빌어 두 분을 비롯해 학회에서 많은 가르침을 주신 신문수 · 김용민 · 정연정 · 신두호 · 이혜원 선생님 등 여러분께 심심한 감사의 인사를 올린다. 이 책을 준비하는 오랜 시간 동안 성원과 지지를 보내준 가족에게도 기꺼운 사의를 전한다. 특히 이 책에는 사랑스러운 딸 채원과 그 미래 세대들이 지속 가능한 희망을 열어갈 수 있기를 바라는 간절한 마음이 담겨 있다. 이 책을 출간해주신 서강대학교출판부의 하상응 출판부장님과 '서강학술총서' 기획위원님들과 허도경 연구원님, 품격 높은 책의 제작을 위해 헌신해주신 '서강하우'의 박민우 대표님과 김영주 팀장님의 노고에도 진심으로 감사드린다.

2025년 1월 11일

심우정(尋牛亭)에서

우찬제

목 차

1. 지속 가능한 삶, 지속 가능한 희망

20세기에 가장 큰 영향력을 미친 생태학의 고전으로 꼽히는 레이첼 카슨(1907~1964)의 『침묵의 봄』(1962)의 첫 장은 '내일을 위한 우화'로 문을 연다. "미국 대륙 한가운데쯤 모든 생물체가 환경과 조화를 이루며 살아가는 마을이" 있었는데, "어느 날 낯선 병이 이 지역을 뒤덮어버리더니 모든 것이 변하기 시작"했다는 것이다. "어떤 사악한 마술의 주문이 마을을 덮친 듯" 닭과 소와 양떼들이 이상한 질병에 걸려 시름시름 앓다가 죽어간다. "원인을 알 수 없는 갑작스러운 죽음이 곳곳에서 보고"되었고, 그에 따라 아침저녁으로 지저귀던 새들도 사라졌다. 새들의 합창이 그친 들판과 숲은 침묵만이 감돌았다. 시냇물마저 생명력을 잃어 물고기들이 사라졌기에 찾아오는 낚시꾼도 없게 되었다. 그런 '침묵의 봄' 현상을 우화처럼 보고한 다음 저자는 이렇게 논평한다. "이렇듯 세상은 비탄에 잠겼다. 그러나 이 땅에 새로운 생명 탄생을 가로막은 것은 사악한 마술도, 악독한 적의 공격도 아니었다. 사람들이 스스로 저지른 일이었다."[1] 두루 아는 것처럼 『침묵의 봄』은 이런 논평의 근거를 밝히는 과정으로 진행된다. 그리고 '침묵의 봄'에 대한 우려와 불안과 공포는 1962년에 그치지 않았다. 그치기는 커녕 계속 이어지며 점점 증폭되는 경향을 보였다. 한국의 법정(法頂)도 그랬다.

> 우리 곁에서 새 소리가 사라져버린다면 우리들의 삶은 얼마나 팍팍하고 메마를 것인가. 새 소리는 단순한 자연의 소리가 아니라 생명이 살아서 약동하는 소리를 자연이 들려주는 아름다운 음악이다. 그런데 이 새 소리가 점점 우리 곁에서 사라져가고 있다. 안타까운 일이다.
>
> 어린 참새며 까치며 희귀 조류까지 사람의 손에 잡혀 먹히고, 독한 농약으로 인해 논밭이나 숲에서 새들이 무참히 죽어가고 있다. 그리고 극심한 대기오염 때문에 텃새와 철새들도 이 땅을 꺼리고 있다.
>
> 새가 깃들지 않는 숲을 생각해 보라. 그건 이미 살아있는 숲일 수 없다. 마찬가지로 자연의 생기와 그 화음을 대할 수 없을 때, 인간의 삶 또한 크게 병든 거나 다름이 없다.[2]

숲에서 새들이 연출하는 오케스트라를 들을 수 없을 때, 그 숲의 침묵을 안타까워하는 이가 법정이나 레이첼 카슨에서 그칠 리 만무하다. 작가 이청준 역시 "높고 울창한 나무 가지 속에 갖가지 새들이

1 레이첼 카슨, 『침묵의 봄』, 김은령 옮김, 에코리브르, 2011, p. 27.

2 법정, 「새들이 떠나간 숲은」, 김욱동 엮음, 『녹색경전』, 범우사, 2001, p. 44.

날아들어 그 낭자한 노래 소리로 하여 나무와 새가 하나의 삶으로 어우러져 합창을 하는 그런 사랑의 나무", 바로 그것이 소설로 꿈꿀 수 있는 "가장 아름답고 힘찬 생명과 삶의 나무, 혹은 자유와 사랑의 빛의 나무"[3]라고 언급한 적이 있다. 레이첼 카슨에서 이청준에 이르기까지 여러 논자가 성찰하는 새들의 침묵 상태, 달리 말해 지속 가능하지 않은 새들의 합창 문제를 성찰하다 보면 자연스럽게 J. E. 러브록의 '가이아' 가설이 떠오른다. "바이러스로부터 고래에 이르기까지, 참나무로부터 조류(algae)에 이르기까지 지구의 모든 생물은 하나의 살아 있는 실체를 구성한다고 할 수 있으며, 이 실체는 자신의 전반적인 필요에 적합하도록 지구 대기권을 조작할 수 있고 또 실체의 구성원들 각자가 갖는 능력의 합보다 훨씬 거대한 힘을 발휘한다고 하는 가설 [···] 지구 대기권이 지표면의 생물들, 즉 생물권에 의해서 능동적으로 유지되고 조절된다는 가설"[4] 말이다. 러브록은 그리스 신화에서 가이아 여신의 뮈토스를 과학적으로 논의하며 가이아와 공존하고 공생하는 '지구 살이'를 강조한다. 그는 "지구의 생물권(biosphere), 대기권(atmosphere), 대양(ocean), 그리고 토양(soil)까지를 포함하는 하나의 복합적인 실체(complex entity)로" 정의되는 가이아를, "지구상의 모든 생물을 위하여 스스로 적당한 물리적 화학적 환경을 조성할 수 있도록 피드백(feedback) 장치나 사이버네틱 시스템(cybernetic system)을 구

3 이청준, 「존재적 언어와 관계적 언어 사이에서」, 『말없음표의 속말들』, 나남, 1985, pp. 142~143.

4 J. E. 러브록, 『가이아: 생명체로서의 지구』, 홍욱희 옮김, 범양사출판부, 1990, p. 31.

성한 총합체"라고 말한다. 이 복합적 실체는 능동적 자기 조절을 통해 비교적 균일한 생태를 유지하려는 '항상성(homeostasis)'을 견지하려는 경향이 있는데, 만약 가이아의 일부인 인간과 가이아 사이의 힘의 균형이 깨어지면 중대한 문제가 생길 수 있다고 논의한다.[5] 지구 전체가 "하나의 조화로운 시스템"이며, 지구에 존재하는 크고 작은 모든 피조물과 인간은 가이아의 일부라는 것, 그러므로 다른 종(種)에 대한 생명다양성을 존중하고, 인간이 "제아무리 현대 과학 기술로 튼튼히 무장하고 있다고 하더라도 단순히 가이아의 한 부분에 불과"[6]하다는 가이아 윤리를 내세운다.

이런 가이아 윤리, 혹은 생태 윤리는 어쩌면 오래된 진실에 값한다. 자연을 보라. 그리고 자연이 가르치는 길을 따라가라. 자연으로 돌아가라, 라고 설파했던 사회철학자는 J. J. 루소의 견해를 우리는 잘 알고 있다. 그가 보기에 자연 상태에 충실한 것이 가장 바람직한 삶의 모습이었다. 그런데 사람들은 자연 상태를 거스르고 파괴하면서 도시를 세우고 문명을 일구며 역사를 기록해 왔다. 루소는 이런 흐름에 강력한 제동을 걸고자 했던 사상가였다. 이기적이고 파괴적인 인공 의지를 버리고 자연 상태의 일반 의사를 추구할 것을 강조했다. 자연 상태를 존중했던 이가 어디 루소뿐이랴. R. 타고르는 "우리를 둘러싸고 있는 이 대자연은 생명의 샘"이라고 갈파했으며, 괴테는 『파우스트』에서 "영원한 것은 저 생명 나무의 녹색뿐"이라고 했다. 이런 상

5 앞의 책, pp. 34~35.

6 앞의 책, p. 201.

상력은 동서고금을 막론하고 매우 많다. 어쩌면 생명의 나무와 생명의 샘이 어우러진 자연의 속삭임에 귀를 기울이자는 상상력은 인류의 집단무의식의 심연에 닿아 있는 것인지도 모른다.

그럼에도 근대 이후 사람들은 그런 자연의 속삭임에 귀를 기울이기는커녕 그것을 훼절시키기에 급급했다. 산업화 이래의 도시 문명의 역사는 곧 반자연의 역사였다. 이런 사태를 일찌감치 간파한 간디는 서구식 산업주의가 머잖아 인류 모두에게 최악의 저주가 될 것이라고 경고했던 것이다. 그의 예언적 경고는 이제 예언이 아니고 현실이 되었다. 앞에서 언급한 러브록이『가이아』에서 강조한 공존과 공생의 윤리, 그러니까 인간이 다른 생명이나 존재들과의 공생과 연대를 통해서만이 제대로 생존할 수 있다는 생각을 저버리고, 비영성적이고 폭력적인 기술문명을 성장시킨 결과인 셈이다. 인류는 반생태적인 인간의 생산과 소비 시스템을 비판한 간디의 경고를 좀 일찍 경청했어야 했다. 또 있다. 전통적으로 살아오던 인디언 부족의 땅을 팔라는 미국 대통령의 제안에 응답한 두아미쉬-수쿠아미쉬족의 추장 시애틀의 저 유명한「어떻게 땅의 온기를 팔 수 있다는 말인가」라는 연설에 귀 기울였어야 했다.

그는 “워싱턴의 대추장이 우리 땅을 사고 싶다는 말을 전해왔”는데, “어찌 하늘과 땅의 온기를 사고팔 수 있소?”라며 그 발상부터 생소하다고 말한다. “신선한 공기와 반짝이는 물은 우리의 소유물이 아닌데 어찌 그것을 사겠다는 것이”냐고 묻는다. 일찍부터 “이 땅의 한 자락 한 자락을 신성하게” 여겼던 그의 종족에게는 “윤기 나는 솔잎이며 모래 쌓인 기슭이며 짙은 숲에 내리는 안개며 숲속의 빈터며 세차게 날갯짓하는 벌레며" 모든 것이 하나같이 성스럽다고 말한다. 그리고 그렇게 성스럽게 여기는 "우리 홍인(紅人)의 기억을 간직한" 수액이 나무속을 타고 흐른다고 말한다. 그들의 정서와 기억은 그들만의 것이 아니라 자연의 나무와 공유하고 공감하고 공생하는 어떤 것이라는 인식이다. 그런 까닭에 이런 생각에 이를 수 있다. "우리는 대지의 일부이며 대지 또한 우리의 일부요." 그렇게 생각하는 추장과 그 종족에게 땅을 사겠다는 워싱턴의 대추장의 말은 "우리에게 거의 전부를 달라는 말과 다를 바 없"다는 것이다. 땅을 사겠다면서 워싱턴의 대추장은, 이 종족들이 편히 살 수 있도록 따로 장소를 마련하는 하는 등 여러 배려를 아끼지 않겠다고 말했지만, 그래도 쉬운 일이 아닌 것은 "이 땅을 신성하게 여기는 까닭"이다.

시애틀 추장의 연설은 계속해서 자연과 생명에 대한 자기 종족의 사유와 감각을 되뇌면서 워싱턴의 대추장에게 '만약' 그런 자기네 땅을 사게 된다면 이런 것을 기억하고 지켜달라는 말로 이어진다. "반짝이며 흐르는 개울과 강은 그저 물이 아니라 우리 조상의 피"이므로, "이 땅의 신성함을 반드시 기억"하여, "당신의 아이들에게 반드시 이 땅의 신성함을 가르치고, 맑은 호수에 신령하게 비치는 모습 하나하나가 우리 종족의 삶에 깃든 사건이며 기억임을 가르쳐야" 한다고 호소한다. 또 "물이 흐르는 소리는 곧 할아버지가 내는 목소리"일 뿐만 아니라, "강은 마른 목을 축여주는 우리 형제"이니 "우리가 당신에게 이 땅을 팔게 되면 강은 우리의 형제이자 당신의 형제임을 반드시 기억하고 아이들에게 가르쳐야" 한다는 것, "당신이 형제에게 베풀듯 반드시 계속해서 강에 친절을 베풀어야" 한다는 것을 강조한다. '땅'과 '강'에 이어 '공기'에로 이른다. "만물이 같은 숨을 나누는 까닭"에, 그러니까 "짐승이며 나무며 사람이며 모두가 같은 숨을 나누"는 까닭에, "공기는 우리 홍인에게 매우 귀중한 것"인데, "백인은 자신이 들이쉬는 공기를 의식하지 않는 것 같"다고 지적한다. 그러면서 자기 종족이 제안을 받아들일 경우 조건이 있다고 말한다. 땅과 강과 공기와 더불어 함께 사는 동물에 대한 관심을 표명한다. "반드시 이 땅의 짐승을 형제처럼 대해야" 한다는 것이다. "짐승이 없다면 무슨 의미가 있겠소? 이 많은 짐승이 사라지면 인간은 크나큰 고독에 빠져 죽고 말 것입니다." 그러면서 매우 중요한 대자연의 진리를 전한다. "짐승에게 어떤 일이 벌어지든 그 일은 머지않아 인간에게도 벌어"질 것인데, 왜냐하면 "만물이 서로 이어져 있는 까닭"이다. 만물이 서로 이어지고 연결되어 있다는 이 생각은 '공생'(Symbiosis)의 오래된 감각을 환기한다.[7] 또 시애틀 추장은 "당신들 발아래 이 땅이 우리 조상의 유골임을 아이들에게 반드시 가르"치고, "우리 친족의 생명으로 대지가 풍요로워짐을 당신의 아이들에게 일러주어 이 땅을 존중하게" 할 것을, 그리고 "대지는 우리 어머니임을 당신의 아이들에게 가르"칠 것을 절절하

7 『생태학개념어사전』에서 어니스트 칼렌바크는 이렇게 '공생'을 정리한 바 있다. "엄밀히 말해서 완전히 개별적인 생명체는 존재하지 않는다. 생태학적 맥락에서 혼자 고립된 채 살아가는 생명체는 없다. 상호의존성은 유전자 수준에까지 작용하고 있다. 평범한 것에서부터 특이한 것에 이르기까지 공생 관계는 생명체가 생존하고 공존하는 보편적인 방식이다."(어니스트 칼렌바크, 『생태학개념어사전』, 노태복 옮김, 에코리브르, 2009, p. 38.

게 당부한다.

> 우리는 압니다. 이 땅은 인간의 소유물이 아니라 오히려 인간이 이 땅의 소유물입니다. 우리는 압니다. 가족이 한 핏줄로 묶이듯 만물은 하나로 이어져 있습니다.
>
> 대지에 무슨 일이 닥치든 그것은 대지의 자식에게 닥치는 법이오. 생명의 그물을 엮는 것은 인간이 아니오. 인간은 그저 생명의 그물에서 한 가닥일 뿐입니다. 인간이 생명의 그물에 무엇을 행하든 그것은 곧 자기 자신에게 행하는 것입니다. …
>
> 그러므로 당신에게 우리 땅을 팔게 되면, 우리가 이 땅을 사랑하듯 당신도 사랑하십시오. 우리가 이 땅을 보살피듯 당신도 보살피십시오. 당신의 땅이 되어도 이 땅에 깃든 기억을 그대로 마음에 새겨두십시오. 그리고 온 힘과 정신과 온 마음을 다해 이 땅을 지켜 당신의 아이들에게 전하고 이 땅을 사랑해주십시오.…[8]

'생명의 그물'에 대한 전체적 성찰이 돋보이는 연설이 아닐 수 없다. 땅의 흙과 강의 물, 공중의 공기, 그리고 땅과 숲에 공생하는 동물들에 이르기까지 생명권 전체에 대한 자연스러운 성찰은 생태학적

---

8 시애틀, 「어떻게 땅의 온기를 팔 수 있다는 말인가」, 조애나 메이시·몰리 영 브라운, 『생명으로 돌아가기: 기후위기 시대 거대한 전환을 위한 안내서』, 이은주 옮김, 모과나무, 2020, pp. 528~530. 지금은 시애틀이라고 알려진 세알트Sealth 추장이 1854년, 미국 북서부 태평양 연안에서 열린 부족 집회에서 두와미시Duwamish족 언어로 연설했을 때, 헨리 스미스(Henry Smith) 박사가 혼자 서둘러 받아적은 기록이 남아 있었는데, 1970년에 시나리오 작가 테드 페리Ted Perry가 스미스 박사의 메모를 참고하여 재현한 것이라고 한다. 이것을 재연결을 위한 실습 프로그램에 맞게 요약한 것이라고 『생명으로 돌아가기』의 저자들은 적었다.

진실의 자리를 알게 한다. 그럼에도 시애틀 추장의 간절한 호소와 당부는 현실에서 소수자의 목소리로 밀려나고 만다. 자연을 저렴하게 이용하고, 최소의 비용으로 최대의 이윤을 추구하려는 경제 논리, 혹은 약육강식의 논리에 기초한 경쟁력의 문제가 전지구적으로 험하게 관철되는 경향을 보였기 때문이다. 이때 문제는 끊임없이 생태적인 위기를 조장하고 있으면서도 그 위기에 대해 책임지려 하지 않는다는 점이다. 이런 현실에 대한 반동으로 요즘 들어 폭넓게 환기되고 있는 것이 바로 생태학적 관심이다. 근대 이후의 인간중심주의, 그리고 경제주의, 기술주의 혹은 계량주의에 입각했던 기존의 지배적인 사유 체계에 대한 반명제적 성격을 생태학적 사고는 담고 있다. 방금 반명제라고 쓴 것은 현단계의 사정을 드러내기 위한 불가피한 선택이었다. 왜냐하면 생태학적 사유는 최근의 사회경제적 현상의 모순적 성격에서 도출된 것이 아니기 때문이다. 아마도 태초 이래 줄곧 아주 근본적인 사유방식의 하나로 지속되어 왔던 것이 바로 생태학적 사유일 터이다. 물론 역사적으로 생태적 관심이나 사유는 늘 신중심주의나 인간중심주의, 혹은 경제 중심주의 등 지배적 담론의 뒤안길에서 가늘고 긴 그림자만을 드리우고 있는 형국이었다. 이제 그 뒤안길의 사유가 본격적으로 제 모습을 드러내려고 하고 있다. 자체 내의 오랜 역사적 성격 때문에 가장 보수적이면서도, 우리 시대의 전지구적 위기 상황에 대한 포괄적인 '대전환'의 대안명제를 모색하고 종합하려는 야심만만한 영역이라는 점에서 가장 진보적인 사유 영역이 바로 생태학이다. 인간을 포함한 지구–가이아의 지속 가능한 삶을 위한 지속 가능한 희망을 추구하는 것, 그것이야말로 생태 환경을 숙고하는 환경 인문학의 오래된 미래이다.

2. 심층 생태학과 생태 비평

앞에서 살핀 것처럼, 땅이나 흙에 대한 인간의 애착은 아주 오래된 것이다. 아마도 인류의 탄생과 더불어 비롯된 정서가 아닐까. 땅에의 애착과 흙과의 교감으로 인간은 생명을 낳고 생명을 살려왔다. 물론 근대 이후 땅이나 흙 혹은 자연은 정복이나 소유의 대상으로 급격하게 변질되었다. 요즘 생태 환경 문제가 특히 문제되는 것도 따지고 보면, 자연에 대한 인간의 태도 변화에 기인한 것이다. 이른바 근대화라는 패러다임에 따라 자연을 정복하고 소유하려 했던 인간 일반에 대한, 자연의 자연스러운(?) 반역처럼 보인다. 인간이 가이아 지구의 한 부분 생명임을 망각하고, 힘의 균형을 파괴한 까닭에 인간을 포함한 지구 전체가 위기에 처하게 된 것인지도 모른다. 『지구의 운명』에서 조나단 셸은 이렇게 말한다.

> 전체적으로 살펴보면, 인간과 지구 간의 균형에 인간의 힘이 커져감에 따라, 결정적이고 다양한 측면의 변화가 야기되었다. 한때 가혹하고 두려운 주인이었던 자연은 이제 정복되어 인간의 힘으로부터 보호가 필요하다. 그러나 인간이 제아무리 지적이고 기술적인 성취를 가파르게 이루었다 해도 여전히 자연에 단단히 속한 존재이기 때문에, 균형의 변화는 인간에게도 해가 되는 쪽으로 작용했고, 그리하여 인간이 지구에게 가하는 위협은 인간

스스로에게 가하는 위협인 것이기도 하다.[9]

이런 진단이 있었던 20세기 후반부터 이미 그랬지만 21세기 들어 자연 생태 환경 문제는 더욱 전지구적 위기감을 불러일으킨다. 기후 위기와 폭염 살인, 핵이나 전쟁의 위협, 민주주의의 위기, 인간성의 상실과 소외의 심화, 기타 재앙의 확산 등 제반 문제들과 직간접적으로 연결된 복합적인 문제가 바로 생태 위기이다. 자연과학 쪽은 물론이거니와 경제학이나 사회학, 철학, 윤리학 등 많은 분야의 연구자들이 이 문제에 다각적인 관심을 보이는 것도 그 위기의식의 반증이라 할 만하다. 우리 시대의 핵심적인 관심사를 거칠게 요약하자면, 과학기술혁명의 신화와 생태학적 신화 사이의 갈등 속에서, 그 복합 혼돈을 가로지르며 새로운 질서를 찾으려는 데에 집중되어 있다고 말할 수 있다. 물론 양쪽에서 각각 자기 패러다임 중심으로 문제를 풀어보려는 노력을 계속한다. "지구의 생물이 생물과 미생물의 환경 속에서 생명을 유지 보존하는 상호 작용을 하여 항상 조화를 이루어 살고 있는 생명 현상을 연구하는 학문"[10]인 생태학의 관심은 기존의 인간중심주의에 대한 반성에서 출발한다.[11] 「생태학적 위기의 역사적 근

---

9 Jonathan Schell, *The Fate of the Earth*, Knopf, 1982. 여기서는 빌 드발·조지 세션스, 『딥 에콜로지』, 김영준 3인 외 옮김, 원더박스, 2022, p. 13에서 재인용함.

10 장남기 외 공저, 『생태학』, 아카데미서적, 1993, p. 13.

11 예컨대 존 시드는 모든 가치의 근원과 만물의 척도를 인간에 두는 인간중심주의를 인간 쇼비니즘이라 규정한다. 이는 다른 생명체들에 대한 인간들의 극단적인 배타주의의 소산이라고 그는 강조한다.(John Seed,

원」(1966)에서 린 화이트(Lynn White)가, 자연을 인간이 착취하고 통제해도 상관없는 대상으로 여기는 인간중심주의와 과학 기술의 결합으로 1850년 이후 가속화된 산업화가 생태 위기를 가져온 주범이라고 지적한 이래, 여러 논자의 공통된 견해가 바로 인간중심주의에 대한 반성이다. 인간중심주의, 이성 중심주의, 남성 중심주의, 백인 중심주의로부터 벗어나 자연과 인간의 유기적인 질서와 자연적 흐름에 근거한 공생적 세계관을 추구해야 한다고 한결같이 주장한다. 특히 노르웨이의 생태론자 아르네 네스(Arne Naess)가 1972년에 '피상 생태학(shallow ecology)'와 '심층 생태학(deep ecology)'을 구분하고, 피상 생태학이 아닌 심층 생태학의 입장에서 자연과 인간의 삶을 성찰해야 한다고 강조한 이래 심층 생태학에 대한 관심은 확산되기 시작했다. 세상에 존재하는 모든 것들이 동등한 가치를 지니고 서로 유기적 관련 속에서 진정한 정체성을 확보한다는 것이 심층 생태학적 견해이다. 인간이 자연물과의 즉물적인 대타의식을 버리고, 자연 속에 겸허하게 순명하여 자연물들과의 참된 교감과 유대감을 가질 때 비로소 진정한 생명공동체적 자아를 실현시킬 수 있다는 생각이다. 즉 대우주인 자연의 큰 자아의 실현을 통해서만 소우주인 자신의 작은 자아를 실현할 수 있다는 것이다. 이것은 생명 중심의 원리에서 볼 때 자연의 모든 존재가 인간과 더불어 평등한 권리를 지닌다는 인식에 바탕을 둔 사고이다. 전체 생태권 내의 모든 존재가 자연의 깊은 질서와 어우러

"Anthropocentricism", Bill Devall & George Sessions ed., *Deep Ecology*, Salt Lake City: Gibbs M. Smith Inc., 1985, p. 243.)

져 홀로-더불어 생존하고 성장하고 본연의 자아를 막힘없이 실현하면서 생태공동체를 이룬다. 이러한 심층 생태학은, 근대 문명과 현재의 우리 삶에 전본질적인 반성을 촉구한다. 요컨대 심층 생태학은 자연과 인간의 관계를 새롭게 인식하는 것이며, 가치와 윤리에 대한 새로운 모색이며, 인류가 지금까지 쌓아 올린 문명에 대한 근본적인 반성이라고 할 수 있다. 그러니까 심층 생태학은 전혀 새로운 세계관의 탐구인 셈이다.[12] 근대 이후 인간중심주의 세계관과의 관련에서 보면 전혀 새로운 것이고, 근대 이전의 가이아 윤리 및 세계관과 연관해 보면 아주 오래된 것이기도 하다. 빌 드발과 조지 세션스가 공저한 『딥 에콜로지』에서 '자연과의 화해를 위한 지혜의 생태학'을 강조한 것도 그런 까닭이다.

그러니까 심층 생태학적 관심은 새로운 것이면서 동시에 아주 오래된 것이다. 인간이 역사와 문명을 인간 중심적으로 전개하는 과정에서 부주의하게 놓쳐온 것들이 바로 이런 관심이다. 인간의 잃어버린 시간은 곧 생태학적 시간이었으며, 전체성의 훼손 역시 생태학적 전체

---

12 이남호, 「문학은 녹색이다」, 『녹색을 위한 문학』, 민음사, 1998, pp. 59~61 참조. 한편 박이문은 새롭게 지향해야 할 세계관으로서 생태학적 세계관을 들고, 그 특성을 다음과 같이 다섯 가지로 제시한 바 있다. ① 인간중심주의에서 자연 중심주의로의 시각 전환을 뜻한다. ② 수학적·기계적인 이성에 앞서 미학적·예술적 이성을 더 근본적인 것으로 본다. ③ 인간 태도면에서 자기중심적인 배타성이 공동체 중심적인 포용적 협동으로, 공격적 지배성이 조화로운 유연성으로 전환한다. ④ 대상중심적 인식과 시각에서 가치중심적 인식과 시각으로의 전환을 요구한다. ⑤ 물질적 소유, 쾌락적 경험을 강조하는 현대문명의 가치관에서 관조적 감상, 내면적 체험을 중시하는 가치관으로의 전환을 의미한다.(박이문, 「생태학적 문화의 선택, 『문명의 미래와 생태학적 세계관』, 당대, 1998, pp. 100~103.)

성의 훼손이었다고 말해도 큰 잘못은 없을 것이다. 물리적이고 가시적인 인간의 역사가 생태학적 전체성, 혹은 생태학적 자기동일성을 상실하는 쪽으로 진행되는 동안 문학은 그것의 회복을 희구하며 잃어버린 시간을 찾으려고 노력했던 게 사실이다. 그런 측면에서 우리에게 감동을 주는 진정한 문학 작품은 그 태도 면에서 이미 심층 생태학과 교감하고 있다는 이남호의 지적[13]은 공감을 자아내기에 충분하다. 아주 겸허한 태도로 자연과 교호한다든지, '우주적 연민(cosmic pity)'의 정조로 모든 존재물을 성찰한다든지, 혹은 존재하는 모든 것들을 그 자체로 존중한다든지 하는 마음들이 가장 근원적인 의미에서 문학정신이라고 할 수 있을 터이기에 그러하다. 가이아와 더불어 자연과 인간 사이의 동일성을 희원하는 마음의 바탕 없이 참된 아름다움과 시적 정의를 추구하기는 힘들다. 문학이 뭇 타자들에 대한 끝없는 애정과 관심을 기울이고 인간과 세계와 자연의 본질을 탐구하면서 의미 있는 가치와 윤리를 드러내는 것이라고 한다면, 이와 같은 마음 바탕은 기본적인 조건이 된다고 보겠다. 아르네 네스 이후 여러 진지한 생태론자들이 강조하는 심층 생태학도 이러한 숨결의 확산과 실천에 가까운 것으로 짐작된다. 그러니까 참된 문학이라면 이미 심층 생태학이 지향하는 바를 은연중에 내포하고 있는 것이라고 볼 수 있는 것이다.

이렇듯 심층 생태학적 관심과 문학적 관심은 기본적으로 상동적이다. 이런 측면에서 생태 비평은 다각적인 시도를 보였다. 생태 비평

13 이남호, 앞의 책, p. 61.

(ecocriticism)이란 용어는 1978년 윌리엄 루커트의 「문학과 생태학: 생태비평의 한 시도」에서 '문학 연구에 생태학적 개념들과 생태학을 적용하는 것'으로 처음 사용되었다.[14] 그렉 개러드의 『생태비평』을 따라가며 생태비평의 특성과 동향을 간략히 살피기로 한다. 『생태비평 독본』(*The Ecocriticism Reader*) 「서문」에서 세럴 그롯펠티(Cheryll Glotfelty)는 "문학과 물리적 환경 사이의 관계에 대한 연구"로 생태비평을 정의하고, "페미니즘 비평이 언어와 문학을 성차 의식 관점에서 점검하고, 마르크스주의 비평이 생산 양식과 경제적 계급에 대한 인식을 불러오듯이 생태비평은 문학 연구에 대지 중심적으로 접근"한다는 점을 밝혔다. 이런 정의 이후에 다각적인 생태비평적 질문들이 이어졌다. 이를테면 "이 소네트에는 자연이 어떻게 반영되었는가?", "야생성의 개념이 시간에 따라 어떻게 변화되어 왔는가?", "과학 그 자체가 문학 연구에 어떻게 열려 있는가?", "역사, 철학, 심리학, 예술사, 윤리학 등 환경 관련 인접 학문과 문학 연구 사이에는 어떠한 긍정적인 상호 영향이 가능할 것인가?"…… 등등. 이런 질문들과 더불어 생태비평은 정치적 분석과 연계되고, 생태비평가들의 문화적 분석은 종종 '녹색'의 도덕적·정치적 맥락으로 확산되는 경향을 보인다. 그러기에 환경

14 William Rueckert, "Literature and Ecology", Cheryll Glotfelty & Harold Fromm ed., *The Ecocriticism Reader*, The Univ. of Georgia press, 1996, pp. 105~121. 미국의 경우, 생태문학론이 하나의 비평적 분파로 인식되기 시작한 것은 1990년대 초반이다.(위의 책, Cheryll Glotfelty의 「서문」 참조). 한국에서도 김우창, 김종철, 이남호, 신문수, 김욱동, 김용민, 신덕룡, 김원중, 신두호, 정효구, 송희복, 남송우, 우찬제, 임도한, 정연정, 차봉준 등에 의해 1990년대 중반 이래 꾸준히 생태 비평적 탐문이 이루어져 왔다.

철학이나 환경 정치학, 환경 사회학, 환경 윤리학, 에코페미니즘 등과 역동적으로 융합되고 통섭된다. 『환경을 쓰기』(*Writing the Environment*, 1998)에서 리처드 케리지(Richard Kerridge) 또한 문화적 생태비평론을 논의한다. "환경 관련 사상과 재현이 등장하는 어느 곳이든 그것들을 쫓아가, 많은 문화 공간에서, 종종 일부분은 숨겨진 채로 발생하는 논쟁들을 더 분명하게 파악하기를" 바라는 생태비평가들은 "텍스트와 사상이 환경 위기에 대한 반응으로 얼마나 일관되고 유용한지의 관점에서 그것들을 평가하려" 한다고 정리했다. 자연과 문화의 복잡한 스밈과 짜임이 이루어지는 추이를 보면 문화적 생태비평에 대한 관심은 매우 자연스럽다. 이에 그렉 개러드는 생태비평을 가장 포괄적으로 정의하자면 "인간의 문화사 전반에 걸쳐 '인간'이라는 용어 그 자체의 문화적 분석으로 이어지게 마련인, 인간과 비인간의 관계에 대한 연구"가 된다고 적었다. 그런 생태비평은 "생태학의 문제에 대한 논의에 많이 기여할 수는 없지만 더 넓은 의미에서 생태적 문제를 정의하고, 탐색하고, 심지어 해결하는 데 도움을 줄 수 있"다는 것이 그의 입장이다.[15]

이런 생태비평은 융복합적인 담론들을 다채롭게 가로지른다. 생태학 담론 자체가 복합적인 성격이 매우 강하거니와 문학 연구와 관련지을 때 그 복합성은 더욱 증폭되기 때문이다. 그 동안 심층 생태학, 사회 생태학, 정치 생태학, 생태 발전론, 생물 지역론, 생태 여성론,

15 그렉 개러드, 『생태비평』, 강규한 옮김, 서울대학교출판문화원, 2014, pp. 13~17.

생명론과 생태학, 녹색 사상과 사회주의의 접합 등 여러 맥락에서 다채롭게 생태학 담론이 전개되어 왔음을 우리는 잘 알고 있다. 또 그런 생태학 담론들을 참조하면서 다양하게 생태문학에 대한 비평과 연구가 이루어져 왔다. 한국에서의 생태 문학 연구는 대개 생태학 담론들과 관련하여 텍스트의 생태 미학적 특성을 해명하는 쪽으로 많이 이루어졌다. 그러다 보니 한국의 현실적 생태 환경과 전통적 지혜를 잇고, 지구촌 환경과 세계의 생태 담론들을 가로지르며, 생태문학 이론을 메타비평의 방식으로 전개한 논의는 그리 많지 않은 편이다. 우선 한국 생태문학의 심미적 특성을 해명하는 작업을 우선했기 때문이다. 그럼에도 한국문학의 구체적 실상에 바탕을 두고 생태문학 이론적 논의의 새로운 가능성을 보인 논문들도 적지 않다. 또 이론적 성찰의 노력도 전개되었다. 한국에서 생태비평을 주도해온 문학과환경학회가 창립된 것은 2001년이었다. 필자는 창립 이후 10년 간 『문학과환경』에 수록된 논문들 중에서 생태문학 이론적 논의의 가능성을 보인 논문들을 따로 주목한 적이 있다. 「'공포의 윤리학'과 '섭식의 관계'」(임도한), 「문학 속에 나타난 생명지역주의의 한 모습」(남송우), 「생태시학의 형상과 논리」(유성호), 「불교적 생태 감성과 에코카르마의 시학」(송희복), 「섭생의 정치 경제와 생태 윤리」(우찬제) 등이 텍스트 분석을 통한 생태문학 이론 정립의 새로운 가능성을 모색한 논문들이고, 「심미적 이성, 공감적 감성, 생태학적 상상력: 김우창의 환경 생태론에 관한 시론」(정정호), 「생태담론에서 노장사상에 대한 새로운 접근」(김영주) 등이 메타비평 내지 이론적 성찰을 위한 공들인 사례들이다. 이 중 한국문학의 구체적 실상에 바탕을 두고 새롭게 이론 정립의 가능성을 모색하려 한 「문학 속에 나타난 생명지역주의의 한 모습」(남송우), 「불교적 생태 감성과 에코카르마의 시학」(송희복) 등 2편을 더 눈여겨 보기로 하자.

'생물 지역' 개념은 1974년 캐나다의 생물지리학자이자 시인인 알렌 반 뉴키르크(Allen Van Newkirk)가 "지역에 대한 문화적인 연구와 생명적인 연구를 결합시키는 작업"이라고 처음으로 정의한 이후 '하나의 관점'이 되었다. 널리 알려진 것처럼, 세일(Kirkpatrick Sale)은 현실적·문화적 맥락에서 생물지역주의를 이렇게 정의한 바 있다: "토지의 거주자가 되기 위하여, 가이아의 법칙을 다시 배우기 위하여, 지구를 완전하고 정직하게 알기 위하여, 가장 중요하고 모든 것을 다시 포괄하는 작업은 장소, 즉 우리들이 살고 있는 독특한 장소를 이해하는 것이다. 우리 발밑에 있는 땅과 바위의 종류, 우리들이 마시는 물은 어디에서 오는지, 바람이 얼마나 다양하며 이 다양함의 의미는 무엇인지, 곤충, 새, 작은 풀들, 동식물, 나무들, 계절의 독특한 순환, 심어야 할 때와 수확철 등을 알아야만 한다. 자원의 한계, 토양과 물의 수용력, 스트레스가 부과되어서는 안 되는 장소들 또한 이해되어야만 하는 것들이다. 그리고 사람들의 문화, 땅 그리고 그 땅에서 자란 사람들의 고유한 문화, 지형적인 것들에 의해 형성되고 채택된 인간들의 사회·경제적인 질서, 조직, 이 모든 것들은 그 진가가 다시 평가되어야만 한다."[16]

16 Kirkpatrick Sale, Dwellers in the Land: The Bioregional Vision, San

이런 생물지역주의를 남송우는 한국적 맥락에서 생명지역주의(bioregionalism)로 수용하여 새롭게 논의한다. 부산 경남 지역을 중심으로 지역 문화 생태 운동을 활발하게 펼친 그는 「문학 속에 나타난 생명지역주의의 한 모습」에서 "생명지역주의에서 말하는 생명지역은 인간과 모든 동식물들의 삶의 단위 터전이란 점에서, 현재의 생태 위기를 극복할 수 있는 최선의 대안"으로 논의되고 있음을 주목하면서, "생명지역주의는 생태문학이 나아가야 할 중요한 방향의 하나"가 될 수 있다고 주장한다. "역사적으로 인간의 경험은 인간 공동체와 그것을 품고 있는 자연간의 관계 속에서 이루어져 왔으며, 생명지역주의는 이런 관계를 재발견하고 복원하여 인간 사회와 자연을 재결합하기 위한 노력"이었다는 기존 논자들의 견해를 받아들이면서 "생명지역주의는 지리학을 매개로 하여 생태학과 인류학을 결합하려는" "인간생태학"적 시도이기에 "생태계와 지역과 인간의 문화를 하나의 고리로 묶는 것"이라고 정리한다. 생물/생명지역주의의 몇 가지 전략적 개념, 그러니까 다시 봄(reenvisioning), 다시 삶(reinhabitation), 다시 있게 함(restoration) 등을 재정착과 지역 자연 체계의 복원이라는 두 측면으로 통합하여 논의한다. 그가 분석한 한국의 텍스트는 우포늪을 배경으로 한 배한봉의 시집 『우포늪 왁새』와 강인수의 소설 「맹물 선생」이다. 우포늪에 살면서 그곳의 생태의식을 형상화한 배한봉의 시를 통해 남송우는 생명공동체를 이루어 가기 위한 "생태중심주의의 시선"

Francisco: Sierra ClubBooks, 1985, p. 42. 여기서는 문순홍, 『생태학의 담론』, 아르케, 2006, pp. 348~349에서 재인용함.

과 지향의지 및 생태중심주의적 세계관을 읽어낸다. 배한봉의 시편들에 형상화된 "부드러운 힘"은 "늪 뻘밭이 지닌 생명의 생성력으로, 땅의 에너지가 솟아나는 샘과 같은 양상"이다. "늪은 물과 함께 생명을 형성한다는 점에서, 땅보다는 그 생성력이 훨씬 다양"하므로 "우포늪 공간은 생명지역으로서 그 의미가 깊다"고 논의한다. 「맹물 선생」을 통해서 남송우는 "공동체주의와 분권화의 강조는 여러 차이에도 불구하고, 심층 생태학과 사회 생태학이 서로 공통적으로 만나는 지점"이며 이 지점은 "생명지역주의가 추구하는 방향"과 일맥상통한다고 지적한다. 그러면서 "심층 생태학적인 사유의 실천과 사회 생태학적인 사유의 실천이 함께 이루어질 때, 우포늪의 생태계는 원형을 제대로 유지해 갈 수 있을 뿐만 아니라, 생명지역주의의 구체적 실현장이 될 수 있으리라"고 언급한다. 결론적으로 그는 우포늪의 "회복을 위해서는 우포늪과 사람과의 관계가 일방적이기보다는 생태학적 공동체를 이루어야 하며, 상호공존의 윤리가 형성되어야 함을 우포늪 문학들이 제시"하고 있으며, "생명지역주의에서 중요한 토대가 되는 땅에 대한 생태학적 인식을 철저히 하고 있다는 점에서, 우포늪이란 특정한 공간이 지닌 생명지역적 성격을 읽어낼 수 있다"고 정리한다. 논제가 「문학 속에 나타난 생명지역주의의 한 모습」이었기에 주로 시와 소설에 형상화된 생명지역주의 양상에 대해 논의한 글이지만, 그 과정에서 보인 생물/생명지역주의 관련 실천 전략이나 정서, 윤리, 세계관 등은 이 분야의 새로운 이론적 성찰로 진전될 수 있는 좋은 보고(寶庫)가 된다고 할 수 있겠다. 특히 생명지역주의를 통해 심층 생태학과 사회 생태학의 종합 가능성을 실천적으로 시도할 수 있다는 방향을 보인 것은 이 논문의 공적이다. 더 많은 지역의 경우와 상상력을 통합한다면 이 분야에서 의미 있는 이론적 성찰을 펼칠 수 있을 것으로 기대한다.

송희복의 「불교적 생태 감성과 에코카르마의 시학」은 21세기 새로운 인간상으로 '호모 심비우스(Oomo Symbious)'가 강조되는 점을 주목하면서, 서구의 생태주의 이론이 동양사상을 참조하면서 불교의 덕목 특히 화엄사상을 논거로 끌어들이려는 경향이 있는데 "시 논의에 있어서도 화엄의 전일성(全一性), 상호의존성은 각별히 서정시의 장르적 성격과도 잘 부합"한다고 가정한다. 이를 해명하기 위해 그는 불교적 환경 윤리 내지 환경 인과론의 맥락에서 '에코카르마(eco-karma)'를 핵심어로 논의한다. 그에 따르면 "시와 불교와 생태주의를 개념적으로 한꺼번에 엮을 수가 있는 낱말이 있다면" 바로 "화엄(華嚴)"이다. "꽃의 아름다운 꾸밈, 세상을 온갖 꽃으로 장엄하게 한다는 것. 꽃의 장엄한 세상으로 비유되는 화엄, 그 이름 자체가 이처럼 시적인 발상"에 의한 것이라고 보는 그는, 정현종의 시편들에서 "생명과 조화의 완결성을 지향하는 우주론적 교감의 끝"에 놓인 "생명 만다라"를 읽어내고, "화엄경적 생명 원리를 집약한" "한 꽃송이"의 상징성을 독해한다. 또 "화엄은 시학을 새로운 지평으로 이끌고 간다. 시학이 새롭게 안내되는 곳은 생태계의 지평이다. 오늘날 생태학에 의해 밝혀지고 있는 생태계의 모습은 그야말로 화엄의 세계이다. 모은 것이 이어지고 상호 작용하는 중중무진(重重無盡) 무량연의 세계가 바로 생태계이다."[17] 라고 했던 이성희의 논변을 인용하면서 시에 들어 있는 "우주의 소리" "우주의 리듬"에 착목한다. 그러면서 "생태 감성의 복원은 시가 지닌 우주 리듬의 회복과 등가의 개념"이라고 주장한다. 또 불교와 우주적 상상력을 결합한 생명을 노래한 미국 생태 시인 게리 스나이더(Gary Snyder)를 통해 "자성(自性)이 무성(無性)이다"는 관념과 더불어 "분별하지 않는 무(無)의 힘을 노래한 불교시"의 이론적 맥락을 검토한다. "마음 자체의 본성 역시 존재하지 않는다. 영원한 것은 이 세상에 없다. 어디에도 '나'라는 존재(성) 역시 없다. 내가 없기 때문에 너도 있을 리가 없다. 이 내남 없는 경지야말로 그윽하고도 아득한 무성(無性)의 세계"일 것으로 본다. 서로에게 기대어 존재하는 생태계의 '생명의 그물'은 불교의 법계(法界)의 맥락에서라면 '인드라의 망(網)'이다. 이와 같은 생태계의 성격을 깊이 받아들이고, 나를 지우는 무아행을 실천하고 높은 수준의 에코카르마를 구현할 때 생명도 시도 그 제 의미의 지평을 알게 된다. "하나의 목숨 탄생을 위해 모든 우주적 질서가 존재한다는 불교 연기론의 상호장엄(相互莊嚴)을 이해하지 않고서는 그 작품의 진가를 파악할 수도 느낄 수도 없다."라고 송희복은 강조하는데, 이는 시 이해뿐만 아니라 삶 이해에도 함께 적용될 수 있는 생태적 덕목이 될 수 있다. 아직 잘 빚어진 불교 생태학의 논리 체계로까지 온전하게 나아가진 않았지만, 한국시를 포함한 세계 현대시의 생태학적 상상력과 정서 및 이념을 통해 불교 생태학의 중심이 될 수 있는 화엄의 미학과 윤리를 가늠할 수 있는 주요한 핵심

17 이성희, 「은유와 화엄」, 『현대시학』, 2003년 11월호, p. 176.

어와 그 맥락들을 제공했다는 점에서 이 논문의 의의를 찾을 수 있겠다.

그밖에 김영주의 「생태담론에서 노자사상에 대한 새로운 접근」도 주목에 값하는 논문이다. 그는 동양사상에 기댄 서구의 생태 담론의 문제점을 진지하게 비판하면서 "노장사상의 현실정치론의 측면을 드러내 보여주어야 머레이 북친이 비판하는 노장사상에 기댄 생태담론의 잘못된 점을 극복하고 그 새로운 비전을 제시할 수 있다"고 주장하면서, 이를 위해 노자사상에서 천지지도, 성인지도, 치세지도의 개념을 면밀히 검토하고 생태학적 담론에 필요한 논거들을 제공한다. 이후 『문학과환경』뿐만 아니라 여러 학회지와 저서들에서 생태비평이 다채롭게 전개되었다. 새로운 생태문학 담론을 열어나갈 가능성 있는 핵심어들도 많이 제출되었다. 다만 아직은 산발적인 경우들이 많아서, 그것들을 재성찰하고, 재분석하고, 재종합하여 의미 있는 생태문학 비평 담론의 지평으로 나아갈 수 있으면 좋겠다. 다시 보고, 다시 살게 하고, 다시 있게 하는 생태비평이 더 많은 연구자와 비평가들에 의해 심화 확대되기를 소망한다.[18]

요컨대 생태비평(Ecocriticism)은 문학 및 사회 문화 텍스트와 환경과의 상호작용에 초점을 두어, 자연 환경과 인간 사회 사이의 관계를 탐구하면서, 지속 가능한 미래를 모색하는 비평 태도라고 할 수 있다. 생태비평은 인간중심주의에 대한 전면적 반성에서 출발하며, 자연에

---

18 졸고, 「생태문학론의 보편성과 동아시아적 이론 정립 가능성」, 신두호·김원중·우찬제·임도한·정연정·최동오 엮음, 『환경위기와 문학』, 학고방, 2015, pp. 61~67.

대한 태도와 윤리를 반성적으로 성찰한다. 생태학적 세계관에 입각해 자연이 문학 및 문화 텍스트에 어떤 관점과 이데올로기로 재현되는가에 관심을 가진다. 인간과 비인간 존재와의 관계 및 생명다양성, 공생의 윤리 등을 중시하는 생태비평은 환경 위기에 대응하고 환경 정의를 지향하고 추구하고자 한다. 텍스트와 환경의 상호작용을 분석하는 과정에서 생태비평은 자연과 문화의 경계를 허물고 '자연문화'[19]의 역동적 미학성과 그 생태학적 의미를 추론한다. 생태비평은 환경 담론의 역사적 정치적 맥락 분석에도 관심을 기울이며, 방법론의 측면에서 생태학을 포함한 인문·사회·자연과학을 포괄적으로 통섭하려는 경향을 보인다. 소수자에 대한 관심, 에코페미니즘에 대한 관심, 사회생태학과 자본주의에 대한 관심, 기후 위기와 기후 정의에 대한 관심 등 다양한 관심을 다각적인 관점에서 융합하면서 자연과 인간 문화의 조화와 자연스러운 리듬을 탐구하려는 경향을 보인다. 생태비평은 지속 가능한 미래 희망을 위한 지속 가능한 '자연문화' 비평이기를 소망한다.

19 도나 해러웨이가 『종들이 만날 때』(2007)에서 선보인 신조어 '자연문화 natureculture'에서 하이픈(-)도 없이 한 단어로 통합하면서 자연과 문화의 일원론적 공동 생성 가능성을 보여준 사실을 상기해 보기로 하자. 신유물론자들이 보기에 물질적 존재는 고정 불변한 실체라기보다는, 다른 존재나 물질들과 유기적 관계 속에서 유동적으로 생성된다.

3. 생태 윤리와 녹색 수사학

김영래의 『숲의 왕』에서 사탄(데몬)은 신성한 숲을 훼손하고 지구를 위기에 빠지게 하는 인류의 무분별한 욕망과 탐욕 및 악덕을 신랄하게 비판한다. "자신들의 어머니인 지구의 뱃속에서 철이란 철은 모두 꺼내 지상에 까발리고, 등골을 파헤쳐 빌딩과 도로를 만들고, 흡혈귀처럼 시추공을 뚫어 피와 조직액을 몽땅 빨아내고, 그러곤 그 속에다 온갖 폐기물을 쏟아붓고, 뇌 속의 분비 물질인 우라늄을 캐내 핵을 만들고. 두고 볼 일이지. 그러고도 지구가 살아남을까? 그렇다면 기적이지. 내가 지구의 멸망을 바란다고? 그렇지 않아. 난 이 모든 탐욕과 패륜과 악덕의 끝이 궁금할 따름이야."[20] 이 소설에서 신학대학 교수의 강연은 생태계의 위기와 그 의미에 대한 인류학적 성찰로 구성된다. 작가가 전하고 싶은 메시지를 대리하는 것처럼 보이는 교수의 강연이 인류학적이라고 하는 것은, 근대 문명 이후 자본주의 세상에서 인간이 자연에 저지른 죄악은 '희생을 통한 구원'이라는 고대인들의 세계관을 통해 속죄될 수 있음을 강력하게 암시하기 때문이다.

> "(생물에 대한 인간의) 그 엄청난 학살을 주춧돌로 하여 존재하고 있는 것이 지금의 우리 문화요 삶인 것입니다. 그것은 원죄보다 더 무섭고 극악한 죄. 추방이 아니라 멸망만이 우리를 기다리고 있는 죄악입니다. 지금까지 우리는 무지와 탐욕으로 인해 그것을 대수롭지 않게 받아들여왔지만 이젠 더 이상 용납해서

20 김영래, 『숲의 왕』, 문학동네, 2000, p. 254.

는 안 됩니다. 우리가 우리 자신을 용납하지 말아야 하는 것입니다. 그 점에서 저는 희생이라는, 우리에게는 다소 소원한 기억을 상기시키고자 합니다. 그를 통해 독소를 뿌리째 제거하긴 힘들지라도 어느 정도의 해독은 기대할 수 있지 않을까 하는 생각에서죠."[21]

여기서 분명하게 논의되는 것처럼, 근대 이후 인간들은 녹색의 숲을 훼손하여 적색의 생태로 악화하는 엄청난 생물 학살을 다각적으로 저질렀다. 그 과정에서 인간과 다른 생물종과의 관계는 물론 인간과 자연의 상호작용이 단절되거나 왜곡되었다. 그래서 생태비평은 '적색'을 넘어 '녹색'으로 '대전환'하기 위한 다양한 모색을 수행했다. 『문학 생태학을 위하여』에서 김욱동은 "인간과 인간, 인간과 자연이 서로 조화롭게 공존하는 사회, 자신의 가치를 인정하듯이 상대방의 가치를 받아들이는 사회"가 곧 생태적 유토피아인 '에코토피아'인데, 이런 세계를 이루려는 "노력은 그 동안 인간이 잃어버렸던 낙원, 그 녹색의 낙원을 다시 되찾는 것과 다르지 않다"[22]라고 정리한 바 있다. 이남호에 따르면 녹색문학은 "녹색 이념의 지적 논리적 주장이 아니라 녹색 이념의 미학적 구현"이다. "자연성의 미학, 즉 자연 속에서 가장 잘 구현되어 있는 미학 또는 자연에 그 원천을 두고 있는 미학"이라고 할 수 있는 녹색 미학을 통해 녹색 이념을 미학적으로 구현하려

21 앞의 책, p. 133.

22 김욱동, 『문학 생태학을 위하여』, 민음사, 1998, pp. 412~413.

하는 문학이 바로 녹색문학이라는 것이다.[23] 이어서 구수경은 다음과 같이 녹색문학을 논의했다.

> 녹색문학 곧 생태주의 문학은 생태학적 이념 혹은 비전을 예술의 새로운 미학으로 수용하여 실험하고 창조하는 문학을 말한다. 그것은 문학을 통해 생태계 위기의 심각성을 드러내고, 생태계와 자연 질서의 소중함을 일깨우며, 생명과 조화의 미학을 창출하는 것을 그 목적으로 한다. 따라서 생태주의 문학은 본질적으로 고발문학 혹은 목적문학의 성격을 띤다. 그래서 자칫하면 생태의식을 고취시키는 선전문구나 논설로 전락할 위험을 내포하고 있으므로, 내용이나 주제에 못지않게 문학적 형식과 기법에 대한 연구와 관심이 필요하다.[24]

이런 지적처럼 녹색문학은 목적문학에 근접할 여지가 많은 것이 사실이다. 그러므로 녹색 수사학을 잘 구사하여 녹색 미학을 잘 구현할 필요가 있다. 요컨대 녹색문학은 자연과 지구의 목소리에 귀를 기울이는 문학이다. 『샌드 카운티 연감』에서 알도 레오폴드가 강조한 바 "산처럼 생각하기"[25]를 기저로 하는 상상력의 소산이다. 녹색문학에 재현되는 자연은 단순한 공간적 배경에서 그치지 않는다. 이야기

---

23 이남호, 『녹색을 위한 문학』, 민음사, 1998, p. 44.

24 구수경, 「낙원의 회복을 위한 인류학적 탐색—김영래의 『숲의 왕』론」, 『문학과환경』 1호, 2002.12, pp. 107~108.

25 알도 레오폴드, 『샌드 카운티 연감』, 이동신 옮김, 이다북스, 2023, pp. 163~166.

와 심상을 이끄는 중요한 문학적 요소이며, 유기적 생명을 지닌 문학적 주체이다.[26] 땅을 비롯한 비인간 존재들의 관점이 복합적으로 얽히고설키며, 그런 가운데 인간과 자연이 서로 연결되어 있고 상호 의존하면서 공생한다는 생태학적 감수성과 생태 윤리를 미학적으로 형상화한다.

이런 녹색문학의 성격을 효과적으로 분석하기 위해 우리는 녹색 수사학적 접근의 필요성을 숙고한다. 녹색 수사학은 간단히 말하자면 녹색 문학의 문학적 생태학적 융합 효과를 모색하기 위한 생태비평이다. 구수경이 지적한 것처럼 환경 생태 문제를 문학적으로 다룰 때, 문제의 성격상 답은 이미 정해져 있는 경우가 많다. 그러다 보면 생태학적 이데올로기에 따라 생태학적 상상력은 위축될 수 있고, 그러면 독자들이 감동적으로 읽고 성찰하면서 생태학적 실천의 지평으로 이행하는 경로의 어떤 부분이 차단될 수도 있다. 그러기에 녹색 수사학은 독자들이 텍스트를 읽고 환경 문제의 심각성을 감성적으로 깨닫고 이성적으로 성찰할 수 있는 미학적이고 수사학적인 중층 장치를 적극적으로 분석하고 해석하고자 한다. 녹색 수사학과 관련하여 우리는 종종 이런 질문을 던지게 될 것이다.

---

26 예컨대 리처드 하워스(Richard Powers)의 장편 『오버스토리』(*The Overstory*)는 나무와 나무를 이해하는 사람들에 대한 환경서사시에 값하는 작품인데, 이 소설을 두고 맨부커상 심사위원이었던 리앤 셰프턴은 "리처드 파워스는 나무를 위해 이야기하는 게 아니라, 나무 스스로 자기 이야기를 하게 만들었다."(리처드 하워스, 『오버스토리』, 김지원 옮김, 은행나무, 2019, 표4글)라고 논한 바 있다.

- 이 텍스트는 상징적 자연을 어떻게 사용하며, 그 사회 정치적 의미는 무엇인가?
- 대상화된 자연이 아닌 주체화된 자연의 유기적 형상화 원리는 무엇인가?
- 텍스트에 구현된 비유와 은유는 어떤 '자연문화' 효과를 빚어내는가?
- 서정적 묘사가 환기하는 자연의 생명력은 무엇이며, 자연의 의인화를 통해 정당한 자연의 재현에 도달하고 있는가?
- 텍스트 안에 드러나는 생태학적 아이러니와 역설을 통해 드러내고자 한 생태 환경 문제의 심연은 우리로 하여금 어떤 숙고를 요청하는가?
- 다양하고 복합적인 생태 서사가 중층결절되는 미학적 구조는 어떠한가?
- 아포칼립스를 비롯한 환경적 디스토피아와 유토피아의 상상력의 독자 효과는 무엇인가?
- 녹색문학의 '자연문화' 서사는 어떻게 지속 가능한 미래를 위한 문화적 실천으로 심화 확산될 수 있는가?…… 등등.

생태비평은 생태 윤리에 예민한 관심을 기울인다. 또한 생태 윤리는 녹색 수사학의 에토스를 형성하는 의미 있는 기제가 된다. 무엇보다 생태 윤리는 인간이 자연을 대하는 방식과 관련하여 요청되고 형성된다. 미국의 생태학자로서 근대 환경 윤리의 아버지로 불리는 알도 레오폴드(Aldo Leopold, 1887~1948)와 노르웨이 철학자로 심층생태학을 주창한 아르네 네스(Arne Naess, 1912~2009)는 기존의 인간 중심주의, 동물 중심주의, 생명 중심주의 윤리와는 다른 생태 중심주의 윤리를 강조한 대표적인 생태학자이다. 생물뿐만 아니라 무생물까지 포함하여 생태계 전체가 상호 연결되어 있으며 상호의존성을 지닌다는 입장이다.

레오폴드가 주창하는 '땅의 윤리'를 살펴 보기로 하자. 그는 단순한 공동체의 경계를 넘어서 "토양, 물, 식물, 그리고 동물을, 또는 다 합쳐서 땅을 포함하"여 새로운 공동체 개념을 제안한다. 그러니까 가이아 지구에 처한 모든 존재자, 곧 인간 존재와 비인간 존재 모두를 넓은 의미에서 공동체 안으로 끌어들인다. 공동체의 모든 구성원이 제대로 존속할 권리를 보장받아야 하기에, 땅 위의 모든 존재 또한 마땅히 그래야 한다는 입장이다. 그가 제안하는 땅의 윤리는 "존재를 지속할 그들의 권리, 그리고 적어도 어떤 곳에서는 자연 상태로 계속 존재할 권리"를 분명하게 인정하고 존중한다. 그의 땅의 윤리의 진정한 의미는 "호모사피엔스의 역할을 땅 공동체의 정복자에서 그 공동체의 평범한 일원이자 시민으로 변화"시켰다는 데 있다. 공동체의 일원으로서 호모사피엔스는 "동료들에 대한 존경과 더불어 그런 공동체에 대한 존경"을 표하는 생태 윤리적 주체로 거듭나게 되었다는 것이다.[27] "땅이 공동체라는 것은 생태학의 기본 개념이지만, 땅이 사랑받고 존경받아야 한다는 것은 윤리의 확장"이라고 강조하는 그는 "땅이

27 알도 레오폴드, 『샌드 카운티 연감』, p. 253.

문화적 산물을 가져다준다는 사실"을 거듭 환기하기도 한다.[28] 레오폴드에 따르면, 땅의 윤리는 '생태적 양심'의 주요한 표지이기도 하다. 그것은 땅의 건강에 대한 인간의 책임 문제와 관련된다. 인간은 땅의 건강에 대한 책임을 윤리적으로 완수함으로써, 땅으로부터 건강한 삶의 에너지를 제공받을 수 있다. 그는 이렇게 말한다. "땅과의 윤리적 관계가 땅에 대한 사랑과 존경과 감탄 없이, 땅의 가치에 대한 존중 없이 존재할 수 있다고 나는 상상할 수가 없다. 물론 가치란 말로 내가 의미하는 것은 단순한 경제적 가치보다 훨씬 넓은 무언가다. 나는 철학적 의미의 가치를 말한다."[29] 이런 철학적 의미와 생태적 양심을 숙고하면, 인간이 경제적 동기로만 땅을 이용해서는 안 된다고, 레오폴드는 생각했다. 윤리적이거나 도덕적 관점 나아가 심미적 맥락에서도 검토하면서 땅을 이용해야 한다는 것이다. 땅이라는 생태 공동체 전체의 유기적 온전성과 지속 가능한 안정성, 그리고 땅의 아름다움과 건강을 보전하는 데 이바지한다면 옳고 그렇지 않으면 그르다고 했다.

레오폴드가 생태적 양심을 응시하면서 땅의 윤리를 논의했다면, 『땅의 목소리』에서 테오도르 로작(Theodore Roszak)은 땅의 목소리를 응시하며 그 심층의 생태학적 무의식을 주목한다. 그러면서 생태 윤리의 지평에 다가선다. 땅의 공동체의 모든 구성원이 나누어 지니고 있을 생태학적 무의식을 탐문하기 위해 그는 생태학과 심리학의 학제

28 앞의 책, p. 10.

29 앞의 책, p. 275.

적 상호 협력의 필요성을 언급한다. 그는 산업사회와 공모한 광기에 의해 억압된 생태학적 무의식의 심층에서 양자가 공동의 모색을 시도할 수 있겠다면서, "생태학적 무의식에 대한 열린 접근이야말로 제정신으로 가는 길"[30]임을 강조한다. 로작은 집단무의식에 대한 C. G. 융의 견해가 원래는 인류 이전의 동물과 생태학적 원형들을 포함하는 것이었지만, 나중에 주로 전인류적인 종교적 상징들이 되었다고 지적한다. 그러면서 집단무의식의 본래 의미를 되살려 우주적 진화의 살아있는 기록으로서 '생태학적 무의식'이라고 부르자고 제안한다. 로작은 프로이트 학파의 이드라는 개념 또한 고대 생태학적 지혜의 저장소로 볼 수 있다고 언급한다. 이드의 문을 통해 가이아와 우리가 만날 수 있는 통로를 얻을 수 있다는 것이다. 한편 랄프 메츠너(Ralph Metzner)는 생태학적 무의식의 개념도 호소력 있는 전문 용어가 될 수 있겠지만, 무의식적인 것을 구체화하거나 이해하는 것이 중요하다면서 생태학적 의식 또는 생태학적 양심의 측면을 강조한다.[31] 이 책에서는 레오폴드, 로작, 메츠너 등의 논의를 종합하여, 로작이 강조한 생태학적 무의식을 심층 생태학적 심연으로서 자연과 인간, 인간과 인간이 교감할 수 있는 열린 기반으로 고려하고, 메츠너의 생태학적 의식과 레오폴드의 생태적 양심을 생태학적 무의식이 구체적으로

---

30 Theodore Roszak, *The Voice of the Earth*, New York: Simon & Schuster, 1992, p. 320.

31 Ralph Metzner, "The Psychopathology of the Human–Nature Relationship", Theodore Roszak, Mary E. Gomes, & Allen D. Kanner ed., *Ecopsychology: Restoring the Earth Healing the Mind*, San Francisco: Sierra Club Books, 1995, p. 63.

발현되는 과정에서의 생태 윤리의 측면에서 복합적으로 고찰하고자 한다.

1부
생태 위기와 생태 윤리

1장
생태 위기와 생태 서사[1]

1. '침묵의 봄'에서 '절멸'로

"오랑캐의 땅에 꽃과 풀이 없으니 봄이 와도 봄 같지 않네"[胡地無花草 春來不似春]. 중국 당(唐)대 시인 동방규(東方虬)가 「소군원(昭君怨)」이란 시에서 왕소군(王昭君)이 오랑캐의 왕비가 된 것을 개탄하며 읊은 시의 일부이다. 그 기원이나 맥락과 상관없이 해마다 봄이면 늘 인구에 회자되는 구절이다. 봄이 와도 봄 같지 않다는 것. 그 이유는 여럿이겠으나 생태학적 맥락에서는 기후 변화 문제를 우선 떠올릴 수 있겠다. 그래서일까. '생태학 시대의 어머니'로 불리는 레이첼 카슨

1 이 장은 코로나19 시절에 반연간 문학전문지 『쓺-문학의 이름으로』 11호(문학실험실, 2020.10.)에 「다시 일상으로 돌아갈 수 있을까?: 생태 위기와 한국 소설의 대응」이라는 제목으로 발표된 것을 이 책의 맥락에 맞게 수정한 것임.

이 1962년에 상자한 책이 바로 『침묵의 봄』이었다. 20세기 가장 영향력 있는 책의 하나였고 이제는 생태학의 고전이 된 이 책을 시작하기 앞서 카슨은 "인간은 미래를 예견하고 그 미래를 제어할 수 있는 능력을 상실했다. 지구를 파괴함으로써 그 자신도 멸망할 것이다"고 말한 알베르트 슈바이처를 기린다고 했다.[2] 이어 "호수의 풀들은 시들어가고 새의 울음소리는 들리지 않네"라고 했던 키츠의 시구를 환기하고, "나는 인간이라는 종(種)에 관해 비관적인 견해를 갖고 있다. 인간은 자신의 이익을 위해 너무나도 교묘하게 행동한다. 인간은 자연을 투쟁의 대상이자 굴복시켜야 할 상대로 인식한다. 인간이 이 지구를 무시하고 마구잡이로 대하는 대신 지구에 순응하고 감사하게 생각한다면 우리의 생존 가능성은 조금 더 높아질 것이다."라는 E. B. 화이트의 메시지를 인용하는 것으로 『침묵의 봄』을 시작한다.[3] "1958년, 뭇 생명이 사라져버린 작은 세계에 관한 아픈 경험을 담은 허킨스의 편지를 읽고"[4] 오래 골몰했던 문제에 대해 다시 주의를 환기하며 쓰기로 결심했다는 이 책에서, 카슨은 수질, 토양, 공기 오염 등을 두루 다루면서 얼마나 많은 생명이 위협받고 있는지 보고했다. 불필요하고 무차별적인 파괴로, 키츠의 시구처럼, 새는 더 이상 노래하지 않고, 지구의 녹색 외투가 위험하게 되었으며, 그 결과 일련의 비상사태들이 밀려오는 와중에 인간은 참으로 혹독한 대가를 치르게 될 것이

2 레이첼 카슨, 『침묵의 봄』, 김은령 옮김, 에코리브르, 2011, p. 4.

3 앞의 책, p. 5.

4 앞의 책, p. 7.

라고 했다.

『침묵의 봄』으로부터 58년이 지난 2020년, 그 엄혹한 코로나19 시절에 우리는 '침묵의 봄'을 넘어 '절멸'의 공포를 이야기하지 않을 수 없게 되었다. 2020년 8월 20일 오전 서울 광화문 세종문화회관 앞에서 창작그룹 이동시가 펼친 '절멸, 질병X 시대 동물들의 시국선언' 퍼포먼스가, 한갓 일회성 퍼포먼스에 그칠 수 없는 이유는 분명하다. 무엇보다 절멸의 불안과 공포, 위기감이 고조된 상황을 극적으로 환기하고 비판적 성찰을 보인 퍼포먼스였기 때문이다. 저간의 인간중심주의를 혹독하게 비판하고자 아예 "나는 오늘 동물로서 말한다"며 인간이 그 동안 동물계와 자연에 얼마나 큰 죄를 지었던가를 폭로하며, 그 결과 절멸의 위협이 다가왔음을 선언한다.[5] 서른 명의 작가와 시인, 과학자, 활동가들이 박쥐, 뱀, 사육곰, 개, 소, 닭, 멧돼지, 사향 고양이, 돼지 등의 동물로 나와 그 동안 인간이 동물과 자연에 어떠한 악행을 저질렀는지, 그 결과 생태 위기와 기후 변화 위기가 어느 정도인지 고발한다. 인간과 동물, 자연의 관계를 그야말로 자연스럽게 재정립하지 않으면, 성장 일변도의 정책을 멈추지 않고 폭력적 육식을 멈추지 않는다면, 동물은 물론 인간도 절멸할 수밖에 없을 것이라는 경고를 분명히 한다. 절멸 선언에서 이들은 "현대 인류의 구성원 한 명 한 명은 절멸의 재료이고/ 현대 인류의 운영 체제는 절멸의 레시피다./ 지금처

5 코로나19가 본격적으로 확산되던 2020년 3월에 출간된 권정민의 그림책 『이상한 나라의 그림 사전』(문학과지성사, 2020)에는 인간과 동물의 관계가 전복적으로 제시된다. 개가 사람에게 목줄을 매달아 끌고 가며 산책하고, 토끼가 사람을 사냥하는 식이다.

럼만 해라. 절멸의 성찬이 완성되리라."[6]고 했다. 동물이 된 이들의 목소리는 사뭇 격렬하다. "당신들은, 우리의 후미진 피난처까지 기어이 쫓아와 우리 집인 숲을 불태우고 약탈하다가 꼴좋게 바이러스에 걸렸다 […] (코로나19 팬데믹을 선언한 지금이 아닌) 1760년부터 당신들이 팬데믹이었다"(p. 10). "당신들이 오랑우탄과 코알라와 북극곰을 말살시키면/ 우리는 사막메뚜기와 뇌염모기를 보낼 것이고,/ 박쥐들은 바이러스를 흘릴 것이며/ 그렇게 서로가 서로를 잃어갈 것"(p. 12)이라고 했다. 박쥐는 "니파, 사스, 코로나 바이러스의 원인으로 지목되었고 혐오의 대상이 되었"으나 "내가 인간에게 다가간 것이 아니라 인간들이 나에게로 왔다. 그 뒤로 많은 것이 파괴되었다"면서, "니파 바이러스 때는 110만 마리의 돼지가 사살되었"(p. 16)고 사스 때를 비롯한 여러 때 인간에 의해 많은 동물들이 살처분되었음을 말한다. "인간은 죽을힘을 다해 사는 것이 아니라 죽인 힘으로 산다"(pp. 16~17)면서 "나는 죽"지만 "다른 동물 누구도 더는 건드리지 말라!"(p. 17)고 했다. 돼지는 "나에게서 새로운 병이 발견되었다"며 당신들은 대책을 준비하지만 실은 이 병은 인간들이 "힘을 모아 만든 병"(p. 28)이라면서 "모두 아프게 될 것이다. 내가 이렇게나, 아프기 때문이다.[…] 고통은 돌고 돈다. 당신에게서 나에게로. 나에게서 당신에게로"(p. 29)라고 선언한다. 고슴도치는 그 동안 얼마나 위험에 처해 살아야 했는지를 되뇌면서 그런 고통을 인간들은 몰랐을 것이라고 했다. "지구 온난화

6 이동시 엮음, 『절멸』, 워크룸프레스, 2021, p. 10. 이어지는 이 책의 인용은 본문에 직접 그 쪽수만 적기로 한다.

로 절멸의 가능성이 현실화"되자 불안에 빠진 인간들은, 그럼에도 예전의 못된 습성을 버리지 못했다고 비판한다. "탄소 연료가 대기 온도를 상승시킨다는 사실을 깨닫고 서둘러 원자력 발전소를 세운다. 수십만년간 분해되지 않을, 지구와 생명체를 파괴할 방사능 오염은 아랑곳하지 않는다. 두려움에 빠진 내가 가시를 세우고 이빨을 드러내며 쉭쉭거릴 때, 당신들은 지구와 그 생명체 전체를 절멸시킬 거대한 칼날을 마구 휘둘러 대고 있"(p. 117)다는 것이다. 그렇게 절멸의 위험을 강조하면서 혹등고래를 통해 "공존"(p. 96)의 소망을 드러낸다.

코로나19 시절에 더 주목되었던 '질병X'는 2018년 2월 세계보건기구(WHO)가 발표한 '추후 세계 대유행을 일으킬 바이러스 8가지' 중 마지막 '미지의 바이러스'를 일컫는다. 향후 출현될 것으로 예측되어 미리 대비해야 할 요주의 신종 질병의 범칭이다. 코로나19 바이러스가 여러 변종을 낳는 것으로 보도되는 가운데, 코로나19가 질병X라면 어떻게 하나, 많은 이들이 두려워한다. 백신과 치료제 개발 시기나 효용에 대해서도 세계적으로 논란이 되다 보니, 얼마 전까지만 하더라도, 코로나 '이전'과 '이후'로 나뉠 수 있다고 했던 이들이, 이제는 코로나 '이전'과 코로나 '도중'으로 나뉠 수밖에 없을 것이라고 말하는 이들도 늘어났다. 감염의 고리가 끊어지지 않고 오히려 변종 바이러스들이 빠르게 활동하는 것처럼 보이는 가운데, 그래서 어쩔 수 없이 사회적 거리두기가 여전히 진행되는 상황이기에, 우리가 과연 이전의 일상으로 다시 돌아갈 수 있을까, 걱정한다. 그럴 수밖에 없는 시절이다. 그토록 속절없는 걱정의 시절에, 이 글은 산업화 이후 한국소설이 생태 환경 위기 문제에 대해 어떻게 파악하고 상상하고 성찰했었는지 살피면서, 이 위기 상황을 건널 수 있을지에 대해 문학 상상력은 어떤 예지를 제공할 수 있는지 헤아려보고자 한다.

2. "우리는 이미 많은 것을 죽였다"

산업화가 본격적으로 전개된 1970년대에 사회생태적 측면에서 구조적으로 환경 문제에 접근한 작가로 우선 조세희가 주목된다. 그가 보기에 산업화 와중에 하층 '난장이'네는 이중으로 고난을 강요받는다. 경제적 불평등으로 인한 질곡에 시달려야 함은 물론 상대적으로 더 공해로 인한 피해에 속수무책이다. 둘 다 자본가들의 속악한 욕망 탓이라고 그는 생각한다. 그의 인식에 따르면 공해가 증폭되는 일차적 이유는 자본가들이 부가적인 이윤 확보를 위해 공해 예방을 위한 사회적 비용을 충분히 지불하지 않기 때문이다. 그런 사례들이 「기계도시」, 「오늘 쓰러진 네모」, 「죽어가는 강」, 「침묵의 뿌리」 등 여러 소설들에 펼쳐져 있다. 그 중 연작소설 『난장이가 쏘아올린 작은 공』의 「기계도시」 부분을 먼저 살펴보자.

> 수없이 솟은 굴뚝에서 시커먼 연기가 오르고, 공장 안에서는 기계들이 돌아간다. 노동자들이 그곳에서 일한다. [⋯] 그곳 공기 속에는 유독 가스와 매연, 그리고 분진이 섞여 있다. 모든 공장이 제품 생산량에 비례하는 흑갈색, 황갈색의 폐수, 폐유를 하천으로 토해낸다. 상류에서 나온 공장 폐수는 다른 공장 용수로

> 다시 쓰이고, 다시 토해져 흘러 내려가다 바다로 들어간다. 은강 내항은 썩은 바다로 괴어 있다. 공장 주변의 생물체는 서서히 죽어가고 있다. […] 아이들을 안고 병원으로 달려가던 어른들도 악취 때문에 제대로 숨을 쉴 수 없었다. 눈이 아프고, 목이 따가왔다. 견딜 수 없는 사람들이거리로 뛰어나왔다. […] 수많은 공장, 그 공장을 움직이는 경영인들, 그리고 그 경영인들을 움직일 수 있는 사람들은 서울에 있었다. 그들은 공장 기계를 돌리기 위해 물리적인 힘만을 사용하고, 그 힘의 일부로 은강의 공해도를 측정, 발표했다.(「기계도시」)[7]

공장 지대의 공해 상황을 실감 있게 보여주면서 그 지역에 사는 '난장이네'가 얼마나 고통받고 있는지 묘사한다. 그리고 공장 지대가 서울에 살면서 공장 기계 돌리는 것을 명령할 뿐만 아니라 공해도 측정에도 관여하고 있음을 드러낸다. 공정하지 않은 시스템에 대한 지적이다. 공해를 조장하는 것은 자본가들의 무정부적 욕망과 반성 없고 사랑 없는 행태 때문인데 그로 인한 일차적이고 직접적인 피해는 고스란히 난장이들의 몫이 된다는 인식을 드러낸다. 그것은 결코 단순하지 않은 사태임을 이미 조세희는 직관한 것 같다. 당장은 공장 지대의 '난장이'들이 더 피해를 보겠지만 결국 모두가 위험해질 수 있음을, 절멸 내지 공멸의 위협에 처하게 될 수 있음을 「죽어가는 강」에서 통렬하게 환기한다.

---

7 조세희, 『난장이가 쏘아올린 작은 공』, 이성과힘, 2000, pp. 185~187.

> 강은 이미 죽어가고 있었다. […] 강은 오염된 물을 안은 채 모로 누워 신음했다. 썩는 냄새가 지독했다. 우리 도시의 심장이 썩어가고 있었다. 큰 투기업자들이 그 심장 부위에 더 큰 상처를 남기며 우리 도시에 새로운 폐허를 세우고 있었다. 입술이 그 아침에 탔다. 나는 뒷굽이 닳아버린 운동화를 고쳐 신으며 강둑을 넘을 때 풀섶에서 옮아온 이슬을 털었다. 이슬의 투명도에 대해서만은 의심을 품고 싶지 않았다. 우리는 이미 많은 것을 죽였다. 햇빛과 달빛과 별빛을 죽였고, 은하수를 죽였고, 가로수를 죽였고, 꽃을 죽였고, 나비·벌·잠자리에 반디까지 죽였다. 살아남은 것들에는 상처를 입혔다.(「죽어가는 강」)[8]

그러고 싶지 않지만 영롱한 아침 이슬마저 의심해야 하는 상황을 언급하면서 이미 많은 것을 죽였다고 적는다. 특히 "햇빛과 달빛과 별빛을 죽였고, 은하수를 죽였고, 가로수를 죽였고, 꽃을 죽였고, 나비·벌·잠자리에 반디까지 죽였다."는 대목에서 자연 생태 전반에 가한 죽임을 행태가 상징적으로 보고된다. 이미 많은 것을 죽였을 뿐만 아니라 아직 살아남은 것들에도 많은 상처를 입혔다는 것, 그렇게 된 데는 인간의 파괴적 욕망 탓이라고 작가는 생각했다. 「환경 파괴」에서 조세희는 "사람들의 욕망이 바른 가치를 파괴하고, 그 파괴의 결과는 나중에 사람들을 괴롭힌다."[9]면서 "〈풍요한 낙원의 건설〉이라는 명제가 아주 단순하게 언제까지나 받아들여질 수는 없다. 혼탁한 대신 풍

8 조세희, 『시간여행』, 문학과지성사, 1983, p. 144.

9 조세희 『난장이 마을의 유리병정』, 동서문화사, 1979, p. 209.

요한 낙원의 이름으로 가난하지만 깨끗한 낙원을 더 이상 파괴해서는 안될 것이기 때문이다."[10]는 입장을 분명히 한 것도 그런 까닭이다.

조세희가 정치경제적 입장에서 공해 환경과 그 생태에 구조적으로 접근하여 상징적인 축도를 제시하고 그와 관련한 선명한 입장을 천명하는 방식을 취했다면, 「도요새에 관한 명상」에서 김원일은 더 구체적으로 인간이 얼마나 많은 것을 죽이고 있는가를 형상화했다. 낙동강 하구 도요새 도래지를 배경으로 운동권 학생이었다가 낙향하여 환경운동을 하는 형 병국과 세속적인 동생 병식, 그리고 생태 환경을 연구하는 생물학 교수 정배 등을 등장시켜 문제 설정과 관찰, 탐문의 세목을 귀납적으로 더했다. 문제는 "개발이나 공해로 자연환경이 파손되면 그것에 살고 있던 생물은 생존치 못한다"[11]는 것인데, 이 문제를 서사적으로 논증하기 위해 김원일은 구체적 양태를 매우 주밀하게 탐사한다. 우선 공장에서 "흘러나오는 대량의 폐하수와 유독 물질이 한정된 수계에 집중적으로 방출됨으로써 자연정화수는 완전히 상실되어가고"[12] 강의 생태는 악화일로에 있다고 보고한다. 보호조나 희귀조의 생태 서식지가 훼손되어 점차로 그런 새들을 볼 수 없게 되었음을 관찰한다.

> 이런 절기쯤이면 동진강 하구의 삼각주에는 여러 종류의 나

---

10 앞의 책, p. 217.

11 김원일, 『도요새에 관한 명상/ 환멸을 찾아서 외』, 강, 2012, p. 21.

12 같은 곳.

> 그네새와 철새를 볼 수 있었다. 천둥오리·바다오리·황오리·왜가리·고니·기러기·꼬마물떼새·흰목물떼새·중부리도요·민물도요·원앙이·농병아리 등, 수십 종의 철새와 나그네새가 먹이를 쫓아 싸대는 수다스런 행동거지가 볼 만했다. 각양각색의 목청으로 우짖는 소리와 날개 치는 소리가 강변 갈대밭을 덮었다. 동남만 일대가 공업화의 도전을 받자 새의 종류와 수가 줄어들었다. 근년에 그 현상은 더 현저해져 공해에 강한 새들만 동진만을 찾아들 뿐, 천연기념물로 지정된 새나 보호조는 날아들지 않는 종류까지 생겼다.[13]

공업화에 따른 폐해에 철새들에게만 있는 것이 아니다. 인간 삶에도 현저하게 영향을 끼친다. 그 대표적 사례로 작가는 미나마타병을 들어 문제의 심각성을 환기한다.[14] 갈대와 풀이 죄 말라버리고 "벌레는 물론이고 지렁이류의 환형동물조차 살 수 없는 버려진 땅"[15]이 되어버리고, 점점 인간도 병들어 가는데도 사람들은 인간 중심적 물질문명의 방향을 되돌릴 생각을 하지 않는다. 그런 형편을 성찰하던

---

13 앞의 책, p. 28.

14 "미나마타병은 일본 구마모토 현 미나마타 시에 있는 신니치 질소 비료공장이 아세트알데히드를 제조하는 과정에서 부산물로 나온 메틸수은이 함유된 폐수를 미나마타 강에 그대로 배출함으로써 야기된 공해병이었다. 메틸수은에 오염된 어패류를 장기간 섭취한 현지 주민이 그 병에 걸리자, 앓는 환자가 천육백여 명, 사망한 환자가 이백팔십여 명이나 되었다. 미나마타병은 지각장애, 청각장애, 혀의 경화 등을 일으키며, 임산부의 경우에는 태아가 그 수은을 흡수하면 태아성 미나마타병에 걸려 출생 후부터 일생을 식물인간으로 살아야 하는 무서운 공해병이었다."(앞의 책, p. 32)

15 앞의 책 p. 45.

중 병국은 환청처럼 이런 도요새의 재잘거림을 듣는다.

> 내 유전자 속에는 조상새로부터 물려받은 선험적인 길눈이 따로 있다. 우리는 각각 떨어진 개체지만 나는 속도가 일정하고, 행로가 분명하기에 낙오되거나 헤어지지 않는다. 오백만 년 전 신생대부터 조상새는 고통의 긴 여행을 터득해왔기 때문이다. 인간이 감히 상상할 수 없는 바다와 하늘이 맞물려 있는 무공천지에 길을 열어 봄가을로 두 차례 대이동을 한다. 오직 생활환경에 적응하기 위해서라고 치부한다면 인간도 거기에 예외일 수 없다. 오히려 인간은 환경에 적응한다는 핑계로 사악해지고, 탐욕스럽고, 음란하고, 권력욕에 차 있다. 자연의 환경을 파괴하고 끝내 너희들을 파멸의 길로 이끌 물질문명의 노예가 되지 않았는가……[16]

사악한 탐욕이 끝내 파멸의 길로 이끌 것이라는 도요새의 준열한 경고를, 그러나 사람들은 아직 제대로 들을 준비가 되어 있지 않다고, 작가는 생각한 것 같다. 동생 병식은 용돈이나 벌겠다고 희귀조를 독살하여 박제상에게 파는 몰상식한 거래에 아무런 거리낌 없이 동참하고 있는데, 그런 동생에게 형 병국이 일침을 가한다. "희귀조가 멸종되고 있다는 건 너도 알지? 인간이 새를 창조할 순 없어."[17] 새를 창조할 수 없기에 겸손해져야 한다고, 인간 마음대로 죽여서는 안 된다고, 그래야 인간도 살 수 있다고 생각하는 형의 메시지를, 그러나 동

---

16 앞의 책, p. 39.

17 앞의 책, p. 76.

생은 제대로 헤아리지 못한다. 아니 그럴 생각도, 마음도, 없는 듯 보인다. 사정이 그러하기에 형 병국의 명상 속에서는 자꾸 "도요새가 당하는 피해만 환상으로"[18] 떠오른다.

조세희와 김원일은 산업화 시대에 비교적 일찌감치 생태 문제를 소설화한 작가에 속한다. 조세희가 연역적인 입장에서 판단했다면, 김원일은 귀납적으로 문제를 탐문하려는 경향을 보였다. 그럼에도 인간 욕망의 악무한을 경계하는 윤리적 태도를 보였다는 점에서는 비슷하다. 물론 윤리적인 문제에서 그치는 것은 아니다. 생태 환경 문제가 이제 일부 지역이나 주민들에게 국한된 문제일 수 없으며, 그야말로 전 지역에 걸친 공동의 심각한 문제라는 인식의 지평을 새롭게 열었다는 의미도 확인할 수 있다. 그런데 「도요새에 관한 명상」에는 아직 본격적인 환경운동가의 이야기는 나오지 않는다. 그럴 단계 이전의 소설인 까닭이다. 민족·민중·계급 문제와 관련한 서사가 전경화되었던 1980년대를 거쳐 1990년대를 지나면서 환경 문제에 대한 더욱 면밀하고 다양한 탐색이 전개된다.[19] 그 가운데 직접 환경 운동을 치열하게

18 앞의 책, p. 81.

19 원폭 피해자 문제를 다룬 최창학의 「해변의 묘지」, 원자력 발전소 건설과 관련한 방사능 피해 문제를 다룬 우한용의 「불바람」, 원폭 피해자 문제와 방사능 오염 문제의 심각성을 극적으로 환기한 김원일의 「히로시마의 불꽃」을 비롯해 최근 박솔뫼의 「거울의 눈빛」, 최은미의 장편 『아홉번째 파도』에 이르기까지 원자력 문제를 다룬 소설들도 주요한 흐름을 형성한 것이 사실이다. 또 "바다가 죽고, 사람들도 죽어가고 있다. 오랜 노동의 땀방울로 굽이치던 바다는 이제 흐르기를 멈추고 물고기들은 더 이상 깃들지 않는다. 누구든 보리라. 가진 자의 풍성한 식탁을 위하여 밀려난 자들의 삶이 어떻게 찢기고 파괴되어 갔는지를. 그리고 그 곁에서 우리의 겁 많은 양심이 어떻게 질식한 채 누웠는지를." 라는 『한국의 공해지도』(한국공해

전개하면서 작품을 쓴 최성각의 소설이 주목된다.

3. 세계 최대 공해 실험장 vs 풀꽃나라

남달리 환경운동에 앞장선 작가 최성각은 「동강은 황새여울을 안고 흐른다」, 「강을 위한 미사」, 「강물은 흘러야 하고, 갯벌에는 갯것들이 넘쳐야」 등 여러 작품에서 동강댐 문제를 비롯한 환경 문제와 그와 관련된 일련의 실천 운동을 형상화함으로써, 소설의 현실 대응력이 여전히 살아있음을 증거한다. 그에게 있어서 '소설은 삶의 말짓풀이'이고, '삶은 소설의 몸짓풀이'다. 이런 환류 체계가 소설에서 그대로 빚어진 사례가 「강을 위한 미사」다. 미사 봉헌기 형식의 이 소설은 있는 현실을 거의 그대로 재현한 일종의 수기처럼 보이기도 한다. 그도 그럴 것이 1999년 3월 15일에 영월의 성당에서 있었던 '영월댐 백지화를 위한 기도회' 실황을 거의 중계한 텍스트이기 때문이다. 미사라는 제의의 몸짓풀이 묘사와 미사 강론의 말짓풀이 설명이 한 공간 안에서 어우러지면서 실재이자 허구인 양면성을 지닌 텍스트가 되었

문제연구소 편)의 메시지를 인용하는 것으로부터 시작하고 있는 이정창의 『불꽃바다』는 환경 문제를 전면에 부각시킨 최초의 장편소설이다. 이 작품에서 작가는 인간의 삶의 터전을 파괴함은 물론 마침내 생명마저 위협하고 있는 공해현실에 대한 폭넓고 구체적인 인식을 보여주고 있다. 이남희의 『바다로부터의 긴 이별』 역시 바다 공해문제를 다룬 장편이다. 푸르른 바닷가 마을에 어느날 갑자기 공해와 오염의 충격이 다가온다. 중금속과 화학 폐수로 죽어가는 바다에 대한 안타까움의 향수를 서정적 화폭으로 형상화한 이 소설은 확실히 공해증폭시대를 살고 있는 인간들의 비극적 인식의 느낌표에 값하는 작품이라 하겠다.

다. 물론 주제적인 측면에서는 미사 강론에서의 설명적 내지 설득적 메시지, 예컨대 "이제 우리는 환경을 죽여서 내가 사는 상극의 시대가 아니라, 서로가 살기 위해서 환경을 살려야 하는 상생의 시대를 살아야 함을 깨달아야 합니다. [···] 우리는 환경이 살 수 있어야 우리가 살 수 있는, 상생의 삶을 깨달읍시다. 자연을 파괴하고 마구잡이식으로 환경이 파괴되면 결국 인간 생명도 파괴됨을 깨달아야 합니다."[20]라는 식으로 당시 우리 사회에서 초미의 관심사였던 동강댐 건설 반대 운동이 전경화되는 게 사실이다. 하지만 작가는 그것을 억압적인 방식으로 들려주려 하지 않는다. 미사라는 제의의 분위기를 아주 효과적으로 살려내면서 분위기의 구비구비에 주제적 말짓풀이를 하고 있다.

「강물은 흘러야 하고, 갯벌에는 갯것들이 넘쳐야」 또한 이 땅의 생태 환경 상황에 대한 작가의 정직한 대결 양상을 직정적으로 보여준 서사다. 새만금 사업을 반대하는 삼보일배에 동참한 경험이 생생하게 살아 있는 이 손바닥소설 시리즈에서 최성각은 걷는다는 것의 의미를 진지하게 성찰한다. 성산(星山) 캉린포체(카일라스 산)를 오체투지로 기어갔던 티베트인들의 경우, 그 어려운 순행(巡行)을 누가 강요하지 않았지만 "자신의 카르마"에 바탕을 두고 "덕행의 염원을 스스로에게 표시하고 걸음으로써 공덕을 쌓는다는 자기최면을 조용히 실행"한 것이었는데, "DMZ를 걸어서 횡단하고 있는 환경 단체 회원들, 지난 가을에 우리 쌀을 살리기 위해 100일 동안 걸었던 이들"은 "자기 시대의 카르마" 때문에 의지적으로 걸은 경우라며, "가장 작은 맨몸뚱이로

---

20 최성각, 『쫓기는 새』, 실천문학사, 2013, pp. 73~74.

가장 큰 것과 싸우는 적극적 수동성"이라고 정의한 어떤 시인의 말을 소개하기도 한다.[21] "'갯벌을 살리는 일은 지금이라도 갯벌을 그냥 놔두는 일밖에 없다'고 말하기 위해 일단의 보잘것없는 사람들이 어린 애들 손잡고 겨울 벌판을 뚜벅뚜벅 250킬로나 걸어왔건만, 그렇게 몸으로 신음 같은 외마디 소리를 냈지만, 방조제는 오늘도 여전히 쌓이고 있"는 상황을 환기하면서 서술자는 "이 나라에 정말 희망이 있는 것일까?" 질문한다.[22] 그 과정에서 북미 인디언의 명상을 빌어 발전이란 무엇인가? 궁리하기도 하는 서술자는 "자유독립공화국 풀꽃나라"라는 사적 국가의 건국 이야기를 전한다. "인디언들은 국가를 만들지 않고도 숲과 연어를 보호하면서 서로 끔찍이 사랑하면서 살았다는데, 온갖 못된 국가 폭력을 '공적'이라는 이유로 거침없이 자행하는 국가는 도대체 무엇일까?" 고민하다가 2003년 10월 초순에 만들었다는 생태공화국 말이다.

> 국방부장관과 건설부장관은 따로 마련할 필요가 없었다. 타국을 침입할 일도, 외적으로부터 침입받을 이유도 없고, 쓸데없이 터널을 뚫고 도로를 넓히고, 뇌물 작업과 함께 외국의 고속전철을 들일 필요도, 강이란 강은 모두 막아 댐을 만들 필요는 더욱 없었기 때문이다. 지뢰를 심어놓은 적이 없으므로 대인지뢰대책위원회 역시 마련할 필요가 없었다. 환경부장관도 특별히 할 일이 없어 선출할 필요가 없고, 성차별이 없기 때문에 여성부장

---

21 앞의 책, p. 304.

22 앞의 책, p. 309.

> 관도 필요 없다. 일한 소출을 똑같이 나누는 데다가 주 사흘만 일하고 나머지 날은 노는 게 일이었기 때문에 쟁의가 일어날 일도 없어서 노동부장관도 소용이 없었다. […]
>
> 풀꽃 문장에 새겨진 이 나라의 모토는 '우리는 행복하기 위해 태어났다'이다.[23]

"우리는 행복하기 위해 태어났다"는 이 풀꽃나라 사람들은 "사회는 그 자체가 고도로 복잡한 실체이기 때문에 국가에 의해서 조직되어선 안 되고 개인과 지역의 다양한 필요에 상응하는 방식으로 조직되어야만 한다는 신념"[24]을 견지했던 머레이 북친을 비롯한 사회 생태론자들이 보였던 무정부주의적 경향을 떠올리게 하는 대목이다. 현실 세계의 국가들이 자행하는 폭력과 전쟁, 파괴와 오염에 맞서 자치 공화국을 수립한 그들은 비록 조금 가난하더라도 오로지 건강하게 여유 있게 행복하게 살기를 소망한 생태 공화국의 주민들이다. 현실 국가들이 국민의 안전과 건강을 책임질 수 없다는 인식은 예전의 「약사여래는 오지 않는다」 시절부터 최성각이 지속적으로 해왔던 사유인 것 같다.

물 혹은 수질 오염 문제를 구체적으로 다루면서 병을 고쳐준다는 '약사여래'가 오지 않는, 혹은 약사여래가 떠나버린 지구상 인간들의 건강과 행복 문제를 형상화한 이 소설에서, 실제 작가 최성각을 그대로 닮은 서술자는 이 땅의 생태 현실에 대해 매우 비판적이다. "야밤

23 앞의 책, p. 371.

24 문순홍, 『생태학의 담론』, 아르케, 2006, pp. 125~126.

이나 폭우를 틈타 비밀 배출구로 강을 더 치명적으로 오염시키는 공장 폐수를 버려 물고기가 떼 죽음을 당하고, 먹을 것에 먹으면 안 될 것을 넣은 공장과 그걸 헐하게 사서 비싸게 파는 백화점들 따위의 어처구니없는 일들의 일상화로"[25] 인간의 육체 또한 온전할 리 없다고 생각한다. "육신이란 철, 카드뮴, 중성 세제, 크롬, 납, 망간 등의 맹독성 중금속이 쌓이는 부드러운 그릇이거나, 막다른 골목이거나, 일찍 현실로 드러날 예고된 죽음을 향해 달리는 불행 덩어리"[26]일 뿐이라며 안타까워한다. 일상에서 나름대로 생태적인 실천을 하는 그는 한번 쓰고 버려지는 석유 화학 제품들, 이를테면 "플라스틱이나 자장면에 씌워진 랩이나 슈퍼에서 아이스크림 하나를 사도 담아주는 비닐 봉지, 분해되지 않는 합성 세제들"을 꺼리고, "일산화탄소와 아황산가스, 질소산화물과 탄화수소, 그리고 수돗물에 함유된 중금속류와 강력한 발암 물질인 벤조피렌…… 디젤엔진, 가공할 만한 산성비, 그리고 무엇보다도 이 땅에 얼마나 비치되어 있는지 비밀에 부쳐져 있는 핵무기 및 핵기지들을 혐오하고 두려워"하는 사람이다. 그래서 이 땅을 두고 "세계 최대의 공해 실험장"이라고 하는 침통한 말에 동의하는 편이다.[27] 이러한 주인공이 유락산 자락에 자리한 약사전(藥師殿) 옆에 있다는 광덕약수(光德藥水)터에 물을 뜨러 가면서 생기는 일을 중심으로 전개되는 이 소설에서 약사전 벽에 그려진 불화의 상징성이

25 최성각, 『부용산』, 솔, 1998, p. 66.

26 앞의 책, pp. 47~48.

27 앞의 책, p. 69.

주목된다.

> 자세히 살펴보니 뜰에 과일이 주렁주렁 탐스럽게 달린 과일 나무가 서 있고 그 뒤쪽의 벼랑 너머 산에는 눈이 덮여 있는 것 같기도 했고, 벼랑에 서 있는 단풍나무로 보아 만산홍엽을 그린 것 같기도 했다. 그림 오른쪽에는 잿빛 벽돌을 쌓아올린 누대에 곱게 머리를 빗어 올린 여인이 이불을 쓰고 앓아 누워 있었다. 그런데 특이한 일은 여인의 오른쪽 손목과 뜰의 과일 나무가 가느다란 흰 실로 연결되어 있다는 점이었다. 그 그림이 하도 고요하고 그로서는 처음 보는 불화인지라 그는 한참을 뚫어져라 벽화를 살피다가 약사전의 뒷벽으로 갔다.[28]

약사여래를 모신 약사전에 그려진 불화라는 맥락을 헤아리자면, 과일 나무는 생명의 우주목(cosmic tree)이고, 그 생명의 나무와 여인의 손목에 가느다란 흰 실로 연결되어 있었다는 것은 약사여래의 치유의 힘이 우주목을 통해 여인에게 역사함을 암시한 것으로 파악할 수 있다. 이런 그림을 보면서 주인공은 "볼수록 재미있는 그림"이라는 느낌과 더불어 "불현듯 아무런 영문도 없이 그는 저 하얗고 가느다란 실이 끊어지면 어떡하나" 하는 생각에 사로잡힌다. "왠지 그 가느다란 실이 위태롭게 느껴졌"다고 했다.[29] 그 불안은 오래잖아 단순한 신호만이 아니었음을 확인시켜준다. 약사전 옆의 오솔길 끝에 자리잡은 광덕약

---

28 앞의 책, p. 82.

29 같은 곳.

수를 떠다먹던 주인공은 어느 날 그 약수가 식수로 부적합하다는 판정을 확인하게 된다. 허탈하고 안타까운 마음으로 발길을 돌리던 그는 약사전 불화를 다시 보게 되는데 처음 봤을 때 "그토록 팽팽하게 서로 이어져 있었던 그 실"은 "툭 끊어져 뜰 바닥에 떨어져 있었고, 여인의 손목은 힘없이 아래로 쳐져 있"[30]는 모습을 환상처럼 보게 된 것이다. 물론 실제 불화(佛畫)에서 일어난 사단은 아니었을 것이다. 약사전 벽의 불화(佛畫)와 주인공 마음의 불화(不和) 사이에서 형성된 환각이었을 가능성이 크다. 약수터를 독점하려고 이기적인 행태를 보였던 청심약수회 사람들, 약수물을 뜨려 기다리는 동안 사람들 사이의 크고작은 다툼을 경험하면서 주인공은 내내 마음이 편치 않았다. 결국 광덕약수터가 식수로서 부적합 판정을 받게 된 것도 따지고 보면 땅과 물과 반자연적 행태를 일삼는 인간 사이의 불화 때문이 아니었을까. 그런저런 불화(不和)의 구체들이 생명과 치유를 상징하던 불화(佛畫)를 불안하게 일그러뜨린 것이 아닐까 짐작된다. 그러니까 최성각은 진정한 불화(佛畫)의 상징성을 회복하기 위해, "세계 최대의 공해 실험장"과 불화(不和)하며 치열하게 싸울 수밖에 없었던 환경운동가요, 그러면서 생명의 풀꽃나라를 지향하기 위해 생태 이야기들에 다양하고 역동적인 생기를 부여하려 한 작가라고 할 수 있다. 『사막의 우물 파는 인부』, 『쫓기는 새』, 『거위, 맞다와 무답이』 등 그의 생태소설집은 물론 『달려라 냇물아』, 『날아라 새들아』, 『나는 오늘도 책을 읽었다』, 『욕망과 파국』, 『나무가 있던 하늘』 등 생태 산문집에 수록된 생태 담

30 앞의 책, p. 88.

론들이 주목에 값하는 이유는 분명하다.

4. 역병의 시대, 와해된 사람들, 리셋?

최성각의 소망과는 달리 풀꽃나라가 제도적인 세상과 그리 실질적인 교류를 하기 어려웠던 까닭일까. "세계 최대의 공해 실험장"과 불화(不和)가 좀처럼 줄어들지 않는 가운데 생태 환경과 관련한 작가들의 상상은 더 부정적인 쪽으로 심화되는 경향을 보인다. 편혜영의 첫 소설집의 표제작인 「아오이가든」은 매우 그로테스크한 방식으로 역병의 시대에 쓰레기처럼 버려진 도시와 인간의 풍경을 그렸다. 역병이 떠돈 이후 도시는 쓰레기들로 엉망이 되었고, 그것들이 썩어가는 냄새로 사람들은 제대로 숨도 쉬기 어려운 상황이다. 그 냄새 풍기는 도시의 한가운데 아오이가든이 있는데, 역병이 떠돌자 많은 주민이 떠났고, 남아 있는 사람들은 사람다운 삶으로부터 속절없이 거절당한다. 코로나19 시절 이후 더욱 인상적으로 읽히는 장면이 아닐 수 없다.

> 당국은 최초에 아오이가든에서 병이 퍼지기 시작하던 때에 병원체에 대해서 파악조차 못 했다. […] 예방법이나 치료법에 대해서는 풍문만 떠돌았다. 백신이나 치료제를 개발하는 일은 꿈도 못 꿨다. 의사들은 환자와 접촉하려 들지 않았다. 환자를 치료하던 의사 중 일부가 감염된 것이 밝혀졌기 때문이었다. 사람들은 두 겹으로 마스크를 썼다. 손에는 일회용 위생장갑이나 수술용 고무장갑을 꼈다. 어쨌거나 병에 감염되지 않는 게 상책이었다.

> 어쩌면 몇 백 년 후에야 백신이나 치료제가 개발될 것이다. 당국은 병의 치사율이 그렇게 높지 않다고 발표했다. 그러나 감염률은 높고 치료제는 찾을 수 없기 때문에 공포는 사그라지지 않았다. 병에 걸리면 죽는 일을 기다리는 것과 다른 사람에게 병을 옮기는 것밖에는 할 게 없었다. 병에 걸리지 않았다고 나을 것도 없었다. 오히려 그들은 언제 닥칠지 모르는, 공기 중에 떠도는 역병의 기운과 병에 걸릴지도 모른다는 두려움과 맞서느라 죽은 것이나 다름없이 살고 있었다.[31]

사정이 그토록 엄중하기에 주인공은 "역병이 돌기 이전의 시간"을 잘 기억하지 못한다. 도대체 언제부터 역병이 시작된 것인지도 아득하기만 하다. "그저 세상은 역병이 맹렬할 때와 잠잠할 때의 두 모습으로 나뉘어 있었다."[32]는 진술이 무엇보다 인상적이다. 편혜영이 상상한 역병이 곧 질병X였을까. 백신도 치료제도 개발하기 어려운 그 질병X. 역병이 도는 거리에서 나는 악취보다 더한 냄새가 누이에게서 나자, 주인공은 "그 냄새가 끊임없이 구역질을 일으켜 우리를 마르게 하고, 피부를 까맣게 만들며 끝내는 내장을 썩게 할 거라고 생각"(p. 56)한다. 편혜영은 상상력으로 더 가열차게 묵시록적으로 치닫는다. "피로 물든 누이의 가랑이에서 나온 것은 다리가 가늘고 몸통이 큰 개구리였다. […] 개구리들은 그녀의 손이 닿을 때마다 눈알이 터지도록 울음을 터뜨렸다. 그리고 터진 눈알에서 흘린 피로 몸을 물들였다. 태

---

31 편혜영, 『아오이가든』, 문학과지성사, 2005, pp. 48~49.

32 앞의 책, p. 54.

어난 것이 개구리라고 해서 당황한 사람은 우리 중에 아무도 없었다. […] 나는 구역질을 참지 못하고 뱃속의 것을 게워냈다. 붉은 내장들이 계속 쏟아졌다. 고양이의 것인지 내 것인지 헛갈릴 정도로 많은 양이었다."(p. 60). 이토록 끔찍한 악몽보다 더 끔찍한 상황을 묘출하며 팬데믹을 미리 경계한 것이었을까. 그러니까 「아오이가든」은 생태 환경이 탈났을 때 그 끝은 어디로 향하고 있을지 미리 예감해 본 소설이다. 출구조차 보이지 않는 그 암담한 묵시록적 증후 앞에서 그 누구라도 아연실색하지 않을 수 없다.

장편 『재와 빨강』에서 편혜영은 역병의 시대에 대한 서사적 탐문을 더욱 넓고 깊게 밀고 나간다. 방역업체 약품개발원인 주인공은 C국으로 파견 근무를 가게 되는데, 거기서 쓰레기처럼 생을 폐기당하게 되는 어처구니없는 전락의 과정을 겪는다. 세계적인 전염병 추세로 인해 공항에서 검역을 받는 장면부터 소설은 시작한다. "병은 감염경로가 확실하게 알려지지 않은 채 최초의 발병국을 넘어 짚자리에 불이 붙듯 이미 전세계 대부분의 국가에서 폭발적으로 확산되고 있었다. 감염경로가 불분명하고 치료약이 개발 단계에 있고 전염력이 높으며 국가간에 부족한 백신을 확보하기 위한 암투가 치열해지고"[33] 있는 상황에서 언어도 원활하게 소통되지 않는 C국에 던져진 그는 이틀만에 풀려나긴 하지만, 그가 거주할 곳은 대량의 산업폐기물과 가정용 쓰레기를 함께 매립한 후 재개발해 만든 제4구였다. 쓰레기들이 즐비한 거리에서 나는 악취, 아오이가든보다 더한 악취 속에서 인간

33 편혜영, 『재와 빨강』, 창비, 2010, p. 9.

다운 삶이 보장될지 고민하지만, 곧 그런 고민도 한갓 사치에 불과함을 곧 절감하게 된다. "도덕과 질서와 교양과 친절이 정당한 세계에서 약탈과 노략질과 폭력과 쓰레기가 정당한 세계로 진입했음을 깨달"[34]아야 했기 때문이다. "중요한 것은 C국에 창궐하는 전염병으로부터, 비위생적인 거리의 쓰레깃더미로부터, 감염자가 들끓는 아파트로부터 자신을 보호하는 일"[35]이었지만, 그럴 수단과 방법이 그에게 허용되지 않는다. 공식적으로 회사에 출근할 길도 막히고, 거주할 아파트에도 들어갈 수 없어, 생면부지 타국 공원 노숙자로 전락할 수밖에 없었기 때문이다. "누군가와 얘기하고 싶은 욕구가 강해질수록 그는 자기 주변에는 쓰레기와 병균뿐이라는 것을, 자신을 둘러싼 그런 세계에 대해 말할 수 있는 사람이 아무도 없다는 것을 깨"[36]닫는 데 그리 오랜 시간이 걸리지 않았다. '역병의 시대'에 부랑자의 처지는 무척 불우했다.

> 지금은 역병의 시대였다. 뭐든 조심해서 나쁠 게 없었다. 감염 경로가 불확실하다는 것은 대기 중에 퍼진 바이러스로 전염되거나 가벼운 신체접촉만으로도 전염될 수 있다는 얘기였다. 부랑자에게 전염병은 곧 죽음이었다. 누군가 병에 걸렸다면 누구라도 전염될 수 있었다. 그러니 병에 걸렸거나 걸렸다고 의심되는 사람은 공원을 떠나야 했고 자발적으로 떠나지 않는다면, 떠날 수 없

34 앞의 책, p. 55.

35 앞의 책, p. 87.

36 앞의 책, p. 133.

다면 버려져야 마땅했다.[37]

공원에서 쓰레기를 뒤지며 연명하다가 쥐들이 득시글거리는 지하 시궁창으로 더 추락하게 되는 이야기가 전개된다. 그 과정은 참혹하기 그지 없다. "외국인이 전염병을 옮겨왔다는 소문도 있어. 뭐든 나쁜 건 남의 탓을 하는 세상이니까."[38] 라는 노인의 말에서도 알 수 있듯이 비상한 역병의 시기에 외국인으로서 잘 모르는 타국에서 부랑자로 생존하기란 정말 쉽지 않았을 것이다. 더욱이 "죽은 사람은 더럽고 불결한 세균덩어리에 불과하지만 정작 해를 가하는 것은 산 사람들"[39]인 상황이었기 때문이다. 이런 주인공의 가혹한 전락과 비극적 폐기의 과정도 충격적이지만, 마치 10년 후의 코로나19 상황을 예감이라도 한 것처럼, 팬데믹 시절의 풍속을 매우 실감나게 묘사하고 있다는 점도 인상적이다.

> 물론 전염병은 일상의 세세한 부분에 변화를 가져왔다. 사람들은 가급적 약속을 잡지 않았고 피치 못해 만나더라도 악수와 명함을 주고받지 않았으며 마스크를 쓴 채 비즈니스 회의를 진행했고 최초의 인사를 나눴으며 조문을 드렸다. 누구나 양해할 만한 일이었다. 다른 사람의 물건을 만지지 않았고 부득이하게 공중시설을 이용할 때면 일회용 위생장갑을 착용했다. 감염자가

37 앞의 책, p. 146.

38 앞의 책, p. 171.

39 앞의 책, p. 177.

> 손을 댔을지도 모르는 버스와 지하철 손잡이를 만질 수가 없어서 대중교통을 이용하지 않았다. 계단의 난간, 엘리베이터 버튼 같은 것에도 손을 대지 않았다. 언제나 방진 마스크를 착용했으며 사람이 많이 모인 자리에 가게 될 경우에는 정장을 갖춰입듯 방역복을 꺼내 입었다. 쓰레기로 가득 찬 거리를 걸어다니지 않았고 집앞에 방치된 쓰레기를 건드리지 않았다. 전염병이 사람들에게 미친 가장 큰 영향은 질병을 옮겨 사망에 이르게 한 것이 아니라 그것에 대한 두려움으로 다른 사람을 의심하게 한 것이었다. 자신을 제외한 사람들은 잠정적인 병균이었으며 집밖은 바이러스가 부유하는 더럽기 짝이 없는 공간이었다.[40]

단편 「아오이가든」에서는 끔찍한 악몽의 상황에 대한 그로테스크한 상상과 충격적 묘출이 인상적이었다면, 장편 『재와 빨강』에서는 산업쓰레기 매립지 문제를 비롯해, 폐기물 관리의 문제, 여러 인공적 실험의 폐해 등 환경 재난과 팬데믹의 원인을 제공할 수 있는 인공적인 실수의 목록들이 서사의 중요한 논거가 되고 있다는 점에서, 악몽과도 같은 현상을 극화한 장면적 이야기가 아니라 그 장면의 맥락과 원인, 계기와 전개 과정 등에 대한 탐문과 성찰을 통해, 우리 시대 생태 문제에 대한 아주 중요한 증후를 미리 짚었다는 점에서 그 의미가 넉넉한 편이다.

편혜영이 그린 재난급 생태 환경이 아니라고 하더라도, 최성각이 환기하고 경계한 생태 파괴가 계속되는 상황에서라면 사람들의 생

40 앞의 책, p. 180.

명 또한 제대로 보증받기 어렵기 마련이다. 강영숙의 소설 「폴록」 속의 여성 환경운동가 K 이사는 "아무래도 나는 와해된 것 같아"[41]라고 말하는데, 그렇게 와해되기 쉬울 터이다. 지속적으로 환경 문제에 관심을 보였던 강영숙은 장편 『부림지구 벙커X』에서 지진으로 파괴되고 오염된 공간 부림지구를 설정하고, 오로지 불안과 공포만으로 점철된 삶의 생태를 핍절하게 그렸다. "침낭이 딱딱하기도 했지만 벙커의 밤은 늘 고통스러웠다. 아침에 눈을 뜨면 벙커가 무너져내릴지도 모른다는 불안감으로 하루가 시작됐다. 아침이 오면 재해로부터 멀어져야 하는데 오히려 지난밤보다 재해에 더 가까워지곤 했다."[42]는 본문처럼 불안은 깊어만 가고 재난은 심화되고 좀처럼 예전의 일상으로 돌아갈 길이 막막한 사람들의 이야기다. 「폴록」의 K 이사의 말과 비슷한 맥락에서 "우리는 모두 부서지기 쉬운 것들에 불과했을까."[43]라는 말이 소설 끝까지 심연에서 되풀이 환기된다. 제아무리 인공적인 조작을 가해 철옹성 같은 물질문명을 축성한다 하더라도 결국 자연의 순리를 거스르면 부서지고 와해될 수밖에 없다는 엄혹한 자연의 이치에 생각이 머물게 된다. 코로나19 상황에서 이 소설을 출간하면서 강영숙은 이런 '작가의 말'을 전했다. "미세먼지나 황사, 바이러스 같은 물질성의 요소에 의해 우리 삶이 교란되고 있다는 걸, 2020년 2월 신종 코로나바이러스가 국경을 넘어 다른 나라로, 다른 대륙으로 침투하는 이 시

41 강영숙, 『회색문헌』, 문학과지성사, 2016, p. 53.

42 강영숙, 『부림지구 벙커 X』, 창비, 2020, p. 34.

43 앞의 책, p. 35.

점에서 강조할 필요가 있을까. 인간도 냉혹한 자연 세계의 일부이고 자연의 우발적인 공격에 노출되어 있는 우주의 아주 작은 물질에 불과하다는 건 분명하다. 인간과 자연 사이의 갈등은 늘 있어왔지만 이제 정말 본격적으로 시작됐다는 느낌이 드는 건 나만의 감각일까. 미세먼지나 황사보다 눈에 보이는 피해가 더 큰 지진 등의 자연재해는 말할 것도 없을 것이다."[44] '이제 정말 본격적으로 시작되었다는 느낌'이 이 작가만의 느낌만은 아닐 것이어서 더욱 두렵다. 정세랑이나 윤고은도 그런 느낌을 다른 방식으로 형상화한다.

23세기 미래를 배경으로 하여 거대한 지렁이가 인류 문명을 갈아엎는 이야기인 「리셋」을 쓰면서 정세랑은 "23세기 사람들이 21세기 사람들을 역겨워할까봐 두렵다. 지금의 우리가 19세기와 20세기의 폭력을 역겨워하듯이 말이다. 문명이 잘못된 경로를 택하는 상황을 조바심 내며 경계하는 것은 SF 작가들의 직업병일지 모르지만, 이 비정상적이고 기분 나쁜 풍요는 최악으로 끝날 것만 같다"[45]고 말한다. 인류가 '문명의 잘못된 경로'로 가고 있다는 것, 그래서 필연적으로 '리셋'될 수밖에 없는 상황이 도래할 것이라는 끔찍한 예측을 한다. 「리셋」에서 작가는 그 증거로 이런 것들을 제시한다. "우리는 행성의 모든 자원을 고갈시키고 무책임한 쓰레기만 만들고 있었다. 100억에 가까워진 인구가 과잉생산 과잉소비에 몸을 맡겼으니, 멸망은 어차피 멀지 않았었다. 모든 결정은 거대 자본에 방만히 맡긴 채 1년에 한 번

---

44 앞의 책, p. 295.

45 정세랑, 『목소리를 드릴게요』, 아작, 2020, pp. 264~265.

씩 스마트폰을 바꾸고, 15분 동안 식사를 하기 위해 4백 년이 지나도 썩지 않을 플라스틱 용기들을 쓰고, 매년 5천 마리의 오랑우탄을 죽여 가며 팜유로 가짜 초콜릿과 라면을 만들었다. 재활용은 자기기만이었다. 쓰레기를 나눠서 쌓았을 뿐, 실제 재활용률은 형편없었다. 그런 문명에 미래가 있었다면 그게 더 이상했을 것이다."[46] 참으로 일목요연한 진술이 아닐 수 없다. 왜 지렁이가 보복하는 것으로 설정했을까. 두루 알려져 있다시피 지렁이는 가장 생태적인 존재다. 환경의 바로미터라고 해도 좋을 지렁이가 살기 어렵게 하는 인류의 반생태적인 행태에 대한 전본질적인 반성을 유도하기 위함일 터이다. 그와 관련해 윤고은은 『해적판을 타고』에서 매우 심각한 상황이 일상에서 벌어질 수 있음을 경고한다. 마당에서 채소를 기르고 채송화를 가꾸며 살던 잔꽃초등학교 5학년 채유나의 가족이 겪어내는 기막힌 이야기다. 아빠가 근무하는 센터의 긴급한 사정으로 어느날 집 마당에 큰 자루들을 파묻는다. 동물실험을 하는 센터에서 실험용으로 구입한 토끼들이 이미 비소 등 중금속 중독 상태라 실험에 쓸 수 없어 폐기해야 하는데 감사를 앞두고 서둘러 임시방편 조치를 취한 것이다. 두 달이 지나자 마당에서 예전과는 다른 조짐들이 일어난다. 채송화가 죽어가고, 지렁이들이 올라온다. 마당에서 키운 양파나 채소들도 먹지 못할 지경이 된다. 배롱나무도 꽃을 피우지 못한다. 처음엔 세 달만 마당을 빌려달라고 했지만, 센터장이 바뀌면서 해결의 기미가 보이지 않는다. 가족들의 불안을 말할 수 없이 고조되고, 더욱이 이웃의 눈초리

46 앞의 책, pp. 44~45.

들 때문에 그야말로 죽을 맛이다. 가장 행복한 장소가 되어야 할, 이전에는 그랬던 집 마당의 발밑에 중금속에 오염된 토끼 사체들이 묻혀 있다는 것. 이런 위태로운 불안 상황이 비단 가상 상황일 수만은 없다는 생각을 작가는 물론 이 소설을 읽는 독자들도 하게 된다. 그렇지 않은가. 발밑의 흙들에서, 그 땅 속에서 울부짖는 지구의 목소리를 우리가 짐짓 외면하고 살아서 그렇지, 실상 얼마나 참혹한 땅의 목소리들로 가득차 있는가.

5. 대전환에의 의지, 다른 일상으로

조세희나 최성각과 같은 분노와 비판의식, 김원일 같은 구체적이고 생태적인 탐문, 편혜영 같은 묵시록적 최악의 상황 상상, 강영숙 같이 '이제 정말 본격적으로 시작되었다는 느낌'을 지닌 작가들의 생태 위기 상황에 대한 소설적 대응 양상은 그 밖에도 매우 많지만, 지면 관계상 아주 소략한 일부만을 다룰 수밖에 없었다. 이 코로나19 상황에 일련의 소설들을 검토하면서, 우리는 거듭 고민에 빠지지 않을 수 없게 된다. 이제 정말 본격적으로 시작되었다면, 이 코로나19가 그 질병X라면, 우리는 과연 코로나 이전의 일상으로 돌아갈 수 있을까? 이 시국을 성찰하는 에세이에서 피터 베이커는 생태 운동가 샐러먼의 메시지를 다음과 인용하고 있다.

> "우리는 사람들이 일상적 모드에서 벗어나 비상 모드로 돌입하도록 여러 해 동안 노력해왔다"라고 마거릿 클라인 샐러먼

(Margaret Kiein Salamon)은 말했다. 샐러먼은 전직 심리학자로 현재 '기후 총동원'(The Climate Mobilization)이라는 압력단체를 이끌고 있다. "많은 사람이 비상 모드에 돌입할 때—즉 위험이 존재한다는 사실과 안전해지려면 가능한 모든 일을 해야 한다는 사실을 기본으로 받아들일 때— 정치적 가능성의 영역이 근본적으로 달라진다. 코로나바이러스에 대한 대응을 계기로 이 이론의 정당성이 인정되는 것을 보면서 흥미로웠다. 향후 난제는 위험의 정도가 수십 배나 더 큰 기후 문제에 관해서도 비상 모드가 지속적으로 작동되게 하는 것이다. 우리는 '정상으로 돌아갈 것'이라고 생각해서는 안 된다. 상황이 이미 정상이 아니었기 때문이다."[47]

샐러먼의 이런 주장이 아니라고 하더라도 기후 변화나 팬데믹 같은 재난 상황이 비상 상황이며 이전의 일상 그대로 돌아갈 것이라 생각하는 이들은 많지 않을 터이다. 작가 최성각도 "코로나19 이전으로 돌아가고 싶다고? 아니야! '다른 삶'으로 들어가야 해!"[48]라며, 대전환에의 의지를 강조했다. 코로나19 상황에서 '공유된 감정'이 팬데믹이나 기후 변화 문제를 성찰하는 데 매우 의미 있을 것이며, 다른 패러다임의 삶으로 대전환하지 않으면 안 되겠다는 의지를 다지는 데도 유용할 것이라는 샐러먼이나 최성각의 논점은 무척 요긴하다. 그

47 피터 페이커, 「"우리는 정상으로 돌아갈 수 없다": 코로나바이러스가 세상을 어떻게 바꿀 것인가?」, 이종임 옮김, 『창작과비평』, 2020년 여름호, p. 394.

48 최성각, 『욕망과 파국』, 동녘, 2021, 표4 글.

렇다. 생태 환경 문제는 결코 개별적이거나 일부 지역적인 문제로 그칠 수 없다. 지구 전체의 문제이고 공동의 문제이다. 코로나19 상황에서 팬데믹의 엄중함을 함께 공유된 감정으로 나누어 가지며 서로 지혜를 모았듯이, 환경 문제 역시 그렇게 대안을 모색해야 하는 것이라는 사실을, 우리는 여러 소설의 크고 작은 목소리와 풍경에서 확인할 수 있었다. 앞에서 언급한 창작그룹 이동시의 '절멸, 질병X 시대 동물들의 시국선언'에서, 이들은 '절멸의 운명을 맞이한 동물의 열 가지 유언'이라며 인간과 자연의 관계 재정립, 동물 서식지 파괴 중단 및 공장식 축산 시스템 퇴출, 탈성장·탈개발·탈육식에 바탕을 둔 생태적 사회로의 전환, 기후 위기에 대한 진정성 있는 대응, 인간 중심주의를 넘어선 생명다양성 존중 등을 과제로 제시한 바 있다.[49] 이런 과제를 포함해 생태론자들이나 생태 운동가들이 주장하는 실천적 과제는, 무엇보다 샐러먼의 주장처럼 '비상 모드'에서 수행해야 할 성격이 강하다. 코로나19에 대처하기 위해 비상 모드를 가동하는 것처럼, 지속 가능한 인류의 생존을 위해서 다각도로 비상 모드에서 대처하고 고치

49 하나, 동물이 최대의 피해자이자 취약 계층임을 인정하라. 동물 앞에서 약자인 척하지 말라.
둘, 서식지 파괴를 중단하라 #동물과거리두기
셋, 세 가지 마약을 끊어라. 탈성장, 탈개발, 탈육식!
넷, 기후 위기를 진짜 위기처럼 대하라.
다섯, 우리 조상들의 화석은 연료가 아니니 도굴을 삼가라.
여섯, 사람 중심이란 말은 더 이상 아름답지 않다. 사람은 너무 많다.
일곱, 당신들이 이룬 모든 건 '값싼 자연' 덕분이었다. 이젠 제값을 치르라.
여덟, 지속 가능성 말고, 가능성의 지속을 추구하라.
아홉, 썩지 않는 물건 그만 좀 써라. 당신들은 어쩌자고 영혼만 썩어가냐?
열, 앞으로 동물한테 경어체를 써라.(이동시 엮음, 『절멸』, p. 13.)

고 바꾸고 실천하고 모색해야 한다는 사실을 숙고하게 한다. 문제는 '대전환'에의 의지다. 여러 소설에서 심각하게 경고하면서, 그 경고가 받아들여지지 않았을 때 지구와 인류의 종말은 어떤 모습으로 다가올 것인가, 하는 악몽의 풍경을 미리 보여주지 않았던가. 코로나19 상황에서 우리가 경험한 불편하고 고통스러운 감정보다 더 가혹하고 끔찍한 감정, 이 문제적 감정들을 우리가 나누어 가지고 그 '공유된 감정'을 바탕으로 지구촌 공동의 문제를 공공의 정치로 풀어야 할 것이다. 무엇보다 세상의 모든 자연과 자원이 공공재임을 확인하는 것, 하늘과 땅 그리고 인간이 나누어 빌려 쓰는 것이라는 생각, 그저 사람은 누구나 '작은 인간'에 불과하다는 겸허한 생각, 그와 같은 '작은' '풀꽃나라'의 '공유된 감정'과 인식으로 비상 모드를 켜고 대전환에의 의지를 다져야 할 것이라는 논점들은, 21세기 생태 윤리의 문제에서도 무척 중요하다. 그런 대전환에의 의지로, 이전의 일상으로 단순 회귀하는 것이 아니라 전환된 다른 일상으로 돌아가야 한다는 사실을, 우리가 살핀 텍스트들의 생태학적 상상력들이 넓고 깊게 환기한다. 그래야 공멸, 절멸이라는 위기의 늪을 건너 지속 가능한 녹색 생명의 시기를 가까스로 열 수 있지 않을까. 그래야 '침묵의 봄'을 넘어, 봄이 오니 정녕 화창한 봄이로다, 라고 '자연의 봄' 선물에 자연스레 화답할 수 있지 않을까.

2장

하나뿐인 지구에서의 생태 윤리와 그 적들

1. 근본적이면서 구체적인 생태 환경 문제

생태학적 성찰은 아주 근본적인 것이면서 동시에 매우 구체적인 것이기도 하다. 현실적으로 일련의 환경 문제들은 인간의 생명에 구체적인 영향력을 즉각적으로 행사하기 때문이다. 가령 산성비나 산성눈, 공장 폐수, 축산 폐수, 각종 세제들, 자동차의 배기구와 공장의 굴뚝에서 24시간 줄창 뿜어대는 매연, 핵 폐기물 처리 문제 등등 구체적으로 떠올려 보면, 그 문제의 구체적 심각성을 새삼 인식하게 된다. 이런 검은 현실, 검정 미래에 대해 둔감할 권리는 아무에게도 없다. 지구를 제멋대로 혹은 약탈적으로 이용해온 '지구 생활자', '지구족[1] 혹은 인류는 오랫동안 그 권리를 행사해 왔다. 그 결과 기후 온난화를 넘어 기후 위기 상황이 닥쳤고, 환경적 '블랙' 코드가 일찍이 어떤 경고였는지 많은 것을 생각하게 했다.

생태 환경 문제의 특성상 일부 지역으로 좁혀 다루기 어렵지만, 한반도로 좁힌다면 1970년대 산업화 시대 이후 특히 생태의 '검은' 적들이 본격적으로 출현했다. 앞의 1장 '생태 위기와 생태 서사'에서 언급한 것처럼 1970년대에는 조세희와 김원일의 소설에서 그 서사적 대응의 표지가 뚜렷하다. 조세희는 공해 문제를 산업화의 직접적인 부정적 표출양식으로 인식했다. 그의 인식에 따르면 공해가 증폭되는 일차적 이유는 자본가들이 부가적인 이윤 확보를 위해 공해 예방을 위한 사회적 비용을 충분히 지불하지 않기 때문이다. 그 예로 「기계 도시」, 「오늘 쓰러진 네모」, 「죽어가는 강」, 「침묵의 뿌리」 등이 있다. 공해의 원인은 이윤을 향한 무정부적인 욕망에 사로잡혀 있는 악덕 자본가들에 있는 반면, 그 결과로서 피해는 노동자들만 당하고 있다는 현실 인식을 암유했다. 지금과는 달리 1970년대만 하더라도 지역적으로 그 피해가 한정적이거나 차이가 있을 것으로 생각했던 것이다. 낙동강 하구언 공사 이후의 오염상태를 파헤친 소설인 김원일의 「도요새에 관한 명상」은 우리 소설사에서 본격적인 환경 문제를 서사적으로 숙고한 텍스트로 꼽힌다.

더 성장하기 위해 개발할 것인가, 생태 환경을 지키기 위해서 자

1 『녹색 계급의 출현』에서 브뤼노 라투르와 니콜라이 슐츠가 지구와 인간 및 다른 존재와의 네트워크를 고려하면서 사용하는 용어이다.

제할 것인가 하는 문제는 지구촌 곳곳에서 오래 논란이 된 현안인데, 산업화 이후 한국에서도 그랬다. 발전과 환경이 양립하고 공존할 수 있는 가능성이라는 절실한 지혜가 요청된다. 이른바 지속 가능성 담론(discussion on sustainability)이라고 불리는 그런 생각이 처음 제기된 것은 1972년 스웨덴의 스톡홀름에서 개최된 유엔인간환경회의였다. '하나뿐인 지구(Only One Earth)'를 내세우며 인간 환경 선언과 행동 계획을 채택하며 환경과 발전의 조화를 추구하자고 제안한 것이 그 시발점이었다. 로마클럽이 『성장의 한계』를 보고한 것도 같은 1972년의 일이다. 만약 기존의 성장 기조에 입각한 경제 개발을 계속한다면, 100년을 넘기지 못하고 인류 문명은 한계에 봉착하여 붕괴할 수밖에 없게 될 것이라고 경고한 보고서다.[2] 1983년에 설립된 세계환경발전위원회는 1987년 제출한 보고서 『우리 공동의 미래(*Our Common Future*)』에서 지속 가능성 담론의 요체를 분명하게 적시했다. "환경적으로 건전하고 지속 가능한 발전(ESSD, environmentally sound and sustainable development)"의 개념이 바로 그것이다.[3]

---

2 『성장의 한계: 30주년 개정판』의 이런 '저자 서문'이 주목된다. "『성장의 한계』를 발간하는 프로젝트는 1970년에서 1972년까지 MIT 슬로안 경영대학 산하 시스템 역학 그룹에서 진행되었다. 우리 프로젝트 모임은 세계 인구와 실물 경제의 성장을 낳은 장기적인 원인과 그 결과를 분석하기 위해 시스템 역학 이론과 컴퓨터 모델링 기법을 사용했다. 우리가 알고 싶은 것은 다음과 같은 문제들이었다. 현재 전 세계에서 시행되고 있는 정책들은 우리를 지속 가능한 미래로 이끌 것인가, 아니면 붕괴시킬 것인가? 모두가 충분히 만족할 수 있는 인간 경제를 창조하기 위해 우리는 과연 무엇을 해야 하나?"(도넬라 H. 메도즈·데니스 L. 메도즈·요르겐 랜더스, 『성장의 한계』, 김병순 옮김, 갈라파고스, 2012/2015, pp. 11~12.)

3 최민자, 『생명에 관한 81개조 테제』, 모시는사람들, 2008, pp. 453~454.

2. 생태 환경 문제에 대한 서사적 대응: 황순원에서 최성각까지

황순원의 『신들의 주사위』는 1978년 『문학과지성』 봄호에 연재를 시작하여, 1980년 『문학과지성』이 신군부에 의해 정간되는 바람에 중단되었다가 『문학사상』으로 연재 지면을 옮겨 1982년에 완간된 장편이다. 전통적 농업 경제가 근대 문명을 만나 변화하는 시기의 양태를 한수 일가의 가정사를 중심으로 실감 있게 다룬 소설이다. 이야기는 최한수 일가의 흥망성쇠와 갈등의 스펙트럼에서 그치지 않는다. 한 가정의 일이 농촌 공동체, 나아가 지구 공동체 전반의 문제로 확산되는 경향을 보인다. 그 구체적 매개항이 바로 지속 가능성 담론이다. 이 농촌 소읍의 지배 세력이랄 수 있는 읍장이나 보건소장, 윤 의사 등과 젊은 미래 세대인 한수, 병배, 중섭 사이의 토론이 우리의 관심을 끄는 것은 그런 면에서 매우 당연하다. 지배 세력은 1970년대 경제성장 논리를 대변한다. 먼저 성장한 다음에 환경 문제를 생각하자는 주장이다. 이것저것 따지다 보면 아무것도 할 수 없다는 생각이다. 그러나 미래 세대는 다르다. 환경이 훼손되면 원상회복이 어렵기에 잘 지키고 지속 가능한 발전 방향을 모색해야 한다는 입장이다. 그러면서 생태적 주체로서 자각을 하고 지구 생명의 미래를 위해 마음 자세를 새롭게 가다듬어야 한다는 점을 강조한다. 아직 개발도상국이었던 1970년대를 배경으로 하여 다룬 이 소설에서 환기된 지속 가능성 담론은 지구촌 전체의 환경 생태 현안에 긴밀하면서도 구체적으로 조응하려고 한 산문적 수고의 일환으로 보인다.

이 소설에는 염색공장 건설 문제와 관련해 찬반양론의 토론이 구체적으로 펼쳐지기도 한다. 생태 환경 문제가 아주 근본적이면서도 구체적인 문제라는 사실을 작가 황순원은 분명히 보여주고 있다. Ⅲ부 5장 '길' 부분에서 작가는 1970년 미국 플로리다 반도의 한 해변 도시에서 있었던 물오리 살리기 장면을 전경화한다. 좌초된 유조선에서 흘러나온 중유가 온통 해변 근처 바다를 뒤덮는다. 당연히 그곳에 살던 "수천 마리의 물새가 허비적거리고 있"을 수밖에 없다. 한 어린 소녀가 죽어가는 물오리를 안고 와 사태의 심각성을 환기하자 마을 사람들은 해변으로 달려가 물새 구조작업을 헌신적으로 펼친다. 그 장면을 보고하는 초점자 한수는 "살아있는 것을 파괴로부터 보호해야 한다는 일념에서 나온 작업이기 때문에 더욱 귀하고 아름답게 여겨지는 게 아닐까" 생각한다. 해변이 예전처럼 복구되었을 즈음 시 당국은 뉴욕타임즈에 이런 호소문을 게재한다. "괴로워하며 죽어간 많은 물새들은 환경 파괴가 어떤 것인가를 우리들에게 일깨워주었다. 이것은 곧 내일의 우리들의 모습이다. 내일이면 늦는다!"[4] 초점화된 한수의 눈길을 조금 더 따라가 보기로 하자.

> 죽어가는 물새들을 건져내고 씻어주고 있는 사람들의 모습이 한수의 눈앞에서 바삐 움직이고 있었다. 그 시커먼 기름투성이의 해변가 남녀노소들의 모습은 그림처럼 아름다웠다. 그것은 물새들이 당한 일을 장차 자기네도 당할지 모른다는 의식에서가

4 황순원, 『신들의 주사위』, 문학과지성사, 1982/1989, p. 240.

> 아니고, 그저 살아있는 것을 파괴로부터 보호해야 한다는 일념에서 나온 작업이기 때문에 더욱 귀하고 아름답게 여겨지는 게 아닐까. 일본에서 있은 '미나마따병'을 겁내하고 무서워하기에 앞서 우리도 좀더 개개인이 환경에 대해 자각을 갖는 마음자세가 필요한 게 아닐까.[5]

바다와 거기에 사는 물새들을 검은 죽음으로 이끄는 검은 적들로부터 보호하고, 더불어 공생할 수 있는 마음 자세 혹은 생태적 정체성(ecological identity)과 생태 윤리에 대한 인식이 뚜렷한 부분이 아닐 수 없다. 물론 『신들의 주사위』는 전면적인 생태 환경 소설로 보기는 어렵다. 고형렬의 반핵장시 「리틀보이」(1990), 이정창의 『불꽃 바다』(1990), 박혜강의 『검은 노을』(1991)이 출간되기 전까지 시에 비해 소설에서 환경 문제를 본격적으로 다룬 작품은 그리 많지 않았다. 일차적으로 시의 역동성과는 다른 사정에 있는 서사의 형편 때문일 것이다. 그리고 서사적으로 형상화하기 위해서는 구체적인 취재에서 거시적이고 우주적인 성찰에 이르기까지 다양한 심급의 노력이 뒤따라야 하는 것도 문제였을 터이다. 아울러 환경 문제는 그 속성상 서사적 자율성을 침해하는 경우가 많이 있을 수 있기에, 작가들 입장에서는 부담스러웠을 공산도 크다. 구체적 실감을 위해 현장을 묘사하다 보면 르포에 가깝게 될 수도 있고, 인물의 성격화도 다양한 창조 논리를 내세우기 어려운 측면이 있다. 이런저런 이유로 인해 문명비평적 시각

5 앞의 책, pp. 240~241.

에서든, 체제론적 혹은 정치경제학적 시각에서든 이 문제를 면밀하게 성찰하기 시작한 것은 1990년대 이후의 일이 된다. 우한용의 「불바람」은 원자력발전소 건설과 관련해 방사능 피해에 대한 예각적인 문제의식을 드러낸 중편이다. "바다가 죽고, 사람들도 죽어가고 있다. 오랜 노동의 땀방울로 굽이치던 바다는 이제 흐르기를 멈추고 물고기들은 더 이상 깃들지 않는다. 누구든 보리라. 가진 자의 풍성한 식탁을 위하여 밀려난 자들의 삶이 어떻게 찢기고 파괴되어 갔는지를. 그리고 그 곁에서 우리의 겁 많은 양심이 어떻게 질식한 채 누웠는지를."이라는 『한국의 공해지도』(한국공해문제연구소 편)의 메시지를 인용하는 것으로부터 시작하는 이정창의 『불꽃 바다』는 환경 문제를 전면에 부각한 장편소설이다. 이 작품에서 작가는 인간의 삶의 터전을 파괴함은 물론 마침내 생명마저 위협하는 공해 현실에 대한 폭넓고 구체적인 인식을 보여준다. 이남희의 『바다로부터의 긴 이별』 역시 바다 공해문제를 다룬 장편이다. 푸르른 바닷가 마을에 어느날 갑자기 공해와 오염의 충격이 다가온다. 중금속과 화학 폐수로 죽어가는 바다에 대한 안타까움의 향수를 서정적 화폭으로 형상화한 이 소설은 확실히 공해 증폭 시대를 살고 있는 인간들의 비극적 인식의 느낌표에 값하는 작품이라 하겠다.

남달리 환경운동에 앞장서고 있는 작가 최성각은 「동강은 황새여울을 안고 흐른다」, 「강을 위한 미사」 등 여러 작품에서 동강댐 문제를 비롯한 환경 문제와 그와 관련된 일련의 실천 운동들을 형상화함으로써, 소설의 현실 대응력이 여전히 살아있음을 증거한다. 그에게 있어서 '소설은 삶의 말짓풀이'이고, '삶은 소설의 몸짓풀이'다. 이런 환류 체계가 소설에서 그대로 빚어진 사례가 「강을 위한 미사」다. 미사 봉헌기 형식의 이 소설은 있는 현실을 거의 그대로 재현한 일종의 수기처럼 보이기도 한다. 그도 그럴 것이 1999년 3월 15일에 영월의 성당에서 있었던 '영월댐 백지화를 위한 기도회' 실황을 거의 중계한 텍스트이기 때문이다. 미사라는 제의의 몸짓풀이 묘사와 미사 강론의 말짓풀이 설명이 한 공간 안에서 어우러지면서 실재이자 허구인 양면성을 지닌 텍스트가 되었다. 물론 주제적인 측면에서는 미사 강론에서의 설명적 내지 설득적 메시지가 전경화되는 것이 사실이다. 가령 "이제 우리는 환경을 죽여서 내가 사는 상극의 시대가 아니라, 서로가 살기 위해서 환경을 살려야 하는 상생의 시대를 살아야 함을 깨달아야 합니다. 환경이 파괴되고 생태계가 파괴되면 먹을거리도 없어집니다. 먹을거리가 없어지는 곳에서는 사람이 살아갈 수 없습니다. 환경 파괴는 동식물 생태계의 파괴를 가져오고, 동식물 생태계의 파괴는 결국 인간의 생존권 파괴를 가져오게 됩니다."[6]라는 식으로, 1990년대 당시 우리 사회에서 초미의 관심사였던 동강댐 건설 반대 논리를 설득하려 했다. 하지만 작가는 그것을 억압적인 방식으로 말하지 않는다. 미사라는 제의의 분위기를 아주 효과적으로 살려내면서 서사적 구비마다 주제적 말짓풀이를 웅숭깊게 하고 있다.

6 최성각, 「강을 위한 미사」, 『쫓기는 새』, 실천문학사, 2013, p. 73.

3. 복합오염과 총람적 생태소설: 우한용의 『생명의 노래』

우한용의 장편 『생명의 노래』는 환경 문제에 대한 총체적 성찰을 시도한 총람적 생태소설이다. 어느 한 공간의 공해 문제에 국한하지 않고 전방위적으로 환경 문제를 조감한다. 축산 폐수, 골프장 문제, 산성비, 산성눈, 핵폐기물 처리 문제, 해양 오염 문제, 공기 오염 문제, 전자파 피해 문제 등 대부분의 환경 문제를 망라하고 있는 것은, 현재의 환경 문제에 대한 작가의 성찰 의지가 어느 정도인가 짐작케 한다. 게다가 각각의 문제적 현장을 피상적으로 조명하지 않고 매우 구체적이고 전문적으로 파헤치고 있는 것도 인상적이다. 그렇게 망라된 문제와 성찰의 조목들을 한데 어울리게 하여 '복합 오염'의 문세가 오늘날 인간 삶의 '복합 모순'의 심각한 현장임을 깨닫게 한다. 생태학적 사유를 익히고 실천의 중요성을 깨닫게 하는 일종의 생태-교육소설이라 할만하다.

이야기는 경기도 이천 부근의 청호동이라는 마을에서 목장과 양어장을 운영하고 있는 배대윤 영감과 그의 아들 배이오를 중심으로 전개된다. 배대윤은 일찍부터 수단과 방법을 가리지 않고 돈벌이에 성공한 인물이다. 자신이 사들인 땅에 온천물이 나온다는 사실을 알고 온천과 호텔 및 위락 시설, 스키장, 골프장 등 다양한 리조트 시설을 만들려는 구상에 부풀어 있다. 정관계의 저인망을 활용해 사업 성공에 자신감을 지닌 그에게 두 적대자가 있다. 동네 주민들의 반대와 아들 배이오의 존재가 그렇다. 동네 주민들은 리조트 시설이 들어서면 환경이 오염될 뿐만 아니라 미풍양속이 훼손되고, 게다가 자신들에게는 실익이 없을 것이라는 생각에 적극적으로 반대한다. 아들 배이오의 존재 방식은 좀더 독특하다. 그는 아버지의 반대를 무릅쓰고 생물학과에 진학한 인물인데, 재학 중 미문화원 방화 사건으로 투옥된 경험이 있다. 출옥 후 지도교수인 허순구 교수를 도우면서 집에는 들어가지도 않은 채 환경교육연구회 소속으로 환경 운동을 한다. 그러니 두 부자 사이는 상극일 수밖에 없다. 돈의 논리를 앞세우는 아버지와 환경의 논리를 내세우는 아들 사이의 관계이니 말이다.[7]

소설은 크게 보아 두 축으로 전개된다. 스키장을 위시한 리조트 시설을 건설하기 위한 사업으로 갈등을 빚고 있는 청호동 목장의 이야기가 한 축선을 이룬다면, 다른 한 축선은 허순구 교수를 비롯한 환경교육연구회의 활동상으로 구축된다. 물론 그 연결고리는 배이오가 담당하고 있다. 사실 명명법appellation의 측면에서부터 작가 의도는 뚜렷해 보인다. 중심인물인 배이오는 '생명, 생물'을 뜻하는 영어 'bio'를 음차한 이름일 것으로 추측되며, 그의 친구인 염기성은 생물학의 주요 관심사인 염색체 '염기' 서열의 속'성'을 떠올리게 한다. 성기호 역시 생물적 속'성'의 '기호'를 뜻하는 이름일 것이다. 배이오의 여자친

7 짐작하다시피 아버지 배대윤이 추구하는 돈의 논리는 무정부적 욕망에 사로잡혀 있는 듯 보인다. 아들 배이오가 미문화원 점거농성 사건으로 잡혀 들어 갔을 때 아버지의 소싯적 친구인기도 한 허순구 교수는 아버지를 만나, 배이오가 실형을 받지 않도록 하자면 변호사를 사는 게 좋겠다는 이야기를 한 적이 있다. 그때도 배대윤은 "그런 못된 자식에게 쓰려고 번 돈이 아니라"며 "자식 하나 없는 셈 치면 그만이지만 돈은 한번 궤도를 잃으면 영영 돌아오지 않는다"라는 얘기를 할 정도이다.

구였다가 곡절을 거쳐 아내가 된 전산옥의 이름도 그렇다. 컴퓨터 일에 종사하는 그녀는 '전산(電算)'이라는 '옥(獄)'에 갇힌 인물을 연상케 한다. 반대편에서 배대윤의 경우는, 다소 무리가 따르겠지만, 큰['大'] 이'윤'(利潤)을 끌어안고자 하는 이름이라는 느낌을 준다. 어쨌거나 청호동에서는 아버지 배대윤의 의욕과 권모술수에도 불구하고 골프장 건설이 좌절됨은 물론 모든 사업에서 실패하게 되는 이야기가 전개되고, 청호동 바깥에서는 온갖 환경 오염 현장의 실태와 원인, 실천 대책 등이 파노라마처럼 펼쳐진다.

그런 가운데 이 소설의 구체적 전문성을 입증하고 또 주제적 메시지를 담보하고 있는 핵심 인물은 환경 문제 전문가인 허순구 교수다. 작가는 이 인물을 통해 현재 한반도 전역에 걸쳐 훼손되고 오염되고 있는 환경의 현주소를 생생하게 묘출하고, 그 진단 및 대응 방법까지 모색하고자 한다. 그는 일찍부터 강의실에서 "농약으로 인한 피해나 수질오염, 대기오염, 산성비 뭐뭐 할 것 없이 먹고 마시고 숨 쉬는 일체의 것을 의심하라. 지구에 종말이 온다고 하더라도 오늘 한 그루의 사과나무를 심겠다고 한 스피노자는 참으로 행복한 시대에 살다간 철학자다, 우리들은 이미 내일을 믿고 한 그루의 사과나무를 심을 수 있는 그런 환경에 살고 있지 못하다, 여러분들은 사실을 사실로 밝히고 몸으로 실천으로 대처해 나가야 한다"라고 가르쳤던 인물이다. 그가 진단하고 성찰하는 문제의 현장을 본문의 몇 부분에서 직접 확인해 보기로 한다.

1) 홍릉 경내로 들어섰다. 소나무 가지가 많이 부러져 있었다. 그리고 솔잎이 불긋불긋하게 변색되는 중이었다. [···] 강산성의 산성비가 내려도 솔잎이 벌겋게 타들어갈 정도가 된다면 사람이 견뎌낼 수 없는 강산성이어야 했다. 산도가 3, 4 정도는 돼야 하는데, 그만한 산도라면 식초의 산도에 해당하는 것이었다. 그렇다면 하늘에서 빙초산을 들어부은 것이나 매한가지였다.(1:153~154)[8]

2) 산성비에는 황산과 질산이 들어 있다. 이들 강산성은 광물이나 금속을 부식시킨다. 인공 석조물이 오염되지 않은 상태에서 부식되는 속도에 비하면 산성비로 인해 부식될 경우 그 속도는 30배가 빠르게 진행된다. 산성비의 지옥이 돼버린 서울에서 건물이 그래도 견뎌낼 수 있는 것은 서울 주변의 석재가 주로 쑥돌이기 때문이다. 만일 일본인들이 중앙청을 대리석으로 세웠다면 지금은 흔적도 없이 녹아버렸을지도 모를 일이라는 것이었다.

산성비로 인해 석조물들이 녹아버리는 현상은 세계 도처에서 일어나고 있다. 역사적인 유적지와 유물이 산성비로 인해 보존 불가능한 지경이 되었다. 그리스의 파르테논 신전 같은 건물은 물론, 로마의 콜로세움도 마찬가지이다. 중세에 벼락과 지진으로 인해 붕괴되었지만, 지금은 산성비 때문에 인류의 위대한 문화유산이 미풍순우微風順雨 가운데 조용히 삭아내리는 것이었다.(1:161~162)

8 이 장에서 우한용의 『생명의 노래』 1, 2(푸른사상, 2001/2006)의 텍스트 인용은 그 권수와 쪽수만을 본문의 내괄호에 간략히 적기로 함.

3) 인간이 생명을 유지하기 위해서는 자신의 몸 밖으로부터 많은 물질을 흡수하여 소화해내야 한다. 우선 하루 세끼 밥을 먹어야 한다. 그리고 물을 마셔야 한다. 노랫가락에서는 나물 먹고 물 마시고 팔을 베고 누웠으니 대장부 살림살이 이만하면 만족하지 않으냐고 한다. 그러나 먹고 마시는 것보다 한결 많은 공기를, 잠시도 쉬지 않고 빨아들여야 살 수 있다는 것은 잊고 지낸다. 어른이 하루 숨쉬는 공기는 대충 13kg 이상이다. 음식은 며칠 안 먹어도 살 수 있지만, 숨쉬는 일을 그만두면 단 5분을 넘기지 못하고 죽게 된다. 1천만 명이 넘는 사람들이 북적거리는 도시, 서울에서 하루에 인간의 허파로 빨려들어가는 공기가 자그마치 13만 톤이나 된다. 5톤 트럭으로는 2만6천 대 분에 해당하는 무게이다. 사람의 생명을 '목숨'이라고 이름한 조상들은 지혜로웠다. 사람의 생명이라는 것이 목에 붙은 숨기운에 불과한 것이기 때문이다.(1:219~220)

4) "빈자의 일생이라는 것은 무슨 뜻입니까?"

"지독히 가난한 집안에서 태어나 헐벗고 굶주린 나머지 먹고 사는 데 한이 맺힌 이들이 허리띠 졸라매고 뼈가 부서지게 일을 해서 자수성가했다고 합시다. 먹고살 만큼 되니까 몸에 병이 들어 먹지 못하고 결국은 굶어죽게 되는 결과에 도달하게 된다는 뜻인데, 뭐랄까 빈곤의 악순환을 벗어나지 못한다는 그런 뜻입니다. 우리들의 환경도 마찬가지라는 생각입니다. 겨우 절대빈곤에서 벗어나게 되자마자 우리들이 발붙이고 사는 땅이 황폐해져 더는 거기서 삶을 이어나갈 수 없게 되는 겁니다. 보세요. 강물이 오염되어 마실 물은 썩고, 숨쉬는 공기는 독가스가 되어버린 데다가 산성비로 인해 숲은 말라버리는데, 골프장을 만드느라고 산을 마구 헐어내지요. 어디 가서 발붙이고 숨쉬고 살 수 없게 되는 그런 악순환을 겪고 있지 않소. 그런 악순환을 벗어나는 길을 모색해야 한다는 말입니다."

"공업화와 경제성장이 환경의 파괴를 가져오는 그런 악순환을 벗어나는 구체적인 방법은 무엇이라고 보십니까?"

"서로 받들어모시는 관계를 회복하는 일이겠지요."

"누가 누구를 받들어모신다는 말씀이신지요?"

"옛부터 백성은 밥을 하늘로 받들어 모시며 살아왔고, 나라는 백성을 하늘로 받들어모셔야 한다고 했습니다. 소위 민은 이식위천하고 군은 이민위천한다는 말인데 백성이나 나라가 함께 받들어모셔야 할 것은 우리들이 발붙이고 사는 이 땅입니다. 지구 자체를 커다란 생명체로 보고 소중히 받들어 모셔야 한다는 말씀입니다. 천하영장이라는 인간에서부터 미물에 이르기까지 만물이 어느 하나 한울님을 모시지 않는 게 없듯이 말입니다." (1:328~329)

부연 설명할 필요도 없이, 1)은 산성비로 인한 나무 훼손을, 2)는 산성비로 인한 대리석으로 만든 유물 훼손 현상을, 3)은 인간 생명을 위한 물과 공기, 음식의 중요성을 전문가 입장에서 강조한 부분이다. 이런 내용들이 이 소설의 곳곳에 배치되어 소설의 전문성을 보태고 있다. 4)는 허순구 교수가 내세우는 생태 윤리 혹은 생명 윤리관을 잘 드러내고 있는 부분이다. 특히 생태 환경 문제를 빈자의 일생 혹은 빈곤의 악순환으로 비유한 것은 인상적이다. 근대 산업화 이후 오랫동안 지배해 왔던 선(先)경제개발 후(後)환경보호 입장을 견지한다면 악순환을 면키 어려울 것이라는 얘기다. 심층생태학 분야에서 강조하고 있는 '지속 가능한 발전' 혹은 '지속 가능한 생존'을 위해서는 인식의 전환이 요긴하다는 것이다. 이를 위해 허교수가 강조하고 있는 것은 '서로 받들어 모시는' 상생(相生)의 윤리요 생명적 생태윤리다. 이 생태 윤리로 인간이 거듭나지 않는 한 지속 가능한 발전은 물론이거니와 지속 가능한 생존도 보장받기 어려울 것이라는 논지다. 적확한 진단이요 논리가 아닐 수 없다.

물론 4)의 논지는 1), 2), 3)과 같은 오염 현실에 대한 심각한 위기의식에서 비롯된 것이다. 그 위기 현실은 가이아의 죽음을 압축적으로 예감하는 대목에서 일목요연하다. "지구가 병들어 자생력을 잃게 되면 모래바람이 몰아치고 자갈이 와글거리는 폐허가 된다. 낮에는 살을 지글지글 태우는 열풍이 몰아치고 밤에는 살을 에면서 뼛속에 스미는 추위가 닥친다. 모든 생명이 푸른빛을 잃고 그 주위에 자욱한 가스를 더불고 공허하게 돌아가는 하나의 황량한 별이 되어 무한공중에 떠돈다. 가이아의 죽음은 그렇게 처참한 저주가 되어 돌아온다. 가이아의 생명, 지구의 생명, 환경의 자생력이 곧 우리의 생명 자체이다."(1:339) 가이아란 무엇인가. 그리스 신화에서 지구의 여신인 가이아는 곧 지구의 생명이며 환경의 자생력이고 인간의 생명 그 자체라고 할 수 있다. 때문에 가이아의 죽음이 예견되는 현실을 그대로 방치할 수는 없다는 얘기다. 얼마나 절박한 인식인가. 인간을 품안에 보듬어안고 젖을 물리고 자라게 하는 생명의 모체인 가이아가 건강을 유지할 수 있게 하기 위해 받들어 모시는 거룩한 생명의 운동을 전개하고 실천해야 한다고 허교수는 강조한다. 이런 허교수의 메시지는 곧 작가 우한용의 주제적 메시지이기도 하다. 그것은 배이오와 전산옥의 결혼식 축사 대목에서 다시 한번 강조된다.

> 5) 첫째는 생명을 경외하고 아껴달라는 말입니다. 저 냇물 바닥 바위나 돌덩이에 붙어 자라는 물이끼에서 비롯하여 풀벌레는 물론, 이 청운목장의 돼지나 젖소 한 마리까지 우리가 우러러 받들어야 하는 생명입니다. 그리고 청호동 골짜기를 덮고 있는 저 아름다운 숲과 골짜기를 흘러가는 물도 우리 인간의 생명 못지 않은 생명체입니다. 평생을 생물과 더불어 늙어가기 때문이기도 합니다만 생명은 신비와 거룩한 한울님의 뜻으로 가득 차 있습니다. 그러한 생명 가운데 가장 신비하고 거룩한 것은 우리 인간의 생명입니다. 생명체와 생명체는 서로 젖줄과 핏줄을 대고 의지하며 생명을 나누고 살아갑니다. 마치 어머니의 태반에 탯줄을 대고 어린애가 생명을 길러가듯이 말입니다. 그러한 생명현상은 부부간에, 가정에서, 직장에서, 사회에서, 국가에서 나아가서는 세계에서 부지런히 주고받기를 합니다. 그 생명현상을 해치는 개인의 이기심이나 인간의 목줄을 조르는 제도, 자신의 영달을 위해 남의 생명을 짓밟는 권력, 그리고 세계를 한꺼번에 망가뜨릴 수 있는 핵무기, 이러한 것들은 반생명적이며 따라서 죽음을 불러오는 것들입니다. 우리는 일상생활을 하는 가운데 생명을 경외하고, 거기서 인간의 자존의식을 세워나가야 합니다.
>
> 둘째는 남과 더불어 사는 거룩한 생활을 해달라는 것입니다 …… 셋째는 조화의 미를 창조해 나가라는 것입니다. 그리고 또 …….”(1:389~390)

반생명적 현실에서 생명의 신명을 다시 지피기 위한 생명 사상과 생태 윤리가 응축되어 있다. 상생과 조화의 세계관, 생명 경외와 거경궁리(居敬窮理)의 태도 등에 대한 강조는 우리 시대에 가장 긴급하게 요청되는 시대정신의 단면이기도 하다. 그 시대정신을 실천적으로 구현하기 위해서 우리는 일단 작은 일부터 실천해야 할 것이라는 생각을 작가는 견지한다. 환경 문제가 있는 현장이면 어디든 찾아가 항의하고 시위하고 하는 적극적 실천 운동을 벌이기도 하는 환경교육연구회 회원들이 일반 대중들을 향해 외치는 것은 우선 한 그루의 생명의 나무를 심자는 것이다. "당신이 심은 한 그루 나무가 병든 지구를 살립니다. 당신이 심은 한 그루 나무가 인류의 멸망을 구합니다. 당신이 심은 한 그루 나무가 당신의 가슴에 맑은 공기를 대줍니다. 당신이 심은 한 그루 나무가 매연을 정화합니다. 당신이 심은 나무 한 그루가 지구를 낙원으로 만듭니다. 우리 모두 생명의 나무 심기 운동에 동참합시다. 생명의 나무를 심읍시다."(1:235) 게다가 배이오와 그의 친구들은 청호동에서 아버지 배대윤의 돈때를 빼내고 환경 모범 마을을 만들고 환경연구소를 만들고자 기획한다. 물론 그것이 현실화되는 것은 아니지만, 그 기획 자체는 지구 살림을 위한 새로운 기획의 측면에서 의미가 크다.

여러 가지로 이 소설은 불가피하게 계몽적인 입장을 띠게 되었다. 그런 것은 환경 생태 문제의 현실적 급박성 때문일 것이다. 생태 환경 문제의 살아있는 교과서가 될 수 있는 소설을 구상한 것은, 평소 교육 문제에 많은 관심과 실천을 보이고 있는 작가 우한용의 특장과도 관련된다. 그런 과정에서 아쉽게도 소설미학적 측면에서의 손실을 작가는 감수해야 했던 것으로 보인다. 이 소설에는 일본 아리요시 사와꼬(有吉佐和子)의 공해소설 「복합오염」 얘기가 잠시 나온다. "이미 1960년대에 일본에서 겪은 공해 상황을 보고서를 쓰듯이 빌어 쓴 것이었다. 말이 소설이지 소설이라기보다는 리포터가 돌아다니면서 확인한 일종의 보고서이고 연구서에 가까운 것이었다. 공해 문제는 삶과 죽음의 문제이기 때문에 소설 형식의 희생을 감수한다는 작가의 말이 인상적이었다."(2: 228) 꼭 같은 경우는 아니라고 하더라도 인물화의 문제나 사건의 무리한 확장 등 여러 면에서 아리요시 사와꼬가 그랬듯 우한용 역시 소설 형식의 희생을 감수한 것이 아닐까 생각한다.

4. 심층의 지렁이와 생태 윤리

철학자 구승회는 『에코필로소피: 생태·환경의 위기와 철학의 책임』에서 자연윤리학이라고 불릴 수 있는 거시윤리를 강조한 바 있다. "윤리적 고려는 인간의 행위, 인간과 인간 상호간의 관계와 관심이라는 측면에 국한되는 것이 아니라, 생물과 생물, 생물과 무생물, 나아가서 무생물들 간의 관심과 상호관계에까지 확대되어야 한다"[9]는 것이다. 요컨대 생태계 위기 시대의 새로운 과제로 다원적 공동체 차원에서 더불어 책임지며 더불어 함께 사는 보편적 거시 윤리가 진지하게 그리고 실천적으로 모색되어야 한다는 것이 그의 논지이다. 미시윤리에서 거시 윤리로, 이성 철학에서 생태 철학으로 패러다임의 변

9 구승회, 『에코필로소피: 생태·환경의 위기와 철학의 책임』, 새길, 1995, p. x.

화를 강조하고 이끌어내려는 그의 성찰을, 우리는 이미 『생명의 노래』에 나오는 허순구 교수의 생각에서 확인한 바 있다. 이와 관련하여 마지막으로 지렁이의 윤리에 대해 성찰해 보기로 한다.

6) 지렁이가 사는 땅이라야 살아있는 땅인데, 땅속에 지렁이가 살게 되면 지렁이는 풀잎이나 짚 같은 것을 흙과 함께 먹고 흙을 배설하는데 그것이 흙을 보드랍게 하고 기름지게 한다는 것이었다.

지렁이가 대주는 비료성분은 대단한 것이었다. 지렁이가 유기물과 함께 흙을 먹고 내뱉는 흙은 다른 땅의 흙과 비교해 보았을 때, 질소는 5배, 인은 7배, 칼륨이 11배, 마그네슘이 3배나 된다는 것이었다.

지렁이가 그렇게 대단한 존재라는 것을 실감한 적은 별로 없었다. 이야기를 듣고 보니, 어릴 적 장마철이면 마당으로 기어다니던 그 징그러운 지렁이조차 자연환경 속에서 자기 나름의 소중한 몫을 한다는 것은 신비롭다고 밖에 할 수 없었다. 그런 지렁이를 아끼는 마음이, 지렁이한테 오줌을 누면 고추가 붓는다는 금기어(禁忌語)를 만들어낸 지혜의 바탕에 깔려 있었던 것이다.(2:228~229)

7) 2억만 년 전에 이 혹성에 출현해 생태계 먹이사슬의 최하위의 지위를 굳건히 지키면서 땅 밑 어둠 속에서 흙을 부드럽고 기름지게 만들다가 여러 다양한 포식자들을 만족시키거나 식물의 자양분으로 살신성인하는 장엄한 최후에 대한 참을 수 없는 감동과 함께 인간의 불충분한 이해에 바탕한 근거없는 혐오증과 모욕에 하염없이 시달리면서도 아랑곳하지 않다가 마침내 인간

의 야만적인 생태계 파괴에 의해 서서히 우리 곁에서 사라져가는 데 대한 진심어린 사과와 뒤늦은 애정의 마음으로.[10]

6)은 소설 『생명의 노래』의 본문이다. 흔히 징그러운 존재로 치부되는 지렁이에 대한 생태학적 성찰의 전문성이 현시된 부분이다. 지렁이의 생태론적 존재 역학에 대한 이해도 적확하거니와, 우리가 시나브로 잊고 말았지만 이미 예전에 조상들이 그것을 터득한 지혜를 가지고 있었다는 지적이 퍽 인상적이다. 7)은 자연에 대한 존경심 회복과 모든 존재들이 스스로 지니고 있는 가치를 옹호하고 실천하는 환경운동 단체인 '풀꽃세상을 위한 모임'에서, 일곱 번째 '풀꽃상' 본상 수상자로 '지렁이'를 결정하고 그 본상 선정 이유를 밝힌 대목이다. 심층 생태학적 이해와 성찰은 이렇게 밀접하게 만나게 마련이다. 이런 사실은 지렁이의 윤리, 생태 윤리를 지향하고 실천하면서 생명의 근원을 생각해 볼 때라는 사실을 실감 있게 환기한다. 땅이며 물, 공기 등이 대체 어디서 왔으며, 또 나는 어디로부터 왔는가? 이 끝없는 의문들이 누구에 의해서 명쾌하게 증명될 것은 아니지만, 그럼에도 우리는 그것을 궁리하고 탐문해야 한다는 사실을 일러준다. 지렁이의 윤리를 인간이 온전히 받들 수 있을 때 '생명의 노래'와 더불어 안전하고 풍요로운 가이아의 청산에서 생명의 신명을 지필 수 있겠다는 사실을, 우한용의 소설 『생명의 노래』를 통해 새삼 인식하게 된다.

10 http://www.fulssi.or.kr/home/bbs/board.php?bo_table=fulssi_list&wr_id=8 (검색일: 2024.12.31.)

3장
생태학적 무의식과 생태 윤리[1]: 이청준

1. 생태학적 무의식으로 열린 길

대립적인 것들을 종합하고자 한 서사적 의지는 이청준 소설의 핵심적인 특성이다. 그와 같은 서사적 의지는 오래된 생태학적 무의식에 기반한 것이었으며, 그와 관련된 의미심장한 생태 윤리를 이청준 소설은 심원하게 환기한다. 이런 가정을 설득력 있게 논증하는데 이 장의 주된 관심이 있다. 특히 '남도 사람' 연작 이후의 이청준 소설은 생태학적 무의식과 생태 윤리의 측면에서 고찰할 때, 가장 핵심적인 특징을 포착할 수 있으며, 『그곳을 다시 잊어야 했다』, 『신화의 시대』

1 이 장은 『동아연구』 59권(서강대학교 동아연구소, 2010.8.) pp. 187~217에 발표된 논문을 이 책의 취지에 맞게 수정한 것임.

등 후기 소설들에서는 더욱 그러하다. 이를 해명하기 위해 생태학적 비평의 측면에서 생태학적 무의식의 개념을 재정립하고, 그와 관련해 작가 이청준이 서사적으로 형상화한 몇몇 특징적인 생태 윤리의 양상을 살펴보고자 한다.

프롤로그에서도 언급한 것처럼, 심층 생태학적 관심과 문학적 관심은 비슷한 심연을 공유한다. 지금까지 다양한 국면에서 다채로운 방식으로 생태 비평적 논의가 전개된 것이 사실이지만, 심층 생태학적 관심과 문학적 관심이 심층에서 공유하는 공분모를 헤아리기 위해, 우리는 생태학적 (무)의식에 주목할 필요가 있다. 앞에서 소개한 『땅의 목소리』(*The Voice of the Earth*)에서 개진한 테오도르 로작(Theodore Roszak)의 생태학적 무의식론과 「인간과 자연 관계의 정신병리학」("The Psychopathology of the Human-Nature Relationship")에서 랄프 메츠너(Ralph Metzner)이 논의한 생태학적 의식 또는 생태학적 양심의 측면을 복합적으로 성찰하면 더 좋을 것이다. 로작과 메츠너의 논의를 종합하여, 로작이 강조한 생태학적 무의식을 심층 생태학적 심연으로서 자연과 인간, 인간과 인간이 교감할 수 있는 열린 기반으로 고려하고, 메츠너의 생태학적 의식 또는 생태학적 양심을 생태학적 무의식이 구체적으로 발현되는 과정에서의 생태 윤리의 측면에서 살피면, 의미 있는 성찰의 지평을 마련할 수 있지 않을까 기대한다. 먼저 이청준이 소설가 의식의 심연으로 강조한 밤 산길 독행자의 마음을 살피면서 그가 접근하려 했던 생태학적 무의식으로 열린 소설 길의 특징을 살핀 다음, 「새와 나무」, 「빗새 이야기」, 『당신들의 천국』, 『축제』, 「지하실」, 「이상한 선물」, 『흰옷』, 「날개의 집」 등등의 작품에서 보이는 '감싸안기', '기다리기', '묻어두기' 등 생태 윤리의 세 측면을 논의해 보기로 하자.

2. 밤 산길 독행자의 생태학적 무의식

이청준은 자기 소설에 대한 자의식이 매우 강했던 작가이다. 그는 소설 인생의 마지막 순간까지 "내가 이 소설질로 무엇을 해왔나?"[2]와 같은 절실한 자기 질문을 계속했다. 물론 그는 "무엇을 해왔다"고 답하지 않는다. 다만 "참 많이 헤매고 멀리 흘러왔다"는 정도로 우회한다. 왜 그는 "'헤맴' 혹은 '헤맴의 세월'에서 크게 나아가거나 벗어"날 수 없었을까? 이청준이야말로 진정한 '오로지 소설가'였던 까닭이다. 그는 이렇게 적는다. "소설이란 태생이 추상적 대의보다 주체적 삶의 숨결과 족적을 본령으로 삼은 자(者)라, 우리 장삼이사들의 삶이 그러하듯 크고 넓은 대로보다 비좁고 어두운 소로를 함께하며, 그 결핍과 상처를 어루만지고 위무하기를 첫 소임으로 살아온 것이 당연지사."[3] 여기서도 분명하게 확인할 수 있듯이, 이청준의 소설은 깨어진 영혼의 상처와 부끄러움이거나 배반이나 가해, 혹은 폭력의 허물, 내지 삶과 역사의 한을 위무하고 씻어내기 위한 부단한 헤맴의 역정이었다. 환부 없는 환자의 속 깊은 결여와 그 심연에 대한 응시를 다룬 등단

---

2 이청준, 「귀향지 없는 항로」, 『그곳을 다시 잊어야 했다』, 열림원, 2007, p. 274.

3 앞의 책, p. 275.

작 「퇴원」 이후 그는 그야말로 '귀항지 없는 항로'에서 헤맴의 세월을 거듭하면서, 역동적인 존재의 씻김굿들을 언어적으로 연출해 왔던 것이다.

'헤맴의 세월' 속에서 이청준은 언제나 소설을 통한 '말의 꿈'꾸기를 계속했다. 그 꿈은 개인의 자유와 진실, 용서와 사랑에 대한 소망으로 아로새겨져 있었다. 그것은 또한 생명의 총체적인 조화 양상이기도 하다. 이를 위해 그는 자유와 억압, 용서와 복수, 이상과 현실, 존재적 언어와 관계적 언어, 개인의 진실과 집단의 꿈 사이에서 고뇌하고 그것을 종합하기 위한 상상적 노력을 펼쳤다. 또 다양한 열린 형식으로 상상적 실험을 계속하면서 그는 끊임없이 새로운 문학의 지평 내지 지상의 척도를 열어 보이고자 했다. 이러한 종합에의 의지나 상상적 실험은 곧 근대화 이후 훼손된 생태학적 전체성의 문제와 대결한 것이라고도 볼 수 있다. 다시 말해 생태학적 전체성의 상실과 회복의 드라마를 위해 이청준은 '말의 꿈'꾸기에 그토록 열중했던 것이다. 그것은 생태학적 무의식을 향한 열린 통로 구하기와도 관련된다.

이 문제와 관련하여 이 논문에서는 이청준의 산문과 소설에서 여러 차례 반복적으로 나타나는 '밤 산길 독행자' 모티프를 먼저 살피고자 한다. 후기의 소설에 속하는 『인문주의자 무소작씨의 종생기』는 무소작씨의 일대기를 통해 이야기와 작가의 탄생과 그 성격을 형상화한 소설인데, 여기에서도 그 '밤 산길 독행자' 모티프가 중요한 구성적 기능을 한다. 고향 참나뭇골을 떠났다가 오랜 세월이 지난 후에 다시 고향길을 찾은 무소작씨는 눈내리는 겨울 밤 산길을 홀로 걷게 된다. 세월의 풍상으로 변화된 산천으로 인해 길이 확실치 않다. 반대쪽에서 오던 사내에게 이 길이 맞는지를 묻는다. 그러니까 사내는 이렇게 대답한다. "거 오다 보니 산길이 꽤 멀던데 걸음을 좀 서둘러 가보시오. 조금 전에 그쪽 길로 노형을 앞서 간 사람을 보았으니, 부지런히 쫓아가면 서로 길동무를 삼아갈 수 있을 거외다."[4] 이렇게 선행자의 행로를 들은 무소작씨는 불안이 가시고 마음이 편안해짐을 느낀다. "차가운 눈발까지 분분한 이 적막스런 산길에 사내가 그 선행자의 행로를 일러 준 것이 그의 발길을 한결 가볍게 해 주었다."[5] 그 산길은 "구불구불 골짜기와 산비탈이 연이어진 이 길의 행로 중엔 그 노송숲 외에도 '도깨비 씨름판'이며 '도둑놈 골' '여우 바위' 따위를 지나면서 신경을 곤두세우게 되는 길목이 여러 곳 있"[6]는 그런 길이었던 것이다. 그런데 이내 무소작씨는 예전 고향 사람들의 말법을 떠올린다. "옛날 참나뭇골 사람들은 이 길을 지나다 마주 오는 사람을 만나면 흔히 '좀 전에 한 사람이 길을 앞서 가더라'고 서로간에 짐짓 선행자를 일러주는 게 예사랬다. 그게 사실이든 아니든 그 으스스한 행로에 앞사람을 좇다 보면 마음의 위안도 주고 노정도 한결 빨리해 갈 수 있게 하기 위해서랬다."[7] 이 밤 산길 독행자 모티프에 대해 작가는 산문에서 다음과 같은 자기 소설 일의 성격과 비슷하다고 밝힌 바 있다.

---

4 이청준, 『인문주의자 무소작씨의 종생기』, 열림원, 2000, p. 52.

5 앞의 책, p. 53.

6 앞의 책, p. 55.

7 앞의 책, pp. 55~56.

첫째, 어둡고 무서운 밤 산길 행은 장애 많고 의지 없는 우리 삶의 모습이요, 그 삶을 베끼는(모방) 소설이란 그렇듯 막막한 밤 산길의 노정 중에 그 보이지 않는 선행자의 발길을 외롭고 절박한 심중의 한 지표로 상정해 봄으로써 나름대로의 위안과 용기를 얻고자 하는 일과 맞먹는 것이라는 생각—, 둘째는 그 사실일 수도 있고 아닐 수도 있는 노중의 대화는 어느 경우든 상대방의 남은 밤길에 위안과 용기를 주기 위한 허구의 성격이 짙은 수사인 바, 그것이 바로 소설의 허구성 또는 그 목적과 통해 보이기 때문이다. 그 산길의 '거짓말'은 그걸 곧이들은 사람에게나(오죽하면!) 위안과 용기를 줄 수 있을 뿐 아니라, 정작에 그 선행자를 따라잡았을 경우엔 이후부터 그 '허구'가 '현실' 자체로 환원되고 만다는 점에서도 소설과 닮아 있다.[8]

"'도깨비 씨름판'이며 '도둑놈 골' '여우 바위' 따위"가 환기하는 것처럼 밤 산길은 온갖 불안 신호들로 가득하다. 이러한 불안의 신호들은 자유롭고 평화로워야 할 인간의 영혼이나 넉넉한 생태학적 무의식을 억압하는 기제로 작동할 수 있다. 편안의 결여로 불안에 사로잡힐 수 있는 주체에게, 마주 오던 사람이 조금 전에 먼저 길을 간 사람이 있다며 선행자의 존재를 알려주는 것이 옛날 참나뭇골 사람들의 습성이라고 했다. 이 메시지의 진위 여부는 문제가 되지 않는다. 문제는 그 말건넴의 마음바탕이며 소통 효과이다. 마음바탕이라면 곧 자애와 평화의 심성일 터이다. 이는 오래된 생태학적 무의식의 구체적 현

8 이청준, 「밤 산길의 독행자(獨行者)들」, 『머물고 간 자리』, 문이당, 2005, pp. 136~138.

전의 한 표정이기도 하다. 그 효과 또한 상당하다. 불안한 밤 산길 독행자로 하여금 위안과 용기를 지니게 하여 그 말을 듣기 전보다는 훨씬 편안한 마음으로 길을 갈 수 있게 하는 효과를 거둘 수 있기 때문이다. 이 소통 효과의 심층 기저에서 생태학적 무의식으로 열린 마음의 길을 발견할 수 있다. 마음의 길이 곧 소설의 행로이기도 하다는 것이 작가 이청준의 기본적인 생각이다. 소설 쓰기란 현실에서 지치고 상처받은 영혼들을 위해 건네는 밤 산길 독행자의 위로의 말과 같은 것이라는 이야기이다. 실제로 이청준은 현실에서 고단한 사람들에게 그와 같은 위로의 말을 진실하게 전하기 위해 평생 소설 외길을 걸어온 작가이다. 그렇다고 해서 감성적 이야기나 허황한 희망의 메시지를 전하려 했던 것은 결코 아니었다. 이청준은 누구보다도 성찰적이었고 비판적이었으며 부단히 새로운 이념의 문을 열어 보이기 위해 각고의 노력을 기울였다. 생태학적 전체성이 상실된 현실에서 대립하고 상충하는 것들 사이에서 고뇌하면서 이를 상상적으로 종합하기 위한 작가의 서사적 의지는 기본적으로 열린 생태학적 무의식에 바탕을 둔 것이었다. 현실에서 맺힌 한들을 말로, 소리로, 풀어 한 맺힌 영혼들을 위무하려 했던 이청준의 문학은, 자유로운 영혼의 비상학을 위한 헌가(獻歌)였다. 그가 시종 응시하고자 했던 생태학적 무의식은, 그리고 거기서 연원된 구체적 형상화 작업은 그리 간단한 것은 아니었다. 그래서 그는 어느 순간에도 자신이 이룬 서사적 자리에 머물지 않고,[9]

9 다른 자리에서도 언급했지만 이와 같은 이청준의 문학적 태도는 도가적인 측면에서 상고할 여지가 많다. 가령 노자의 『도덕경』의 다음과 같은 부분을 보기로 하자. "만물이 잘 자라는 것을 보고 그것을 인도하려하지 않

부단히 열린 산문정신과 부정정신으로 새로운 문학 세계를 열어 보이려 했다. 이런 문학적 태도 또한 생태학적 무의식에 텃밭을 둔 그의 '말의 꿈'과 관련된다.

3. '감싸안기'의 생태 윤리

앞에서 언급한 이청준의 소설적 꿈과 관련하여 가장 주목되는 작품은 '南道 사람' 연작의 하나인 「새와 나무」이다. 표제인 '새와 나무'의 비유부터 그 의미가 각별하다. 이는 작가 자신이 산문을 통하여 나름대로 해석을 해놓은 것이기도 하다. 나무는 "혼자서 수분을 빨아들이고 햇빛을 취하여 줄기를 키우고 잎을 펼치며 열매를 맺는" 자족적인 실체이다. 나무 잎들이 무성해지면 새들이 찾아들고 아름다운 노래가 깃들어진다. "높고 울창한 나무 가지 속에 갖가지 새들이 날아들어 그 낭자한 노래 소리로 하여 나무와 새가 하나의 삶으로 어우러져 합창을 하는 그런 사랑의 나무", 바로 그것이 이청준이 소설로 꿈꿀 수 있는 "가장 아름답고 힘찬 생명과 삶의 나무, 혹은 자유와 사랑의 빛의 나무"[10]라고 한다. 얼핏 보기에도 『장자(莊子)』의 「제물론(齊

고, 잘 살게 해주고도 그것을 자신의 소유로 하지 않으며, 무엇을 하되 자신의 뜻대로 하려 하지 않는다. 공이 이루어져도 그 이룬 공 위에 자리잡지 않는다."("萬物作焉而不始, 生而不有, 爲而不恃, 功成而弗居", 老子, 『道德經』 2章). 이런 도가적 태도는 또한 생태학적 무의식에 기반한 생태학적 진정성의 세계와 통하는 바가 많다고 생각한다.

10 이청준, 「존재적 언어와 관계적 언어 사이에서」, 『말없음표의 속말들』, 나남, 1985, pp. 142~143.

物論)」에 나오는 천뢰(天籟) 즉 하늘의 퉁소 소리를 떠올리게 한다. 즉 온갖 소리들을 나름의 조화 속에 잠기게 하는 자연의 절대음 말이다. 그러나 그것은 따로 있는 어떤 것이 아니라 저절로 그러한 혹은 모든 조화를 자연의 절대 속에서 차지하는 그런 모습이다. 이 세상의 모든 소리들이 저절로 조화를 획득하여 어울리는 그런 합창이다. 그런 조화와 합창이 가능한 것은 생태학적 무의식이라는 공분모 때문일 것이다. 새와 나무에 관한 이청준의 꿈, 혹은 이청준의 합창은 생태학적 무의식에 기반한 그런 경지를 동경한 것처럼 보인다.

「새와 나무」는 소리(판소리)를 찾아 남도를 순례하던 한 나그네가 외딴 산골에서 우연히 '나무'와도 같은 사내를 만나 '빗새' 이야기를 듣는 이야기다. 정처 없이 남도를 떠돌던 나그네가 폐원과도 같은 과수원 비슷한 수림에서 한 사내를 발견하는데, 그가 마치 "한 그루의 나무처럼 보였다."[11]고 서술자는 적는다. 사내는 나그네를 마치 아는 사람을 부르듯 손짓하여 부르고, 나그네도 무언가에 홀린 듯 그 사내에게 다가간다. 사내는 나그네를 청해 정겹게 저녁을 대접하고 잠자리까지 제공한다. 밤늦은 시간까지 둘은 이런저런 이야기를 나누게 된다. 중심 이야기는 크게 보아 둘이다. 형의 이야기와 어느 시인의 이야기가 그것이다.

사내에게는 형이 있었는데, 가정 형편상 소학교 졸업 후 중학교에 진학하지 못한다. 다른 아이들이 공부를 하러 도회지로 떠난 다음 형은 하릴없이 연날리기로 소일하다가 하늘 높이 떠오른 연이 실을 끊

11 이청준, 「새와 나무」, 『서편제』, 열림원, 1998, p. 94.

고 날아가 버리는 것을 보고는 그도 연처럼 도회지로 떠나고 만다. 아들의 가출에 황망해 하던 어머니는 이때부터 빗새[雨鳥] 이야기를 하면서 집 앞에 작은 동백나무 한 그루를 심어 정성껏 돌본다. 어머니가 둘째 아들(사내)에게 들려주었다던 '빗새' 이야기란 무엇인가. 이미 이청준이 1977년에 「빗새 이야기」란 제목의 짧은 콩트를 발표한 적이 있거니와, 이 콩트의 이야기는 「새와 나무」(1980)서도 중핵적인 의미를 형성한다. 빗새는 봄부터 가을까지 비가 오는 날에만 구슬프게 울어 댄다는 (허구적인) 새다. 비가 와도 제 몸 하나 깃들일 둥지마저 없는 새이기에 날씨가 궂으면 그렇게 젖은 몸을 쉴 의지를 찾아 빗속을 울며 헤매 다닌다는 것이다. 어머니가 이런 빗새 이야기를 하면서 잎과 가지가 무성한 동백나무를 심은 것은, 일차적으로는 빗새에게 의지처를 제공하려는 마음이겠으나, 다른 측면에서는 집 나간 아들을 생각하는 마음이었을 것이다. 오랜 시간이 지난 다음에 성공하지 못한 아들이 집에 돌아와 크게 자란 그 동백나무를 보면서 '나무'와도 같은 어머니의 마음을 헤아린다. "긴 세월 허구한 날 어느 골목을 헤매고 다녔더냐. 바람 차고 어두운 밤인들 어느 한데다 의지를 삼았더냐."는 어머니의 말에 남루한 귀향자는 "바깥 세상을 나가 보면 엄니같이 자식을 일찍 객지로 내보내고 사는 노인네들을 자주 만날 수가 있어서요. 그런 분들의 인정으로 제가 이렇게 다시 무사하게 돌아온 걸요."[12] 라고 대답한다. 그렇게 돌아온 형은 몇 년간 어머니의 은혜에 보답이라도 하려는 듯 집 주변에 과수를 비롯한 나무를 심으며 수림을 일군

12 앞의 책, p. 114.

다. 그러나 어머니가 돌아가시자 다시 집을 떠나고 만다. 이제 어머니가 없는 자리에, 측은한 빗새를 위해 '나무'를 심는 역할을 동생(사내)이 떠맡는다. 사내는 그렇게 나무를 심으며 빗새와도 같은 형을 어머니를 대신해 기다린다.

빗새와도 같은 형을 기다리던 사내는 어느 날 그 수림을 찾아든 시인을 만나게 된다. 도시 생활에 지친 시인은 우연히 그곳을 지나다가 자신의 지친 영혼에 평화를 가져다 줄 것으로 기대되는 공간과 마주치게 된다. 노을이 질 무렵까지 한 나절을 그 자리에서 망연히 앉아 있던 시인이, 사내에게는 빗새의 형상으로 보였음은 물론이다. 하여 그를 도와주기로 한다. 시인은 우선 땅만이라도 산 다음에 돈이 더 생기면 둥지를 틀었으면 좋겠다고 했다. 사내는 밭주인과 협의하여 계약금도 없는 계약을 성사시킨 다음, 집 자리를 제외하고 나무를 심어준다. 그러나 시인은 결국 돈을 마련하지 못해, 그 땅에 둥지를 틀지 못한다. 뜻을 이루지 못하고 비명에 죽었다는 시인을 위해, 사내는 못이룬 양택(陽宅) 대신에 음택(陰宅)이라도 그 땅에 마련해주고 싶어 했지만, 이미 화장하여 강물에 뿌려졌다는 소식을 듣게 된다. 그럼에도 불구하고 사내는 여전히 나무를 심으며 빗새들을 기다린다. 그러다가 나그네를 만나게 된 것이다.

이런 이야기를 전해들은 나그네는 사내를 처음 보았을 때 나무로 보였던 사연에 대해 깨우치게 된다. "그는 한 마리 빗속의 새였고 주인 사내는 숲속의 나무였다. 그리하여 새는 나무를 보았고 나무는 다시 새를 본 것이었다. 낯모른 집을 따라 들어와서도 그토록 마음이 편해진 것 역시 거기에 곡절이 있었던 것 같았다." 이어서 나그네는 사내에 대한 이런 해석으로 이어간다.

> 사내의 그런 마음 씀씀이는 이미 그의 형에게만 머물러 있는 것이 아니었다. 그가 기다리고 있는 것이 착각이 아닌 실제의 자기 형이었다 하더라도, 집을 떠나간 형은 이제 그 빗새가 되어 숲을 찾아오고 있었다. 사내도 이젠 그의 노친네가 옛날 당신의 아들을 대신한 그 한 마리 빗새만을 위해 동백나무를 심지 않았듯이, 그의 숲을 지나가는 모든 피곤한 길손들을 그의 빗새로 맞아들이고 있는 것이다.[13]

빗새를 위해 나무를 심는 사내의 마음은 근대 이후 나무를 남벌(濫伐)하면서 세속적인 문명을 이룬 사람들의 세계관에 전면적인 반성을 촉구한다. 가령 다음의 진술을 주목해 보자. "사람들은 누구나 자기 중심의 관계만을 원했다. 그리고 상대방을 탐욕스럽게 꺾어 이겨서 그를 차지하고 다스리는 관계를 만들려 하였다. 그런 관계 속에서 나 자신의 얼굴과 자리를 팔려 하였다. 그것은 소유와 지배의 관계였다."[14] 자기 중심의 소유와 지배욕, 그 배타적이고 파괴적인 탐욕으로 타락한 인간 현실에 대한 반성 말이다. 그것은 "사람의 옳은 모습"이 아니며, "원래 사람으로서 있어야 할 자리"[15]가 아님을 작가는 새삼 환

13 앞의 책, p. 117.

14 앞의 책, p. 130.

15 앞의 책, p. 130.

기한다.

사내는 자신이 심은 나무를 통해 모종의 수입을 기대한 것도 아니었다. "꽃으로 보라고 심은 나무를 돈거래거리로 생각하기란 세상살이가 너무 각박하고 치사한 느낌이 든다"는 사내는 "그저 나무를 심고 돌보아 왔을 뿐, 그리고 열매를 맺는 나무는 열매를 맺게 해주고, 꽃과 잎이 좋은 나무는 제 꽃과 잎이 보기 좋게 피어나도록 돌보아 왔을 뿐 그것들에다 생계를 기대어 본 일은 없"[16]다고 했다. 또 시인을 위해 남의 땅에 심은 나무를 사내의 수림으로 옮겨올 생각이 없었느냐는 질문에 사내는 이렇게 대답한다. 이는 노자(老子)가 강조한 바 공을 이루어도 그 자리에 머물지 않는다는 '功成而弗居'와 무위(無爲)로 모든 것을 이룬다는 '無爲而無不爲'[17]의 세계와 상통한다.

> 한번 심거 준 나무를 뭣 땀시 다시 파옵니껴. 나무들은 거기서 그냥 자라 가게 두었어요. 푸나무 한 그루도 다 제 생명을 지녀 사는 것이라 나무의 생명은 내 것이 아니지요. 생명 있는 것을 이리저리 파옮기는 버릇들이 많은디, 그런 건 모두 그 남의 생명을 너무 내 것이라고들 여기는 탓일 게요. 남의 생명을 내 것이라 우기면 내 생명도 누군가 그렇게 우기고 나설 일이 생길 거 아니겠소. 사람은 사람대로 나무는 나무대로, 각기 제 자리에서 사는 겝니다. 나무의 생명도 그만 권리는 있는 거외다…….[18]

---

16 앞의 책, p. 103.

17 老子, 『道德經』 37章.

18 이청준, 「새와 나무」, 『서편제』, pp. 131~132.

이런 이야기에서 나무와 새는 물론 서로 나눔을 통해 조화를 이루고 더불어 사는 존재들이다. 물론 「새와 나무」에서 좀 더 전경화되는 것은 나무의 초상이다. 어머니의 나무도 그렇고 사내의 나무도 일종의 우주목(宇宙木)이다. 수직적으로는 땅과 하늘, 물과 흙과 공기를 순환시키고, 수평적으로는 새로 하여금 자신의 잎과 열매와 더불어 춤추게 한다. 그것이 나무의 삶이다.[19] 그런 나무들이 신성한 숲을 이룬다. 그 숲에서 모든 존재들은 신비롭고 아름답고 평화롭고 행복할 수 있다. 이 같은 나무의 우주적 역학은 연민과 동정, 나눔과 베풂의 윤리학과 연계되면서 생태학적 진정성과 심미적 감동을 준다. 그와 같은 나무를 키울 수 있었던 어머니와 사내의 행위는 다름아닌 '감싸안기'의 생태 윤리로 요약될 수 있다. 세상의 모든 빗새들을 감싸안으려 했던 그들의 마음 바탕과 윤리 감각이 그와 같은 생태학적 우주목을 키울 수 있었던 것이다.

노자(老子)가 보는 바람직한 사회는 아직 구분되기 이전의 순수한 상태가 잘 유지되고 모든 것이 자연의 원리에 따라 저절로 '감화'되어 가는 사회였다. 테오도르 로작의 시각에서라면 생태학적 무의식을 억압하지 않는 사회이다. 이청준의 「새와 나무」에서 그린 비유적 형상은 바로 그와 같이 생태학적 무의식이 억압되지 않는 자연 상태에 다름 아니다. 거기서 새와 나무는 각각 자연 상태의 행위 원칙인 '자연무

19 여러 소설에서 이청준은 나무에 대한 각별한 생태학적 관심을 보인다. 예컨대 「목수의 집」에는 "나무의 기운은 원래 햇빛과 땅기운과 비바람을 함께 안고 화동하던 것"(이청준, 「목수의 집」, 『목수의 집』, 열림원, 2000, p. 20)이라는 표현이 나온다.

위(自然無爲)'처럼 행한다. 노자가 '자연(自然)'이라는 개념을 제시한 것은 누구든지 계급적 요구에서가 아니라 모두 자신의 필요에 따라 자신의 천성을 발전시킬 수 있도록 허락되어야 함을 주장하기 위해서이고, 또 각각 다른 욕구들이 조화와 평형을 이룰 수 있도록 '무위(無爲)'라는 관념을 내 놓았다. 아울러 노자가 자연 무위라는 관념을 정치에 운용하는 것은 백성들로 하여금 최대의 자주성을 가지고 각자의 특수성을 발전시킬 수 있도록 하기 위해서인 것이다. 이런 관점에서 보았을 때 이청준의 「새와 나무」의 세계는 곧 자연 무위의 세계 그 자체에 대한 동경의 형식이었다고 할 수 있다. 그것은 생태학적 무의식에 바탕을 둔 동아시아적 생태 인식의 보편성과 맞닿아 있다.

4. '기다리기'의 생태 윤리

「빗새 이야기」나 「새와 나무」에서 우리는 또한 '기다리기'의 생태 윤리를 가늠해 볼 수 있다. 기다리기 혹은 기다림은 동서양을 막론하고 매우 중요한 삶의 미덕으로 여겼던 것으로, 기다릴 수 있다는 것은 곧 생태학적 무의식에 기반한 생태 윤리를 실천할 수 있다는 의미와도 통한다. 새를 기다리는 나무, 집 떠난 아들을 기다리는 어머니의 마음은 근대 이후 주체 중심주의나 이성적 자아 중심주의와는 다른 것이다. 주체 중심의 사유를 넘어서서 주체 안에 타자의 자리를 넉넉하게 마련하지 않고서는 형성되기 어려운 윤리 감각이다. 작가 이청준은 그 기다리기의 생태 윤리를 일차적으로 대지적 모성에서 발견한다. 이미 논의한 바, 「새와 나무」에서 객지로 떠난 아들을 기다리는 어머니의 마음이 바로 그것이다. 그런 마음은 장편 『축제』에서 집 떠난 손녀(용순)를 기다리는 할머니의 마음으로 변주된다. 집밖을 떠돌던 큰아들이 밖에서 데리고 들어온 손녀가 바로 용순이다. 적통의 자식이 아닌 까닭에 용순은 둥지 없는 빗새처럼 가련한 신세를 면치 못한다. 아비마저 일찍 세상을 떠나고 난 후에 용순은 할머니를 제외하고는 그 누구로부터도 가족 대접을 받지 못한다. 그러다가 돌연 집을 떠나게 되는 것이다. 그러자 할머니는 늘 용순을 기다린다. 그런데 『축제』에서 작가는 그와 같은 기다림의 이야기를 쓴 사람의 기다림에 대해서 언급한다. "그 이야기를 쓴 사람, 그에게 그런 기다림이 없었다면 노인네의 기다림을 알 수가 있었겠어요? 그리고 그것을 대신해 쓸 수가 있었겠어요?"[20] 작가에게도 그런 기다림이 있었기에, 어머니의 기다림을 이해할 수 있었고, 그러기에 그런 기다림의 이야기를 쓸 수 있었다는 설명이다. 이와 같은 기다림의 미덕 내지 기다리기의 생태 윤리는 배타적 물신 풍조가 횡행하는 근대 자본주의 문명의 지배적 원리와는 질적으로 다른 것이다. 경쟁이나 성장의 가치가 존중될 때, 그와 같은 기다리기의 생태 윤리는 시대착오적인 감각으로 치부될 수도 있다. 그러나 정복이나 파괴가 아닌, 지속 가능한 발전의 지평 내지 생태학적 상생의 지평에서 보면 기다리기의 생태 윤리는 매우 중요한 미덕이 된다.

기다리기의 생태 윤리는 타자 지향의 윤리와도 관련된다. 주체 중심일 때 기다림보다는 성급함이 앞선다. 타자를 넉넉하게 환대할 마

20 이청준, 『축제』, 열림원, 2003, p. 196.

음바탕이 있을 때라야 기다리기의 생태 윤리는 실천의 지평을 알게 된다. 두루 알다시피 근대 문명을 이룬 기저에서 힘의 정치학을 발견하게 되는 것은 어렵지 않은 일이다. 그러나 힘의 정치학은 힘을 가진 자와 가지지 못한 자 사이에 상극의 불화를 낳기 마련이다. 이 때문에 힘의 정치학을 생태학적으로 반성하면, 타자의 윤리학으로 인식론적 전환을 단행하지 않으면 안 된다. 『당신들의 천국』(1976)에서 이청준은 이미 그와 같은 생태학적 인식을 보인 바 있다. 이 장편에서 작가는 힘의 정치학을 넘어서 타자의 윤리학을 모색하기 위해서는 존재론적 인식의 깊이를 새롭게 다지지 않으면 안 된다는 생각을 표명했다.

> "난 이런 생각을 자주 해왔어요. 눈을 뜨고 찾아내려고만 하면 이 땅 위엔 아름답고 귀한 것이 얼마든지 많을 거란 생각 말이오. 하지만 그 아름답고 귀한 것들은 우리가 눈을 뜨고 찾아내지 않으면 함부로 모습을 드러내보이질 않습니다. 볼 수가 없습니다. 누구의 눈에도 띄어본 일이 없이 우리 눈앞에서 숨어 사라져버리는 것들이 얼마든지 많습니다. […] 바로 저 나무 뿌리가 그런 것 중의 하나지요. 산에만 올라가면 저런 고목나무 뿌리는 얼마든지 많습니다. 모두가 땅속에 숨어 있어요. 놔두면 제물에 썩어 없어져버릴 것들이지요. 하지만 내가 올라가 땅을 파고 썩어가는 뿌리를 찾아주면, 저것들은 제 몫의 아름다움을 되찾아 지니고 저렇게 내게 말을 하기 시작합니다. 요즘 사람들 현상의 실첸가 뭔가를 찾아낸다고 생 유리창을 주먹으로 두들겨 깨기도 하고, 새끼줄을 이리저리 얽어매는 따위의 별스런 짓까지 하는 모양입디다만, 이 나무 뿌리는 그렇게 힘이 들 필요가 없어요. 일부러 뭘 만들어낼 필요가 없어요. 제가 원래 지닌 아름다

움이 있거든요. 그 숨어 묻혀 있는 아름다움을 찾아내주기만 하면 그만이니까. 놔두면 그냥 땅속에서 썩어 없어질 나무 뿌리를 찾아내주기만 하면 그만이란 말이우다. 그게 예술이 안 됩니까. 그래선 예술 작품이 안 되는 거웨까?"[21]

인용문의 내용은 이렇게 정리될 수 있다. 아름답고 귀한 것은 어느 경우나 깊은 곳에 내재되어 있다. 그런데 그것은 성찰하고 발견하는 자에게만 모습을 드러낸다. 그러니까 대상과 주체 사이의 영혼의 교감을 강조하고 있는 셈이다. 덧붙여 "일부러 뭘 만들어낼 필요가 없"다는 대목을 주목할 필요가 있다. 「새와 나무」에서 사내의 의견 또한 그러했다. 원래 존재하는 것, 혹은 자생적인 것들이 자연스럽게 드러날 수 있는 경로를 발견하는 게 중요하다는 얘기다. 인위적이거나 정치적인 조작에 대한 항변의 메시지다. 「새와 나무」에서도 그러했듯, '자연무위(自然無爲)'(노자)의 정조는 여기서 되풀이 확인된다. 주인공 조백헌이 이 대목에서 단지 예술론만을 펼치고자 한 것은 아니다. 자유와 사랑의 실천적 화해라는 가능성 혹은 소망의 아름다움을 우리 모두가 가지고 있다는 믿음을, 그리고 그것을 발견하고 성찰하는 우리들의 인식안의 중요성을, 나아가 주체와 타자/대상 사이의 영혼의 교감의 중요성을, 게다가 삶과 예술이 넘나들 수 있는 가능성의 지평을, 이런 식으로 에둘러 이야기한 것이다. 말하자면 이 대목에 작가 이청준의 인간관이나 자연관, 예술관이나 소설관이 함축적으로 들어

21 이청준, 『당신들의 천국』, 열림원, 1976/2000, pp. 366~367.

있다고 할 수 있다. 그것은 매우 근본적인 것으로 보인다. 하지만 현실과 교류하되 현실과 타협하지 않고 현실을 넘어서 "보다 인간다운 삶, 보다 행복스런 우리들의 삶 또는 그 삶에 대한 깊은 사랑"[22]을 소설로 꿈꾸는 이청준에게 있어서, 바로 이런 생각을 우리 모두가 일반 의사로 공유할 수 있었으면 좋겠다는 요청은 매우 간절했던 것처럼 보인다. 그런 생각은 생태학적 무의식으로 열린 것이며, 그와 같은 소망스런 삶을 위해서라도 기다리기의 생태 윤리와 타자 지향의 윤리 감각은 매우 소중한 것이라고 작가 이청준은 생각했던 것으로 보인다.

요컨대 기다리기의 생태 윤리와 관련되는 타자 지향의 윤리 감각은 힘의 정치학의 대안 윤리이다. 작가 이청준에게 있어서 그 바탕은 기다리기의 생태 윤리이다. 주체를 앞세우며 무한 경쟁하기보다는 타인을 내 안에 초대하고 환대할 수 있는 마음이 중요하다. 그것은 우리가 살펴본 것처럼 둥지 없는 새를 기다리는 나무의 마음이요, 집 떠나 객지를 떠도는 자식을 기다리는 어머니의 마음과 통한다. 여기서 나무의 마음이나 어머니의 마음은 배타적 자아 혹은 본질주의적 자아를 부정할 때 허심탄회하게 형성되는 생태 윤리이다. 주체의 독자적인 본질이 강조될 때, 타자의 자리는 위축될 수밖에 없다. 주체와 타자, 인간과 자연이 유기적인 순환 과정을 통해 생명력이 넘치는 관계를 유지하고자 하는 도가적 인식 태도나 심층 생태학적 사고를, 이청준의 소설은 보여준다. 인공적 오케스트라가 아닌 자연에서의 나무와 새의 합창을 통해 진정한 삶의 지평을 응시하고자 한 작가가 바로 이

22 이청준, 「지배와 해방」, 『자서전들 쓰십시다』, 열림원, 2000, p. 134.

청준이다.

5. '묻어두기'의 생태 윤리

이청준 소설의 심층 의식의 일환이라고 할 수 있는 화해와 생명, 이해와 용서, 타자의 윤리학은 광주 체험 이후 더욱 깊이를 더해가다가 21세기 들어 그 문학혼의 벼리를 보여주는 형상이다. 생애 마지막 소설집이 된 『그곳을 다시 잊어야 했다』의 세계를 새삼 탐문해야 하는 까닭도 바로 거기에 있다. 먼저 역사적 이데올로기적 삶을 반성하고 존재론적 성찰의 깊이를 보인 「지하실」이 주목된다. 한동안 우리 사회를 떠들썩하게 했던 과거사 청산에의 소용돌이 가운데 발표된 「지하실」에서, 작가는 한국전쟁기에 좌우 편싸움의 속절없는 현장이었던 역사의 지하실로 우리의 성찰을 안내한다. 문제는 그 상처의 현장을 드러낼 것인가, 묻어둘 것인가 하는 점이다. 여기서 작가는 이데올로기적으로 선명하게 드러내기보다는 묻어둠으로써, 오늘의 상처를 줄이는 쪽에 무게를 둔다. 문제의 지하실은 좌우가 편을 갈라 죽이고 죽임을 당했던 한국전쟁의 상흔을, 그 어둠의 그림자를 담고 있는 공간이다. 옛 집을 복원하면서 주인공은 그 지하실까지 복원하고 싶어 한다. 어둠의 그림자를 환히 밝히기 위해서라도 그 어둠의 공간은 복원되어야 한다고 생각한다. 그러나 그 일을 맡아 하는 성조 씨의 생각은 다르다. 주인공처럼 일찌감치 고향을 떠나 살았던 사람들과는 달리 그 역사적 상흔의 현장에서 줄곧 살아왔던 자신들은 그 상처를 들추어내는 일을 결코 탐탁하게 여길 수 없다는 것이다. 그 상처의 현장에서 무슨 일이 있었고, 누가 누구에게 상처를 주었고 받았는지를 잘 알지만, 그럼에도 그 지하실을 물리적으로도 묻고 심리적으로도 가슴에 묻어둔 채 살아온 터였는데, 새삼 그것을 들추어내어 상처를 덧나게 할 필요가 없다는 것이다. 이러한 성조 씨의 입장은 이렇게 발화된다.

> 아까 그 원옥씨, 그 날 밤 이야기를 하다 말고 슬그머니 자리를 뜨고 말지 않던가. 이 동네선 그런 일에 당사자가 아니면 말이나 참견을 피해 모른 척 덮고 살아. 지금 나나 자네처럼 어느 면 당사자격인 처지에서조차 무엇이 사실인지 믿기가 어려운 판에 하물며 남의 지난 일에는. 더러는 바로 당사자들까지도. 내 말 뜻 알아들어? 그런 이 동네에 저 지하실을 되살려 놓으면 그거야말로 지금까지 잊고 지내온험한 내력을 죄 되살려놓는 일 아니겄어? 그래서 새삼 동네 사람들 마음을 이쪽 저쪽 시끄럽게 갈라놓으면 무슨 좋은 노릇이 생기겄어. 우리가 다 죽고 난 뒷세상 일이라면 몰라도 그 시절을 직접 살아낸 사람들이 이쪽 저쪽 입 다물고 지낼 망정 아직도 서로 이웃해 살고 있는 마당에! 어느 시절 어느 한 쪽에 그럴 힘이 있다고 제 편에 이로운 것만 골라 살리래서 쓰겄냔 말여.[23]

그러니까 어떤 진실은 밝히는 것보다는 묻어두는 것이 훨씬 인간적일 수 있다는 것이 성조 씨의 생각이다. 묻어두는 것이 오히려 공동체의 상생과 조화에 도움이 된다는 이런 생각은 곧 '묻어두기'의 생태

23 이청준, 「지하실」, 『그곳을 다시 잊어야 했다』, 열림원, 2007, pp. 134~135.

윤리를 드러낸 것이라고 해석할 수 있다. 물론 이때의 묻어두기는 앞서 살핀 감싸안기의 생태 윤리를 함축하고 있는 것이기도 하다. 감싸안을 수 있을 때 묻어둘 수 있다. 혹은 감싸안기 위해 묻어두고자 하는 것이다. 일찍이 「숨은 손가락」, 「가해자의 얼굴」 등을 집필했던 작가답게, 역사의 격랑에서 누구나 할 것 없이 피해자의 입장에서 가해자에 대한 보복만을 일삼아온 무반성적 경향에 대한 간접적 비판을 보이면서, 부지불식간에 가해자가 될 수 있었음을 반성해야 한다는 메시지를 전한다. 진정한 반성과 용서, 그 바탕 위에서의 넉넉한 대긍정의 세계를 응시하고 실천할 수 있을 때, 존재를 속절없는 역사적 격랑에서 구하고 진정한 의미를 탐문할 수 있다는 생각을 내비친다.

이런 성찰은 「이상한 선물」에서 다양한 설화적 맥락 찾기와 더불어 좀 더 진전된 생철학적 비전 모색으로 나아간다. '그림자 도둑 이야기'를 비롯한 여러 설화들은 공동체와 개인의 상호 안녕을 위해 서로 감싸주고 의뭉스럽게 속아주고 묻어두고 그러면서 서로 진실을 나누었던 삶의 풍경들을 보여준다. 드러내기보다는 감싸고 묻어둠으로써 오히려 진실의 빛을 밝힐 수 있었던 옛 공동체 성원들의 속 깊은 이야기들이 얽히고설키면서, 오랜 인식의 지혜를 오늘에 되살리고자 한다. "제 맘속에다 그걸 지녔으면 눈에도 보일 수 있었겄제."[24] 이 문장을 "눈길을 바꿔 보면 세상일이란 사람 따라 세월 따라 다 그렇게 달라 보이는 법이여!"[25]와 겹쳐 읽는다면, 작가가 이른 대긍정의 세계

24 이청준, 「이상한 선물」, 앞의 책, p. 183.

25 이청준, 「지하실」 앞의 책, p. 137.

가 단순한 상대주의가 아니라 도저한 인식의 종합 결과임을 눈치채게 된다.

'묻어두기' 혹은 '감싸안기'의 지혜가 좀더 적극적인 심리적 전략으로 전개되면 '잊기'로 현상화된다. 「그곳을 다시 잊어야 했다」와 「태평양 항로의 문주란 설화」 같은 작품이 그런 경우다. 「그곳을 다시 잊어야 했다」에서 유일승 씨는 이 땅에서 살아남기 위해서, 조국과 조국의 전쟁을 용서하기 위해서, 그리고 자기 삶을 용서하기 위해서 조국을 잊어야 했음을 어렵사리 이야기한다. 「태평양 항로의 문주란 설화」에서 꼬로나 씨의 조부 역시 사정은 비슷하다. 쫓겨나듯 떠밀리듯 이 땅을 떠날 수밖에 없었던 사람들, 잊기 전략으로 역설적으로 기억하며 살아갔던 그들을, 이 땅에서 살아왔던 사람들은 어떻게 보아야 하나? 「부끄러움, 혹은 사랑의 이름으로」에서 그것은 부끄러움이나 두려움으로 나타난다. 유럽 여행 중 한국 출신 입양아를 만난 임 감독의 그런 느낌을 통해, 작가는 지난 역사와 개인의 실존을, 국가의 허물과 국민의 얼룩을 웅숭깊게 감싸안으면서, 이데올로기가 민족주의에 입각한 명분 혹은 대의가 아닌 존재의 숨결과 족적을, 낮은 목소리로 읊조린다.[26]

---

26 이와 같은 작가의 인식은 그의 존재론적 언어관이나 판소리 투 민간 수사학과 적절히 어울린다. 아니 어쩌면 민간 수사학으로 투시한 인식이요, 민간 수사학을 통해 꿈꾼 세계라고 하는 게 더 적절할 것이다. '남도사람' 연작을 통해 겨레의 정서와 한의 구경(究竟)을 탐문하고, 『토끼야, 용궁에 벼슬가자』, 『놀부는 선생이 많다』 등의 판소리 동화를 통해 겨레의 정한 어린 말법을 새롭게 가다듬은 작가가 구사한 민간 수사학이어서 더욱 믿음이 간다. 인상적인 소설 「천년의 돛배」에서 뭍으로 출가한 딸을 기다리는 어미

그런가 하면 장편 『흰옷』에서는 해방기의 혼돈과 전쟁기의 마성적 폭력으로 인해 일그러진 우리네 정신사를 바로 세우기 위한 방안으로 풀어내기의 생태 윤리를 펼쳐 보인다. 작가는 남도지방의 버꾸놀이가 전쟁기의 악몽을 거치면서 예전 같은 무한포용의 생태학적 신명기를 잃고 거친 쇳소리로 변해버린 이야기를 하면서 자유로운 영혼들이 허심탄회하게 어울릴 수 있었던 예전의 신명을 회복하기 위한 풀어내기의 진혼을 시도한다. 소설 속에서 영매자(靈媒者)는 간절하게 축원한다. 이 땅에서 벌어진 부정하고 불순한 것들을 씻어내고, 이 땅에서 사는 사람들 마음속에 웅크리고 있는 어둡고 더럽고 부정하고 욕된 생각들을 모조리 깨끗이 씻어달라고 말이다. "헛된 이념과 사상의 사슬, 대립과 미움과 원한과 복수의 사슬, 거짓과 속임수와 미망의 사슬"[27]을 끊어 달라고 말이다. 그렇게 해묵은 상처를 어루만지면서 소망스런 꿈을 펼쳐 보인다.

의 마음이나 바다 건너 어미를 그리는 딸의 마음의 애절함, 혹은 끝내 만나지지 않은 그리움의 응어리들이 민간 수사학으로 피어나는 모습에 우리는 놀란다. 이를테면 "우리 딸아기는 한번 가고 나니 해가 몇 번씩 바뀌어도 영영 소식을 들을 길이 없네그려. 병풍에 그린 닭이 꼬꾜 울면 올거나, 화로에 구운 밤이 싹이 나면 올거나. 우리 아기 귀한 아기 네가 언제 다시 나를 보러 올거나."(「천년의 돛배」, 『그곳을 다시 잊어야 했다』, p. 29) 같은 부분에서 생생하게 느낄 수 있듯이, 이청준은 민간 수사학으로 장삼이사들의 삶의 애환을 위무하면서 감싸안고자 한 것으로 보인다. 이러한 수사학적 성찰과 의장은 묻어두기, 감싸안기, 잊어주기 등의 심리적 성찰과 조응되면서, 현묘한 대긍정의 세계를 서사적으로 빚어낸다. 대가다운 서사적 비의를 알게 하는 대목이다.

27 이청준, 『흰옷』, 열림원, 1999, p. 250.

망자들은 망자의 길을 가게하고, 생자들은 제 생자다운 세월을 살게 하고……. 그리고 저 아침풀잎 같은 고운 아이들에겐 저들에게 더 잘 맞는 저들의 노래 속에 소복보다 더 고운 옷을 입고 고운 춤을 추게 하고, 그래서 이쪽이고 저쪽이고 이제는 이 산하가 온통 저들의 행복스런 춤판이 되게 하고……. 저들은 아직도 우리들의 소망이요, 꿈이니께. 저들이 이젠 이 땅의 내일의 모습이니께……. 그러니 참으로 고맙고 부끄럽구나. 그동안도 저들은 저렇듯 힘차고 곱게 자라주고 있었으니. 우리의 꿈은 옛날에 실패했으되, 그 꿈이 저들에게서 저렇듯 다시 스스로 내일의 문을 열어 건강하고 아름답게 어우러져가고 있으니……."[28]

이청준 소설에서 묻어두기, 감싸안기, 잊어주기, 풀어내기 등의 생태 윤리는 심층 생태학과 문학의 기본 정서인 연민에 입각한 함께 아파하기의 생태 윤리와도 연계된다. 예술가소설인 「날개의 집」에서 세민은 스승 유당으로부터 그림을 배운다. 유당은 "흙을 파고 갈면서 그 흙과 땅에서 배운 것, 그 흙과 땅, 힘겨운 농사일과 우리 사람살이에 대한 사랑으로 그리"[29]라고 가르치지만, 세민은 그 경지를 따라가지 못한다. 그러자 유당은 "병이로구나, 흙을 후벼파고 살을 까발리면서도 이 산하가 깊이 품어온 아픔을 왜 몰라……"[30]라며 탄식한다. 그러면서 "네 몸 속 뼛속까지 스며들고 가득 차도록 깊이 안아들이거라. 그 아픔으로 다시 흙을 껴안고 산을 껴안는 것, 그것이 다름아닌 사

28 앞의 책, p. 250.

29 이청준, 「날개의 집」, 『목수의 집』, p. 100.

30 앞의 책, p. 101.

랑인 게다. […] 아마도 그런 아픔과 사랑을 배움으로해서만이 비로소 네가 진심으로 소망하는 그림을 그릴 수 있게 될 게다."[31]라고 말한다. 이런 스승의 가르침을 새기며 절차탁마한 세민은 심한 신열기 속에서 이런 그림을 그린다.

> 빈 들녘을 그리고 새털구름 드높은 하늘을 그리고 하염없이 한가로운 새의 비행을 그렸다. 오래 팽개쳐둔 일이라 물론 그림이 쉽지 않았다. 손이나 손목 놀림이 무디어져 산에서 익혔던 먹붓질마저도 마음을 잘 따라주지 않았다. 하지만 그는 고약한 신열기가 걷혀 가실 때까지 몇 번씩이고 그림을 다시 고쳐 그렸다. 나중에는 그 들녘과 하늘과 새뿐만 아니라 화면 아래쪽에 한 마리 소의 형상을 그려 넣기 시작했다. 몸 속에 괴로운 신열기를 참으며, 그로 하여 그 드높이 한가로운 새의 비행을 더욱 아프게 꿈꾸고 누워 있는 소, 그 꿈마저 괴롭게 앓고 있는 소였다.[32]

이렇게 그린 세민은 이전과는 그림이 완연히 달라졌음을 느낀다. "신열기를 앓는 소로 하여 새의 비행은 더욱 드높고 유유했다. 눈부신 자유, 황홀한 꿈이었다. 그러나 화면 전체로 보면 그것까지도 그 소의 눈길로 하여 오히려 뼈가 시린 자유, 황홀한 절망이 되고 있었다."[33] 땅에서 신열기를 앓고 있는 소와 하늘을 유유하게 비상하는 새의 대조는 단순한 대위법적 구성에서 그치지 않는다. 하늘을 나는 새

---

31 앞의 책, p. 101.

32 앞의 책, p. 111.

33 앞의 책, p. 110.

의 꿈을 응시하는 땅의 존재 소의 시선이 있기에 그 둘은 둘이 아니라 서로 스미고 짜이면서 하나의 전일적인 생태학적 우주를 형성한다. 그것은 물론 하늘을 나는 새의 꿈을 동경하며 앓는 소와 그 그림을 그린 화가 세민이 함께 아파한 결과였던 것이다. 작품 말미에서 세민이 "중생이 앓으니 나도 앓는다. 마지막 중생의 아픔이 나으면 나도 나으리라."[34]는 유마힐(維摩詰)의 말씀을 떠올리는 장면은 각별한 주목을 요한다. 함께 아파하기의 경지를 함축하고 있는 까닭이다. 그토록 함께 아파할 수 있을 때, 인간의 삶과 예술은 소망스런 경지에 다다를 수 있다고 이청준은 생각했던 것 같다. 감싸안고 묻어두고 잊고 풀고 함께 아파하며 살고 그런 삶을 바탕으로 예술적 황홀경을 추구하는 것이야말로 세민의 예술적 꿈이자 작가 이청준의 문학적 소망이었던 것이다.

6. 생태윤리와 승화된 말의 꿈

이청준 소설은 근대 이후 억압된 생태학적 무의식을 향해 열린 접근을 하고, 그 접근을 위한 구체적 생태 윤리들을 모색했다는 특징을 보인다. 그가 소설을 통해서 꾸었던 '말의 꿈'은 생태학적 전체성의 상실과 회복의 드라마와 관련된다. 특히 그가 후기에 강조한 밤 산길 독행자의 소설 길은 생태학적 무의식을 향해 열린 길이다. 이 길은 근대성과 관련된 훼손과 광기로 인해 억압되었던 생태학적 무의식을 살

---

34 앞의 책, p. 113.

아있는 기록으로 귀환케 하는 서사적 여정이다. 이와 같은 생태학적 무의식으로 열린 길에서 이청준이 보인 생태 윤리의 세 측면을 살펴보았다. '감싸안기', '기다리기', '묻어두기'의 생태 윤리가 바로 그것이다.

「새와 나무」에서 보이는 연민과 '감싸안기'의 생태 윤리는 생태학적 진정성과 사람살이의 기반을 환기한다. 작가가 공들여 형상화한 우주목의 상징성과 더불어 연민과 동정, 나눔과 베풂으로 심화되는 감싸안기의 생태 윤리는 생태학적 진정성과 심미적 감동으로 이어진다. 「새와 나무」, 「빗새 이야기」, 『축제』, 『당신들의 천국』 등에서 보이는 '기다리기'의 생태 윤리는 기다림의 미덕을 통해 생태학적 전체성의 회복을 예비한다. 기다리기는 타자 지향의 윤리와도 연계되는 것이면서 배타적 자아의 부정적 모습을 반성케 하고 유기적 순환 과정을 통한 생태학적 생명력이 넘치는 관계를 유지하게 한다. 「지하실」, 「이상한 선물」 등 후기작에서 강조된 '묻어두기'의 생태 윤리는 드러내기보다는 감싸고 감춤으로써 오히려 진실의 빛을 밝힐 수 있었던 옛 공동체 구성원들의 속 깊은 윤리 감각을 되살린 결과이다. 그것은 감싸안기, 잊기, 풀어내기와도 관련된다. 이청준이 강조한 감싸안기, 기다리기, 묻어두기, 풀어내기 등의 생태 윤리는 전반적으로 함께 아파하기의 생태 윤리와 관련되며, 그것을 통해 예술적 승화 작업을 펼쳐보인 작품으로 「날개의 집」을 다루었다.

논의의 편의상 감싸안기, 기다리기, 묻어두기를 따로 나누어 언급했지만 사실 그것들은 서로 긴밀하게 관련된, 여럿이면서 하나이고, 하나이면서 여럿인 생태 윤리들이라고 할 수 있다. 이청준의 소설에서도 그와 같은 유기적 융합을 보인다. 그리고 이러한 생태 윤리들은 오래된 생태학적 무의식으로 열린 길 위해서 서사적으로 재구성된 것들이다. 이와 같은 생태학적 무의식과 생태 윤리 감각들은 이청준의 '말의 꿈'을 심원하게 하는 중심 요소들이다. 이 논문에서 다룬 작품들 이외에도 이청준의 '고향/시골' 지향의 이야기들은 대체로 이와 같은 생태학적 무의식과 생태 윤리들을 보인다고 말할 수 있다. '도시'적 근대적 이야기들에서 보이는 비판적 부정적 인식의 심층에서도 우리가 살핀 생태학적 무의식을 발견할 수 있다. 그와 같은 비판적 인식을 낳는 기저에 억압되었던 생태학적 무의식이 작용하고 있기 때문이다.

4장

섭생의 정치경제와 생태 윤리[1]

1. 먹고사는 문제의 정치경제학과 생태학

한국전쟁 이후 반세기 동안 먹고 사는 문제, 즉 섭생의 생태 문제에 대한 한국인의 처지와 생각과 상상력이 어떤 변화를 겪어 왔는지 성찰하면서, 문학으로 탐문한 생태 윤리를 숙고해보기로 하자. 인간 삶의 기초로 거론되는 의·식·주 중에서도 가장 기본적인 것이 먹는 문제라는 사실을 종종 잊고 살기도 하지만, 그럼에도 여전히 먹고 사는 문제는 인간사의 중핵적인 성격을 띤다. 먹을 게 없어도 걱정이고, 먹을 게 있어도 무얼 먹을까 걱정하는 것이 인간사이기 때문이다. 물론 그 근심 걱정은 정치경제적 상황에 따라 다르고, 그 상황에 대처

1 이 장은 『문학과환경』 9권 2호(문학과환경학회, 2010.12.) pp. 53~72에 발표된 논문을 이 책의 맥락에 맞게 수정한 것임.

하는 윤리 감각에 따라 달라질 수 있다.

한국은 비교적 짧은 시간 안에 급격한 변화를 체험한 국가이다. 3년 동안의 한국전쟁이 끝난 1953년에 한국의 1인당 국민소득은 고작 67달러에 불과했다. 1955년에는 65달러로 미미한 수준이지만 더 하강했다. 그로부터 20년 후인 1975년에는 602달러였다. 이 시기는 산업화가 본격적으로 진행되던 때였다. 다시 30년이 지난 2005년에는 14,098달러로 상승했고, 2023년에는 36,194달러로 늘어나, 전후 70년만에 540배 증가했다.[2] 더욱 면밀한 사회과학적 검토가 필요하겠지만, 이 세 시기는 각각 산업화 이전 시대, 산업화 시대, 후기산업 시대에 대응한다. 이런 정치경제적 상황의 변화를 고려하면서 각 단계별로 문학의 상상력은 어떤 특징을 보이고 있으며, 그 상상력 안에 내재된 생태 윤리의 특성을 밝히고자 하는 이 장의 목적에 다가서기 위해, 각 시대의 상황을 잘 드러내면서 섭생의 문제를 예민하게 환기하고 있다고 판단되는 세 편의 소설을 검토하고자 한다. 전후 경제적 질곡이 잘 드러나 있는 이동하의 『장난감 도시』와, 산업화 시대의 문제성을 예리하게 형상화한 조세희의 『난장이가 쏘아올린 작은 공』, 그리고 후기산업시대의 문화적 징후를 담고 있는 한강(2024년 노벨문학상 수상 작가)의 『채식주의자』가 바로 그것이다.

이 글에서 먹고 사는 문제의 정치경제적 측면을 생태 윤리의 문제와 연결하려 하는 것은, 기본적으로 문학이 정치경제학과 다른 까닭이고, 더 구체적으로는 먹고사는 문제에 관한 문학적 성찰은 단지

---

2 통계청 자료 및 한국은행 「국민계정 2020년 기준년 2차 개편 결과」 자료 참조.

먹고 사는 문제의 현실적 해결에서 그치지 않고, 혹은 현실적 해결을 할 수 없고, 그 문제와 관련한 인류의 오랜 생태학적 무의식이 발현되는 방식의 하나인 생태 윤리 문제를 넓고 깊게 환기하는 것이기 때문이다. 『땅의 목소리』에서 테오도르 로작(Theodore Roszak)은 생태학과 심리학의 학제적 상호 협력의 필요성을 언급하면서 생태학적 무의식의 문제를 논의한 바 있다. 그는 산업사회와 공모한 광기에 의해 억압된 생태학적 무의식의 심층에서 양자가 공동의 모색을 시도할 수 있겠다면서, "생태학적 무의식에 대한 열린 접근이야말로 제정신으로 가는 길"[3]임을 강조한다. 로작은 집단무의식에 대한 C. G. 융의 견해가 원래는 인류 이전의 동물과 생태학적 원형들을 포함하는 것이었지만, 나중에 주로 전인류적인 종교적 상징들이 되었다고 지적한다. 그러면서 집단무의식의 본래 의미를 되살려 우주적 진화의 살아있는 기록으로서 '생태학적 무의식'이라고 부르자고 제안한다. 로작은 프로이트 학파의 이드라는 개념 또한 고대 생태학적 지혜의 저장소로 볼 수 있다고 언급한다. 이드의 문을 통해 가이아와 우리가 만날 수 있는 통로를 얻을 수 있다는 것이다. 한편 랄프 메츠너(Ralph Metzner)는 생태학적 무의식의 개념도 호소력 있는 전문 용어가 될 수 있겠지만, 무의식적인 것을 구체화하거나 이해하는 것이 중요하다면서 생태학적 의식 또는 생태학적 양심의 측면을 강조한다.[4] 여기에서는 프롤로그에

3 Theodore Roszak, *The Voice of the Earth*, New York: Simon & Schuster, 1992, p. 320.

4 Ralph Metzner, "The Psychopathology of the Human-Nature Relationship", Theodore Roszak, Mary E. Gomes, & Allen D. Kanner

서도 언급한 로작과 메츠너의 논의를 종합하여, 로작이 강조한 생태학적 무의식을 심층 생태학적 심연으로서 자연과 인간, 인간과 인간이 교감할 수 있는 열린 기반으로 고려하고, 메츠너의 생태학적 의식 또는 생태학적 양심을 생태학적 무의식이 구체적으로 발현되는 과정에서의 생태 윤리의 측면에서 고찰하고자 한다.

2. 굶주린 혼의 허기와 사랑의 결핍: 이동하의 『장난감 도시』

이동하의 『장난감 도시』는 한국전쟁 직후인 1950년대 중반을 배경으로 하고 있는 소설이다. 농촌에서 살다가 도시로 이주해온 한 가족이 척박한 환경 속에서 살아남기 위해 얼마나 고통스러워야 했던가를 어린 소년의 시점으로 이야기한다. 무엇보다 나날의 끼니를 해결하는 것이 급선무였던 시기를 주인공은 "불행하고 비극적인 것투성이"[5]인 삶을 살아낸다. 학교에서도 합창을 하고 동극을 공연하여 동화를 구연하던 시골 학교 시절과는 달리 막막하기만 하다. 동네에서도 절망과 폭력의 파토스만을 경험한다. 삶의 희망이 소진된 가운데 절망의 수렁에서 격정적으로 자학하거나 절망하고 있는 사람들의 풍경을 통해 그는 생의 비극적 심연을 깊이 인식하게 된다. "우리의 도

ed., *Ecopsychology: Restoring the Earth Healing the Mind*, San Francisco: Sierra Club Books, 1995, p. 63.

5 이동하, 『장난감 도시』, 문학과지성사, 1982/2009, p. 35.

시가 흡사 거대한 수렁 위에 세워져 있는 듯한 느낌"[6] 속에서 주인공은 허기와 불안에 시달린다. 허기진 굶주린 영혼은 끼니를 구하기 위해 파장된 시장바닥을 "굶주린 들쥐 떼처럼"[7] 뒤지기도 한다. 그러다가 결국 구걸에 나선다. 어떤 날은 실속이 있지만, 대개는 그렇지 못하다. 어느 날 구걸하다가 개에게 물리는 사건이 발생하는데, 그 개의 주인이 미안하다며 돈으로 보상한다. 그 돈을 받은 굶주린 어린 영혼은 허겁지겁 허기의 욕구를 채우기 시작한다. 고모가 일하는 생사공장에서 번데기를 먹어본 다음 오로지 번데기를 먹기 위해 누나도 이런 공장에 취직했으면 좋겠다고 생각했던 적이 있는 어린 영혼이었다. 시장바닥에서 음식 쓰레기를 주우며 사 먹고 싶은 것도 많았던 소년이었다. "너무나 오랫동안 나는 굶주렸었고, 그리고 내 주머니 속에는 분명한 행운이 들어 있었다."[8] 그는 풀빵을 먹는 것으로 시작해서, 군만두, 수제비, 꽁치구이 등등을 게걸스럽게 섭취한다. 그러다 더 이상 먹을 수 없게 된 상태에서 그는 포만감이 아닌 절망적 갈증을 느낀다.

> 그러나 나를 절망케 한 것은 터질 듯한 그 포만감이 아니었다. 이제는 물 한 모금, 콩 한 쪽도 더 받아들일 수 없는 절대 수위인데도 불구하고, 그러나 기이하게도 여전히 남아 있는 그 욕망이 문제였다. 그것은 계속 새로운 먹이를 요구하고 있었다. 퍼내도 퍼내도 결코 다함없는 갈증이었다. […] 나의 행운은 이제

6 앞의 책, p. 55.
7 앞의 책, p. 124.
8 앞의 책, p. 142.

> 바닥이 나버렸다고 나는 생각했다. 최후에 나를 기다리고 있었던 것은 역시, 변함없는 재난이었다. 속이 빈 반합과 다시 빈털터리가 되어버린 주머니와 그리고, 여전히 게걸스럽게 껄떡거리고 있는 굶주린 혼 외에 다른 아무것도 나는 가진 것이 없었다.[9]

극심한 기아 상태에 처해 있던 어린 소년의 처절한 섭생과 그 결과로서의 구토와 갈증은, 생존 자체가 결핍이나 불안과 등호를 형성하던 전후의 상황을 잘 보여준다. 그런데 이 소설에서 작가는 단지 기아로 인한 결핍 그 자체만을 서사적으로 탐문하지 않는다. 사소한 일로 아버지가 수감된 이후, 어머니는 물 이외에는 아무 것도 섭취하지 않았다. 어머니는 "마치 여위고 굶주린 혼백처럼 더할 수 없이 나약하고 투명한 몸짓"을 보인다. 그러다가 결국 어머니는 누이가 시켜준 자장면을 먹고 "가족이 다시 모여 함께 사는"[10] 소망을 이루지 못한 채 타계하게 된다. 이와 같은 아버지의 부재와 그와 연계된 어머니의 죽음은 어린 주인공으로 하여금 근원적인 "사랑의 결핍"을 체험하게 한다.[11] '장난감 도시'에서의 모든 갈증과 허기, 결핍과 불안의 심층에 바

---

9 앞의 책, pp. 142~143.

10 앞의 책, p. 159.

11 전기적인 측면에서도 작가 이동하에게 어머니의 죽음은 사랑의 결핍 주제와 관련하여 매우 중요한 사건이었다. 어머니의 죽음 사건을 통해 삶의 근원적 비극에 눈 뜨게 되었고 절실한 감정을 체험하게 되었다고 작가는 직접 고백한 바 있다. "어머니의 죽음은 내 작은 우주의 붕괴였다. 우리의 삶이 지닌 근원적인 비극에 대해 눈을 뜬 것도 바로 그 죽음을 통해서였고, 아직도 코흘리개 중학생의 마음속에, 인생의 보다 깊은 곳을 지나온 듯한 느낌을 심은 것도 바로 그 죽음이었던 것이다. 때문에 나는 이런 것들에 대

로 "사랑의 결핍"이 자리하고 있었기 때문에 정녕 비극적이었고 문제적이었던 셈이다. "헐벗고 굶주리고 학대받은 우리들의 작은 영혼을 부드럽게 안아줄 수 있는 어떤 것—그것을 우리가 사랑이라 이름한다면, 그랬다, 그것은 그 사랑의 결핍에서 오는 어쩔 수 없이 깊은 갈증 때문이었던 것이다."[12]

이렇게 음식의 결핍과 사랑의 결핍 상황이 중층적으로 문제된다. 전자가 정치경제학의 대상이라면 후자는 생태 윤리학의 관심사 중의 하나이다. 정치경제적 측면에서 전후의 상황은 무엇을 먹느냐를 고민할 단계가 아니었다. 먹을 수 있느냐 없느냐가 심각하게 문제되었던 시절이었다. 상황이 그러했기에 최소한의 섭생을 위한 '굶주린 혼'과 그 가족들의 몸부림은 매우 처절할 수밖에 없었다. 동물적 수준의 음식에 대한 욕망에 시달려야 했음에도 불구하고, '굶주린 혼'이 단지 식탐의 수준에서 그치고 만 것은 아니었다. 어린 주인공이 심층에서 갈증을 느꼈던 것은 다름 아닌 사랑의 결여 때문이었다. 그 갈증은 자신과 가족, 그리고 주위 타인들에 대한 진정한 연민의 윤리에서 나온 것이었다. 요컨대 음식의 결핍으로 인해 제 정신을 차릴 수 없는 상황에서 연민과 사랑이라는 생태 윤리학적 덕목으로 그 상황을 견딜 수밖에 없었음을 환기하면서, 정치경제적으로는 섭생의 결핍 상황을 문

해 세상 모든 사람들에게 속 시원하게 털어놓아야만 살 것 같은, 참으로 절실한 어떤 감정에 사로잡혀 있었던 것이다. 가슴 밑바닥에 고여 있는, 대로는 목구멍까지 가득 차오르곤 하는 이 절실한 감정—그것은 바로 내가 미처 쏟아버리지 못했던 눈물이었다고 생각한다."(이동하, 「나에게 소설은 무엇인가」, 『한국문학』, 1984년 12월호.)

12 이동하, 『장난감 도시』, p. 231.

제 삼고, 생태 윤리적으로는 연민과 사랑의 문제를 고뇌한 소설이 바로 이동하의 『장난감 도시』라고 할 수 있겠다.

3. 대립적 세계관과 사랑의 윤리: 조세희의 『난장이가 쏘아올린 작은 공』

조세희의 『난장이가 쏘아올린 작은 공』은 본격적으로 산업화가 진행된 1970년대 노동자 가족의 비극적 삶을 그리면서, 먹고 사는 문제를 해결하기 위한 사랑의 실천 윤리를 강조한 연작 소설이다. 작가가 그린 난쟁이의 "키는 백십칠 센티미터, 몸무게는 삼십 이 킬로그램이었다."(「은강 노동 가족의 생계비」). 증조부가 노비였던 그는 평생을 신체적 불우와 사회적 편견, 경제적 질곡으로 인해 고통 속에서 살다 죽어간 인물이다. 전체적으로 보아 난쟁이는 1970년대 한국 사회와 경제의 생산과 소비 및 분배구조에서 억압받고 소외받는 계층을 표상하는 전형적 인물에 값한다. 마침내 산업사회의 증후가 본격화되던 당대사회에서 자신의 난처한 경제적 토대와 세계의 타락상으로 인해 철저하게 소외된 삶을 살 수밖에 없었던 존재다.[13] 고통 받던 난쟁이는 끝내 인간의 대지에서 희망의 길을 발견하지 못한 채 자살하고, 그의 큰 아들은 자본가를 살해한 다음 사형 당한다. 나머지 가족들은 어쩔 수 없이 불행한 삶을 이어간다. 먹고 사는 문제 때문에 난쟁이가 얼마나 고통스러웠던가는 다음의 꿈 장면에서 일목요연하게 표상된다.

13 졸저, 『텍스트의 수사학』, 서강대학교출판부, 2005, p. 242.

> 작은 아버지가 아주 큰 수저를 끌고가고 있었다. 푸른 녹이 낀 놋수저를 아버지는 끌고 갔다. 머리 위에서는 해가 불볕을 내렸다. 아버지에게 그 놋수저는 너무 무거웠다. 그래서 불볕 속에서 땀을 흘리며 숨을 몰아쉬었다. 지친 아버지는 키보다 큰 수저를 놓고 쉬었다. 쉬다가 그 수저 안에 들어가 누웠다. 아버지는 불볕을 받아 뜨거워진 놋수저 안에 누워 잠을 잤다. 나는 수저 끝을 들어 아버지를 흔들었다. 아버지는 눈을 뜨지 않았다. 아버지의 몸은 놋수저 안에서 오므라들었다. 나는 울면서 아버지의 놋수저를 잡아 흔들었다.(「은강 노동 가족의 생계비」)[14]

여기서 수저의 상징성은 매우 의미심장하다. 일차적으로 생계유지를 의미할 그 수저가 삶의 목적으로 치환되어 삶 자체를 유린하는 형상으로 표현되어 있다. 물론 큰 아들 영수의 꿈 대목이긴 하지만 매우 끔찍한 비유가 아닐 수 없다. 수저를 끌던 난쟁이가 수저 안에서 오므라드는 형상은 난쟁이의 삶을 표상하는 적절한 비유이다. 난쟁이는 사랑 없는 탐욕으로 점철된 대타자인 자본가의 욕망의 밥숟갈에 의해 삼킴을 당했다. 그가 꿈꾼 사랑의 세계는 어디에도 없었다. 만약 자본가와 노동자가 가혹하게 대립하는 그런 상황에서 살지 않았더라면, 난쟁이도 그렇게 살다가 죽어가지 않았을 것이다.

결국 수저에 삼켜진 난쟁이 가족의 식탁은 종종 고통스런 검정색으로 표현된다. 그들의 "밥상에 풍요는 없고, 소리가 있다면 가냘픈 음악 또는 기침 소리뿐"이다. "난장이네 식탁에는 보리를 섞은 밥, 시

14 조세희, 『난장이가 쏘아올린 작은 공』, 문학과지성사, 1978/1989, p. 151.

래기를 넣어 끓인 된장국, 새우젓, 양념이 덜된 짠 김치가 오른다. 세 아이가 공장에 나가 일하는데도 나아진 기미가 별로 보이지 않는다. 저임금 때문이다. 난장이의 아들딸이 한 시간에 1백 원을 벌 때 일본의 근로자는 6백98원, 서독의 근로자는 8백56원, 미국의 근로자는 1천43원, 노르웨이의 근로자는 1천87원을 번다."[15] 이렇게 식사하는 그들도 딱 두 번 특별한 식사를 한다. 그 장면을 보기로 하자.

> ⓐ 부엌에서 고기국 끓는 냄새가 났다. 고기 굽는 냄새도 났다. 어머니가 상을 내려 행주질을 했다. 동사무소 앞에 사람들이 서 있었다. 쇠망치를 든 사람들이었다. 그들이 헐어 버린 집들 공터를 가로질러 우리 집을 향해 오고 있었다. 내가 대문을 잠갔다. 어머니가 밥상을 차렸다. 형이 상을 들어다 마루에 놓았다 형은 나를 걱정했다. 괜한 걱정이었다. 그들이 쇠망치로 머리를 내리친다고 해도 나는 가만히 있었을 것이다. 아버지가 먼저 수저를 들었다. 그 옆자리에서 지섭이 수저를 들었다. 어머니는 마루 끝에 앉아 국을 마셨다. 형과 나는 밥을 국에 말았다. 대문을 두드리는 소리가 들렸다. 우리는 꼼짝도 하지 않고 식사를 했다. 영희가 이 시간에 어디서 어떤 식탁을 대하고 있을지 우리는 알 수 없었다. 우리의 밥상에 우리 선조들 대부터 묶어 흘려보낸 시간들이 올라앉았다. 그것을 잡아 칼날로 눌렀다면 피와 눈물, 그리고 힘없는 웃음소리와 밭은기침 소리가 그 마디마디에 흘러 떨어졌을 것이다. 대문을 두드리던 사람들이 집을 싸고돌았다. 그들이 우리의 시멘트 담을 쳐부수었다. 먼저 구멍이 뚫리더니 담

---

15 조세희, 『난장이 마을의 유리병정』, 동서문화사, 1982, p. 211.

은 내려앉았다. 먼지가 올랐다. 어머니가 우리들 쪽으로 돌아앉았다. 우리는 말없이 식사를 계속했다. 아버지가 구운 쇠고기를 형과 나의 밥그릇에 넣어 주었다.(「난장이가 쏘아올린 작은 공」)[16]

ⓑ 그를 위해 어머니는 시장을 보아 왔다. 쇠고기를 사다 국을 끓이고 조금은 구었다. 영희가 부엌 아궁이에 껍질나무의 불등걸을 화덕으로 옮긴 다음 고기를 구었다. 은강에 온 뒤 처음으로 우리는 풍성한 밥상을 대하고 앉았다. 밥에도 보리를 섞지 않았다. 그 정황이 행복동 집에서의 마지막 날과 비슷했다. 지섭이 밥을 국에 말았고 어머니는 군 쇠고기를 손님의 밥그릇에 넣어 주었다. 냄새를 풍기는 게 겁이 나 조금 구었다고 어머니는 말했다. 어머니가 고기를 굽는 동안 더러운 동네의 꼬마들은 놀다가 서서 냄새를 맡았다. 지섭이 고기를 집어 영호의 밥그릇으로 옮겼다. 영호의 손이 그것을 막았다가 놓았다. 좁은 마루에 앉아 있던 영희가 부엌으로 가 숭늉을 떠 왔다. 그 얼굴이 푸석했다. 계속 조업 공장에 나가는 아이들이 모두 그렇듯이 영희도 일하고 잠자는 시간이 매우 달랐다. 아버지가 그렇게 사랑한 막내가 숭늉 그릇을 들고 서 있고, 나는 그 애 얼굴 뒤로 펼쳐진 공장 지대의 어두운 밤하늘을 보았다. (「클라인씨의 병」)[17]

ⓐ는 난쟁이 가족이 살던 옛집이 철거되는 날 마지막 점심 식사를 하는 장면이고, ⓑ는 은강으로 이사 간 후 지섭이 찾아왔을 때 손님을 대접하기 위해 육식을 하는 장면이다. 이 두 밥상 이외에 난쟁이

16 조세희, 『난장이가 쏘아올린 작은 공』, pp. 94~95.

17 앞의 책, pp. 190~191.

가족들에게 육식은, 전적으로 경제적 이유로, 허락되지 않았다. ⓐ에서 아버지는 구운 쇠고기를 자식들에게 넘겨준다. 자식들에게 구운 고기를 제공할 기회가 거의 없었던 아버지의 순정한 부정을 느끼게 하는 대목이다. ⓑ에서도 어머니가 구운 고기를 손님(지섭)의 밥그릇에 건네주고, 지섭은 다시 그것을 영호에게 양보한다. 모두 특별한 구운 고기를 놓고 나보다는 남을 위하는 배려와 양보의 윤리를 실천하는 경우들이다. 게다가 어머니는 이웃들을 위해 냄새를 덜 피우려고 조금만 구웠다고 했다. 구운 고기를 먹고 싶어 하는 하층민들의 애환을 나누어가지고 있는 어머니의 사려 깊은 진심이며 생태학적 양심의 발로라고 할 수 있다.

난쟁이 가족에게 구운 고기는 아주 특별한 식사에 속한다. 예로부터 구운 고기는 주로 "권력, 특권, 찬양과 관련"[18]이 있었고, "강인함, 용맹, 남자다움과 관련"[19]이 있었다고 한다. 중세 유럽에서 황소나 여타 동물들의 구운 고기는 주로 전사나 봉건 귀족들이 먹을 수 있었고, 농부나 소작인 등은 구운 고기에 비해 절약형인 삶은 고기가 표준이었다는 것이다. 그만큼 계급의 차이를 특화하는 사례 중의 하나가 구운 고기라고 할 수 있다. 그러기에 대부분의 문화에서 주일 만찬이나, 축제일, 축연, 결혼식과 같은 특별한 행사에서 구운 고기가 제공되었다는 것이 일반적인 보고이다. 그러니까 난쟁이 가족의 식사에서 구운 고기는 예외적인 특별한 식사임에는 분명한데, 그 어느 구

18 제레미 리프킨, 신현승 옮김, 『육식의 종말』, 시공사, 2002, p. 284.

19 앞의 책, p. 285.

석에서도 특권이나 권력의 이미지는 찾아볼 수 없다. 그보다는 배려와 양보, 공감과 같은 생태학적 양심을 환기하는 식사 장면을 연출하는 것이다. 그런 난쟁이 가족의 생태학적 양심과는 대조적으로 정치경제적 현실의 질곡은 매우 가혹하다. ⓐ에서 난쟁이 가족의 특별한 식사가 채 끝나기도 전에 철거 작업이 시작되는 것이 그런 현실의 가혹함을 생생하게 증거한다. 한 쪽에서의 특별한 예외적인 식사와 다른 한쪽에서의 철거 작업의 대조가, 그리고 생태학적 양심과 정치경제적 불평등의 심화 사이의 대조가, 이 소설을 출발점인 대립적 세계관의 구체적 형상화라도 말해도 좋다.

이와 같은 대조와 대립을 해소하기 위해 작가는 "사랑이 없는 욕망"에 반성을 촉구한다. 인류의 오래된 생태학적 무의식과 양심을 지니고 있던 순진한 난쟁이와 그 가족들이 평생 소망했던 것도 바로 사랑으로 이루어진 세계였다. 사랑이 거세된 소유 욕망에 대한 반성적 촉구를 통해 사랑과 나눔의 생태 윤리를 강조하고자 한 소설이 바로 조세희의 『난장이가 쏘아올린 작은 공』이다. 그래야만 인간이 수저에 삼켜짐 없이 수저를 이용해 행복한 식사를 하며 살 수 있을 것이라는 생각을 작가는 견지했다.

4. 채식주의 신체와 식물성의 윤리: 한강의 『채식주의자』

조세희의 『난장이가 쏘아올린 작은 공』에서 특별한 식사, 가난한 자들의 소망의 식사였던 육식은, 이제 21세기 들어 작가 한강에 의해서 다시 숙고된다. 이동하나 조세희가 문제 삼은 시대와는 정치경제적 상황이 완연히 다른 21세기의 문제틀이 한강의 「내 여자의 열매」(2000)와 『채식주의자』(2007)에서 제시된다. 한강의 시대는 이미 끼니 그 자체를 걱정하는 시대가 아니다. 어떻게, 무엇을 잘 먹느냐 하는 웰빙 식사가 문제되는 시대에 한강은 육식을 거부하고 채식을 지향하는 인물의 이야기를 통해, 새로운 시대의 섭생 윤리를 환기한다. 그렇다고 해서 한강이 단지 채식주의 그 자체만을 강조한 것은 결코 아니다. 육식과 연계된 동물적 폭력성에 대한 반성적 숙고와 더불어 식물성의 윤리를 환기하고 싶었던 것이다.

「내 여자의 열매」에서 아내는 어릴 적부터 자유롭게 살다가 자유롭게 죽기를 꿈꾸었던 인물이다. 그런데 소망과는 달리 "보이지 않는 사슬과 묵직한 철구(鐵球)가 발과 다리를 움쭉달싹하지 못하고 있는 것처럼"[20] 일상의 억압에 가위눌려 살다가 심한 구토 증세를 보인다. 고통스럽게 구토에 시달리는 그녀는 오래 전부터 "바람과 햇빛과 물만으로 살 수 있게 되기를 꿈꿔"[21]왔던 인물이었다. 마침내 그녀는 어느 날 식물화하는 경계에 선다. 출장을 갔다가 오랜만에 귀가한 남편은 식물로 변신하는 그녀를 목도한다. "아내는 베란다의 쇠창살을 향하여 무릎을 꿇은 채 두 팔을 만세 부르듯 치켜 올리고 있었다. 그녀의 몸은 진초록색이었다. 푸르스름하던 얼굴은 상록활엽수의 잎처럼 반들반들했다. 시래기 같던 머리카락에는 싱그러운 들풀 줄기의 윤

20 한강, 『내 여자의 열매』, 창작과비평사, 2000, p. 225.

21 앞의 책, p. 236.

기가 흘렀다."[22] 동물적 육체를 넘어 식물화하려는 아내의 요구에 따라 남편은 물을 뿌려준다. "그것을 아내의 가슴에 끼얹는 순간, 그녀의 몸이 거대한 식물의 잎사귀처럼 파들거리며 살아났다."[23] 물세례를 통해 청신하게 피어나는 아내를 보면서 남편은 "내 아내가 저만큼 아름다웠던 적은 없었다."[24]고 느낀다. 카프카의 「변신」에서 벌레로 변한 남자의 이야기를 우리는 잘 알고 있거니와, 한강의 소설에서 식물로 변신하여 열매까지 맺게 하는 환상적 변신 이야기는 연작 장편 『채식주의자』에서 좀 더 면밀한 실감을 얻게 된다.

『채식주의자』에서 영혜는 악몽을 꾼 다음에 채식을 선언한다. 악몽은 다채롭게 변주되지만 단속적으로 덮쳐오는 짧은 장면들은 대개 "*번들거리는 짐승의 눈, 피의 형상, 파헤쳐진 두개골, 그리고 다시 맹수의 눈*"[25] 같은 것들로 점철된다. 동물적인 공격성과 폭력성, 죽음을 몰고 오는 세계 파국의 공포와 불안 같은 것들 때문에 잠도 못 자고 먹지도 못하다가 내린 결단이었다. 동물적 공격성으로 넘쳐나는 세상에서 그녀가 원하는 것은 식물적 평화였다. 그녀가 유일하게 옹호하는 젖가슴의 상징도 그런 면에서 주목된다. "*내가 믿는 건 내 가슴뿐이야. 난 내 젖가슴이 좋아. 젖가슴으론 아무것도 죽일 수 없으니까. 손도, 발도, 이빨과 세치 혀도, 시선마저도, 무엇이든 죽이고 해칠 수*

22 앞의 책, p. 233.

23 앞의 책, p. 234.

24 앞의 책, p. 234.

25 한강, 『채식주의자』, 창비, 2007, p. 43.

있는 무기잖아. 하지만 가슴은 아니야. 이 둥근 가슴이 있는 한 난 괜찮아. 아직 괜찮은 거야."[26] 그러나 그렇다고 해서 이분법적 대립을 단순하게 지양하여 식물성으로 종합하려는 어설픈 시도를 보이지는 않는다. 「내 여자의 열매」에서도 식물성을 추구하는 아내가 연민의 대상이었듯이, 『채식주의자』에서 영혜 역시 단호한 추구에도 불구하고 연민의 대상이 아닐 수 없다. 남편은 물론 부모나 형제자매들에게조차 이해받지 못한 상태에서 몸도 마음도 상하고 다친 상태가 되고 만다.

평범한 소시민인 남편은 자신의 단순한 필요에 의해 영혜와 결혼한 인물이다. 특별한 매력도 없지만 이렇다 할 단점도 없고, 평범한 아내의 역할을 묵묵히 수행하면서도 남편에게 귀찮은 요구를 하지 않는 그녀에게 편안함을 느끼며 결혼했고 그러구러 결혼 생활을 유지해 온 터였다. 그렇다는 것은 진정한 애정이나 진심의 소통과는 상관없는 이기적 필요에 의한 일상의 도구쯤으로 자기 아내를 여긴다는 것과 크게 다르지 않다. 그런 상황에서 어느 날 아침 얼어붙은 고기를 썰고 있는 아내에게 남편은 화를 내며 재촉한다. "*제기랄, 그렇게 꾸물대고 있는 거야?*"[27] 이런 남편의 재촉에 허둥대며 칼질을 하다가 영혜는 손가락을 베게 되고, 식칼의 이도 나가게 된다. 칼에 베어 검지에 피가 뚝뚝 흐르는 아내의 고통에는 아랑곳하지 않고, 남편은 불고기를 우물거리다가 나온 칼조각을 발견하고는 이내 고함을 지른다.

26 앞의 책, p. 43.

27 앞의 책, p. 26.

뭐야, 이건! 칼조각 아냐!

일그러진 얼굴로 날뛰는 당신을 나는 우두커니 바라보았어.

그냥 삼켰으면 어쩔 뻔했어! 죽을 뻔했잖아!

왜 나는 그때 놀라지 않았을까. 오히려 더욱 침착해졌어. 마치 서늘한 손이 내 이마를 짚어준 것 같았어. 문득 썰물처럼, 나를 둘러싼 모든 것이 미끄러지듯 밀려나갔어. 식탁이, 당신이, 부엌의 모든 가구들이. 나와 내가 앉은 의자만 무한한 공간 속에 남은 것 같았어.

다음날 새벽이었어. 헛간 속의 피웅덩이, 거기 비친 얼굴을 처음 본 건.[28]

이와 같은 남편의 폭력에 가까운 몰이해와 그에 따른 상처가 영혜의 악몽의 원동력의 하나였던 셈이다. 예의 악몽을 꾼 영혜는 온갖 고기들을 버린다. "샤브샤브용 쇠고기와 돼지고기 삼겹살, 커다란 우족 두 짝, 위생팩에 담긴 오징어들, 시골의 장모가 얼마 전에 보낸 잘 손질된 장어, 노란 노끈에 엮인 굴비들, 포장을 뜯지 않은 냉동만두와 내용물을 알 수 없는 수많은 꾸러미들."[29]을 쓰레기봉투에 쓸어 담는 아내를 향해 남편은 격렬하게 항의하고 저주한다. "미쳤군. 완전히 맛이 갔어."[30] 영혜의 친정아버지 역시 남편의 행위 범주에서 크게 벗어나지 않는다. 육식을 거부하는 딸을 처음에는 설득하고 달래던 아버지는 이내 완력으로 고기를 먹이려 한다. 딸의 입에 고기를 마구

---

28 앞의 책, p. 27.

29 앞의 책, p. 16.

30 앞의 책, p. 17.

쑤셔 넣으려 하는데 딸이 계속 완강하게 거부하자 딸에게 명백한 폭력을 가한다. 이런 폭력 앞에 속수무책이던 그녀는 자학적으로 자해 행위를 벌인다.

상황이 그러하다 보니 그녀 뜻대로 이루어지는 것이 거의 없다. 자기 뜻대로 되지 않는 상황과 자기 몸에 대해 "*그런데 왜 자꾸만 가슴이 여위는 거지. 이젠 더 이상 둥글지도 않아. 왜지. 왜 나는 이렇게 말라가는 거지. 무엇을 찌르려고 이렇게 날카로워지는 거지.*"[31]라며 자탄하고 있거니와, 결국 그녀는 형부와의 예술적/성적 일탈을 거쳐 정신병원에 갇혀 광기의 영역에 묻히고 마는 "퇴행적 진화"[32] 양상을 보인다. 물과 바람과 공기와 더불어 숨 쉬며 초록빛 나무가 되려 했던 그녀의 소망은, 그 진정성에도 불구하고 현실에서는 계속 미끄러질 수밖에 없다. 그녀의 둥근 가슴이 날카로워지는 것은 충분히 일리 있는 몸의 항의로 받아들여진다.

『채식주의자』에서 영혜의 남편이나 아버지를 비롯한 가족, 그리고 남편의 회사 사장 부부 등은 공통적으로 육식을 해야 힘을 쓸 수 있고 건강을 유지할 수 있다는 견해를 보인다. 상대적으로 남성 인물들이 더 육식에 대한 강한 집착을 보이는 양상을 보인다. 인류학자 페게 샌데이(Peggy Sanday)는 "동물 중심 경제는 남성 지배적인데 반해 식물 중심 경제는 훨씬 더 여성을 축으로 움직인다는 사실"[33]을 보고한

31 앞의 책, p. 43.

32 허윤진, 「열정은 수난이다」, 한강, 『채식주의자』, p. 232.

33 제레미 리프킨, 신현승 옮김, 『육식의 종말』, p. 287.

바 있다. 그는 "동물 중심 문화에서는 고기가 주로 성별을 구분하고 지위와 계층을 정하는 게 사용되지만, 식물 중심 문화에서는 여성들이 주요 음식을 분배하는 까닭에 차별당하는 일이 없다"[34]고 주장한다. 일찍이 헤겔 역시 "남성과 여성의 차이는 동물과 식물간의 차이와 흡사하다. 남성은 동물에 대응하고 여성은 식물에 대응한다. 여성이 성장이 보다 조용하기 때문이다."[35] 프랑스의 인류학자 부르디외 또한 현대의 프랑스인들 사이에서도 육류와 성별에 대한 근거 없는 통념이 편만화되어 있음을 지적한 적이 있다. "모름지기 사내라면 강한 음식을 먹고 마시는 것이 어울린다. […] 남성들은 맛있는 음식 한 조각을 아이들과 여자들에게 남긴다. […] 육류는 남성들에게 적당한 반면, 샐러드 같은 채소는 여성들에게 더 적당하다."[36] 이와 같은 논의들은 육식이 성별이나 계층 문제와 긴밀하게 연계되어 있는 문제임을 폭넓게 환기한다. 이런 상황을 비판적으로 거스르며 새로운 생명의 기운을 지피려 하는 움직임의 하나가 이른바 채식주의 운동일 것이다. 한강의 『채식주의자』에서 영혜의 몸과 관련하여, 우리는 '채식주의 신체'라는 개념에 대해 주목할 필요가 있다.

---

34 Carol J. Adams, *The Sexual Politics of Meat*, NY.: Continuum, 1990, p. 35. 여기서는 제레미 리프킨, 신현승 옮김, 『육식의 종말』, p. 288에서 재인용함.

35 헤겔의 『권리 철학』의 내용을 리프킨이 정리한 것으로, 제레미 리프킨, 신현승 옮김, 『육식의 종말』, p. 288에서 재인용함.

36 Pierre Bourdieu, trans. by R. Nice, *Distinction: A Social Critique of the Judgement of Taste*, Harvard UP., 1984, pp. 190~192. 여기서는 제레미 리프킨, 신현승 옮김, 『육식의 종말』, p. 289에서 재인용함.

> 나는 은유적으로 '채식주의 신체vegetarian body'라는 개념을 사용한다. 이 개념은 여성 억압과 동물 억압에 대한 윤리적, 도덕적 주장을 환기하면서 현재 과학/의학 연구가 밝혀주고 있는 채식의 이점들(예컨대 질병 예방)의 실체를 표현하기 위한 개념이다. '채식주의 신체'라는 개념은 기존의 육식 습관을 포기하고 채식주의자가 된다는 의미도 포함된다. 채식주의자가 되면서 우리 자신과 신체의 관계도 바뀌며, 그리고 하나의 종(種)으로서 인류 전체가 채식주의 신체로 진화하기 못한다고 할지라도, 채식주의자들과 완전한 채식주의자들은 채식주의 신체—채식주의 신체의 건강과 행복은 채식주의자가 됨으로써 달성된다—로 진화해 가고 있는 것 같다.[37]

아담스가 은유적으로 언급한 '채식주의 신체'의 구체적 형상화 사례로 한강의 「내 여자의 열매」와 『채식주의자』를 지목하는 것은 매우 자연스럽다. 아니 오히려 한강의 인물들은 아담스가 논의한 채식주의 신체를 넘어서, 그 경계를 넘어서 격렬하게 탈주하려는 경향을 보인다. 「내 여자의 열매」에서는 아예 식물화하는 경계를 넘었고, 『채식주의자』에서도 영혜는 남성과 육류 중심의 폭력적 세상의 경계를 넘어서고 있는 것이다. 동물성의 현실에 대한 식물성의 저항은, 한강의 소설에서 조용한 듯 제법 격렬하다.

한강의 여성 인물 대부분은 기아(棄兒) 의식이나 그에 준하는 트라우마를 지닌 채 살아가지만 타인이나 세상을 향한 동물적 공격성이

37 캐럴 J. 아담스, 이현 옮김, 『육식의 성정치: 페미니즘과 채식주의 역사의 재구성』, 미토, 2006, p. 30.

나 이렇다 할 적의를 보이지는 않는다. 그 대신 식물로 변신하는 과정을 통해 평화의 바람을 일으키기를, 아니 평화의 바람을 일으키지는 못하더라도 최소한 평화로운 숨결 속에서 자유롭게 살아갈 수 있기를 바란다. 그럼에도 동물적 공격성으로 점철된 현실이나 사람살이의 상황은 그런 소망을 지닌 사람들로 하여금 제대로 숨도 쉬지 못하게 혹은 질식하게 하는 경우가 많다. 만약 세상이 생태학적 진실에 따라 조금이라도 평화로운 식물성의 기미를 보여주었더라면 『채식주의자』에서 영혜는 그토록 가혹한 악몽에 시달리지 않아도 좋았을 것이다. 그녀는 행하지 않고 말하지 않는 곳에서 존재하는 인물이다. 보이지 않는 곳에서 부재하듯 존재하면서 성찰적 메시지를 제공하는 그늘의 존재이다. 그늘 속에 음울하게 존재하되, 폭넓고 복잡한 생태학적 무의식을 환기하는 특징을 보인다. 그러니까 그녀의 채식은 몸의 문제를 넘어선다. 그러니까 '채식주의 신체'에서 그치지 않는다는 것이다. 결코 명료하게 부각될 수 없는 그 무의식의 지대에서, 혹은 타자의 영역에서, 동시대 중심부의 타락이나 몰이해, 불가능한 소통 등 여러 문제를 다각적으로 환기한다. 우리 시대에 밥은 단지 밥이 아니고, 몸도 단순한 몸일 수 없다. 그 복합적인 문제에 대해 식물성의 윤리 감각으로 함께 성찰해보자고 작가 한강은 제안하고 있는 것처럼 보인다.

5. 섭생의 생태 윤리

한국 전쟁 이후 반세기 동안 먹고 사는 문제에 관한 정치경제적 상황의 변화와 생태학적 윤리의 지속과 변화상을 살피기 위해, 이 장에서는 섭생의 문제를 예민하게 환기하고 있다고 판단되는 세 편의 소설을 중심으로 논의했다. 전후 경제적 질곡이 잘 드러나 있는 이동하의 『장난감 도시』와, 산업화 시대의 문제성을 예리하게 형상화한 조세희의 『난장이가 쏘아올린 작은 공』, 그리고 후기 산업 시대의 문화적 징후를 담고 있는 한강의 『채식주의자』가 바로 그것이다.

『장난감 도시』는 절대적인 음식의 결핍 상황에서 사랑의 결핍도 동시에 문제되고 있음을 환기한다. 전자가 정치경제학의 대상이라면 후자는 생태 윤리학의 관심사 중의 하나이다. 음식의 결핍으로 인해 제 정신을 차릴 수 없는 상황에서 연민과 사랑이라는 생태 윤리학적 덕목으로 그 상황을 견딜 수밖에 없었음을 환기한다. 『난장이가 쏘아올린 작은 공』의 주인공 난장이는 인류의 오래된 생태학적 무의식을 지닌 순진한 인물이었다. 그가 평생 소망했던 것은 바로 사랑으로 이루어진 세계였다. 그러나 계급 간의 불평등 문제로 인해 섭생의 불평등 양상은 심화되고, 그에 따라 난쟁이 가족에게 육식은 매우 예외적인 식사에 속한다. 산업화 시대의 한복판에서, 사랑이 거세된 소유 욕망에 대한 반성적 촉구를 통해 사랑과 나눔의 생태 윤리를 강조하고자 한 소설이 바로 조세희의 『난장이가 쏘아올린 작은 공』이다. 한강의 『채식주의자』는 절대적인 결핍이나 계급적 질곡에 의해 육식을 할 수 없는 상황과는 다른 맥락에서 새로운 서사 문제를 탐문한다. 이 소설에서 육식과 채식의 문제는 성 정치학 및 소통의 윤리학과 연계된다. 육식을 중시하는 남성적 질서는 식물성의 여성성에 대해 제대로 이해하지 못한 상태에서 종종 폭력적인 양상을 보인다. 이러한 폭력성이나 몰이해, 불가능한 소통의 상황에서 야기되는 복합적인 문제를 '채식주의 신체'와 식물성의 윤리 감각으로 성찰해보자고 작가 한강은 제안한다.

정치경제적 측면에서 섭생의 문제는 시대 상황에 따라 변화하는 의미 있는 재현의 기호이다. 그러나 생태 윤리의 측면에서 성찰하면 동일한 감각의 지속 양상을 보이는 것을 확인할 수 있다. 사랑과 배려, 연민과 공감, 베풂과 선물 등등의 윤리 감각들이 그 지속의 요체이다. 이는 심층 생태학과 문학이 오랫동안 공유하면서 공들여 온 윤리 감각이라고 할 수 있다.

5장
'쓰레기-치유'를 위한 생태 윤리[1]

세계는 잿더미요
삶은 쓰레기더미이다.
– 정현종, 「녹아들다」[2]

1. 생산 문명의 어두운 그림자

'피에타'와 '다비드상', '최후의 심판' 등으로 르네상스의 절정을 주도한 미켈란젤로에게 어떻게 이토록 아름다운 작품을 만들 수 있었느냐는 경의를 포함한 질문을 했을 때, 그의 답은 의외로 명료했다고 한다. "간단해요. 대리석에서 불필요한 부분을 모두 깎아내면 되니까요."[3] 이 이야기에서 사람들은 대개 불필요한 부분들을 깎아낸 결과

1 이 장은 『문학과환경』 19권 2호(문학과환경학회, 2020.6.) pp. 91~116에 발표된 논문을 이 책의 맥락에 맞게 수정한 것임.

2 『시안』 2010년 여름호, p. 86.

3 Zygmunt Bauman, *Wasted Lives: Modernity and its Outcasts*, Cambridge: Polity Press, 2004, p. 21.

인 잘 빚어진 조각품의 미학성에 관심을 갖고, 또 원석의 심연에서 그 형상을 투시할 수 있었던 예술가의 창발적 안목에 흥미를 보이게 마련이다. 그런데 조각품의 잉여, 그러니까 깎아내 버려진 대리석 파편들은 어떻게 되었을까, 하는 문제에 관심을 보일 수도 있겠다. 바로 『쓰레기가 되는 삶들』의 저자 지그문트 바우만 같은 이가 그런 경우다. 그는 미켈란젤로의 그 발언에 이렇게 반응한다. "르네상스의 전성기에 미켈란젤로는 현대의 창조를 이끌게 될 계율을 선포한 셈이다. 쓰레기의 분리와 파괴는 현대적 창조의 비법이 되었다. 여분의 불필요한, 쓸모없는 것을 잘라내 버림으로써 아름답고 조화로우며 만족스럽고 좋은 것들이 나타나게 된다는 것이다."[4]

근대 이전의 삶에서는 자원의 순환이 자연스러웠고 그만큼 쓰레기는 많지 않아도 되었다. 가령 농업의 경우 인간이 땅으로부터 얻은 씨앗과 거름을 땅으로 보내고 더 많은 곡식을 거두어 먹고 살았으며, 그 잉여는 대부분 다시 땅으로 돌아갔다. 그러나 근대 이후 생산은 사정이 다르다. 자원의 순환 고리는 불가피하게 끊어질 수밖에 없었다. 예컨대 자동차를 타다가 더 이상 탈 수 없게 되면 폐차를 할 수밖에 없는데, 고도의 기술을 발휘한다고 하더라도 원래의 자연 상태로 되돌릴 수 없는 쓰레기가 남게 마련이고, 그 폐기물을 처리하는 데 상당한 비용을 지불해야 한다. 아니 많은 비용을 지불하더라도 땅은, 지구는 그 쓰레기들로 점차 병들어가고, 인간은 환경 문제

---

4 Ibid., p. 21; 지그문트 바우만, 『쓰레기가 되는 삶들: 모더니티와 그 추방자들』, 정일준 옮김, 새물결, 2008, pp. 49~50.

를 심각하게 고민하지 않으면 안 될 처지가 되었다. 그래서 바우만은 이렇게 말한다. "쓰레기는 모든 생산의 어둡고 수치스러운 비밀이다."[5]

그런데 그 "어둡고 수치스러운 비밀"은 이제 더 이상 비밀일 수 없게 되었다. 비밀로 치부하면 할수록 탈나고 겉으로 드러나는 문제가 되었다. 그래서 전지구적으로 쓰레기 문제를 해결하기 위한 다양한 노력들이 진행되고 있는 실정이다. 다각적인 정책적 노력이나 과학기술적 해법들이 동원되고 있다. 그것도 중요하지만 나는 그에 못지않게 쓰레기 문제와 관련한 시민 윤리의 확산이 중요하다고 생각한다. 발생된 쓰레기를 재활용하거나 처리하는 문제 이전에 쓰레기를 덜 배출하게 된다면, 생태적으로는 물론 경제적으로도 이득이 크기 때문이다. 일단 엎질러진 물은 다시 주워 담기 어렵다. 쓰레기를 감량하기 위한 시민 윤리는 여러 측면에서 접근할 수 있지만, 그중 문학 상상력을 통한 접근 방안은 문화적으로 의미심장하다. 자연스럽게 감성적으로 접근하면서도 일상생활에서 시민의 덕성을 실천할 수 있는 윤리적 지혜를 제공할 수 있기 때문이다. 한국문학 논의에서 쓰레기 문제를 본격적으로 주목한 논의는 아직 없는 것 같다. 쓰레기 그 자체를 전경화하여 살펴보면 이 문제를 직접 간접으로 다룬 작품들이 산재해 있다는 것을 주목하게 된다. 이 장에서는 생태 윤리적 입장에서 쓰레기를 다룬 몇몇 텍스트들의 양상을 활용하여, 쓰레기 문제와 관련하여 문학이 현실에 어떤 윤리적 메시지를 던지고 있는가를 논의하고자

5 앞의 책, p. 59.

한다. 살펴볼 작품은 다음 세 가지 가설에 부합하다고 생각되는 텍스트로 한정했다.

첫째, 한국문학은 욕망의 조절과 '낭비 없는 삶'의 윤리에 대한 관심을 표명한다. 자본주의 전개 이후 잉여 생산, 잉여 소비, 잉여 소유로 인해 쓰레기가 과잉 생산되는 경향에 있으므로, 잉여의 원동력인 욕망을 조절해 낭비를 줄이면 쓰레기를 줄일 수 있다는 생각이다. 이는 불교 생태학의 윤리와도 통한다. 둘째, 쓰레기가 폐기의 대상이 아니라 치유의 대상이라는 윤리를, 한국문학은 제안한다. 인간의 관점에서 쓰레기를 사유하지 않고, 쓰레기의 관점에서 상상하여 치유되고 재활용될 수 있다는 상상력을 펼친다. 이는 쓰레기 재활용 정책 홍보에도 활용될 수 있으며, 공유 가치 창출에도 기여할 수 있는 문학 윤리이다. 셋째, 심층적으로는 한국의 전통적 사유인 천-지-인 합일 사상에 입각한 쓰레기 다시 바라보기 혹은 쓰레기 공경하기의 윤리이다. 생태적으로 순환하고 공생하는 환경에서라면 쓰레기가 발생하지 않거나 현저하게 줄어들 수 있다. '쓰레기-치유'의 문학 윤리는 '오래된 미래'의 윤리이기도 하다.

2. 현대 문명의 폐해와 욕망의 조절

지그문트 바우만이 질문했던 것처럼 다시 물어보자. 미켈란젤로가 다비드상을 빚어낼 때 버려진 대리석 파편들은 다 어디로 갔을까? 그리고 현대의 대량 생산과 대량 소비의 잉여들은 다 어디로 갔을까? 일부는 매립장으로 갔을 것이고, 일부는 소각장으로 갔을 것이다. 또 어떤 것들은 마구잡이로 아무 데나 버려졌을 수도 있다. 한국의 생태 시인 최승호는 물속에 버려졌다고 보고한다.

관광객들이 잔잔한 호수를 건너갈 때

水夫는 시체를 건지려
호수 밑바닥으로 내려가
호수 밑바닥에 소리 없이 점점 불어나는
배때기가 뚱뚱해진 쓰레기들의 엄청난 무덤을,
버려진 태아와 애벌레와
더러는 고양이도 개도 반죽된
개흙투성이 흙탕물 속에
신발짝, 깨진 플라스틱통, 비닐조각 따위를 먹고 배때기가
뚱뚱해진 쓰레기들의 엄청난 무덤을,
갈수록 시체처럼 몸집이 불어나는 무덤을
본다 폐수의 毒에 중독된 채
창자가 곪아가는 우울한 쇠우렁이를
물 가에 발상했던 文明이
처리되지 않은 뒷구멍의 온갖 배설물과 함께
곪아가는 증거를

–「물 위에 물 아래」 1, 2연[6]

관광객들이 "호수를 둘러싼 호텔과 산들의 경관에/ 취하면서 유

6 최승호, 『대설주의보』, 민음사, 1983, p. 29.

원지를 향해" 호수를 건너갈 때, 즉 물 위의 풍경만을 보고 있을 때, 시인은 물 아래에서 심연의 생태 현실을 관찰한다. 그 물 아래 현실은 문명의 쓰레기들로 가득 차 있다. 중독된 폐수 속에서 문명은 스스로 곪아가며 저도 모르는 사이에 제 무덤을 파는 형국이다. 이렇듯 물 아래 수부의 눈은 물 위 관광객의 눈과는 전혀 다르다. 물 아래 풍경을 이처럼 성찰할 수 있는 시인이기에 물 위 풍경 또한 예리하게 조망한다. 물 위의 지상의 풍경은 마치 집단 발광을 일으킨 것처럼, 혹은 세기말(世紀末)의 묵시록을 연상케 할 정도로 파괴적이다. 가령 "죽은 胎兒들이 녹슨 자전거를 타고/ 엄마를 부르며 붉은 바다 밑을 달리는 밤에// 붉은 등 싱싱한 정육점에 걸려 있는/ 애기 창녀의 고깃덩어리"(「赤身」)[7]들이, 그 그로테스크한 현실 풍경들이 물 위의 땅에서 벌어지고 있다. 물 위의 땅은 한 마디로 아주 끔찍한 공장지대와 다르지 않다.[8]

> 무뇌아를 낳고 보니 산모는
> 몸 안에 공장지대가 들어선 느낌이다.
> 젖을 짜면 흘러내리는 허연 폐수와
> 아이 배꼽에 매달린 비닐끈들.

---

7 최승호, 『세속도시의 즐거움』, 세계사, 1990, p. 15.

8 본고에서 최승호, 정현종, 김지하 시에 관한 논의의 일부는 이전의 공동연구 논문 「환경 문제와 문학」(이남호·김원중·우찬제, 「환경문제와 문학」, 『한국문학이론과비평』 4권1호, 한국문학이론과 비평학회, 1992.2.) 중 필자 집필 영역인 2장 한국문학의 생태학적 상상력(pp. 15~43) 부분에서 논의했던 것을 다시 수정한 것이 포함되어 있다.

저 굴뚝들과 간통한 게 분명해!
자궁 속에 고무인형 키워온 듯
무뇌아를 낳고 산모는
머릿속에 뇌가 있는지 의심스러워
정수리 털들을 하루종일 뽑아댄다.

–「공장지대」 전문[9]

참으로 끔찍한 관찰이고, 그로테스크한 시적 묘출이 아닐 수 없다. 몸과 공장지대는 분명한 대립소다. 그 안에 배꼽/비닐끈, 자궁/고무인형이라는 불행한 대립소들이 들어 있고, 이 어울리지 않는 대립소들의 조합으로 몸은 굴뚝과 간통한 형국이 되고, 그 결과 산모는 무뇌아를 낳게 되고, 젖은 허연 폐수처럼 흐른다. 인류 문명의 폐해가 끝까지 진행되었을 때, 혹은 결코 머잖은 미래에, 몸 안에 공장지대가 과감히 상륙하고 몸은 공장지대의 식민지로 전락하여 몸의 미래, 인류의 미래를 보장받을 수 없다는 인식은 매우 도저하다. 공장지대에서 죽음의 암세포는 매우 빠른 속도로 번진다. 그 어느 곳에서도 죽음으로부터 자유로울 수 없다. 삶의 터전은 고스란히 죽음의 자리로 뒤바뀐다. 사태가 이처럼 심각함에도 불구하고, 인간은 본질적 반성도 이렇다 할 대책도 없이 공장지대를 건설하고 굴뚝을 세운다. 그리고 쓰레기를 방출한다. 인간의 몸을 간통하고 관통하는 굴뚝은 몸 밖의 공장지대의 환유이지만, 그것 역시 인간 몸 안의 욕망에서 나온

9 앞의 책, p. 14.

것임을 시인 최승호는 간파한다.

이렇게 최승호는 반생명적이고 반생태적인 문명 현실과 자본주의 생태를 비판적으로 조망하면서 쓰레기 문제를 전경화한다. 쓰레기 문제를 비롯한 여러 생태 문제가 인류 문명 전체 혹은 지구라는 유기적인 생명 공동체 전반에 위기를 가져올 것이라고 경고한다. 특히 세속적 문명의 살풍경과 그것을 야기하는 인간의 무정부적 욕망과 욕망의 환각 상태를 집요하게 비판한다. 생태학적 전체성이 훼손된 타락한 문명 현실을 비판하는 그는, 환(幻)의 현실을 멸(滅)하기 위해, 역설적이게도 환의 현실에 더 깊숙이 틈입해 들어가는 그로테스크한 시적 담론을 묘출한다. 그것을 통해서 환멸의 파토스의 심연에로 이르고자 하며, 그 과정을 거쳐 虛, 無, 空의 우주를 응시한다. 타락한 생태 현실과 그 기저에 도사리고 있는 타락한 인간 욕망에 대한 비판과 반성에서 선(禪)적 투시와 직관에 이르고 있는 그의 시편들은 현대 문명에 대한 대안 명제의 수사학이다.

그가 상상하는 대안 세계의 모습은 이러하다. "나의 내장들이 철사가 아니라/ 넘쳐흐르는 샘물과 속삭이기를/ 나의 꿈들이 사해(死海)가 아니라/ 낮은 풀들과 두루미와 성스러운 영혼들과 속삭이기를"(「반죽」).[10] 욕망을 조절한 상태에서 신생을 위한 발효를 소망한다. 「반죽」에서도 그랬듯이 「발효」라는 시에서 시인은 '바란다' 형태의 소망의 형식으로 신생의 기획을 도모한다.[11] 물과 진흙이 어우러진 반죽에서 흰

10 최승호, 『회저의 밤』, 세계사, 1993, p. 32.

11 "물왕저수지로 가는 길가의 팻말을 얼핏 보았을 뿐이다/ 그 저수지에/ 물

갈대꽃이 피고 잉어와 물오리떼들이 힘차게 살아 움직이기를 바란다고 했다. 그 발효하는 숨결이 화자의 마음에도 전해질 수 있기를 바란다고 했다. 물 아래서 수부가 관찰한 죽은 물의 생태 현실과 공장지대에서 무뇌아를 낳은 산모가 바라본 물 위의 죽은 생태 현실이 이런 모양으로 다시 태어날 수 있기를 시인은 바라고 있는 것이다. 상실한 생태학적 전체성의 회복을 향한 강한 소망의 형식이 아닐 수 없다.

승려 에세이스트 법정은 소박하고 진솔한 언어로 쓰레기 문제에 대한 논의를 한다. 마하트마 간디의 영향을 받은 법정은 '무소유'의 철학을 강조했다. 인간이 필요 때문에 물건을 소유하게 되지만, 그 소유 때문에 인간은 집착하게 되고 자유롭지 못하게 된다고 했다. 무소유를 통해 영혼의 자유와 해탈을 추구하고자 했던 법정은 '적은' 것의 지혜에 대해 말한다.

> 될 수 있는 한 적게 보고, 적게 듣고, 적게 먹고, 적게 입고, 적게 갖고, 적게 말하는 습관을 들여야 합니다. 그래야 참으로 볼 것, 들을 소리, 또 살아야 할 삶을 챙길 수 있습니다. 그렇게 할 때 업의 덫에 걸려들 확률이 줄어듭니다. 이것은 소극적인 생활 태도가 아니라 지혜로운 삶의 선택입니다.[12]

의 법이 물왕의 도가/ 아직도 순환하고 있기를 바란다/ 그 저수지에 왕골을 헤치며 다니는 물뱀들이/ 춤처럼 살아 있기를 바란다/ 그리고 물과 진흙의 거대한 반죽에서 흰 갈대꽃이 피고/ 잉어들은 쩝쩝거리고 물오리떼는 날아올라/ 발효하는 숨결이 힘차게 움직이고 있음을/ 내 마음에도 전해 주기 바란다"(「발효」, 앞의 책, p. 28.)

12 장혜민, 『법정스님의 무소유의 행복』, 산호와진주, 2010, p. 188.

그러나 사람들은 대개 적은 것보다는 많은 것, 큰 것을 선호한다. 그로 인해 생명체의 어머니인 대지를 그 자식들인 인간이 마구잡이로 훼손하는 상황을, 법정은 경계했다. 커다란 생명체인 대지는 단순한 흙더미가 아니다. "흙과 식물과 동물들이 서로 조화로운 순환을 통해서 살아 움직이는 생명의 원천"이다. 그러기에 생태윤리가 절실히 요구된다. 생태 윤리의 실천을 위해 법정은 이런 제안을 했다. 첫째, 색다른 물건을 보고 현혹되어 충동구매를 하지 말자. 둘째, 자동차를 부나 지위의 상징으로 여기지 말고 소형차를 타자. 셋째, 광고는 소비주의를 부추겨 생태적 위협을 가져올 수 있으니, 광고에 속지 말자. 넷째, 꼭 필요한 것만을 갖고 불필요한 것에 욕심을 부리지 말자.[13] 어떻게 보면 소박한 제안으로 보일 수 있을지 모르지만, 실상 이 넷은 현대의 소비사회의 일상 윤리를 관통하는 핵심일 수 있다. 과시 소비, 유행에 따른 대량 소비의 후폭풍은 필연적으로 대량 폐기를 낳는다. 욕망의 조절로 쓰레기를 줄이고 자연과 인간을 동시에 살릴 수 있어야 함을 생각하게 한다. 불교 경제학의 맥락에서 보면 인간 삶의 목적은 "최소한의 소비로 최대한의 웰빙"[14]에 도달하는 것이다. 그것을 위해서는 "적정 생산 틀로 소비를 극대화하려 하지 않고 적정 소비 틀로 만족을 극대화"[15]하는 것이 중요하다. 법정의 산문은 그런 사유를 견지한다.

---

13 앞의 책, pp. 189~190.

14 문순홍, 『생태학의 담론』, 서울; 아르케, 2006, p. 108.

15 앞의 책, p. 109.

3. 병든 쓰레기와 치유의 상상력

무소유의 철학을 강조한 법정은 있는 그대로의 궁극적 존재인 자연 상태를 중시했다. 당장의 편리를 위해서 문명의 이기를 많이 사용한다면 그만큼 자연과 인간은 병들 수 있다고 했다. 그가 보기에 문명은 "서서히 퍼지는 독약"일 수 있다. 그는 말한다. "문명에서 온 질병을 또 다른 문명으로는 치유할 수 없습니다. 오직 자연만이 그 병을 고칠 수 있습니다. 문명의 해독제는 자연밖에 없습니다."[16] 자연을 살리기 위해서는 문명의 폐해인 쓰레기를 단순히 폐기와 처리의 대상으로만 생각해서는 곤란하다. 병든 쓰레기의 입장에서 그 치유의 문제를 함께 고민해야 한다.

인도의 『유마경(維摩經)』은 초기 대승불교의 대표적인 경전이다. 대략 1~2세기경 성립되었을 것으로 추정되는 『유마경』의 주인공 유마힐(維摩詰, Vimalakirti)은 '깨끗한 이름(淨名)' 또는 '때 묻지 않은 이름(無垢稱)'이라는 뜻을 지닌다. 유마 거사는 세속에서 살면서도 대승의 보살도를 성취하여 출가자와 같은 종교적 이상을 실현하며 살았던 것으로 전해진다. 그는 문병 오는 사람들에게 설법을 할 목적으로 스스로 칭병하여 병든 인간과 세상을 치유하려 했던 인물로 얘기된다. 『유마경』의 맥락에서 부처님의 뜻은, 우주 만유가 궁극적으로 둘이 아닌 절대 평등의 세계임을 중생들에게 이해시키려는 데 있다. 온 세계는 하나의 꽃으로 비유된다[世界一花]. 그럼에도 그런 부처의 뜻은 제대로

---

16 장혜민, 앞의 책, p. 191.

전달되기 어렵고 실천되기 쉽지 않다. 그래서 유마 거사는 어리석음과 탐욕, 성내는 마음으로 인해 병이 생겼다고, 모든 중생이 병 들었으므로 자신도 아프다고, 만일 모든 중생의 병이 나으면 그때 자기 병도 나을 것이라고 말한다."[17] 부처와 보살, 그리고 중생은 결코 둘일 수 없다. 둘이 아니라 하나다. 그런 맥락에서 보면 쓰레기를 버리는 것은 곧 자신을 버리는 것과 한 가지다. 쓰레기가 썩고 냄새를 풍기는 것은 곧 스스로 썩는 것과 한 가지다. "중생이 아프면 나도 아프다.(一切衆生病 是故我病)"라는 『유마경』의 전언을 동양의 선사들은 물론 여러 문인들이 마음에 새기는 경우가 많았다. 어떤 면에서 보면 문학하는 마음은 곧 존재하는 모든 것들에 대한 연민에서 발원되는 것이기 때문이다. 나와 다르지 않은 타자들의 아픔을 나의 아픔으로 받아들이고 더불어 치유하려는 상상적 수고가 바로 문학 상상력의 기본적인 성격이다. 쓰레기를 제재로 한 문학 텍스트들의 경우도 이런 맥락에서 읽힐 수 있다.

시인 김지하는 군부독재 시절이었던 1970년대에는 정치적 저항의 포에지를 보이다가 민주화 이후 생명의 상상력을 추구했다. 생명 있

17 "어리석음으로 인한 애착이 있어 나에게 병이 생겼습니다. 일체 중생이 병들었기 때문에 나도 병들었습니다. 만약 일체 중생에게 병이 없어지게 되면 나의 병도 없어질 것입니다. 왜냐하면 보살은 중생들을 위하여 생사에 들어가기 때문입니다. 생사가 있으면 곧 병이 있습니다. 만약 중생들이 병을 벗어나게 되면 보살도 역시 병이 없어질 것입니다. 비유하면 어떤 장자에게 오직 한 아들이 있었는데, 그 아들이 병이 들게 되면 부모도 역시 병이 들게 되고, 아들이 병이 나으면 부모 역시 병이 낫습니다. 보살도 이와 같아서 모든 중생들을 자식같이 생각합니다. 중생이 병들면 곧 보살도 병이 생기고, 중생이 병이 나으면 보살도 역시 낫습니다. 또 이 병이 무엇으로 인하여 생겨났느냐고 하면, 보살의 병은 대비심으로 생긴 것입니다."(『유마경』, 조수동 역, 박영률, 2008, p.79.)

는 모든 존재들에 연민을 보이면서 그것들이 창조적인 순환과 통일을 이루어 마침내 생명의 본성이 회복될 수 있기를 갈구했다. 현존하는 생명들은 정치경제적 이유 등 반생명적 원인들로 하여 생명의 본성을 훼손당한 채 살고 있기 때문이다. 그런 삶에 대한 가없는 연민을 보낸 시편들이 일련의 '애린' 연작이다. 새로운 생명들조차 제 본성을 온전히 간직하지 못한 채 혼돈 속에서 방황하고 고통 받는 상황에 대한 안타까움을 형상화했다.

> 이젠 두 발 모두 잘려 없는 쓰레기
> 이 쓰레기에서 돋는 것
> 분홍빛 새살로 무심결 돋아오는
> 애린
> 애린
> 애린아.
>
> — 김지하, 「그 소, 애린 1」 3연[18]

버려진 쓰레기에서 돋아나는 "분홍빛 새살"을 주목하면서 시인은 연민을 느낀다. 버림받은 자리, 악취 풍기는 쓰레기 더미에서 태어난 생명이다. 대단히 위태롭고 불안한 생성이다. 이 새로운 생명이 제대로 존속할 수 있을지 알 수 없다. 그래서 더 연민이 깊어지고 시인은 '애린'을 반복하여 읊조린다. 시인이 그윽한 연민의 정조로 쓰레기에서 돋아난 새살을 주목하면 거기서도 꽃이 피어나는 것일까? 시인 송찬

---

18 김지하, 『김지하시전집 2』, 솔, 1993, p. 133.

호는 마침내 그 꽃을 보게 된다.

> 박카스 빈 병은 냉이꽃을 사랑하였다
> 신다가 버려진 슬리퍼 한 짝도 냉이꽃을 사랑하였다
> 금연으로 버림받은 담배 파이프도 그 낭만적 사랑을 냉이꽃 앞에 고백하였다
> 회색 늑대는 냉이꽃이 좋아 개종을 하였다 그래도 이루어질 수 없는 사랑에
> 긴 울음을 남기고
> 삼나무 숲으로 되돌아갔다
>
> – 송찬호, 「냉이꽃」 1연[19]

여기서 빈 병, 슬리퍼 한 짝, 담배 파이프 등은 모두 버려진 쓰레기들이다. 그 쓰레기들이 냉이꽃을 사랑하고 고백했다고 진술하고 있지만, 더욱 적극적으로 읽으면 버려진 쓰레기들이 흙과 물과 바람을 모아 냉이꽃을 피워낸 것으로 볼 수도 있다. 그랬을 때, 그것들은 단순히 폐기된 쓰레기가 아니라 숲의 일원이 되어 자연을 형성할 수 있게 된다. 김지하가 쓰레기 더미에서 돋아나는 새살을 보고 송찬호가 쓰레기 더미에서 피어난 꽃을 보았다는 것은, 쓰레기를 타자화하지 않고, 쓰레기 입장에서 생명의 새로운 숨결을 감각한 결과일 터이다. 세계를 하나의 꽃으로 직관할 수 있는 감각은 쓰레기-치유를 위한 공통 기반이기도 하다. 거기서 쓰레기의 생명 가치는 다시 살림의 지

---

19 송찬호, 『분홍 나막신』, 문학과지성사, 2016, p. 31.

평을 알게 된다.

하성란의 단편 「곰팡이꽃」 역시 쓰레기에서 피어난 꽃을 관찰한 이야기다. 이 소설의 주인공 남자는 쓰레기를 뒤지며 세상의 진실을 찾아 나선다. 그는 쓰레기로 인해 아파트 여자들로부터 봉변을 당한 이후부터 쓰레기를 뒤지기 시작한다. 1995년 1월 1일, 쓰레기 종량제가 실시된 직후, 그것을 미처 의식하고 못하고 일반 봉투에 쓰레기를 버렸는데 여자들이 그 쓰레기를 뒤져 남자의 것임을 알아내고 찾아와 봉변을 준 것이었다. "푸른 곰팡이가 핀 밥알들과 사놓고 먹지 않아 버린 곪은 감자알들은 집어들기가 무섭게 손안에서 물크러진다. 고약한 냄새 때문에 몇 번이나 헛구역질을 했다. 분명 자신이 버린 쓰레기들인데도 쓰레기들은 낯설었다."[20] 봉변에 이은 쓰레기에 대한 낯선 인식은 다시 새로운 발견으로 이어진다. "쓰레기를 주워담다가 꼬깃꼬깃 구겨진 편지지들을 발견한다. 편지지는 이미 어느 정도 반듯하게 펼쳐져 있다. 이 손에서 저 손으로 옮겨가며 여자들이 이 편지를 읽었을 것이 틀림없다. 편지를 읽으면서 킥킥거렸을 여자들의 얼굴이 떠오르자 참을 수 없이 화가 치밀었다. 자신의 글씨체조차 낯설었다."[21] 남자는 사랑하던 여자를 떠나보낸 상태였다. 그 여자를 붙잡으려고 여러 번 편지를 썼다가 보내지 못한 채 쓰레기로 버렸었는데, 그것이 쓰레기를 뒤지던 아파트 여자들에 의해 읽혀졌던 것이다. 감추고 싶은 자신의 비밀이 송두리째 발가벗겨진 느낌, 그 느낌 때문에 남자는 진저

---

20 하성란, 『곰팡이꽃』, 조선일보사, 1999, p. 25.

21 같은 곳.

리친다. 진실이 쓰레기 더미에서 발견될 수 있음을 확인한 남자는 그 때부터 쓰레기 뒤지기를 시작한다. 우리가 흔히 짐작할 수 있듯이 쓰레기는 삶의 그늘진 뒷목이다. 사랑의 실패로 삶의 뒤편으로 밀려난 남자는 그 그늘진 쓰레기의 자리에서 새로운 세상 이해를 기획한다. 이웃의 쓰레기를 뒤지면서, 그들을 이해하게 되었다고 생각한다. 그러면서 자기가 사랑하던 여자와 헤어지게 된 것도 그녀의 쓰레기를 뒤지지 않아서 그녀를 제대로 이해하지 못했기 때문이라고 여긴다. 쓰레기를 통해 자신과 타인에 대한 이해와 소통의 지평을 넓힐 수도 있겠다는 역설적인 이야기다.

4. 공경의 윤리와 순환-상생의 가능성

한국인들은 예로부터 하늘과 땅과 사람이 순환적으로 자연스럽게 소통할 수 있기를 바라는 천지인 사상을 견지해 왔다. 이런 옛날 이야기가 있다. 할아버지와 손자가 밭에서 콩을 심고 있었다. 어린 손자는 씨앗을 소중히 여겨 콩 한 알씩 심었다. 그런데 옆에서 할아버지는 한 구멍에 세 알씩 심고 있었다. 손자는 궁금했다. "할아버지, 왜 아깝게 세 알씩 심으세요?" 이때 할아버지의 대답이 걸작이다. "한 알은 하늘을 나는 새가 먹고, 한 알은 땅을 기는 벌레가 먹고, 나머지 한 알은 사람이 먹을 것이란다."[22] 농사짓는 사람들의 기본적인 마음을 짐작게 하는 대목이다. 여기서 우리는 천지인 사상의 핵심을 자연

22 이어령, 「콩 심기」, https://blog.naver.com/sanskysea/221333997367

스럽게 가늠해 보게 된다. 콩을 심으면서도 하늘과 땅과 인간으로 열린 마음을 품었다. 작은 콩알 하나에 깃든 우주 만물의 섭리를 선인들은 어떻게 깨우쳤을까? 나누고 베푸는 오래된 윤리 감각도 어쩌면 이런 열린 지혜와 관련된 것이 아니었을까?

농경적 상상력에 따르면 하늘과 땅과 사람은 유기적 전체 안에서 부분적 자율성을 구가할 수 있었다. 유연한 질서였고, 자연스럽게 순환 상생하는 것이었다. 순환적이고 되먹임 고리에 따라 활동하는 것이었기에, 나름의 합리성을 견지할 수 있었다. 존 드라이젝John Dryzek에 따르면 "생태 합리성이란 인간의 삶을 지지하는 재화를 제도할 수 있는 생태계의 능력"[23]이다. 인간과 자연이 공생적 관계를 유지하면서 자연계의 자기 조직 능력과 조정 능력을 이용하는 것이 생태 합리성인데, 그 공생적 관계가 어긋나면 생태 합리성도 문제가 생기게 마련이다. 가령 "쓰레기는 가장 낮은 데서 취해 있고/ 별들은 천공에서 취해 있으며/ 그대는 중간의 다리 위에서 어쩔 줄을 모르고 있"(정현종, 「기억 제1」)[24]는 상태라면, 생태 합리성은 의심받을 수도 있다.

생태 합리성의 문제는 유교의 맥락에서도 매우 중요하다. 개인에서 출발하여 타인과의 관계 및 우주적 철리에 대한 깨달음으로 연계되는 과정을 『중용』에서는 이렇게 설명한다.

> 오직 천하의 지극히 진실한 자만이 자신의 본성을 다할 수 있

23 John Dryzek, *Rational Ecology*, Blackwell, 1987, p. 36.

24 정현종, 『고통의 축제』, 민음사, 1974/1984, p. 46.

> 다. 자신의 본성을 다할 수 있으면 또 다른 인간의 본성도 다할 수 있다. 다른 인간의 본성을 다할 수 있으면 천하 만물의 본성도 다할 수 있다. 천하 만물의 본성을 다할 수 있으면 하늘과 땅의 변화와 발육성장의 행사를 도울 수 있다. 하늘과 땅의 변화와 발육성장의 행사를 도울 수 있으면 천지인(天地人) 삼합(三合)을 이룰 수 있다.[25]

도가의 맥락에서도 사정은 비슷하다. 노자는 『도덕경』에서 자연의 자발성에 따를 것을 논의했다. 그러기 위해서는 주체의 욕망을 조절할 수 있어야 한다. "낳으나 가지려 하지 않고, 행하나 교만하지 않으며, 기르나 지배하려 하지 않는"[26] 무위의 원리를 강조했다.[27] 한국철학의 중요한 맥락을 형성하는 동학(1894)에서는 생태 합리성을 위해 존재하는 모든 것들을 공경하라고 했다. 하늘을 부모처럼 받들고[敬天], 사람을 하늘처럼 받들고[敬人], 물건 역시 그렇게 받들라는[敬物] 삼경(三敬) 사상을 강조했다. 물건도 부모처럼, 하늘처럼 우러러 받들라고 했다.

25 『중용』 22장.

26 『도덕경』 10장.

27 Chung-ying Cheng에 따르면 '우주-생태-윤리의 종합적 지혜' the synthetic wisdom of a cosmo-eco-ethics가 중요하다. "천의 우주론과 지의 생태론적 숙고와 통찰을 요구한다. 우주-생태-윤리의 종합적 지혜에 근거해서 인간은 하늘과 땅의 연합으로서 인간 삶의 가치들을 실현함으로써 인간의 삶을 실현할 수 있다. 바로 이 점에서 도를 강조하는 도교와 태극을 강조하는 유교가 일치하며 상호지원한다."(청중잉, 「유교의 우주론, 생태론, 그리고 윤리의 삼합」, Mary Evelyn Tucker, John Berthrong ed., 『유학사상과 생태학』, 오정선 옮김, 예문서원, 2010, p. 320.

"초목의 싹을 꺾지 아니한 뒤에라야 산림이 무성하리라. 손수 꽃가지를 꺾으면 그 열매를 따지 못할 것이요, 폐물을 버리면 부자가 될 수 없느니라. 날짐승 삼천도 각각 그 종류가 있고, 털벌레 삼천도 각각 그 목숨이 있으니, 물건을 공경하면 덕이 만방에 미치리라."[28]

여기서 폐물을 버리면 부자가 될 수 없다고 한 것은 단지 절약만을 강조한 것이 아니다. "물건을 공경하면 덕이 만방에 미치리라"는 대목을 사려 깊게 고려하면, 버려지는 쓰레기가 만방, 그러니까 천지를 오염시킬 수 있고, 그렇게 되면 세상과 사람은 공히 잘 살 수 없게 된다는 점을 지적한 것으로 보인다. 미국의 생태론자 배리 코모너의 논의에서도 그 이유를 찾아볼 수 있다. 글로벌 생태 시스템이 연결된 전체connected whole임을 강조하는 코모너는 그렇게 전체적으로 연결되어 있기에 득실을 따지기 어렵고, 또 글로벌 생태 시스템이 총체적 진보의 대상일 수도 없기에 인공적으로 조작된 것들은 자연적인 것으로 대체되어야 한다고 지적한다.[29] 그것이 비록 쓰레기로 버려진 물건이라고 하더라도 지구 어딘가에서 존재하면서 탈을 낼 수 있기에 공경하고 가능하면 버리지 말아야 한다고 했다. 요컨대 이런 사유들은 쓰레기 치유를 위한 바탕 관념을 형성한다.

---

28 라명재 주해, 『천도교경전 공부하기』, 서울: 모시는사람, 2010, p. 252.

29 Barry Commoner, *The Closing Circle: Nature, Man, Technology*, New York: Knopf, 1971, p. 42.

김지하는 이런 공경의 윤리와 생명의 감각으로 천지인의 순환 상생의 원리를 시적으로 추구한 대표적인 시인이다. 다음 시편들에서 보이는 것처럼 죽음과 신생, 하강과 상승, 갇힘과 트임이 둘이 아니라 하나로 유기적인 승화를 이루고 있다는 사실을 시인은 직관한다.

하늘에서 내려와
땅을 돌아 다시 하늘로
비 솟는 소리
듣네

— 「빗소리」 2연[30]

썩은 물방울 속에
내 갇혀 있다

갇혀
다시 태어난다

꿈틀거린다

산 위
저 산 위
푸른 하늘 흰 구름 꿈.

— 「반전」 일부[31]

---

30 김지하, 『중심의 괴로움』, 솔, 1994, p.26.

31 앞의 책, pp.87~88.

서로의 다름을 해체하고 위치를 전도시키며 틈을 내어 서로가 서로에게 틈입할 수 있도록 함으로써 신생을 추구하는 시인의 신묘한 비전은 확실히 순환 상생의 우주적 원리에 맞닿아 있다. 그 원리가 빚어낸 가장 아름다운 명편 중의 하나가 「줄탁」이다.

> 저녁 몸속에
> 새파란 별이 뜬다
> 회음부에 뜬다
> 가슴 복판에 배꼽에
> 뇌 속에서도 뜬다
>
> 내가 타죽은
> 나무가 내 속에 자란다
> 나는 죽어서
> 나무 위에
> 조각달로 뜬다
>
> 사랑이여
> 탄생의 미묘한 때를
> 알려다오
>
> 껍질 깨고 나가리
> 박차고 나가
> 우주가 되리
> 부활하리.
>
> —「줄탁」[32]

32 앞의 책, pp. 18~19.

이 시의 2연은 각별한 주목을 요한다. '육체—불—재—나무—달—육체'의 유기적 순환 원리를 투시한 이 대목이야말로 생명의 영원함과 그 영원한 생명력이 인간의 몸 안에 스며있음을 알려주는 것이라 하겠다. 사랑의 탄생, 부활 등의 시어에서 알 수 있는 것처럼 김지하가 추구하는 新生은 무엇보다 생명의 연대에 기반한 우주적 질서가 현현된 그런 삶이다. 생명의 연대에 입각한 신생의 질서를 추구하는 까닭에 시인은 "우울의 밑바닥에서/ 우주가 떠오른다"(「새봄 · 7」)[33]라고 적고, 또 "꽃들 저리도/ 시리게 아름다운 건/ 죽으며 살아나는/ 봄살이 때문"(「봄살이」)[34]이라 소리한다. 이렇게 소리할 수 있었던 것은 "가슴 두근거린다/ 모든 것 공경스러워/ 눈 가늘어진다"(「새봄 · 6」)[35]의 상태와 "비우리라 피우리라"(「중심의 괴로움」)[36]의 심정에서 "내 속에/ 텅빈 속에/ 바람처럼 움트는/ 웬 첫사랑 우주사랑"(「無」)[37]을 할 수 있었기 때문이다. 그 결과 "사방에" 사는 "우주의 싹"(「공경」)[38]을 정시하게 됐고, 그 우주에 쓰여있는 "사람은 영생/ 사람은 무궁"(「새봄 · 7」)[39]의 참의미에 다가갈 수 있게 되었다. 하여 시인은 "이제/ 그 소리로 산다"

33 앞의 책, p. 38.
34 앞의 책, p. 101.
35 앞의 책, p. 37.
36 앞의 책, p. 51.
37 앞의 책, p. 74.
38 앞의 책, p. 70.
39 앞의 책, p. 39.

(「소리」)[40]. 첫사랑처럼 우주를 사랑하면, 우주의 새로운 싹이 트는 소리를 들을 수 있겠다는 김지하의 시적 표현을 통해 우리는 공경의 윤리를 추론할 수 있다.

어떤 대상을 공경하는 마음의 심층에는 그 대상에 감사하는 마음과 그 대상에 위해를 가할까 두려워하고 미안해 하는 마음이 들어 있을 것이다. 보통 사람들은 희소한 것, 고귀한 것을 중심으로 애착을 가지게 마련이지만, 동학의 삼경 사상에 따르면 그 어느 것 하나 공경의 대상이 아닐 것이 없게 된다. 그래서 이문재는 포괄적으로 지구 그 자체에 감사하고 미안해 한다.

> 오늘도 지구를 일용했다
> 아침에 지구를 먹고
> 낮에 지구를 많이 사용하고
> 새벽까지 지구 위에 누워 있었다
> 내가 버린 것들은 모두
> 지구로 돌아가고 있었다
>
> 오늘도 지구에게 미안했다
> 미안하다는 말밖에 할 수 없어서
> 더 미안했다
>
> — 이문재, 「자력신앙」 1, 2연[41]

40 앞의 책, p. 65.

41 이문재, 『제국호텔』, 문학동네, 2004, p. 138.

지구 그 자체가 일용할 양식이기에 그 양식을 토대로 하루를 산 시인은, 지구에 신세를 졌음을 감지한다. 감사하게 이용했음에도 불구하고 또 많은 쓰레기를 지구에 버린 것을 생각하며 지구에 미안했다고 말한다.[42] 이런 마음 바탕이 쓰레기 문제를 치유할 수 있는 기본이 아닐까 싶다. 미안함과 감사를 함축하는 공경의 윤리로 일상을 살아갈 때, 하늘과 땅과 사람이 자연스럽게 순환하고 상생할 수 있는 지속 가능한 생태 지평에 다가갈 수 있을 것이다.

5. 쓰레기-치유를 위하여

이상에서 쓰레기 치유를 모색하는 한국문학의 세 측면을 논의했

42 알라이다 아스만은 "'문자'(letter)라는 말은 '쓰레기'(litter)라는 말의 배후에서 더욱더 부각된다"(알라이다 아스만, 『기억의 공간』, 변학수, 채연숙 옮김, 그린비, 2011, p. 554)고 지적한 바 있다. 문명의 쓰레기와 용암에서 시적인 것을 감각하여 언어로 옮기는 이가 바로 시인인데, 하성란이 쓰레기를 뒤지며 산문적 문제의식을 길어 올렸듯이, 이문재 역시 쓰레기를 인식하며 자신의 시적 감각을 실존적으로 형상화한 시인에 속한다. 아스만이 인용하고 있는 그린바인의 시학 사례는 다음과 같다. "최초의 시선들, 사물과 몸동작들, 장면과 추억들이 경이로운 생물과 마찬가지로 보존되어 있는 곳은 두 가지, 즉 문명의 쓰레기와 용암이다. 왜냐하면 형식 보존의 법칙이 현대에 와서는 밀쳐 버려진 상품의 압박감으로 변했기 때문이다. 사물들의 범람에서 무엇인가가 찢겨 나가고 냉각되며 공기의 차단으로 막혀 버린다. 현재에서 사라져 지속적으로 없어지는 것은 낡아버린 채 시간과 더불어 남게 된다. 우리가 그 가둠을 열어 버릴 때 소리는 인공물이 되고 시행(詩行)들은 캡슐 속에 남아 있게 된다. 그 캡슐에서 표상들이 만들어지는 것이다. 후에 곡괭이가 그 위를 파게 될 몇몇의 것, 발굴자의 펜 그리고 넝마주이의 삽, 이러한 것들이 곧 시를 만드는 소재가 된다."(같은 책, p. 555.)

다. 2절에서는 최승호의 「물 위에 물 아래」, 「공장지대」 등에 나타난 쓰레기 현상, 그 그로테스크한 풍경을 분석하고, 그 대안 세계를 위해 욕망의 조절 문제를 어떻게 성찰해야 하는지 고찰했다. 환멸의 풍경을 거두고 생태적 대안 세계를 지향하기 위해서는 욕망을 조절하여 낭비 없는 삶을 추구하는 윤리가 요청됨을 확인할 수 있었다. 이는 최소한의 소비로 최대한의 웰빙을 모색하는 불교 경제학의 지평과 통한다. 3절에서는 병든 중생을 치유하기를 추구했던 유마힐의 맥락에서 김지하의 생태시편과 송찬호의 「냉이꽃」, 그리고 하성란의 단편 「곰팡이꽃」을 논의하면서, 쓰레기를 폐기의 대상이 아닌 치유의 대상으로 인식할 때, 병에서 건강으로, 죽음에서 살림으로 전환하는 생명의 에너지를 확보할 수 있다는 문학 윤리를 추론했다. 4절에서는 정현종의 「기억제1」, 김지하의 「반전」 「줄탁」, 이문재의 「자력신앙」 등을 분석하면서 공경의 윤리를 논의했다. 유교와 도교, 동학에서 공통적으로 강조되는 천지인 합일 사상과 공경의 윤리는 한국 생태문학의 심연을 관류하는 공통 감각이다. 공경의 생태 윤리는 지속 가능한 생태 지평 형성에 있어 심연의 바탕 감각이 될 것이다.

물론 이 장에서 논의한 세 윤리 감각 이외에 다른 윤리 감각도 다른 맥락에서 얼마든지 더 보충할 수 있겠지만, 여기서는 필자가 발견하고 해석한 세 윤리가 그중에서도 특히 더 중요하다고 생각되어 이를 중심으로 고찰했다. 이와 관련한 더 많은 작품을 함께 다루지 못한 것은 후일의 과제로 미루고자 한다. 윤리의 문제는 미학적 감각의 문제에서 그치지 않고 일상생활에서 실천의 문제와 관련된다. 특히 생태 윤리는 더욱더 그러하다. 이에 앞에서 논의한 세 윤리 감각이 일상생활에서 어떤 생태적 실천 행동 내지 실천 윤리와 연계될 수 있는지를 몇몇 사례를 중심으로 성찰하는 것으로 이 장을 마무리하고자 한다.

첫째, 욕망을 조절하고 낭비 없는 삶의 윤리를 연습하기 위해 템플 스테이를 하는 사람들이 늘어나고 있다. 최소한의 소비로 최대한의 웰빙을 추구하는 불교 경제학을 직접 경험하면서, 일상에서 얼마나 낭비를 많이 하고 쓰레기를 많이 생산하는지 반성한다. 주지하다시피 절에서는 음식을 전혀 남기지 않아야 한다. 또 템플 스테이 기간 동안 명상을 통해 천지인 합일을 비롯한 여러 심연의 성찰을 한다.

둘째, 인도에서 시작되고 독일에서도 활발히 전개된 푸드쉐어링(food sharing) 운동이 활성화되고 있다. '복이 오는 나눔 냉장고'라는 이름의 이 시민운동은 시장 상인들과 저소득층을 연결하여 쓰레기는 줄이고 생명 가치는 늘이자는 운동이다.[43] 시장에 큰 대형 냉장고들을 설치해 놓고, 시장 상인들이 상품성이 떨어지지만 유용한 야채와

43 "'복이 오는 나눔 냉장고' '거리의 냉장고' '착한 나눔 냉장고'
"배고픈 분은 드세요."라는 부제와 함께 '착한 나눔 냉장고'는 인도에서 폴린이 자신의 가게 앞에 냉장고를 설치해서 매일 50세트의 음식을 넣고 24시간 냉장고를 작동하여 어려운 사람들이 자유롭게 신선한 음식을 꺼내 먹을 수 있게 해 준 것이 시작. 쓰레기 더미에서 먹을 것을 찾는 노숙자들을 보고 만든 것. 독일에서 아깝게 버려지는 음식들을 모아 공유하는 '거리의 냉장고'로 벤치 마킹되었고, 현재 100여 개가 넘어가고 있다고 한다. 한국에서도 현재 경기도 고양시, 부산시 상구, 광명시 등 전통시장 등에 나눔 냉장고가 설치되어 있다. 그 냉장고 이름이 '복이 오는 나눔 냉장고'" (https://blog.naver.com/sabena227/220678780043)

식재료, 과일 등을 그 냉장고에 기부한다. 그러면 주민센터 직원들과 자원봉사자들이 그 식재료들을 불우한 저소득층 가계에 나눠주거나 아예 음식을 만들어 제공한다. 시장에 그냥 두면 팔리지 않아 쓰레기로 버려질 것들을 나눔으로써 상생의 가치를 제고한다.

셋째, SNS 시대에 걸맞게 무상 나눔 운동도 활성화되고 있다. 각종 포털사이트에서 중고 제품들이 거래되는 가운데, 아직은 쓸 만한 것들을 무료로 나누겠다는 사람들이 늘어나고 있다. 침대 같은 가구에서 냉장고, 세탁기 같은 가전제품에서 의류에 이르기까지 다양한 물건들을 나눔으로써 필요한 이들에게 도움이 되고 무엇보다도 쓰레기를 줄이자는 생활 윤리를 실천하는 사례들이다. 아울러 의류 리폼 디자인이 다각적으로 진행되면서 리폼한 옷들이 새롭게 상품화되는 경향도 있다. 그밖에도 다양한 영역에서 쓰레기를 줄이고 더 나아가 쓰레기를 치유하기 위한 생활 윤리들이 실천되고 있다.

2부

반생태시대의 생태시학

6장

생태학적 동일성에 대한 시적 몽상

땅이나 흙에 대한 인간의 애착은 아주 오래된 것이다. 아마도 인류의 탄생과 더불어 비롯된 정서가 아닐까. 땅에의 애착과 흙과의 교감으로 인간은 생명을 낳고 생명을 살려왔다. 물론 근대 이후 땅이나 흙 혹은 자연은 정복이나 소유의 대상으로 급격하게 변질되었다. 요즘 생태 환경 문제가 특히 문제되는 것도 따지고 보면, 자연에 대한 인간의 태도 변화에 기인한 것이다. 이른바 근대화라는 패러다임에 따라 자연을 정복하고 소유하려 했던 인간 일반에 대한, 자연의 자연스러운(?) 반역처럼 보인다.

그동안 인류는 좀 더 편안한 삶을 위한 욕망에서 자연을 이용하고 정복해 왔다. 나무를 베고 산을 무너뜨린 자리에 공장을 세웠고 도시를 건설했다. 계속되는 과학기술 혁명과 더불어 인류 문명은 중단 없는 전진을 계속할 수 있는 것처럼 보이기도 했다. 확실히 과학기술 혁명은 근대 이후에 엄청난 신화처럼 군림해 왔던 게 사실이다. 그 신화는 휘황찬란한 세속도시의 밤을 수놓을 수 있었으며, 인류가 문명의 쾌락을 마음껏 구가하게 해 주었다. 하지만 과학기술 혁명의 신화를 바탕으로 지나칠 정도로 가이아를 외면한 것이 아닐까. 가이아는 숨조차 쉴 수 없었으며, 생태 환경은 지나치게 나빠졌다. 마침내 그것은 그 신화의 주체이자 수혜 대상의 생명마저 위협하는 양상으로 나타났다. 과학기술 혁명 신화의 추종자들이 가이아 신화와 생태학적 신화로 관심을 선회하지 않으면 안 될 사정은 이렇듯 아주 절박했다. 과학기술 혁명만으로는 더 이상 그 어떤 미래도 기약할 수 없다는 반성적 인식이 생태론자들과 더불어 '오래된 미래'를 탐구하게 만들었다.

생태론적인 관심에서 볼 때 현존 자연환경은 오늘날 우리만의 소유물일 수 없다. 오래전 선인들의 것이며 또한 오랜 후의 후세 사람들의 것일 따름이다. 그럼에도 불구하고 그것을 지금 우리의 소유물로 착각하고 정복하고 훼손했기 때문에 인간의 미래가 막연하게 된 것이다. 그런 가운데 늦었지만 그래도 오래된 미래를 걱정하고 새로운 생태 윤리에 입각해 삶의 비전을 열어나가려는 일련의 담론들은 매우 소중한 것이 아닐 수 없다. 여러 심층 생태론자들의 논의도 우리의 관심에 값하지만 일반 대중들과 더불어 이 진지한 관심사를 공감하고자 할 때 우리는 일련의 생태시편들을 주목하게 된다. 특히 20세기 들어 인류 문명에 대한 근원적 반성에서 출발하는 세계 각국의 생태시편들은 현실 문명에 대한 예각적인 진단과 진지한 비전 제시의 측면에서 그 존재 가치를 크게 인정받고 있다.

제1세계의 근대화 과정을, 이른바 따라잡기 작전으로, 빠른 시간 안에 쫓아온 한국의 경우도 거기서 예외가 아니다. 빠른 근대화 산업화 과정에서 한국의 환경 문제는 매우 심각하게 악화되었기에 시인들로 하여금 파토스를 추동시켰다. 이런 현실적 사정은 전통적으로 자연친화적 혹은 환경친화적인 입장에서 시를 저작했던 한국 시인들에게 매우 고통스러운 것이 아닐 수 없었다. 그래서 한편으로는 훼손된 생태 현실을 비판적으로 조망하고 다른 한편에서는 동양의 전통적 정서에서 오래된 그러나 새로운 비전의 형태를 찾아 제시하려는 시적 노력들이 계속되었다.

우리가 심층 생태학적 관심이라고 부르는 것 또한 새로운 것이면서 동시에 아주 오래된 것이다. 인간이 역사와 문명을 진행시켜 오면서 부주의하게도 놓쳐온 각편들이 바로 이런 관심이다. 인간의 잃어버린 시간은 곧 생태학적 시간이었으며, 전체성의 훼손 역시 생태학적 전체성의 훼손이었다고 말해도 큰 잘못은 없을 것이다. 물리적이고 가시적인 인간의 역사가 생태학적 전체성, 혹은 생태학적 자기동일성을 상실하는 쪽으로 진행되어오는 동안 문학은 그것의 회복을 희구하며 잃어버린 시간을 찾으려고 노력했던 게 사실이다.

그런 측면에서 우리에게 감동을 주는 진정한 문학 작품은 그 태도 면에서 이미 심층 생태학과 교감하고 있다는 이남호의 지적[1]은 공감을 자아내기에 충분하다. 아주 겸허한 태도로 자연과 교호한다든

1 이남호, 앞의 책, p. 61.

지, '우주적 연민(cosmic pity)'의 정조로 모든 존재물을 성찰한다든지, 혹은 존재하는 모든 것들을 그 자체로 존중한다든지 하는 마음들이 가장 근원적인 의미에서 문학정신이라고 할 수 있을 터이기에 그러하다. 가이아와 더불어 자연과 인간 사이의 동일성을 희원하는 마음의 바탕 없이 참된 아름다움과 시적 정의를 추구하기는 힘들다. 문학이 뭇 타자들에 대한 끝없는 애정과 관심을 기울이고 인간과 세계와 자연의 본질을 탐구하면서 의미 있는 가치와 윤리를 드러내는 것이라고 한다면, 이와 같은 마음 바탕은 기본적인 조건이 된다고 보겠다. 아르네 네스 이후 여러 진지한 생태론자들이 강조하는 심층 생태학도 이러한 숨결의 확산과 실천에 가까운 것으로 짐작된다. 그러니까 참된 문학이라면 이미 심층 생태학이 지향하는 바를 은연 중에 내포하고 있는 것이라고 볼 수 있는 것이다.

이렇게 본다면 동서고금을 막론하고 진정한 문학작품들을 대상으로 한 생태시학적 관심은 그 정당성을 확보할 수 있다. 특히 자아와 세계의 동일성 내지 일체감을 추구하는 게 시적 세계관의 요체라고 할 때[2], 시에서 생태학적 상상력의 논의는 매우 자연스런 것이며, 그만큼 의의를 지닐 수 있는 것이라 하겠다.[3] 하지만 생태학적 관심과

---

2 김준오, 『시론』 3판, 삼지원, 1991, p. 27.

3 루커트는 문학 연구에 생태학과 생태학적 개념들을 적용한다는 관점에서 생태비평(ecocriticism)이란 용어를 1978년에 처음 사용했다.(William Rueckert, "Literature and Ecology", Cheryll Glotfelty & Harold Fromm Ed., *The Ecocriticism Reader*, Athens; The Univ. of Georgia Press, 1996, p. 107.) 생태비평에 관한 개괄적인 고찰은 김욱동, 『문학 생태학을 위하여』, 민음사, 1998, 4장을 참조할 수 있다.

상상력을 보편적인 측면에서 조망하면 논의가 지나치게 범박해질 우려가 있는 게 사실이다. 따라서 생태학적 세계관의 보편성에 사회역사적 현실의 특수성을 관련지어 논의할 때 비로소 올바른 시각을 얻을 수 있다. 그런 측면에서 근대화, 산업화 이후의 생태학적 관심에 많은 논자들이 주목하는 것은 자연스러운 일이며, 문학과 시에 관한 논의 역시 그러하다. 1970년대 이후 우리 시사에서 생태학적 상상력을 형상화한 시편들은 적지 않다. 많은 시인들이 제각기 다른 발상법과 시작 태도, 양식에 입각하여 생태학적 상상력을 형상화했다.[4] 그중 본고에서는 그동안 가장 대표적인 생태시로 논의되어온 정현종, 김지하, 최승호, 최계선 등 몇몇 시인들의 1980년대 이후의 시편들을 중심으로, 생태학적 상상력의 특징을 살펴보고자 한다. 이들은 저마다의 시력(詩歷)을 거치면서 생태학적 상상력의 바다에서 만난 시인들이다. 그런 까닭에 생태학적 동일성의 추구라는 점에서 비슷하면서도 어조나 미의식, 수사적 전략 등의 측면에서 변별되기도 한다. 이 시인들이 생태학적 서정에 이르는 경과와 생태학적 상상력의 특성 등을 중심으로 논의를 전개하겠다.

---

4 이에 1990년대부터 이미 생태시를 분류하려는 시도도 적지 않았는데, 예컨대 다음 논의들이 그러하다.: 이건청, 「시적 현실로서의 환경오염과 생태파괴」, 『현대시학』 1992년 8월호.; 남송우, 「생명시학을 위하여」, 『시와 사람』 1996년 여름호.; 송희복, 「푸르른 울음, 생생한 초록의 광휘」, 『현대시』 1996년 5월호.; 최동호, 「21세기를 향한 에코토피아의 시학」, 『21세기와 한국문화』, 나남, 1996. ; 신덕룡, 「생명시 논의의 흐름과 갈래」, 『시와 사람』 1997년 봄호.

7장

문명 비판과 환멸의 생태시학: 최승호[1]

1. 무뇌아, 그 공장지대의 그로테스크

최승호는 매우 독특한 관찰법과 시정신으로 자본주의 현대 문명을 비판적으로 조망한다. 그의 시편들에서, 훼손된 생태학적 전체성의 파편들은 대체로 그로테스크한 표현으로 제시되는데, 그 자체가 실감 있게 전달된다. 그로테스크한 왜곡의 표현이 충분한 실감으로 전달된다는 것은, 다시 설명하지 않더라도 현실 자체가 그만큼 그로

1 이 장은 최승호의 영역시집에 수록한 필자의 서문을 이 책의 맥락에 맞게 수정한 것임. Chan J. Wu, "Disillusionment in the Secular City and the Ecological Imagination: A Reading of Choi Seungho's Poetry", Choi Seungho, tr. by Won-Chung Kim & James Han, FLOWERS IN THE TOILET BOWL, New Jersey: Homa & Sekey Books, 2004, pp. xv~xxvi. 아울러 글의 구조와 맥락상 앞의 5장 2절의 내용과 일부 중복되는 부분이 있음을 밝힘.

테스크하게 왜곡되었음을 역설적으로 드러내는 것이라 하겠다. 1977년에 등단한 그는 진정한 인간 삶의 방향과는 다른 쪽으로 전개되는 산업 사회의 모순을 시적으로 형상화하는 특징을 보였다. 1980년대의 일군의 민중시 계열의 시인들과는 달리 그는 산업 사회의 모순을 드러내되, 계급 모순으로 좁히지 않고 그것을 보다 넓은 지평에서, 즉 인류 문명 전체 혹은 지구라는 유기적인 생명공동체 전반의 차원에서 조감하면서 비판적인 의식으로 근본 모순의 문제를 숙고하게 했다. 최승호의 문명비평적 대결은 1990년대 중반 이후 선적 직관과 불교적 세계관을 바탕으로 더 큰 대승적 세계에 도달하기까지(시집 『눈사람』, 『여백』) 줄곧 계속되었는데, 여기서는 시집 『세속도시의 즐거움』을 전후한 시편들을 중심으로 그의 생태학적 상상력의 특징을 살펴보도록 하겠다.

최승호는 「세월」이란 시에서 지난 몇십 년간의 세월을 "궁한 입의 시절에서/ 터지는 항문의 시절로/ 욕망이 대이동을 하는 동안"(5:82)[2] 이란 압축적인 표현으로 제시한 바 있다. 이렇게 "욕망이 대이동을 하는 동안" 인간은 "기계 속의 노예"(「기계」, 1:44)처럼 사는 수모를 겪어야 했고, 또 "나사가 부족한 영혼"처럼 노동에서 소외된 채 "나는 모든 노동이 즐거워졌으면 좋겠다./ 기름때와 땀으로 얼룩진 노동의/ 죽어서는 맛볼 수 없는 노동의 즐거움을/ 노동의 보람을 배웠으면 좋겠

2 이하 본문에서 최승호의 시 인용은 별도의 각주 없이 시집 앞의 번호와 쪽수만을 본문에 직접 표기하기로 한다.: 1. 『대설주의보』, 민음사, 1983; 2. 『고슴도치의 마을』, 문학과지성사, 1985; 3. 『진흙소를 타고』, 민음사, 1987; 4. 『세속도시의 즐거움』, 세계사, 1990; 5. 『회저의 밤』, 세계사, 1993; 6. 『반딧불 보호구역』, 세계사, 1995; 7. 『눈사람』, 세계사, 1996; 8. 『여백』, 솔, 1997.

다."(「수리공」, 1:45)는 역설의 소망을 노래해야 했던 게 사실이다. 이런 과정에서 인간은 부단히 기계를 생산하고 공장을 만들고 도시를 세우고 문명을 건설해 왔다. 그 결과 "궁한 입의 시절"에서 벗어나 "터지는 항문의 시절"로 이행해 왔지만, 휘황찬란한 세속도시의 이면에서 시인은 매우 부정적인 문명의 폐해를 인식하지 않을 수 없게 된다. 이 점에서 최승호의 문제의식은 아주 뚜렷하다. 그가 보기에 인간의 생태 환경은 무뇌아를 낳을 수밖에 없을 정도로 엄청나게 훼손되었으며, 이런 훼손의 이면에는 인간의 무정부적인 헛 욕망이 자리잡고 있다. 먼저 생태 환경이 훼손되거나 파괴된 양상을 조감한 시편들부터 보기로 한다.

관광객들이 잔잔한 호수를 건너갈 때

水夫는 시체를 건지려
호수 밑바닥으로 내려가
호수 밑바닥에 소리 없이 점점 불어나는
배때기가 뚱뚱해진 쓰레기들의 엄청난 무덤을,
버려진 태아와 애벌레와
더러는 고양이도 개도 반죽된
개흙투성이 흙탕물 속에
신발짝, 깨진 플라스틱통, 비닐조각 따위를 먹고 배때기가
뚱뚱해진 쓰레기들의 엄청난 무덤을,
갈수록 시체처럼 몸집이 불어나는 무덤을
본다 폐수의 毒에 중독된 채
창자가 곪아가는 우울한 쇠우렁이를

물 가에 발상했던 文明이
처리되지 않은 뒷구멍의 온갖 배설물과 함께
곪아가는 증거를

—「물 위에 물 아래」 1, 2연(1:29)

관광객들이 "호수를 둘러싼 호텔과 산들의 경관에/ 취하면서 유원지를 향해"(1:29) 호수를 건너갈 때, 즉 물 위의 풍경만을 보고 있을 때, 시인은 물 아래에서 심연의 생태 현실을 관찰한다. 그 물 아래 현실은 두말할 필요도 없이 문명의 쓰레기들로 가득차 있다. 중독된 폐수 속에서 문명은 스스로 곪아가며 저도 모르는 사이에 제 무덤을 파는 형국이다. 이같은 물 아래 수부의 관찰안과 상상력은 「아마존 수족관」「수족관」「北魚」「甲皮魚」「초어」 등 일련의 어류시편들에서 엇비슷하게 되풀이된다.

물 아래 풍경만 그런 게 아니다. 물 위의 풍경은 사실 더 엄청나다. "무슨 집단 발광을 일으킨 것처럼" "世紀末의 발광"은 섬찟하게 자행된다. "쥐들이 앞가슴을 파먹어도 밤이 즐거웠던지, 내장을 끌고 돌아다니던 암탉"(「석양의 하루살이떼」, 4:44)이 있는가 하면, "죽은 胎兒들이 녹슨 자전거를 타고/ 엄마를 부르며 붉은 바다 밑을 달리는 밤에// 붉은 등 싱싱한 정육점에 걸려 있는/ 애기 창녀의 고깃덩어리"(「赤身」, 4:15)들이, 그 그로테스크한 현실 풍경들이 물 위의 땅에서 벌어지고 있다. 물 위의 땅은 한 마디로 아주 끔찍한 공장지대에 다름 아니다.

무뇌아를 낳고 보니 산모는
몸 안에 공장지대가 들어선 느낌이다.
젖을 짜면 흘러내리는 허연 폐수와
아이 배꼽에 매달린 비닐끈들.
저 굴뚝들과 간통한 게 분명해!
자궁 속에 고무인형 키워온 듯
무뇌아를 낳고 산모는
머릿속에 뇌가 있는지 의심스러워
정수리 털들을 하루종일 뽑아댄다.

– 「공장지대」 전문(4:14)

참으로 끔찍한 관찰이고, 그로테스크한 시적 묘출이 아닐 수 없다. 몸과 공장지대는 분명한 대립소다. 그 안에 배꼽/비닐끈, 자궁/고무인형이라는 불행한 대립소들이 들어 있고, 이 어울리지 않는 대립소들의 조합으로 몸은 굴뚝과 간통한 형국이 되고, 그 결과 산모는 무뇌아를 낳게 되고, 젖은 허연 폐수처럼 흐른다. 인류 문명의 폐해가 끝까지 진행되었을 때, 혹은 결코 머잖은 미래에, 몸 안에 공장지대가 과감히 상륙하고 몸은 공장지대의 식민지로 전락하여 몸의 미래, 인류의 미래를 조장받을 수 없다는 인식은 매우 도저하다. 공장지대에서 죽음의 암세포는 매우 빠른 속도로 번진다. 그 어느 곳에서도 죽음으로부터 자유로울 수 없다. 삶의 자리는 고스란히 죽음의 자리로 뒤바뀐다. 가령 「참새들은 어디서 죽는가」라는 시에서 "참새들은 앵두나무 밑에서도 죽고, 허수아비 밑에서도 죽는다. 참새들은 마침내 땅에서 죽는다. 온 땅이 그들의 무덤이다. 하늘에는 깃털 하나 묻을 곳도 없다."(6:51)라고 시인이 적은 것도 그런 까닭이다. 그럼에도 불구하고, 사태가 이처럼 심각함에도 불구하고, 인간은 본질적 반성도 이렇다 할 대책도 없이 공장지대를 건설하고 굴뚝을 세운다. 인간의 몸을 간통하고 관통하는 굴뚝은 몸밖의 공장지대의 환유이지만, 그것 역시 인간 몸 안의 욕망에서 나온 것임을 시인 최승호는 간파한다.

2. 세속도시에서의 문명 비판

"物에 빠진 쥐꼴인 영혼"(「쥐가죽코트」, 3:82)을 지닌 인간은 자본주의의 물신 욕망으로부터 결코 자유로운 존재일 수 없음을 시인은 뚜렷이 인식한다. "몸은 작았지만 그의 욕망은 공룡이었다"(「죽은 사람」, 4:108)이란 표현에서 분명하듯, 인간의 몸은 욕망으로 인하여 스스로를 훼손시킬 수도 있다. 생태학적 전체성이 훼손된 원인들 중 가장 중요한 것으로 최승호가 욕망을 지목하는 것은 매우 자연스럽다. 유사 이래 인류는 욕망으로 자연을 정복했고 원하는 문명을 일구어 왔다. 욕망으로 자연을 영원히 지배하고 계속해서 문명을 건설할 수 있으리라는 인간의 욕망이 어느덧 포화 상태에 이르렀으며, 그럴 때 그것은 한갓 헛것인 욕망에 불과하다는 사실을, 시인 최승호는 공장지대와 세속도시의 현실에서 분명하게 감지하고 인식한다. 거기서 욕망의 환(幻)을 발견한 시인은 그 속에서 허위적거리고 있는 게거품 같은 욕망의 풍경을 보여준다. 유혹하고 유혹당하는 과정이 거의 자동화되어 있는 최승호의 '세속도시'에서 몰주체적 인간은 "物에 빠진 쥐꼴인 영혼"이 되어 자동인형처럼 흐느적거린다. 「자동판매기」라는 시에서 그는 이렇게 쓴다.

> 돈만 넣으면 눈에 불을 켜고 작동하는
> 자동판매기를
> 賣春婦라 불러도 되겠다
> 黃金교회라 불러도 되겠다
> 이 자동판매기의 돈을 긁는 포주는 누구일까 만약
> 그대가 돈의 權能을 이미 알고 있다면
> 그대는 돈만 넣으면 된다
> 그러면 賣淫의 자동판매기가
> 한 컵의 사카린 같은 쾌락을 주고
> 十字架를 세운 자동판매기는
> 神의 오렌지 쥬스를 줄 것인가
>
> –「자동판매기」 전문(2:24–25)

시인은 생태학적 전체성에 반하는 현대 문명과 소비 사회의 비극적 한 징후를 자동판매기를 통해서 통찰한다. 자동판매기와 인간 행위의 관계는 오직 돈을 통해서만 성립된다. 인간은 없고 돈으로 매개되는 자동화의 과정만 있을 따름이다. 인간의 숨결이 느껴지지 않는 자동화된 비정한 삶의 실체를 시인은 두 가지 모티프를 빌어 얘기한다. 매춘부와 황금교회가 그것이다. 인간의 타락과 신의 타락을 동시에 꼬집는다. 돈을 받아먹고 자동판매기가 한 컵의 커피를 내주듯, 매춘부도 돈을 받아 먹고 한 순간의 쾌락을 내준다. 이렇듯 자동화된 돈의 회로에서 시인은 비인간성의 극치인 '포주'의 이미지를 떠올린다.

포주는 돈을 긁는 자다. 그는 인간착취와 성적착취의 대표적인 상징인 매춘조직을 통해 자동적으로 돈을 긁어 모은다. 교회도 마찬가지의 형상으로 시인에게 비춰진다. 타락한 황금교회는 이제 더 이상 '가난한 자에게 복'을 주려하지 않는다. 십자가 달린 자동판매기도 오직 돈 있는 자에게만 '신의 오렌지 쥬스'를 주려 할 뿐이다. 따라서 '賣淫의 자동판매기'이긴 마찬가지다.

이것이 최승호가 본 비극적인 현실이다. 자동판매기는 분명 문명의 이기요 편리한 소비의 도구이지만, 타락하고 소외된 인간 관계의 온상이자 상징이기도 하다. 거기서 생태학적 순환이나 조화란 있을 수 없다. 인간이 진정성을 잃고 자동인간화 되어 갈 때, 혹은 흐르는 것은 오직 돈뿐이고 인간은 고여 있는 채 썩어갈 때의 비극적 정황을 응축적으로 보여주고 있는 메타포인 것이다. 그러나 시인은 마지막 시구인 "十字架를 세운 자동판매기는/ 神의 오렌지 쥬스를 줄 것인가"에서 의문형의 여운을 남기는 것으로써, 이런 타락한 상황에 대한 역설적인 부정과 비판의 어조를 보여주고 있다.

시인은 이런 사정을 '환(幻)'의 현실로 인식한다. 결국은 '멸(滅)'해야할 부정적 세계로 보는 것이다. 그래서 '순(純)'의 세계로 나아가야 한다고 생각한다. 따라서 시인은 '환(幻)'의 세계에 매몰된 인간의 모습을 역설적 시제(詩題) 안에 몰아넣고 있다.

> 幻으로 배 불러오는 욕정과
> 幻이 불러일으키는 흥분이 있다
> [……]

幻인줄 알면서 나는 幻에 취해
실감나게 펼쳐지는 幻을 끝까지 본다

—「세속도시의 즐거움 1」(4:18)

환(幻)에 함몰되어 있는 인간의 욕망엔 끝이 없다. 그것을 조장하는 소비적 세속도시의 책략과 충동질도 마찬가지다. 하여 "화장한 문둥이 얼굴을 들고/ 미소 짓는 자본주의의 밤"같은 세상에서 인간은 "붉은 등 싱싱한 정육점에 걸려 있는 늙은 창녀의 고깃덩어리"(「赤身」, 4:15)처럼 그로테스크하게 묘사되기도 한다. 아울러 환(幻)은 끊임없이 삶과 생명과 환경을 소비(진)시키면서, 삶과 죽음의 본원적 문법 또한 일탈시킨다. 이에 "상복 허리춤에 전대를 차고/ 곡하던 여인은 늦은 밤 손익을/ 계산해 본다"(「세속도시의 즐거움 2」, 4:20)로 시작되는 시적 진술은 "서늘한/ 虛"(4:21)로 마무리된다. 그러니까 세속도시가 즐겁다고 했을 때, 거기에는 게거품같은 욕망으로 뒤엉킨 채 허구적으로 즐거워하는 인간, 그것이 허구적인 것인지조차 모르는 채 환(幻)에 빠져 허위적대는 인간과 세상의 거짓 즐거움과 광기서린 욕망을 빗댄 문명 비평적 역설이 숨어 있는 것이다. 아울러 "서늘한 虛"가 지배하는 '허망한 새벽'의 미래를 맞지 않기 위해서라도, 환(幻)의 욕망에 취한 즐거움으로 휘청거리고 있는 현재 세속도시의 밤 풍경은 수정되어야 한다는 비판적 메시지의 함축된 의미를 우리는 생산적으로 읽어낼 수 있다.[3] 이것이 바로 최승호 특유의 환멸의 시학이다.

3 졸고, 「그토록 불길한 욕망: 소비사회의 구조와 욕망의 풍경」, 『욕망의 시

3. 환멸의 시학과 그 역설

환(幻)을 멸(滅)하기 위한 최승호의 시적 전략은 『반딧불 보호 구역』을 전후하여 조금씩 변모한다. 앞에서 본 바와 같이 『세속도시의 즐거움』을 전후한 시기에 시인은 멸하기 위한 환의 구체적인 풍경에 대한 그로테스크한 시적 묘출에 주력했다. 이를 바탕으로 그는 환을 멸한 이후의 신생의 풍경, 그 새로운 비전의 세계를 향한 상상적 혜안을 찾아 나선다. 색(色)과 공(空)이 다른 것이 아님을 알려준 불가의 지혜나 선적 투시에 관심을 기울이기 시작한 것도 이 지점에서의 일이다. 그것은 시인 자신의 표현을 빌면 "회저처럼 고통스러웠던 연금술의 긴 밤을 지나 비로소 하늘백성의 날갯짓이 시작되는"(「누에」, 6:15) 그 순간같은 것이다. 그 날갯짓은 공룡처럼 무거운 욕망에 대한 반성과 그것을 버리고 비운 다음의 가벼운 상태에서만 가능하다. 가령 「나비」에서,

> 등에 짐짝을 짊어지고 날거나, 헬리콥터처럼 짐을 매달고 날아가는 나비를 나는 본 적이 없다. 나비는 가벼운 몸 하나가 있을 뿐이다. 몸 하나가 전재산이다. 그리고 무소속이다. 무소유(無所有)의 가벼움으로 그는 날아다닌다. 꽃들은 그의 주막이요, 나뭇잎은 비를 피할 그의 잠자리다. 그의 생은 훨훨 나는 춤이요, 춤이 끝남은 그의 죽음이다. 그는 늙어 죽으면서 바라는 것이 없다. 바라는 것이 없기 때문에 죽을 때에도 그

학』, 문학과지성사, 1993, pp. 53~55 참조.

는 자유롭다.

–「나비」 전문(6:16)

라며 무소유의 가벼움을 강조하는 것도 그런 까닭이다. 이는 뒤에서 보게 될 정현종의 새의 상상력과 비슷하다. 그러나 최승호는 정현종의 동일성의 세계에로 바로 이르지 않는다. 무소유의 가벼움으로 날아가는 새와 동일시하기에 아직 인간의 현실은 너무나 무거운 욕망으로 가득차 있기 때문이다. 「종달새」에서 "나는 나귀처럼 귀가 두 개 달려 있지만 들을 수 있는 소리만 듣도록 생겨 먹었다. 그렇다면 들을 수 없는 엄청난 우주의 소리들이 온몸을 섬광처럼 뚫고 지나가도, 나는 아무런 메시지도 받지 못하는 것이리라."(6:18)고 시인은 안타까워 한다. 우주의 소리와의 교감, 그것을 통한 가볍고 자유로운 비상에의 소망은 여전히 소망의 단계에 머물러 있다. 서정적 동일화 내지 일치의 순간은 아직 계속해서 차연된다. 이 차연이 시적 긴장을 낳고, 아울러 생태학적인 전체성을 향한 비전 탐색을 계속하게 한다.

아스팔트 검은 길가에 코스모스들이 늘어서 있다. 트럭이 지나갈 때마다 꽃들이 길바닥에 고꾸라질 듯, 휘청거리다 다시 일어나곤 한다. 그 코스모스 꽃길을 연인 한 쌍이 천천히 거닐며 오고 있다. 음양이 팔짱을 끼고, 다정하게, 태초의 혼돈 아닌 밝은 세상을, 우주적으로 거닐며 오는 것이다.

–「코스모스」 전문(6:78)

당근이며 무며 감자들이며 다 땅에서 나옵니까. 잣나무며 까마귀머루며 말오줌나무들이 다 뿌리를 땅에 찔러 박고 든든하게 서 있는 것입니까. 가을날 하늘 아래 주렁주렁 달려 있는 열매들이, 모천(母川)으로 돌아와 알 낳는 연어들처럼, 이제 고향으로 돌아오고 있습니다. 암컷인 땅에 죽음으로써, 자자손손 번성하기를 바라고 있습니다.

– 「암컷인 땅」 전문(6:79)

「코스모스」에서 시인은 생태 현실로 인해 코스모스가 제 이름처럼 살지 못하고 혼돈 속에서 휘청거리는 모습을 보여주면서, 그 혼돈을 넘어 '혼돈 아닌 밝은 세상'을 우주적으로 지향할 수 있기를 소망한다. 카오스의 현실에서 코스모스 지향의식이다. 그것이 「암컷인 땅」에서는 가이아를 향한 대지 지향의식으로 나타난다. 여기서도 물론 지향의식의 형태를 보일 뿐 아직 동일화의 순간을 보여주지는 않는다. 가이아에 반하는 카오스의 현실이 지닌 길항력 때문일 것이다. 그러나 시인이 지향하는 신생의 기획은 충분히 의미 있는 것이다. 비교적 초기시에 속하는 「내 영혼의 북가시나무」에서 최승호는 "잎사귀 달린 詩를, 과일을 나눠주는 詩를/ 언젠가 나는 쓸 수도 있으리라 초록과 금빛의 향기를 뿌리는 詩를"(2:107)이라고 적은 바 있다. 이런 생태학적 전체성이 확보된 동일성의 공간을 추구하고 있는 시인이기에 반생태적 현실과 나름의 시적 대결을 할 수 있었을 터이다. 생태학적 서정시를 소망하는 시인에게 반생태적 현실의 산문성은 매우 격렬한 파토스를 불러일으키게 했다. 그 결과가 앞에서 살펴본 그로테스크한 문명비판 시편들이요 환멸의 시학이다. 환멸을 거쳐 신생의 기획으로 옮겨가는 시인의 도정에 대해 약간의 부연 설명이 필요하다. 최승호는 『회저의 밤』을 거치면서 그 특유의 虛, 無, 空의 시적 지평에 좀더 다가서게 된다.[4] '회저'의 이미지는 육화된 모든 것을 사그러뜨리고 불태워 아무것도 남기지 않는 철저한 무화의 이미지이다.[5] 거기서 존재하는 모든 것들은 욕망마저 재 밑의 재로 돌린 채 허허롭게 벗어나고 넘어서려 한다. 회저의 심연에서 나와 타자는 서로 스미고 짜이며 새로운 상생의 지평을 응시할 수 있게 된다. "너의 재로/ 나는/ 빛의 탯줄을 끌고 오는 사람이 되고"(「너의 재로」, 5:18), 나아가 "나의 내장들이 철사가 아니라/ 넘쳐 흐르는 샘물과 속삭이기를/ 나의 꿈들이 사해(死海)가 아니라/ 낮은 풀들과 두루미와 성스러운 영혼들과 속삭이기를"(「반죽」, 5:32) 추구할 수 있다. 신생을 위한 발효는 좀더 진전된다.

> 물왕저수지로 가는 길가의 팻말을 얼핏 보았을 뿐이다
> 그 저수지에
> 물의 법이 물왕의 도가
> 아직도 순환하고 있기를 바란다
> 그 저수지에 왕골을 헤치며 다니는 물뱀들이
> 춤처럼 살아 있기를 바란다
> 그리고 물과 진흙의 거대한 반죽에서 흰 갈대꽃이 피고
> 잉어들은 쩝쩝거리고 물오리떼는 날아올라

4 최승호의 虛, 無, 空의 우주관에 대해서는 정효구, 「최승호 시의 자연과 우주」, 『한국 현대시와 자연 탐구』, 새미, 1998, pp. 138~200 참조 바람.

5 도정일, 「최승호 시인의 10년」, 최승호, 『회저의 시간』, p. 117.

발효하는 숨결이 힘차게 움직이고 있음을
내 마음에도 전해 주기 바란다

–「발효」 부분(5:28)

「반죽」에서도 그랬듯이 '바란다' 형태의 소망의 형식으로 신생의 기획을 도모한다. 물과 진흙이 어우러진 반죽에서 흰 갈대꽃이 피고 잉어와 물오리떼들이 힘차게 살아 움직이기를 바란다고 했다. 그 발효하는 숨결이 화자의 마음에도 전해질 수 있기를 바란다고 했다. 물 아래서 수부가 관찰한 죽은 물의 생태 현실과 공장 지대에서 무뇌아를 낳은 산모가 바라본 물 위의 죽은 생태 현실이 이런 모양으로 다시 태어날 수 있기를 시인은 바라고 있는 것이다. 상실한 생태학적 전체성의 회복을 향한 강한 소망의 형식이 아닐 수 없다.[6]

최승호는 "문명엔 너의 죽음이 필요하다/ […]/ 쇠뿔 달린 힘센 문명이여,/ 가방으로 물소들을 때려 죽여라"(「물소가죽가방」, 4:42–43)는 구호가 아무런 반성이나 머뭇거림 없이 외쳐지고 있는 반생명적이고 반생태적인 문명 현실과 자본주의 생태에 대한 비판적 대응의 형식의 시를 지은 시인이다. 그는 김지하나 정현종에 비해 생명의 전체성, 생태적 전체성의 세계에 이르기 위한 도정의 시적 진실을 추구한다. 특히 세속적 문명의 살풍경과 그것을 야기하는 인간의 무정부적 욕망

6 이 소망의 형식이 『눈사람』과 『여백』에 이르면 불교적 출세간(出世間)과 출출세간(出出世間)의 직관의 형식으로 바뀐다. 거기서 최승호의 虛, 無, 空의 우주관은 심연의 뿌리로 내려가는 경향을 보인다. 여기에 대해서는 별도의 논의가 필요하다. 정효구, 앞의 글, 참조.

과 욕망의 환각 상태를 집요하게 비판한다. 생태학적 전체성이 훼손된 타락한 문명 현실을 비판하는 그의 시에서 환멸의 생태시학을 이 장에서 주목했다. 환(幻)의 현실을 멸(滅)하기 위해, 그는 역설적이게도 환의 현실에 더 깊숙히 틈입해 들어가는 그로테스크한 시적 담론을 묘출한다. 그것을 통해서 환멸의 파토스의 심연으로 이르고자 하며, 그 과정을 거쳐 虛, 無, 空의 우주를 응시한다. 타락한 생태 현실과 그 기저에 도사리고 있는 타락한 인간 욕망에 대한 비판과 반성에서 선(禪)적 투시와 직관에 이르고 있는 그의 시편들은 대체로 20세기 문명에 대한 대안 명제의 수사학으로 읽힐 수도 있겠다.

8장

생명의 연대와 만공(滿空)의 생태시학: 김지하

1. 타는 목마름에서 생명의 바다로

김지하는 한국이 낳은 가장 정치적인 시인 중의 하나였다. 그는 척박한 황톳길 위에 내동댕이쳐진 육신의 상처를 붙안고 그 상처보다 더 훼손된 영혼의 상처를 추스르면서 살아야 했다. 독재정권이 군림했던 여타의 제3세계 국가들이 그러했듯이, 한국에서도 지난 시절의 숨막히는 격정의 나날들은 어쩌면 죽음을 내장한 아슬아슬한 삶의 풍경이었는지도 모른다. 몸은 억눌리고 귀와 입은 틀어막혀 신산스러운 모독의 상처를 붙안은 채 견디거나 버티거나 저항해야 했던 나날이었다. 그것은 삶이면서 삶이 아니었던 것, 차라리 죽음에 가까웠던 것이었다. 하고 보니 그런 나날들의 중심에서 치열하게 살고자 했던 이들은 역설적으로 속절없이 죽음을 체험해야 했다. 특히 김지하는, 그 누구보다도 가장 치열하게 실존과 문학 등 모든 영역에서 그런 체험을 감당해야 했던 시인이다. 그의 시 제목처럼 "타는 목마름으로" 현실을 견디고 문학으로 싸워야 했던 시인이다. 여러 형태의 죽임과 죽음 체험의 절정에까지 이르렀던 그였다. 그 절정에서, 혹은 타는 목마름의 절정에서, 그는 죽임의 현실을 초극하고 진정한 '생명의 바다'를 지향하는 세계에 도달할 수 있었던 것은 확실히 특기할만하다.

척박한 황톳길 의식에서 출발한 김지하의 초기시에서 전경화되는 것은 분명히 정치적인 파토스다. 정치적 맥락에서 반민주적 현실과 민주적 시정(詩情) 사이의 변증법적 긴장과 충돌이 문제된다. 그러나 이 정치적 파토스 안에는 생명 있는 모든 것들이 갇힘과 눌림, 포박과 질식, 허기와 진통의 상태에서 벗어나 참 생명의 지평으로 승화되어야 한다는 인식을 함축하고 있는 게 사실이다. 아니 어쩌면 이 숨은 인식 때문에 그의 파토스가 더욱 격정적이었는지도 모른다. 그의 정치적 파토스는 「오적」을 비롯한 일련의 담시에서 절정을 이룬다. 시인 자신이 풍자가 아니면 자살만이 있을 뿐이라고 생각했던 시기였던 1970년대에, 담시를 통한 풍자는 엄혹한 정치의 시대를 사는 문학적 생존 전략의 하나였다. 이런 정치적 파토스는 대설 「南」을 거치면서 생명의 바다로 물굽이를 돌린다.[1] 「남」에서부터 그는 동학사상과 민중사상을 나름대로 해석하여 독자적인 생명 사상을 펼쳐보이기 시작한다. 이후

---

1 서준섭은 "『남』은 그(김지하: 인용자)의 생명 사상의 탄생 과정과 그의 새로운 문학 양식 모색 과정을 동시에 보여주는 작품"이라고 지적한 바 있다. 서준섭, 「우주와 역사」, 『감각의 뒤편』, 문학과지성사, 1995, p. 211.

발간된 시집 『애린』(1986)에서 『중심의 괴로움』(1994)에 이르기까지의 일련의 시편들에서 김지하는 유현한 생태학적 상상력을 형상화한다. 그런 시적 전개를 통해 모든 살아있는 것들의 연대를 소망적으로 펼쳐보였다. 그 생명의 연대는 인간과 인간, 인간과 자연, 인간과 우주의 연대이고 또한 세계의 연대이다. 요컨대 그것은 삶과 죽음의 세속적 갈림을 탈탈 털고 넘어선 해탈의 지평이요, 뭇 존재들이 서로 일으키고 피차의 경계를 허허로이 넘어서며 융섭하고 상생하는, 그래서 궁극으로 꽉찬 둥근 세계이면서 동시에 공(空)의 세계인 만공(滿空)의 우주이다.[2]

2. 생명의 연대와 우주목(宇宙木)의 새싹

시에 정치적 의도가 혹은 정치적 파토스가 과잉되면 시 또한 무기처럼 여겨질 수도 있다. 「오적」을 비롯한 김지하의 담시 역시 그같은 성격을 어느 정도 지니고 있는 게 사실이다. 하지만 그는 70년대를 넘기면서 새로운 정신 세계, 새로운 시 세계를 추구하게 되니 곧 생명사상이요, 생명의 미학이다. 시 「바램 1」에서 시인이,

2 Chan J. Wu, "Cosmic Buds Burgeoning in Words : Chiha Kim's Poetics of Full–Emptiness", Chiha Kim, tr. by Won–Chung Kim & James Han, HEART'S AGONY : Selected Poems(NY. : White Pine Press, 1998), pp. 15~33 참조. 아울러 글의 구조와 맥락상 앞의 5장 4절의 내용과 일부 중복되는 부분이 있음을 밝힘.

내
다시금 칼을 뽑을 땐
칼날이여
연꽃이 되라

죽을 싸움 싸우다 죽어
피투성이 피투성일지라도
손에 쥔 것은 칼이 아닌
연꽃이 되라
연꽃이 되라

―「바램 1」(2:292)[3]

라고 소망한 것은 그 변화를 단적으로 알리는 징후이다. '칼'의 상상력에서 '연꽃'의 상상력으로의 전환은 단순히 광물적 상상력에서 식물적 상상력으로의 전환에서 그치는 게 아니다. 칼은 투쟁의 무기다. 정치의 도구이다. 분쟁과 대립의 상징이며 나뉨과 판별의 징표이다. 반면 연꽃은 불교문화권에서 분명하게 드러나는 상징태로서 모든 생명들이 조화롭게 어울리고 승화되는 생명화(生命花)요 우주화(宇宙花)다. 이같은 연꽃 지향으로의 변화에는 나름의 계기가 있었다.

그 무렵 철창 아래쪽 콘크리트와 철창 사이 작은 홈 파인 곳

---

3 본문에서 김지하 시의 인용은 시집의 번호와 쪽수만을 괄호 안에 표기한다. 1.『결정본 김지하시전집 1』, 솔, 1993; 2.『결정본 김지하시전집 2』, 솔, 1993; 3.『중심의 괴로움』, 솔, 1994.

에 흙먼지가 쌓이고 거기에 풀씨가 날아와 빗방울을 빨아들여 싹이 돋고 잎이 나는 것을 보았다. 신기했다. 봄날 민들레 꽃씨가 철창 사이로 하얗게 날아들어와 감방 안에 하늘하늘 나는 것도 보았다. 아름다웠다. 운동을 나갔다가 교도소 붉은 담벼락 위에 이름 모를 꽃들이 점점이 피어 작은 꽃망울까지 달고 있는 것도 보았다.

그것을 본 날 감방에 돌아와 얼마나 울었던지. 생명! 이 말 한 마디가 왜 그처럼 신선하고 힘있게 다가왔던지. 무궁광대한 우주에 가득 찬 하나의 큰 생명, 처음도 끝도 없이 물결치는 한 흐름의 생명, 그것 앞에 담과 벽이 있을 리 없고, 죽음과 소멸이 있을 까닭이 없었다. 합리적으로 생각하면 할수록 나는 작아지고 좁쌀이 되고 협심증이 되고 분열증에 빠지는 것 같았다. 어떻게 하면 이 생명의 이치를 마음과 몸에 익힐 수 있을까. [⋯]

삶과 죽음, 긍정과 부정이 한 사태 속에 동시에 그리고 혹은 극에서 극으로 끊임없이 반복 왕래한다는 것도 새삼 깨달았다. 죽으면 태어나고 태어나면 죽고, 상처를 받으면 주게 되고 주면 받게 되는 이치도 함께. 뭣인가 마음을 알게 되니까 마음이 가라앉았다.[4]

감옥 체험에서 발견한 생명의 참 의미는 김지하의 이력에서 매우 소중한 것이다. 이원론적 대립 세계를 일거에 뛰어넘을 수 있는 새로운 패러다임으로서의 생명 사상에 대한 추구는 이미 말한 대로 죽음과 대립의 극단적 체험을 딛고 일어선 결과이기에 그렇다. "누구나 갖

4 김지하, 「타는 목마름에서 생명의 바다로」, 『타는 목마름에서 생명의 바다로』, 동광출판사, 1991, p. 16.

고 있는 생명, 누구나 알 수 있는 생명, 그 생명이 누구에게 있어서나 매일매일 파괴되고 있는 것이 현실이기 때문"에, "이같은 문제에 대한 대중적 자각을 유도하는 열쇠말"로 쉽게 이해될 수 있는 것이 '생명'이라고 전제한 다음 김지하는, "처음도 끝도 없고 광대무변한, 끊임없이 자유롭고 끊임없이 창조적인, 끊임없이 순환하여 끊임없이 통일하는 생명의 본성을 회복"[5]하는 일이 급선무임을 강조한다.

김지하는 생명 있는 모든 존재에 연민을 보이면서 그것들이 창조적인 순환과 통일을 이루어 마침내 생명의 본성이 회복될 수 있기를 갈구한다. 현존하는 생명'들'은 정치경제적 이유 등 반생명적 원인'들'로 하여 생명의 본성을 훼손당한 채 살고 있기 때문이다. 그런 삶에 대한 가없는 연민을 보낸 시편들이 일련의 '애린' 연작이다. 「황톳길」을 비롯한 초기시에서 처절했던 '아비'의 삶에 대한 역사적, 정치적 성찰을 보여주었다면, '애린' 연작에서는 새로운 세대인 '아이'의 삶에 대한 더할 수 없는 연민의 정조를 보여준다. 새로운 생명들조차 제 본성을 온전히 간직하지 못한 채 혼돈 속에서 방황하고 고통받는 상황에 대한 안타까움이 바로 그것이다.

> 네 얼굴이
> 애린
> 네 목소리가 생각 안 난다
> 어디 있느냐 지금 어디

5 김지하, 「남녘땅 뱃노래」, 『동학 이야기』, 솔, 1994, pp. 223~226.

기인 그림자 끌며 노을진 낯선 도시
거리 거리 찾아 헤맨다
어디 있느냐 지금 어디
캄캄한 지하실 시멘트벽에 피로 그린 네 미소가
애린
네 속삭임 소리가 기억 안 난다
지쳐 엎드린 포장마차 좌판 위에
타오르는 카바이드 불꽃 홀로
가녀리게 애잔하게
가투 나선 젊은이들 노랫소리에 흔들린다.

—「소를 찾아 나서다」 전문

지상의 수많은 애린들을 찾아나선 시인은, 불교적 맥락에서 소를 찾는 자와 소 그 자체가 둘이 아니었듯이[不二], 그 많은 애린들을 찾아나서는 시인 자신과 애린이 역시 둘일 수 없음을 깨닫게 된다. 다음 시에서 우리는 시인의 인식 여정과 그 발전 과정을 어렵지 않게 확인할 수 있으며, 마침내 "내 속에서 차츰 크게 열리어/ 저 바다만큼/ 저 하늘만큼 열"(2:185)린 의식의 빛은 '애린 =나'라는 등식으로 승화되면서 매우 소중하게 독자들의 마음을 비춘다.

땅 끝에 서서
더는 갈 곳 없는 땅 끝에 서서
돌아갈 수 없는 막바지
새 되어서 날거나
고기 되어서 숨거나

바람이거나 구름이거나 귀신이거나 간에
변하지 않고는 도리 없는 땅 끝에
혼자 서서 부르는
불러
내 속에서 차츰 크게 열리어
저 바다만큼
저 하늘만큼 열리다
이내 작은 한 덩이 검은 돌에 빛나는 한 오리 햇빛
애린
나.

–「그 소, 애린 50」 전문(2:185)

'애린' 연작에서 생명에 대한 연민과 포용의 정서를 보여주었던 김지하는 1990년대 들어 시집 『중심의 괴로움』에서는 보다 큰 깨달음을 바탕으로 새로운 생명의 탄생과 신생의 창조를 노래한다. 특히 시인이 나이 쉰을 넘기면서 얻게 된 삶과 문학에 대한 진경을 보여주는 것이어서 주목된다. 동양에서는 일찍이 쉰을 일컬어 지천명(知天命)의 나이라고 했다. 이 시집의 自序에서 시인은 "知天命의 나이 쉰에 깨달은 나의 天命과 관계 있는 것"으로 "틈"을 들고, "틈을 열어 중심을 벗어난다는 것, 수없이 많은 중심으로 분산된 그물같은 큰 삶이 울려나도록"[6] 하는 괴로움을 즐기고 싶다는 심경을 밝히고 있다. 하지만 그 물코 같은 눈을 가진다는 것은 천명을 아는 것처럼 결코 쉬운 일이

6 김지하, 「自序 : 틈나는 대로」, 『중심의 괴로움』, 솔, 1994.

아니며 매우 고단하고 괴로운 일임에 틀림없다. 그래서 시인은 「쉰」이라는 시에서 침침한 눈과 컴컴한 넋의 그림자를 정직하게 응시하기도 한다. 「쉰」은 전반부 9행과 후반부 9행이 대조의 관계로 구성되어 있는 시다. 전반부는 침침하고 컴컴한 육체의 그림자와 탈(persona)의 현재성을 언표화한 것으로서, 소망하는 것의 부재와 그에 따른 고독의 정서를 알려준다. 이에 반해 후반부는 소망하는 것의 실체와 그것과의 상생(相生) 가능성에 대한 암시를 통해 시인의 지향 의식을 표출한 것으로 보인다. 특히 "눈 밝은 아내"는 "눈 침침"한 화자가 자기 내면에 부재하기 때문에 소망하는 외경적 아니마이다. "아직 남은 온기 밟고" "눈 밝은 아내"가 돌아오는 소리는 곧 "가위 소리"(3:15)이기도 하다. 여기서 "가위 소리"는 '병듦 속의 신생을 꿈꾸는 환청'의 성격을 지닌다. 이런 소리를 들을 수 있는 나이가 '스물'과는 준별되는 '쉰'이다.

그렇다면 쉰의 넋으로 조망한 신생(新生)의 풍경은 어떠할까. 서둘러 말하면 우주내적 존재이기를 희망하는 시인은 순환 상생의 원리를 추구하는데, 이를 통해 그 나름의 우주적 가역반응은 현시되는 것이다. 가령,

> 하늘에서 내려와
> 땅을 돌아 다시 하늘로
> 비 솟는 소리
> 들네
>
> – 「빗소리」 2연(3:26)

썩은 물방울 속에
내 갇혀 있다

갇혀
다시 태어난다

꿈틀거린다

산 위
저 산 위
푸른 하늘 흰 구름

―「반전」 일부(3:87–88)

같은 부분에서 알 수 있는 것처럼, 죽음과 신생, 하강과 상승, 갇힘과 트임이 둘이 아니라 하나로 유기적인 승화를 이루고 있다는 사실을 시인은 직관한다. 서로의 가름을 해체하고 위치를 전도시키며 틈을 내어 서로가 서로에게 틈입할 수 있도록 함으로써 신생을 추구하는 시인의 신묘한 비전은 확실히 순환 상생의 우주적 원리에 맞닿아 있다. 그 원리가 빚어낸 가장 아름다운 명편 중의 하나가 다음의 시 「줄탁」이다.

저녁 몸속에
새파란 별이 뜬다
회음부에 뜬다
가슴 복판에 배꼽에

뇌 속에서도 뜬다

내가 타죽은
나무가 내 속에 자란다
나는 죽어서
나무 위에
조각달로 뜬다

사랑이여
탄생의 미묘한 때를
알려다오

껍질 깨고 나가리
박차고 나가
우주가 되리
부활하리.

—「줄탁」 전문(3:18-19)

이 시의 2연은 각별한 주목을 요한다. '육체—불—재—나무 —달—육체'의 유기적 순환 원리를 투시한 이 대목이야말로 생명의 영원함과 그 영원한 생명력이 인간의 몸 안에 스며있음을 알려주는 것이라 하겠다. 이어 3, 4연까지 다 읽고 나면 우리는 이제 시인 김지하의 새로운 인식 체계가 무엇인지에 대해 분명한 인식을 갖게 된다. 사랑의 탄생, 부활 등의 시어에서 알 수 있는 것처럼 김지하가 추구하는 신생(新生)은 무엇보다 생명의 연대에 기반한 우주적 질서가 현현된 삶이다. 이전에 그가 정치적으로 항거하면서 죽음의 현실에 대한 반역의 정서를 촉발시켰던 것과는 사뭇 다른 것임에 틀림없다. 생명의 연대에 입각한 신생의 질서를 추구하는 까닭에 시인은 "우울의 밑바닥에서/ 우주가 떠오른다"(「새봄·7」, 3:38)라고 적고, 또 "꽃들 저리도/ 시리게 아름다운 건/ 죽으며 살아나는/ 봄살이 때문"(「봄살이」, 3:101)이라 소리한다. 이렇게 소리할 수 있었던 것은 "가슴 둥근거린다/ 모든 것 공경스러워/ 눈 가늘어진다"(「새봄·6」, 3:37)의 상태와 "비우리라 피우리라"(「중심의 괴로움」, 3:51)의 심정에서 "내 속에/ 텅빈 속에/ 바람처럼 움트는/ 웬 첫사랑 우주사랑"(「無」, 3:74)을 할 수 있었기 때문이다. 그 결과 "사방에" 사는 "우주의 싹"(「공경」, 3:70)을 정시하게 됐고, 그 우주에 쓰여있는 "사람은 영생/ 사람은 무궁"(「새봄·7」, 3:39)의 참의미에 다가갈 수 있게 되었으며, 하여 시인은 "이제/ 그 소리로 산다"(「소리」, 3:65). 부연하면 우주의 싹이 트는 소리를 듣는 것과 표현하여 전하는 것으로 살겠다는 분명한 의지 표명인 것이다.

그러고 보면 죽임의 현실 너머 신생의 풍경은 봄살이로 우주의 싹이 틔어 뭇 생명들을 상생(相生)케 하는 화엄의 바다를 닮아 있다. 이 화엄의 바다에서, 용화의 우주에서, "내 안에 다시 태어나는/ 나 아닌 나의 노래"(「예전엔」, 3:21)를 부르고 있는 시인은 이제 만공(滿空)의 영매자(靈媒者)에 가깝다. 이 영매자는 자기 내면과 외면 풍경을 응시하면서 자기를 낮추고 우주적 생명에 대한 외경심을 보임으로써 우주에 대한 절대 대긍정의 세계를 이끌어낸 장본인이다. 억압받고, 구속되고, 사형선고 받고, 병들고, 그래서 이리저리 지치고 고단한 몸과 영혼을 딛고 일어선 하나의 우주목(宇宙木, cosmic tree)이 부단히 새싹을 틔우며 내는 소리로 어우져 있는 시편들이 바로 김지하의 후기 시편들이다. 이 소리의 새싹의 바탕에 생태학적 상상력이 아주 긴요하게 작용함은 물론이다.

3. 연민의 비장미

앞에서 살핀대로 김지하 시의 여정은 퍽 이채롭다. 특히 정치적 상상력에서 생명사상에 입각한 생태학적 상상력으로의 변화 과정이 두드러진다. 대결과 반항, 비판과 풍자의 정서를 매우 격정적인 파토스로 펼쳐보였던 초기의 정치적 상상력이 주로 이항대립(binary opposition)적 세계관에 근거한 것이었다면, 연민과 연대, 포용과 사랑, 공경과 순환의 정서를 매우 서정적인 어조로 노래하는 후기의 생태학적 상상력은 원환론적(圓環論的) 우주적 세계관에 입각한 것이라고 할 수 있다. 이같은 변화는 20세기 후반의 한국의 현실 변화는 물론이거니와 지구적인 차원에서 전개된 사유와 문화의 패러다임 변화에 적절히 조응하는 것이기도 하다.

그럼에도 불구하고 그 변화의 밑강물에서 '생명의 연대'라는 테마와 생태학적 상상력이 줄곧 지속되고 있음을 우리는 확인할 수 있다. 다시 말하면 초기의 파토스에서 후기의 에코토피아에 이르기까지 김지하 서정의 정동은 한결같이 죽임의 현실을 부정하고 살림의 현실을 지향하려는 생명의 연대에 대한 강한 신념과 사상에서 발원한 것으로 보인다. 비록 그의 생명 사상이 상당한 시간의 흐름 속에서 축성된 것이어서 1980년대 중반을 넘어선 다음에야 그 온전한 모습을 드러내는 것은 사실이지만, 그 이전의 여러 서정시편에서 생명의 연대에 대한 시인의 신념을 찾아보는 일은 그다지 어려운 게 아니다.

이같은 지속과 변화상을 일별해 볼 때 우리는 그의 생태학적 상상력의 기본 정조가 연민이고, 기본 미의식이 비장미라는 사실을 구체적 분석을 거치지 않더라도 알 수 있게 된다. 김지하는 시집 『애린』의 서문에서 "모든 죽어간 것, 죽어서도 살아 떠도는 것, 살아서도 죽어 고통받는 것, 그 모든 것에 대한 진혼곡이라고나 할까. 안타깝고 한스럽고 애련스럽고 애잔하며 안쓰러운 마음이야 모든 사람에게, 나에게, 너에게, 풀벌레 나무 바람 능금과 복사꽃, 나아가 똥 속에마저 산 것 속에는 언제나 살아 있는 것을. 그리고 그것은 매순간 죽어가며 매순간 태어나는 것을", "그 죽고 새롭게 태어남을"(1:317~318) 애린이라 부른다고 적은 바 있다. 이런 애린의 정조야말로 김지하의 생태학적 상상력의 밑바탕에 흐르는 연민의 비장미의 핵심이다.

9장
가이아 명상과 황홀경의 생태시학: 정현종

1. 교감의 문법과 생명의 구경(究竟) 탐색

『한 꽃송이』, 『세상의 나무들』 등에 수록된 생태시편들을 보면, 시인 정현종은 나무의 언어로 숨 쉬는 우주의 아이처럼 보인다. 그의 가슴은 우주로 열린 채 투명하며, 그의 언어는 탈난 세상에 작란(作亂)을 일으키며 우주목(宇宙木)을 식목하는 신바람이다. 그는 번뇌의 현실에서 열반의 우주를 꿈꾸는 천진한 숨결을 지닌 몽상가다. 그에게 있어 삶과 숨과 시는 서로 떨어져 존재하는 것이 아니다. 그는 꿈꾸듯 살며, 꿈의 숨결로 시를 짓는다. 그 꿈결 속에서 세상에 존재하는 모든 생명은 시나브로 황홀경에 젖어들게 된다. 그가 시 속에서 꿈꾸듯 황홀경으로 접어든다고 해서, 그의 존재의 둥지가 결코 안락하기만 했던 것은 아니다. 몽상은 오히려 실존의 반명제이기 쉽다. 한국 현대사의 고통스럽고 반생명적인 현실에서, "고통을 축제로, 불행을 행복으로 변형시키는 기술"[1]을 지닌 그는 자유로운 비상과 초월을 꿈꾸고 생명의 황홀경을 모색해 왔다.

김현의 지적처럼, 정현종은 일찍이 김춘수와 김수영이 보여주었던 새로운 발상법과 방법적 충격에서 한 걸음 더 나아가 나름대로 새롭고 독특한 시세계를 열고자 했다.[2] 특이한 어법의 채택, 유추적이고 중첩된 이미지들의 활용[3], 세계와 사물에 대한 내밀한 의식, 교감의 문법과 몽상의 시학으로 일컬어질만한 여러 실험적 시도들을 보여주면서, 그는 매우 독특한 시세계를 갖춘 시인으로 평가받게 된다. 그는 시적 대상 및 타자와의 내밀한 교감을 통해 형이상학적 깊이를 추구했고, 자유로운 시정신으로 생명의 구경(究竟)에 이르고자 했다. 또한 동양의 선(禪)적 직관으로 생명의 황홀경에 도달할 수 있었던 그의 시세계는 한마디로 동양적 정신주의의 미학적 극점을 보여주는 예라 하겠다.

구체적으로 정현종의 시세계에 드러나는 생태학적 상상력을 조감하기 전에 그가 견지했던 시정신 혹은 시적 태도를 논의하는 것도 그의 생태학적 상상력에 좀 더 내밀하게 다가설 수 있는 한 방편이 될 것이다. 그는 남달리 시에 대한 자기 인식에 예민했던 시인이다. 시인이 보기에 모든 사물은 있는 상태에서 있어야 할 상태를 꿈꾼다. 시

1 서준섭, 「1960년 이후 한국 모더니즘 시의 전개」, 앞의 책, p. 149.

2 김병익·김현 편, 『우리 시대의 작가연구총서 정현종』, 은애, 1979, p. 4.

3 이경호, 「'죽음의 고통'으로부터 '생명의 황홀'로 부는 바람」, 『작가세계』 1990년 가을호, p. 37 참조.

인이 꿈꾸는 것도 마찬가지다. 그점에서 사물의 꿈과 시인의 꿈은 동일한 구조를 지닌다. 시인은 시적 대상—그것이 한 그루의 나무이든, 사회적 사건이든, 혹은 정신적 가치이든—의 꿈을 시로 노래하며 함께 꿈꾸기를 갈망한다. 그러기 위해 시적 자아는 시적 대상과 내밀하게 교감하고자 한다. 뭇 대상들에 스며들고, 여러 타자(他者) 속으로 퍼져나가면서 꿈의 교감을 실현하고자 한다. 그런 포에지가 유추적 언어인 시적 언어로 형상화된다. 그러므로 그에게 있어서 시적 공간은 자아이면서 타자일 수 공간, 주체이면서 대상일 수 있는 소통의 공간이다. 나아가 자기동일성을 실현하는 공간이다.[4]

사물의 꿈은 구체적인 현실과 역사에 뿌리를 두고 있는 것이다. 사물의 꿈과 교감하는 시인의 꿈이 정당성과 구체성을 획득하는 것은 그 때문이다. 현실이라는 뿌리에서 정당성과 구체성을 얻어, 이상이라는 하늘을 향해 몽상의 날개를 펼치는 자가 곧 시인이다. 세상살이의 터널 끝에서 눈부신 광원을 응시하며 사물이 꿈꾸듯, 시인은 몽상의 날개짓을 통해 신명을 지피고 시를 숨쉬게 된다. 그래서 시인은 우리 모두가 나눠 가지고 있는 어린 시절의 소망과 본원적 자연을 되살려낸다. 시어로 되살려낸 그것들은 오래된 과거의 원초적 경험이었으되, 지금 여기서는 마치 처음인 듯 놀람을 주는 경험이며, 나아가

4 그는 「시의 자기동일성」이란 에세이에서 이렇게 말한다: "나와 나 아닌 것, 이것과 저것, 서로 다른 것들이 자기이면서 동시에 자기 아닌 것이 될 수 있는 공간이 시의 공간입니다. 시를 가리켜 예술과 역사, 인간과 자연, 聖과 俗을 연결하는 다리라고 하는 까닭도 그런 데 있을 것입니다."(정현종, 「시의 자기동일성」, 『작가세계』 1990년 가을호, p. 166.)

그것은 오래된 미래의 흔적을 예감하는 비범한 체험이다. 시간적 공간적으로 이러한 세 원소가 어우러지고, 있는 것과 있어야 할 것이 스미고 짜이는 가운데, 시의 세계가 소용돌이치며 움튼다. 그것을 시인은 '인공 자연'이라고 말한다.[5] 본원적 자연상태를 지향하는 시인의 꿈과 상상력이 구축한 공간이다. 시인이 사물의 꿈과의 교감을 통해서 창조한 인공 자연 속에서 독자들은 누구나 번뇌이면서 동시인 열반인 역설적인 체험을 하게 된다. 시인 정현종이 보기에, 그게 바로 시다. 시에 대한 이같은 인식을 바탕으로 그는 동양적 직관과 생태학적 상상력이 어우러진 포괄의 시를 우리에게 선물한다. 꿈의 교감을 제안하는 것이다.

2. 우주혼의 둥근 기억과 생명의 황홀경

정현종은 늘 하늘과 땅 사이에서 우주적 바람을 일으키며 '노래' 부르는 시인이기를 소망한다. 살랑거리는 바람결에서 하늘과 땅과 시인의 눈동자가 서로 교감하며 연주하는 화음은 아름다움보다 더한 아름다움일 것이다. 거기서라면 생명의 황홀경이 저절로 움터날 것이다. 그러나 행복은 멀고, 불행이 우리 가까이에 있는 것일까? 그 생명의 황홀경으로 시인이 가볍게 날아오르려고 할 때, 지상의 고통의 축제가 시인의 날개를 무겁게 만든다. 무거운 날개로는 가볍게 날아오

5 정현종, 「인공자연으로서의 시」, 네루다 시집, 정현종 역, 『스무 편의 사랑의 시와 한 편의 절망의 노래』, 민음사, 1989, p. 141 참조.

르기 곤란하다. 우나모노가 지적했던 것처럼 '생의 비극적 의미'는 나날의 삶과 삶의 감각을 무겁게 만든다. 고통의 축제는 "몸보다 그림자가 더 무거워/ 머리 숙이고 가는 길"(「고통의 축제 2」, 3:51)[6] 위에서 이루어진다. 이런 "세상에서 가장 쓸쓸한 일은/ 사람 살아가는 일"(3:51)이라고 시인은 적는다. 그것은 곧 '공포'의 감각으로 확산되고, 그 때문에 몸은 점점 더 무거워진다.

존재의 무거움은 시인을 견디기 어렵게 만든다. 타락한 권력이나 정치적 음모 등 지상의 고통원은 생명 현상을 불가피하게 왜곡시킨다. 생명의 활력을 거세하고, 정신의 기운을 무력화시킨다. 이럴 때 사람들은 원초적 자아 안에 간직하고 있던 웃음의 에너지마저 잃어버리기 쉽다. 이런 틈을 타고 세속 도시의 물질적 자본은 철면피가 되어 생명의 터전인 자연을 더더욱 훼손한다. 「들판이 적막하다」에서 시인이 불길함을 느끼는 것도 이런 사정과 연관된다. 시인은 벼가 익는 가을의 황금 벌판에 서 있다. 예전 같으면 메뚜기 나는 소리로 소란할 텐데, 들판이 온통 적막하기만 하다. 농약 살포로 메뚜기의 생존 경로가 차단되었기 때문이다. 얼핏 보더라도 이 시에서 "오 이 불길한 고요---/ 생명의 황금 고리가 끊어졌느니……"(4:21)라고 애달파하는 시인의 연민의 근원을 우리는 짐작하게 된다. 사정이 이럴수록 시인은 생명에 대한 감각에 더 예민한 촉수를 들이댄다. 그것은 반생명적 문명에

6 본문에서 정현종 시의 인용은 시집 번호와 그 쪽수를 괄호 안에 직접 표기한다. 1. 『고통의 축제』, 민음사, 1974; 2. 『사랑할 시간이 많지 않다』 세계사, 1989; 3. 『사람들 사이에 섬이 있다』, 미래사, 1991; 4. 『한 꽃송이』, 문학과지성사, 1992.; 5. 『세상의 나무들』, 문학과지성사, 1995.

의해 왜곡되고 일그러진 원초적 자아를 회복하고 생명의 숨결을 되돌이키기 위한 시인의 노력이다.

「느낌표」라는 시에서 그 노력은 나무며 꽃이며 새소리 같은 자연의 생명 현상에 살아있는 느낌표를 부여하는 의지적 행위로 나타난다. 자연적 대상과 그 대상에 작용을 가하는 동작의 서술어 사이의 호응이 수준 있는 유머 감각에 의해 이루어지고 있지만, 결국 이 시에서 전경화되는 것은 천진한 느낌을 통한 자연 동화에의 의지이다. 이 같은 의지의 연원에서 "모든 순간이 다아/ 꽃봉오리인 것을/ 내 열심에 따라 피어날/ 꽃봉오리인 것을!"(「모든 순간이 꽃봉오리인 것을」 3연, 2:9–10)과 같은 시인의 내면 의식을 우리가 발견해 내기란 그다지 어려운 일이 아니다. 언젠가 그렇게 다시 피어날 꽃봉오리를 위해 시인은 자연을 비롯한 뭇 타자들과 교감하며 타자에게로 폭넓고 깊게 스며들고자 한다. 「시창작 교실」에서 시를 배우고자 하는 젊은이를 청자(聽者)로 하여, 시를 위한 삶의 가치를 역설하는 것도 우리의 주목에 값한다.

> 그리하여 네가 만져본
> 꽃과 피와 나무와 물고기와 참외와 새와 애인과 푸른 하늘이
> 네 살에서 피어나고 피에서 헤엄치며
> 몸은 멍들고 숨결은 날아올라
> 사랑하는 거와 한몸으로 낳은 푸른 하늘로
> 세상 위에 밤낮 퍼져 있거라.
>
> –「시창작 교실」 일부(2:56)

그러니까 정현종에게 있어서는 우주 전체가 시창작 교실인 셈이다. 그 시창작 교실—우주에 들어서면 반문명적 현실에서 마비되었던 의식이 새롭게 비등하고, 생기의 원천을 회복하게 된다. 자아를 자연스럽게 끌어당기는 자연 혹은 저절로 끌려가게 되어 있는 자연으로 돌아가면서 시인은 생명의 숨결을 되찾게 되는 것이다. "나는 자연으로 돌아간다/ 무슨 充溢이 논둑을 넘어 흐른다"(「나의 자연으로」 1연, 4:11)라는 목소리가 주는 활력은 정현종 특유의 시창작 교실—우주에서만 넘쳐날 수 있는 게 아닐까 싶다. 그것은 나아가 '초록 기쁨'의 세계 혹은 생명의 활홀경의 세계로 이어진다.

해는 출렁거리는 빛으로
내려오며
제 빛에 겨워 흘러넘친다
모든 초록, 모든 꽃들의
왕관이 되어
자기의 왕관인 초록과 꽃들에게
웃는다, 비유의 아버지답게
초록의 샘답게
하늘의 푸른 넓이를 다해 웃는다
하늘 전체가 그냥
기쁨이며 神殿이다
[…]
오 이 향기
싱글거리는 흙의 향기
내 코에 댄 깔대기와도 같은

하늘의 향기
나무들의 향기!

–「초록 기쁨」 1,4연(3:86–87)

초록 풀잎에서 우주적 환희를 발견하고 감동하는 시인의 열린 감수성은 독자들을 그대로 감동의 공간으로 안내한다. 풀잎이라는 아주 작은 부분의 운동 궤적에서 우주 전체의 원리를 발견하는 시인의 시각을 따라가면, 독자들도 시인처럼 "기쁨이며 神殿"인 "하늘 전체"에서 향기에 도취할 수 있게 된다. 시인이 직관한 생명의 역동적 움직임을 따라 갈 때, 우리 또한 시인이 된다. 그런데 이미 앞에서 언급한 바 있듯이, 시인이 이처럼 생명의 황홀경에 젖어들고자 하는 까닭은 현실이 점점더 거칠어지고 있기 때문이다. 생명 원리에 반하는 자본주의 문명과 물질의 폭력성, 그리고 타락한 인간 중심주의에 대한 비판 의식의 소산이기도 한 것이다. 「구체적인 생명에로」란 에세이에서 시인은 이렇게 말한다.

> 이렇게 생명에 대한 감각이 날로 민감해지는 것은 세상의 거칠음과 비례해서 그렇게 되는 게 아닌가 싶습니다. 그러니까 가령 초록 풀잎들에 대한 감동의 배경에는 거치른 세상, 죽음이 떠도는 세상이 있다는 얘기입니다. 다시 말하면 반생명적인 문명 속에서 거의 본능적인 생명에의 偏執이겠지요. 그러니 사람이 부당하게 죽는다거나 특히 비참하게 죽는다거나 그야말로 자기 고유의 죽음을 죽지 못할 때 우리는 다같이 참담해질 수밖에 없습니다. 하기야 사람이란 너나없이 어리석어서 다른 나라와 전쟁을

할 뿐만 아니라 제 나라 안에서도 서로 죽이며 크고 작은 한 울타리 안에서 계속 싸우고 있습니다.[7]

『가이아』라는 저서에서 J. E. 러브록이 성찰하고 있는 핵심 개념인 가이아는 물리적 화학적 환경을 스스로 조절함으로써 지구를 건강하게 유지하는 능력이 있는 자기조정적 실체로서의 생명권을 뜻한다. 이런 가이아 단위로 명상할 때, 인간과 미생물 사이에는 별다른 차이가 없다. 모두 고유한 생명 가치를 지닌 채 자기 역할을 수행하는 생명체라는 점에서 등가일 따름이다. 그런데 사람들은 흔히 오만하기 쉬워서 가이아 명상에 반하는 부당한 짓들을 저지른다. 이런 상황에서 거의 본능적인 생명에의 의지를 시인이 호응하는 목소리로 강조하고 있는 것이다. 가이아 명상으로 인간과 생명권을 성찰하고 있는 시인이기에 그의 시 또한 가이아다.[8] 가령,

한 숟가락 흙 속에
미생물이 1억5천만 마리래!
왜 아니겠는가, 흙 한술,
삼천대천세계가 거기인 것을!

알겠네 내가 더러 개미도 밟으며 흙길을 갈 때
발바닥에 기막히게 오는 그 탄력이 실은

---

7 정현종, 「구체적인 생명에로」, 『생명의 황홀』, 세계사, 1989, pp. 156~157.
8 「가이아 명상」이란 시인의 에세이가 이를 직접적으로 보여준다.

수십억 마리 미생물이 밀어올리는
바로 그 힘이었다는 걸!

–「한 숟가락 흙 속에」 전문(4:82)

같은 시에서 가이아 현상에 대한 인식과 그것의 신비와 황홀감을 자연스럽게 형상화하는가 하면, 「좋은 풍경」에서는 인간과 자연이 관능적 희열 속에서 새로운 가이아 지평을 형성하고 있음을 보여준다. 부드러운 눈으로 상징되는 자연의 축복 속에서 두 남녀가 숲속 밤나무에서 사랑을 나눈다. 엄격한 도덕률의 관점에서 보면 남녀상열지사 쯤으로 비칠 수도 있는 이 장면을 시인은, 자연과 인간의 교감과 호응 속에서 '좋은 풍경'(4:43)으로 포착하고 있다. 숲 속의 상황이 두 남녀로 하여금 뜨거운 사랑을 자연스럽게 나누도록 작용했고, 또 그들의 행위가 밤나무 꽃을 빨리 피우게 했다는 생태학적 상상력은, 서로 순환하면서 상생하는 자연과 인간의 조화로운 태초의 질서를 인식하는 데서 나온다. 그것은 곧 가이아 명상의 결과이기도 하며, 생명의 황홀경의 심화 정도를 나타내주는 구체적이고 감각적인 사례이다.

가이아 명상을 통한 시인의 꿈은 생명의 숨결과 우주혼의 원형을 따라간다. 사람들이 문명을 일으키고 물질적 도시를 세우면서 서서히 잃어버린 생명의 넋을 되찾아 기리려는 생태학적 시혼(詩魂)이 거기에 신화처럼 스며 있다. 가스통 바슐라르(Gaston Bachelard)의 표현을 빌자면, '우주의 아이'인 정현종은 온갖 살아있는 자연 상태, 생명 현상으로부터 '아름다운 숨결'을 느끼고, '즐거운 자극'을 받는다. 시인이, "오늘은 내 즐거운 자극원에 몸을 기대련다/ 천둥과 번개/ 세상의 새들/

지상의 나무들/ 꽃과 풀잎/ 이쁜 여자/ 터질 거에요 보름달/ 어휴 곤충들/ 저 지독한 동물들/ 너희/ 아름다운 숨결들."(「내 즐거운 자극원들」, 5:87)이라고 노래했을 때, 우리는 거기서 시인의 시적 숨결이 움트는 순간을 알아차리게 된다.

이같은 '즐거운 자극원'들은 정현종 시에서 중요한 타자들이다. 이미 말했듯이, 시인이 이 타자들 속으로 퍼져나가고 또 타자들을 자기 숨결 속에 스미게 하는 과정을 통해 시가 창조되는 까닭이다. 타자들과 교감하는 과정에서 시인은 조건 없고 창조적인 자기 방기, 혹은 정신의 완전한 자유가 이루어지는 역동적인 순간을 응축적으로 포착하여 강렬한 영원성의 시를 쓴다. 동양에서 말하는 선(禪)적 직관의 순간과 흡사한 이 시쓰기의 순간을 위해 시인은 종종 세상살이의 터널에서 의식적으로 빠져나와 눈부신 자연의 광원(光源)을 응시한다.

눈부신 광원 사이에서 그는 꿈결처럼 '가슴 두근두근 팽창'하는 우주의 "한마당 노래방"(「내 어깨 위의 호랑이」, 5:53)을 훔쳐낸다. 그러고 나니 세상의 모든 것이 달리 감지된다. 「세상의 나무들」은 생명의 신명을 즐기는 우주목(宇宙木)이 되어 하늘 높은 데로 오른다.

세상의 나무들은
무슨 일을 하지?
그걸 바라보기 좋아하는 사람,
허구한 날 봐도 나날이 좋아
가슴이 고만 푸르게 두근거리는
그런 사람 땅에 뿌리내려 마지않게 하고

몸에 온몸에 수액 오르게 하고
하늘로 높은 데로 오르게 하고
둥글고 둥글어 탄력의 샘!

하늘에도 땅에도 우리들 가슴에도
들리지 나무들아 날이면 날마다
첫사랑 두근두근 팽창하는 기운을!

– 「세상의 나무들」 전문(5:34)

정현종의 나무는 생명의 에너지로 충일해 있다. 그 우주의 나무는 하늘과 땅, 그리고 인간의 기운을 연결하며 생명의 환희로 모든 것을 춤추게 한다. 또 상승과 확산 운동을 통해 세상의 가슴을 첫사랑의 가슴처럼 만든다. 이같은 나무 이미지는 상승 지향의 소망을 격정적으로 담고 있었던 정현종의 바람의 꿈이 심화되고 자연 상태에서 구체화된 결과라 하겠다. 생명과 사랑의 나무들과 숲에서라면 거친 문명에 지친 영혼들도 안식의 평화를 얻을 수 있을 터이다. 게다가 푸드득, 새들의 날개 소리까지 듣게 된다면 그 기쁨은 더해질 것이다. '소리의 무한'으로 우주를 열고(「새소리」, 5:27), "한없이 열려/ 퍼지는 푸르름"(「날개 소리」, 5:32)으로 우주를 무한 팽창시키는 그 소리의 비상에 시인은 그만 취하고 만다. 그래서일까. 시인은 까치에게 "창밖으로 네가/ 이 나무에서 저 나무로 날아다니는 걸/ 보지 못한다면 우리가 어떻게/ 가벼워지겠느냐"(「까치야 고맙다」, 5:44)며 헌사를 바친다. 이런 나무와 새와의 교감은 마침내 잃어버렸던 우주혼의 둥근 기억을 되찾게 한다.

우주로 통하는 무한한 시의 길은 「이슬」에서 막힘없이 유장하고 현묘한 생명의 숨길이 된다. 강물, 바람, 흙은 각각 우리들의 피, 숨결, 살이 된다. 구름, 나무, 새는 곧 우리들의 철학, 시, 꿈이 된다. 이런 교감으로 '길의 무한'은 열린다. 하여 "나무는 구름을 낳고 구름은/ 강물을 낳고 강물은 새들을 낳고/ 새들은 바람을 낳고 바람은/ 나무를 낳고……"(「이슬」, 5:31)의 경지에 이른다. '나무—구름—강물 —새들—바람—허공'의 둥근 생성과 변화의 움직임은 전설의 고고학처럼 둥근 기억으로부터 나온 것이다. 이 둥근 기억이 영원한 생성과 영원한 변모를 직관하는 토대가 된다. 그런 의미에서 정현종 시는 이 영혼의 순진성에 대한 동경이요, 꿈이다.

정현종 시에 있어서 새에 대한 가없는 동경은 인간적 현실에 대한 전면적 반성과 통한다. 비상의 꿈으로 통하는 새는 확실히 땅에 붙박힌 채 기는 듯이 살아가는 사람들로 하여금 주눅들게 하는 구체적인 오브제이다. 솟아오르지 않고서야 어찌 둥근 기억을 회복할 수 있겠는가? 니체의 가벼움의 철학이나 바슐라르의 상상력도 새에 관한 명상과 통한다. 새는 땅위의 존재들에게 '이게 아닌데' 라고 생각할 수 있는 반성의 계기를 부여한다. 문명의 흐름 속에서 부정적 형질로 치달아 왔던 현대적 삶의 감각을 되돌려야 한다는 사실을 일러준다. 우리 삶과 의식을 커다란 우주적 질서, 원초적 자연적 질서로 되돌려 놓자는 것, 그 되돌려진 질서가 자기 안에 자연스럽게 스며들게 하는 것이 소중하다는 생각을 많이 하는 시인이 바로 정현종이다. 문제는 잃어버린 우주의 둥근 기억을 되살리는 일이다. 그것은 「O」라는 시에서 뚜렷한 의미를 얻는다. "O은 처음이며 끝/ O은 인생의 초상/ O은 다 있고 하나도 없는 모습/ 꽉차고 텅 빈 모습"이다. 또한 "空氣의 숨결"인 "O은 생명의 거울/ O은 사랑"(「O」, 2:36)이다.

시인 정현종은 그같은 "생명의 거울"을 응시하면서 우주의 큰 질서 안에서 시적 비전을 획득할 수 있기를 소망한다. 우주적 숨결 속에 스며들어 세상살이의 막힌 숨길과 숨통을 틔워보고자 하는 시인이기에, 더욱 신명나는 어조로 저간에 잃어버린 우주적 둥근 기억을 재생해내며 매우 웅숭깊은 생태학적 상상력을 노래한다.

3. 신바람의 해학미

김지하가 그리는 비장미에 기초한 우주목(cosmic tree)에 비해, 정현종의 우주 나무는 해학적 친화력으로 전달된다. 생명의 숨결과 우주혼의 원형을 따라가고 있는 후기 시편들에서 그의 시적 언어는 탈난 세상에 작란(作亂)을 일으키며 우주수를 식목하는 신바람을 지핀다. 사람들이 문명을 일으키고 도시를 세우면서 서서히 잃어버린 생명의 넋을 되찾아 기리려는 생태학적 시혼이 거기에 신화처럼 스며 있다. 시인 정현종은 온갖 살아있는 자연 상태, 생명 현상으로부터 '아름다운 숨결'을 느끼고, '즐거운 자극'을 받는다. 그의 '나무들'은 생명의 전체성, 생태학적 전체성을 환기시킨다. 그것은 정신의 완전한 자유가 이루어지는 역동적인 순간, 일찍이 선(禪)의 경지라 지칭했던 그 순간에 교감되고 응축되는 동일성이고 전체성이다. 정현종 시인은 그 순간의 시적 에네르기로 심층 생태의 진정한 문학적 형상화를 지향한다.

연민의 정조가 전경화되었던 김지하의 시편들에 비해 정현종의 시에서는 웃음과 신바람의 정조가 두드러진다. 그에게 있어서 웃음은 세계 해석과 세계에 대면한 자아의 태도를 알게 해주는 핵심적인 요소다. 초기작인 「독무」나 「화음」에서부터 이미 그러했다. 「독무」에서 무용가의 율동에 몰입하여 "밝은 한 색채"이며 "大空"(1:39)인 영혼의 향유를 즐기는 화자의 웃음이야말로 정현종식 교감의 문법의 핵심을 짐작케 해주는 대목이다. 이런 교감을 위해 시인은 부단히 사물의 꿈속에서 거주하고자 하고 타자 안에서 웃으면서 몽상의 향유를 기획한다. 웃음과 교감, 몽상은 당연하게도 탄력적인 동성(動性)의 이미지들을 생산해낸다. 김현을 비롯한 여러 평자들이 일찌감치 지적했던 정현종 시에서의 바람의 이미지를 위시하여 나무, 새, 공 등의 이미지들이 그런 사례들이다. 가능성과 유동성의 바람은 떨어져도 튀는 공처럼, 탄력 있게, 가볍게 날아오르기를 소망한다. 바람처럼 날아오르기를 소망하는 시인의 의식은 생명의 근본 정신에 부합한다. "생명과 정신은 물질이 지배하는 구속을 벗어나려는 노력이며, 물질을 거슬러 올라가려는 상승적 본성을 갖는다"라는 베르그송(H. Bergson)의 지적을 굳이 떠올리지 않는다고 하더라도, 우리는 그것을 잘 안다. 정현종의 생태학적 상상력이 직조해낸 일련의 이미지들은 근원적 진실과 근본적 생명의 빛을 향해 튀어오르려는 것들이다.

그 결과 정현종의 시들은 대개 교감과 동화를 통한 동일성의 세계를 즐기는 형상으로 우리에게 비쳐진다. 그런데 이 동일성의 세계 이면에서 우리는 시인의 독특한 아이러니 정신을 읽어낼 수 있다. 그가 교감하고 동화하는 세계는 날것 그대로의 있는 세계가 아니다. 시인이 몽상한 있어야 할 세계에 대한 동화이며 교감이다. 있는 세계에 대해서 시인은 매우 불화 관계를 갖는다. 그러면 그럴수록 있어야 할 세계에 대한 동화의 내밀함은 농밀해진다. 그런데 주목되는 것은 세계에 대한 공격적인 적의를 노출하는 것도 아니요, 아울러 있는 부정적 현실을 방기하는 것도 아니라는 점이다. 있는 현실을 자유롭게 직시하면서 그것을 포용하고 더불어 승화하려는 태도가 정현종의 아이러니 정신 안에 들어 있다. 그런 까닭에 시종 신바람에 들려 있을 수 있는 것이다. 정현종의 유연한 아이러니는 현묘한 웃음의 해학미를 묘출하면서 매우 독특한 에코토피아를 지향한다.

10장

오랑우탄–시인과 야생의 기억: 최계선

1. 롱고롱고 숲과 자연의 순례자

"나무에 기생해 사는 사람들이/ 제 숲을 갈아치운다"(「태양의 숲」)[1]. 죽비소리처럼 묵시의 언어가 다가온다. 최계선의 여섯 번째 시집 『롱고롱고 숲』은 지구라는 행성을 장악한 호모 사피엔스에게 건네는 준엄한 경고의 메시지를 웅숭깊게 전한다. 진지한 성찰의 세목이 돋보이면서도 지구 행성의 사정과 우주의 기미들을 차분하게, 때로는 위트 있고 유머러스한 역설로, 풀어 보인다. 인류의 허황한 욕망에 휘둘려 많은 숲이 훼손되고 공기는 점점 희박해졌다. 기후는 매우 과격하게 널뛴다. 빙하와 영구동토층이 빠른 속도로 녹아 해수면

1 최계선, 『롱고롱고 숲』, 창이 있는 작가의 집, 2023, p. 15.

이 점점 상승한다. 이로 인해 실존의 기반을 위협받는 곳들이 많아졌다. 숲과 산, 바다와 물의 지각변동으로 지구 행성 위의 여러 생물 종이 이미 사라졌거나 멸종의 위협에 처해 있다. 그 절멸 위기에서 인류 역시 자유롭지 않다. 인류의 '도끼 문명'에 의해 장악된 지구촌은 어느덧 열매를 맺기는커녕 새싹의 움을 틔우기도 쉽지 않은 지경이 되고 말았다. 시인은 이런 지구 행성의 현실에 대한 깊은 성찰의 심연에서 생태학적 상상력을 그물질한다. 인간이란 동물이 이런 위기에 빠지게 된 핵심 원인으로 최계선은 만유(萬有)와 더불어 살던 야생의 기억으로부터 멀어진 사태를 주목한다. 거대한 문명을 파천황처럼 일으키고자 했던 개발의 엄청난 가속도에 휘둘리면서 야생의 자연적 삶을 벗어난 이후, 그러니까 이른바 인류세(Anthropocene)의 과격한 전개 이후, 지구 행성은 생명의 궤도를 심하게 이탈한 것이 아닐까, 생각하는 것 같다. 잃어버린 야생의 기억을 되살리기 위해 시인은 야생의 풍경을 다각적으로 점묘하면서 풍경의 기억을 통해 야생의 감각을 회복하는 어떤 계기를 마련할 수 있기를 희구한다. 그러기 위해 그는 '롱고롱고 숲'이라는 화두를 제시하고, 그 숲에서 자연의 순례자가 되는 감각의 실존을 제안한다.

롱고롱고 숲은 어디에 있는가? 혹은 왜 롱고롱고 숲인가? 잃어버린 야생, 잃어버린 숲을 얘기할 때 먼저 떠오르는 섬이 있다. 칠레 서쪽 남태평양 상에 있는 이스터섬(Easter Island)이 바로 그곳이다.[2] 그

2 이스터 섬의 거대한 석상과 채석장의 미스터리, 사라진 숲과 섬을 몰락 등 이스터 섬에 대한 자세한 정보는 제러드 다이아몬드의 『문명의 붕괴』(강주헌 옮김, 김영사, 2005)의 2장 '이스터 섬에 내린 땅거미'를 참조할 수 있음.

섬의 원주민이 쓴 것으로 추정되는 롱고롱고 문자(Rongorongo Script)는 인더스 문명 시절 오랫동안 사용된 문자로 파키스탄 동부 하라파(Harappa)에서 발견된 인더스 문자, 헝가리에서 발견된 로혼치 사본(Rohonc Codex), 로마 공화정 수립 이전에 사용된 에트루리아(Etruria) 문자로 쓰인 라이버 린테우스(Liber Linteus) 등과 더불어 인류가 아직 해독하지 못한 신비로운 문자에 속한다. 이스터섬의 모아이(moai, 돌하르방)와 함께 롱고롱고 문자는 거의 수수께끼에 가깝다. 그 섬의 숲에 있던 나무판에 새겼던 롱고롱고 문자도, 그 문자의 사용자도, 그 문자를 새겼던 나무에 자라던 숲도 모두 어느 순간 사라졌다. 여전히 세계 전역의 인류학자들이 많은 토론이 진행되는 사안이지만, 이스터섬에 나무가 베어지고 숲이 사라진 이유 중의 하나는 거대한 모아이를 만드는 과정에서 나무를 많이 베었기 때문이라는 설이 있다. 현존하는 887구의 모아이 중 가장 큰 석상은 약 12미터 높이에 거의 100톤에 달할 정도로 어마어마하다. 이 모아이는 바다 쪽이 아니라 사람들이 있는 대륙 쪽을 응시하고 있는데, 통나무 컨베이어 벨트에 이 거대한 돌을 실어 초원지대를 가로질러 옮겼다고 전해진다. 그러니 모아이가 생겨날 때마다 삼림지대의 나무들은 가혹한 도끼질을 면하기 어려웠을 터이다. 어쩌자고 '작은 사람'이 그토록 '큰 석상'을 만들었을까? 나무와 숲에 의지해 사는 줄도 모르고 "제 숲을 갈아치"웠을까? 이런 질문을 하면서 시인 최계선은 우리를 '롱고롱고 숲'으로 초대한다. 아직 숲이었던 시절, 그 야생의 기억을 환기하기 위해 "숲에서 숲속으로", 그 깊은 자연의 순례길을 함께 해보자고 제안한다.

숲에서 숲속으로
나무 뒤에 서 있는 나무로
자연의 순례자로, 나는
여행 다녀도 좋을 사람으로
남고 싶을 뿐이라네

—「숲에서 숲속으로」 4연 부분[3]

최계선은 등단 초기부터 나무와 더불어 살기를 좋아했던 '자연의 순례자'였다. 가령 「나무에 기대다」에서 "나무가 꽃 피운 열매들, 떨어진 잎사귀들을/ 다시 제 몸으로 걷어들여 꽃 피운 향기들,/ 그러한 나무에 온갖 것들을 기대고 살고 싶은 나무 아닌 나"[4] 같은 부분에서 명확히 확인할 수 있거니와, 그런 성정은 이제 더욱 깊어진 것 같다. 그야말로 자연스러운 일이다. 「숲에서 숲속으로」에서 숲은 단순한 배경이나 주어진 환경이 아니다. '숲에서 숲속으로'라고 굳이 '숲속'을 강조한 것은 숲과 인간의 분리를 넘어서기 위함이다. 숲을 배경 삼아 멋진 사진을 찍어대던 인간 중심적 사고에서 멀찌감치 비켜나 있다. 숲속에서 인간은 숲의 한 분자가 되어 다른 무수한 분자들과 같이 호흡하고 스며든다. 이 자연의 순례자는 숲속으로 들어가기 전에 숲과 나무들에 고해를 먼저 단행한다. 「숲이 나를 허락한다면」에서 시인은 무엇보다 "인간의 시선이 숲에 닿으면 그때부터 여지없이 들려온 도끼 소리"부터 반성한다. 인류의 도끼 문명이 성장할 때 "숲은 딸꾹 숨 감

3 최계선, 앞의 책, p. 12.
4 최계선, 『저녁의 첼로』, 민음사, 1993, p. 12.

추고, 모든 생명이 무용(無用)이 되어서, 곁눈의 바람도 나뭇잎 뒤에 숨어서, 소리도 화석 틈으로 스며"들 수밖에 없었음에 유감을 표한다. 그러면서 아직 "숲이 숲이었을 때"의 야생의 기억을 풍경처럼 환기한다. "낙엽이 다람쥐 뛰어가는 소리 들려주고, 나무가 딱따구리 소리 들려주고, 잎사귀가 도토리 떨어지는 소리 들려주고, 하늘이 밤까는 소리 들려주고, 꽃이 나비의 팔랑 소리 들려주고, 바람이 새의 날개 소리 들려준다". 그런 야생의 기억을 반추하면서 "숲이 나를 허락"하여 "나도 숲의 무언가가 된다면" 이런 자연의 소리를 경청할 수 있지 않을까 소망한다. "지렁이 흙 들썩이는 소리, 송충이 잎 갉아먹는 소리, 하늘소 나무 오르는 소리, 잠자리 눈알 굴리는 소리, 개미 가위질 하는 소리, 지네 돌 건너가는 소리, 벌 꽃술 파고드는 소리, 나비 대롱입 펴는 소리, 뱀 허물 벗는 소리, 거미 실 짜는 소리". 그러니까 도끼를 들지 않은 이 작은 자연의 순례자는 "숲의 무언가"[5]가 되고 싶은 것이다. 숲을 대상화, 타자화하지 않고 숲과의 상호주체성을 획득하기를 소망한다. 아니 더욱 겸손하게 숲의 스승들을 섬길 준비가 되어 있다. 그래야 숲의 오케스트라에 동참할 수 있겠기 때문이다.

숲의 안부
숲의 소식 그리고
숲의 스승들이 나누는 아주 일상적인 대화
그런 숲의 속삭임

---

5 최계선, 『롱고롱고 숲』, pp. 42~43.

나도 들을 수 있지 않을까
숲이 나를 허락한다면

—「숲이 나를 허락한다면」 4연[6]

2. 오랑우탄의 구름책

숲의 오케스트라에 동참할 준비가 되어 있는 시인은 '숲에 사는 사람'이란 뜻의 '오랑우탄'이 되고 싶어 한다. 그는 "사람들은 누구나 늙어지면/ 오랑우탄이 되고 싶어 한다"(「오랑우탄」)[7]라고 적지만, 실제로 이 진술은 사실이 아닐 수도 있다. 누구나 그렇지는 않다. 어쨌거나 최계선은 특별한 오랑우탄에 속할 것 같다. 1986년 『세계의 문학』 가을호에 「모래 시계와 시」 등 5편을 발표하면서 등단한 그는 첫 시집 『검은 지층』(세계사, 1990) 시절부터 이미 숲을 그리워한 시인이었다.

어린 시절부터 우주 천문학에 매료되었던 그는 지금 여기의 장소를 넘어서 광활한 공간(space)과 우주(universe)의 큰 질서(cosmos)를 탐문하기 위한 시적 상상력을 펼쳤다. 그에게 나와 지구, 우주는 유기적으로 연결되어 회통하는 큰 에너지의 공간이다. "지구의 껍질을/ 五大洋/ 六大洲로,/ 내 몸의 내장을/ 五臟/ 六腑로/ 나누듯이"(「대륙은 떠다닌다」)[8] 같은 시구에서 보듯이 지구와 내 몸을 흥미롭게 겹쳐 투시

6 앞의 책, p. 43.
7 앞의 책, p. 44.
8 최계선, 『검은 지층』, 세계사, 1990, pp. 11~12.

했다. 또 막장에 들어가서는 "석탄기의 지층/ 울창했던 숲속의 시대"(「막장」)[9]를 감각했다. 현상의 심연에 적층된 오래된 기억을 헤아리는 데 장기를 보였다. 사막과 모래 이미지가 많이 나오는 것도 오래된 야생의 기억과 관련된 사무치는 안타까움 때문이다. "한때 바다였던 이곳에/ 한때 밀림이었던 이곳에/ 그리고 번창한 교회와/ 점차 사막으로 변해가는 이곳에 불어닥치는/ 대륙의 건조한 바람./ 사막이 확장된다."(「사막」)[10]. 현상적 사막이 아니라고 하더라도 문명의 거리는 점차로 생명을 잃어가고 있음을 시인은 날카롭게 직관했다. "애완용 짐승 기계들이/ 줄지어 탄생하는 시간에/ 지렁이 한 마리 태어나지 않는/ 문명의 거리를"(「장대 비」)[11] 같은 부분에서 확인할 수 있듯이, 인류세에 대한 자각은 초기부터 분명했던 것으로 보인다. 지금, 여기의 현상이 안타까우면 안타까울수록 시인은 "유성들의 생성과 소멸에 관한/ 스토리"(「문 턱」)[12]를 탐색하며 질문한다. "밖의 세계에는 무엇이 있겠습니까"(「담」)[13]. 우주적 철리에 대한 관심은 소우주인 '나'를 찾는 화두 풀이와 종종 이어진다.

특히 두 번째 시집 『저녁의 첼로』(민음사, 1993)를 들으며 "참나의 눈"(「사과」)[14]으로 시공간을 성찰하며 진리의 지평을 응시했다. 「먼 시

9 앞의 책, p. 13.

10 앞의 책, p. 20.

11 앞의 책, p. 25.

12 앞의 책, p. 48.

13 앞의 책, p. 49.

14 최계선, 『저녁의 첼로』, 민음사, 1993, p. 28.

간 속으로의 발걸음」에서 시사하는 바 최계선의 존재론적 관심은 "잊혀진 시대의 전설 속"이거나 "사라진 시대의 풀잎 속"[15]이었는데, 그 또한 우주의 이치 가운데 나를 찾기 위함이었다. 「테크노피아 사막」에서 "흙을 밟아본 게 언제였는지도 모르"는 "그런 유령의 세월" 동안 "떠도는 나를 바라볼 시간도 없"었음을 성찰하는 것도 그런 맥락이다. 그런 세월 동안 세상은 점점 뜨겁고 건조하게 사막화하다가, 심지어 "모래 없는 사막"[16]의 지경에 이르렀음을 토로한다. 세상만 그런 게 아니라 자신도 그런 게 아닌가, 순수하게 의심했다. "시작 없는 과거로부터 계속되어 온 이 대상에 대한 생각들이 모두 없어지고 순수한 진아로서만 있을 수 있다는 것이 과연 가능합니까?"(「시궁쥐와의 조우」).[17] 어떤 경우에도 "포장된 문명에 만족"(「탄력을 위한 움직임」)[18]할 수 없었던 시인은 거듭 세상과 나를 향한 질문을 던진다.

> 탄생의 뒷얘기 이후, 존재에 대한 물음들은
> 그때마다 내 등어리를 내려찍는
> 갈쿠리 같은 의문부호의 상처만 남길 뿐이었다.
> 나는 누구인가?
>
> –「이름 없는 뒷산」[19]

15 앞의 책, p. 15.

16 앞의 책, p. 31.

17 앞의 책, p. 32.

18 앞의 책, p. 48.

19 앞의 책, p. 76.

『저녁의 첼로』에는 일련의 '마음'시편들이 실려 있다. 「마음의 구조」 「마음의 형상」 「마음의 현상」 「마음의 起源」 「마음의 소멸」 등은 "나는 누구인가"를 탐문하는 시적 도정에서 매우 중요한 과정을 보여준다. "虛하기 이를 데 없는 그 마음은 무엇인지// 경계를 벗어난 여여한 마음은/ 생각 밖에서/ 어떻게 구해야 하는 것인지", 이런 도저한 질문으로 시작하는 「마음의 형상」에서 시인은 존재의 형이상학적 성찰을 웅숭깊게 시도한다. 일단 형상이 없을 것 같은 마음에 구체적 형상을 부여하려 한 도전이 낯설지만 본질적으로 다가온다. "알 수 없는 나를 지탱해 온/ 의문부호 형상의 뼈들"[20]에서 마음은 구상화되는 동시에 거듭 추상화된다. "의문부호 형상의 뼈들"은 마음이 늘 '참 나' 내지 진정한 존재를 갈구하는 의문부호의 형상 같다고 직유하면서도, 그것이 의문부호 형상인 것은 "알 수 없는 나를 지탱해" 왔고 또 앞으로도 지탱할 것이라고 추론하게 하는 것으로 구상화를 돌연 무상하게 한다. 요컨대 "의문부호 형상의 뼈들"은 잠시의 구상으로 추상의 심연을 더욱 깊게 하는 시적 기제라 할 것이다.

"생각은 그야말로 한때 일어난/ 부질없는 생각에 지나지 않았다"(「마음의 起源」)[21] 같은 성찰적 진술이나, "無氣力이 갖고 있는 힘찬 기운"(「마음의 소멸」)[22] 같은 역설의 수사학도 인상적이지만, 나를 찾는 것이 남을 탐문하고 세계에 물음을 던지는 것과 다른 것이 아님을 현묘

20 앞의 책, p. 91.

21 앞의 책, p. 95.

22 앞의 책, p. 96.

하게 묘출한다. "그냥 아무 생각도 없이/ 아무런 죄의식, 생명에 대한 어떤 경이로움도/ 걸림도 없이/ 無心하게/ 내 손으로 잡아죽인"(「마음의 소멸」)[23] 개미, 귀뚜라미, 파리 등을 떠올리며 예전에 공룡이 멸종했던 시기에 대한 성찰로 추론해 나가는 것도 그런 시적 인식에 텃밭을 둔 결과다. 시인의 깊은 성찰은 「눈 내리는 날 나는 누구인가」 같은 빼어난 시로 증거된다. 일상의 범상한 경험을 비범한 통찰의 계기로 승화하고 있기 때문이다. 눈 내리는 날 밤 '너'가 찾아와 문 앞에서 신발을 털며 고즈넉이 말을 건넨다. "있니?" 이 말이 중의적이다. 지금이야 미리 스마트폰으로 연락하니까 이런 일이 드물지만, 1990년대 초반은 눈 내리는 날, 우정 친구의 방을 찾아 문을 두드리는 경우가 적잖았다. 일상적으로 흔히 있을 수 있는 일이라는 얘기다. '너'는 그냥 시인이 방에 있는지 확인하는 질문을 한 것일 수도 있다. 그러나 그 평범한 질문이 시인에게 다른 차원으로 도약한다.

> 있니?
> 나를 찾아왔던가?
> .
> .
> .
> 나?
>
> —「눈 내리는 날 나는 누구인가」[24]

23 앞의 책, pp. 96~97.

24 앞의 책, p. 104.

"있니?"라는 질문은 너의 몸이 지금 여기 있느냐는 일차적인 의미를 넘어서 너 안에 진정한 너가 있느냐는 물음으로 승화되며 그 함축이 깊어진다. 마지막 행이 "나?"라는 의문부호로 열릴 수밖에 없는 사연도 그 때문이다. 너는 나를 찾아왔지만, 나는 어디에 있는지 어떻게 알 수 있단 말인가? 그러니 의문형일 수밖에.

나를 제대로 알기 어렵기에 사막을 거슬러 숲으로, 숲속으로 더 깊숙이 들어간 오랑우탄-시인 최계선은 『동물시편』(2017), 『은둔자들: 동물시편Ⅱ』(2021), 『열마리곰: 동물시편Ⅲ』(2021)을 펴냈다. 「마음의 소멸」에서 보인 반성적 성찰도 한 몫 했으리라. 이 '동물시편'들은 인간중심주의를 넘어서 공평한 우주의 존재자로 더불어 살아가기 위한 실천적 기획의 일환으로 보인다. 특히 이 기획은 멸종 위기 시대에 시인이 어떻게 시적 정의를 추구할 것인가와 관련해서도 의미심장한 시사점을 제공한다. 『은둔자들: 동물시편Ⅱ』의 〈시인의 말〉이 일목요연하다. "화석연료를 지나치게 사용하는 문명으로 인해 지구의 모든 생명들이 빠르게 화석화되어가고 있습니다. 탄소발자국을 줄이고 멸종으로부터 녹색 장벽을 쌓아야겠습니다. 아직은 살아 계신 대자연의 스승들을 이곳에 모시고 이야기 나눕니다."[25] 진정한 자연의 순례자만이 교감하고 대화할 수 있는 시적 몽상이 참으로 어지간하다. "물物속에서/ 욕欲의 갈증에 시달리는" 시대를 넘어서 "다른 세계의 문"(「굴절」)을 열고 들어간 오랑우탄-시인이기에 가능했던 동물시편이었다. 『롱고롱고 숲』 Ⅰ부의 마지막 시편인 「구름책」은 숲속의 오랑우탄이

25 최계선, 『은둔자들: 동물시편Ⅱ』, 강, 2021, p. 5.

아니고는 불가능할 절창이다. 오랑우탄-시인의 극적인 경지를 선사한다.

나무의 무성한 잎 틈바구니로
하늘 올려다보면
나무의 수많은 가르침이 상형문자로 적힌
구름책
만날 수 있다

하늘 가장 앞자리에 자리 잡은 거미가
바람이 넘기는 책갈피 한 장
한 장
다리 뻗고 읽고 있다

–「구름책」 전문[26]

이 오랑우탄의 구름책에 대해서는 군말이 필요 없다. 아니 군말이나 덧말은 이 시에 대한 모독이 될 수도 있겠다. 겸허하게 구름책 읽기에 거미처럼 동참하는 게 제일 좋다. 이 구름책은 오로지 숲에서만 감각할 수 있고, 읽을 수 있고, 읽으면서 탄력적으로 새로 쓰는 텍스트다. 생명 있는 모든 존재가 서로 인연을 주고받으며 역동적인 형상을 만들고 이야기를 짓는 텍스트, 그런 구름책 읽기를 통해 숲 속의 오랑우탄은 하늘의 구름과 만난다. 하늘과 땅의 기운이 이어진

26 최계선, 『롱고롱고 숲』, p. 53.

다. 그 기운으로 꽃연을 날리기도 한다. "연꽃 줄기 꺾으면/ 그 안에서/ 실 나온다// 실 길게 이으면/ 연 날릴 수도 있겠다// 꽃연이 되겠지"(「꽃연 날리다」).[27] '연꽃' 줄기에서 나오는 실로 '꽃연'을 날릴 수 있겠다는 발상 또한 숲속의 스승들로부터 혹은 구름책으로부터 배운 감각일 터이다. 시인은 그저 숲의 순리를 따라가려 할 따름이다. 작은 텃밭에서 돌을 고르면서 '무지개의 받침돌'이라고 직관한 투시안도 놀랍지만 "쟁기가 가는 대로/ 나는 따라가리라"(「무지개의 받침돌」)[28]는 허허로움이 더 놀랍다. 그리하여 마침내 「따라간다」의 경지를 보여준다.

물 길으러
뒷산 계곡
숲길 간다

샘으로 가는 이 길은
사람이 낸 게 아니다
샘을 찾은 것도
내가 아니다

숲의 주인들이 오가며 들르던
옹달샘
숲길을

27 앞의 책, p. 57.

28 앞의 책, p. 34.

나는 따라갈 뿐이다

– 「따라간다」 전문[29]

누구나 앞서가기를 강조하는 경쟁 일변도의 세상에서 따라가기를 전경화하는 것은 그가 오롯한 오랑우탄–시인인 덕분이다. 대자연 속에서 겸손의 미학을 그야말로 자연스럽게 펼친다. 자연의 순리를 따르지 않고 거슬러 지배하고자 할 때 얼마나 많은 폭력과 만행이 자행되었던가. "인간의 시선이 숲에 닿으면 그때부터 여지없이 들려온 도끼소리/ 하여 숲은 딸꾹 숨 감추고, 모든 생명이 무용無用이 되어서, 곁눈의 바람도 나뭇잎 뒤에 숨어서, 소리도 화석 틈으로 스며"(「숲이 나를 허락한다면」)[30]들 수밖에 없었던 저간의 사정을 헤아린다면, 이 겸손의 미학이야말로 자연의 진정한 순례자로서 오랑우탄–시인이 구름책으로부터 자연스럽게 터득한 소중한 지혜라고 할 수 있지 않을까.

3. 열매 행성을 위한 롱고롱고 시

『저녁의 첼로』에서도 "잎이 떨어지고/ 하늘에/ 염주알만한 열매들만 달려 있다"[31]고 했던 「회화나무의 가을」을 비롯한 여러 시편에서 '열매'에 대한 관심을 보인 바 있거니와 이번 시집에서 그 관심은 더욱

29 앞의 책, p. 35.

30 앞의 책, p. 42.

31 최계선, 『저녁의 첼로』, p. 103.

곡진한 결실로 이어지는 것처럼 보인다. Ⅱ부 '열매 행성'에 수록된 「수박」「참외」「옥수수」「복숭아」 등 여러 열매시편이 주목된다. 우선 「수박」을 보자. "수박은 푸름의 상징으로 열린 지구본/ 껍데기에는 한때 푸르렀던 강과 대지의 기억이 새겨져 있다"면서 잃어버린 야생의 기억을 환기하면서, "대항해 시대의 지도"를 보며 "문명의 채찍 자국"을 쓰라리게 인지한다. 또 "씨 없는 수박에는/ 과거뿐 아니라/ 미래란 것도 없다"[32]는 성찰 또한 예리하다. 「옥수수」에서는 "옥수수 수염 한 뿌리마다에는/ 옥수수 열매 한 알씩 매달려 있는 것"이라는 "강냉이 우주"[33]를 성찰한다. 또 다른 「옥수수」 시편에서는 "물까치가 파먹다 남긴 옥수수"를 시적 자아가 먹으면서도 서운한 기색이 전혀 없다. 오히려 "나무와 땅의 누군가가 입 댄 과일은/ 맛있는 과일"이라며 즐거워한다. 또 "옥수수 한 알 심어 한 토시 열렸고/ 그중의 반 정도는 얻어먹고 있으니"[34] 만족한다는, 그 정도만이라도 충분하다는 생각을 내비친다. 가을은 그런 계절이라고 노래한다. 이런 식으로 열매에 대한 성찰을 계속해가며 시인은, 지구 행성을 비롯한 그 위성들 또한 우주의 열매라는 의미심장한 인식을 펼친다. 「그게 한 이슬의 밤이고 아침」에서 시인은 "거미의 아침 과일이/ 거미줄에 열린 이슬이듯// 모든 열매 안에는/ 개울과 텃밭과 구름과 햇살의/ 만유万有가 있으니"라고 노래한다. 그러면서 우주적 상상력으로 열매 행성을 극화한다.

---

32 최계선, 『롱고롱고 숲』, pp. 60~62.

33 앞의 책, p. 64.

34 앞의 책, p. 65.

그게 달이 되었건
타이탄 유로파 이오가 되었건 간에
위성도 한 방울의 이슬이고
행성 항성 은하 은하군 은하단 모두
포도알이니 우주의 열매들이니
나무에 열린 구름이니
방사 거미줄에 맺힌 이슬이니

―「그게 한 이슬의 밤이고 아침」 4연

은하군 은하단 모두 '포도알'이고 '우주의 열매들'이라 했다. 무한한 생명의 방사 그물망에 맺힌 이슬을 먹고 자란 열매들은 얼마나 영롱하고 또 소중한가. 옥수수, 참외, 복숭아, 수박 같은 작은 식물 열매에서 은하군 은하단 행성 항성 같이 큰 열매에 이르기까지, 최계선의 열매에 대한 관심은 광활하게 펼쳐져 있다. 그런데 그런 열매 행성들의 운행 원리를 제대로 파악하기는 쉽지 않다. 혼돈(chaos)과 질서(cosmos)가 얽히고설킨 혼돈 속의 질서(chaosmos)에 가깝기 때문이다. 한 마디로 헤아리기 쉽지 않은 열매 안의 속사정이 많다. 해독되지 않고 풀리기 어려운 진실도 수두룩하다. 시인이 이스터섬의 롱고롱고 문자에 관심을 기울이는 것도 열매 행성의 운명과 관련된 깊은 진실 때문이다. 그 관심의 열매인 「롱고롱고 시」는 이렇다.

이 세상 어떤 문자와도 상관관계가 없는 상형문자
이스터섬에서 사용했다고 추정되는 문자
로제타석과도 같은 원주민들의 전멸로 끝내 해독되지 않은 문자

'우리들의 말은 잊히고 아무도 읽을 수 없게 될 것이다' 예언이 남
겨졌다는 목판 문자
롱고롱고 문자

    모든 새들이 물고기와 교미했네
    그리고 그곳에서 해가 태어났네

만물 창조의 노래가 적혔다는 지팡이
해석이 맞는지 아닌지도 알 수 없고
아무도
아무것도
아는 것이 없는
(이 얼마나 근사한가)
롱고롱고 문자

무지의 경지
백치의 백지
불가지의 신비여

산호로 만들어진 퀭한 눈의 모아이 석상
눈은 가루 되어 날리고
이스터섬에 살던 모아이인들
볼 수 없어
읽을 수 없는

— 「롱고롱고 시」 전문[35]

35 앞의 책, pp. 74~75.

앞에서도 언급했다시피 이스터섬에서 사용했던 것으로 추정되는 롱고롱고 문자를 해독할 방도는 없다. "만물 창조의 노래"는 전형적으로 카오스모스의 서사에 속한다. 하늘의 새와 물속의 물고기가 교미하여 해가 태어났다는 이 창조설화에서 해도 열매인 셈이지만, 이 역시 맞는 해석인지 알 길 없다고 물러선다. 「롱고롱고 시」에서 전경화되는 것은 "무지의 경지" "불가지의 신비"이다. 시인은 "아무도/ 아무것도/ 아는 것이 없는" 상태가 "이 얼마나 근사한가"라며 영탄한다. 이런 "무지의 경지" "불가지의 신비"에 대한 관심은 「되돌아가지 않은 발자국」을 비롯한 다른 시편에서도 산견된다. 눈밭에서 세 발자국 네 발자국 새들의 설형문자를 보면서 시인은 "외계의 문자들"에 담긴 전언이 "한번 들으면 잊힐 리 없는 음산한 예언이라면/ 해독되지 않는 것도 좋으리라"라고 말한다. 이런 의견 이전에 양태는 읽을 수 없다는 무지의 경지다. "저 깃털 없는 눈밭의 난해한 주석서를/ 읽을 길이 없다"[36]라는 모양으로 무지의 경지를 심화한다.

> 서로 다른 시간대에서 방문했을지도 모를 여러 발자국이
> 한 곳에서 어울릴 수 있는지도 **알 수 없다**
>
> 눈 덮인 길도 알 길 없고
> 되돌아가지 않은 뒤엉킨 발자국들이 녹아내리면
> 어디 하늘로
> 어디 땅속으로 날아갈지

36 앞의 책, p. 76.

그 또한 **알 길이 없다**

아는 것 아무것도 없는데
알 길도 없다

– 「되돌아가지 않은 발자국」 3~5연(진한 글씨는 인용자에 의함)[37]

이처럼 '알 수 없다', '알 길이 없다'가 계속 반복되며 그 심상을 강화한다. 이 무지의 경지는 최계선 특유의 겸손의 미학으로 수렴된다. '안다', '알 수 있다'는 이런저런 지식과 정보가 과학기술혁명을 일으키며 강력한 자본으로 인식되는 마당에 계속 '알 수 없다'며 허리 숙이는 이 시인은 누구인가. 왜, 무엇 때문에 그렇게 겸손하게 세상과 우주의 열매들을 공경하는가. 아마도 '작은 사람'에 대한 반성적 성찰의 도정이 아닐까 싶다. 인간을 일러 만물의 영장이라고 했던 허위적 인간 중심주의를 반성하고, 인간이야말로 도끼 같은 도구를 사용하지 않았더라면 늑대 한 마리와도 제대로 대결하기 어려운 작고 나약한 존재 아니던가. 그런데 지구 행성을 인류가 장악하면서 너무나도 '큰 인간' 행세를 많이 하여 다른 생명체들에 얼마나 가혹한 행동을 많이 했던가. 마침내 생물 다양성 위기와 멸종 위협 나아가 공멸의 위기에 처하게 된 바, 발본적 성찰을 위해서는 '작은 인간'으로 돌아가 야생의 기억을 회복하고 공생의 윤리를 실천해야 한다고 생각하는 것같다. 그래서 오랑우탄-시인은 자연의 순례자가 되어 겸손하게 '롱고롱

37 앞의 책, pp. 76~77.

고 시'를 짓는다. 그것은 열매 행성을 위한 시다. 그리고 행성의 모든 열매를 진심으로 아끼는 찬가다.

4. 돌연사 박물관과 절멸 위기

그렇지만 '작은 사람'의 '큰 인간' 행세는 좀처럼 멈출 줄 모른다. 욕망 탓이다. 더 많이, 더 크게, 더 빨리, 더, 더, 더……「탑을 무너뜨리다」는 그런 욕망의 풍경에 경종을 울리는 시편이다. 계곡이나 산 등 사람들이 많이 다니는 곳에서 우리는 흔히 수많은 소망탑을 본다. "돌들을 올려 쌓은/ 저 많은 소망의 계단들"을 보며 시인은 "여기서 절망은 뭘 해야 할지"라고 묻는다. 절망을 도외시한 채 소망만을 좇는 것 또한 진실에서 비껴난 것 아닐까 하는 생각이다. 어쨌거나 이 소망탑을 보면서 시인은 두 가지를 발견하고 질문한다. 하나는 그 돌들이 "땅속 누군가에게는/ 한 가족의 지붕이고/ 더 바랄 것 없는 구름인데" 인간이 마음대로 함부로 위치 이동을 하는 것에 대한 이의제기다. 돌의 자리, 돌의 생명, 돌의 쓸모를 돌에 비추지 않고 인간 마음대로 함부로 할 수는 없지 않겠느냐는 반성이다. 둘은 새로운 소망이 앞선 소망을 억누르는 것은 곤란하지 않겠느냐는 의문이다. "앞선 소망의 어깨를 밟고 올라서며/ 하늘로/ 하늘로만 걸어간다"[38]는 구절이 인상적인 것은 그 때문이다. 누구나 이렇다할 자의식 없이 돌을 주워 가장 높은 자리에 자기 돌을 올리고 소망을 빈다. 그 아래 이전에

38 앞의 책, pp. 84~85.

소망을 빌었던 타인의 돌은 이제 그 어깨를 새로운 돌에 내줘야 한다. 시인은 돌은 원래 땅에 가깝게 바람 따라 수평 이동하는 존재일 터인데, 작은 사람의 큰 욕망에 의해 하늘로의 수직 상승 이동을 하게 되었는데, 이것은 돌의 의지가 아니라고 분명히 한다.

작은 사람의 큰 욕망은 멸종의 풍경으로 인도한다. 「꿩 먹고 알 먹으면」에서 "횡재橫財는 횡재橫災를 낳고" 그러는 바람에 숲은 잿더미가 되고 말았음을 환기한다. "낳고/ 품을/ 꿩도/ 알도/ 없다/ 다".[39] 짧지만 극명한 함축성을 보인 시다. 인간이 욕심을 부려 꿩도 먹고 알도 먹고 그렇게 다 먹고 나면 낳고 품을 꿩도 알도 없을 것이라는 전언은 이스터섬에서 마지막 나무를 베던 무렵의 풍경을 떠올리게 한다. 그런 잿더미 숲에서라면 생명을 되살릴 불씨마저 사위고 말았을 것이라는 전언은 그야말로 묵시적이다. "자연사박물관에/ 자연사한 동물은 없다"는 선언적 메시지로 시작하는 「돌연사 박물관」이 주목되는 것도 이런 맥락에서다. 그도 그럴 것이 "자연사한 동물은/ 자연사박물관으로 오지 않"거나 올 수 없기 때문이다. 그러니 거기에 있는 것은 인간 "수렵의 역사 그대로다". "목에 가랑가랑 달라붙은 숨/ 목숨은 방부처리 되었고/ 느닷없이 죽은 모피를 걸친 인형들은/ 박물관으로 호송되었다// 눈을 부릅뜨고 잠든 박제들은/ 천적관계도 가족관계도 없이/ 한 지붕 아래서 어울려 지낸다". 자연사박물관에만 돌연사가 있는 게 아니다. 아마존 열대림을 비롯한 지구 행성 도처에서 각종 동물과 식물의 돌연사가 진행되고 있다. 그런 위기 상황을 성찰하면서 시인은 멸

39 앞의 책, p. 82.

종 위협에서 절멸 위기까지 「멸종의 역피라미드」를 그려 보인다.

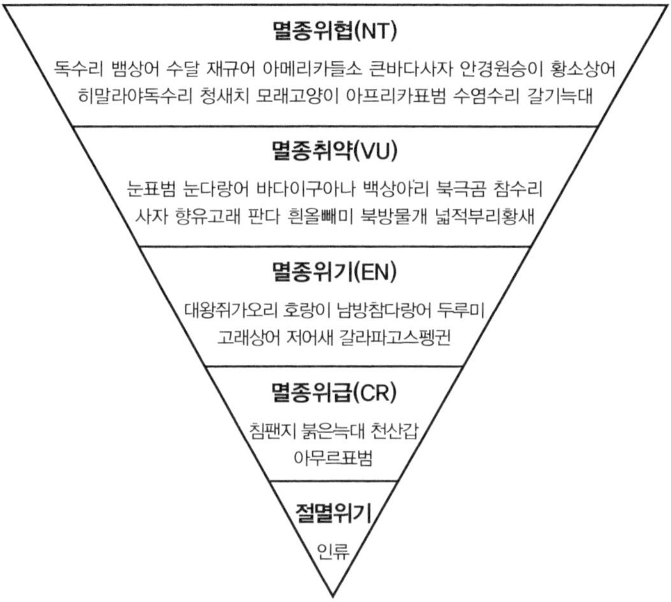

단일종으로써

폭발적으로 지구를 덮었고

폭력적으로 지구를 깨트린

인류는

이제 곧 한 방에 훅 날아갈

절멸위기에 처했다

개체수 부족 때문이 아니라

과잉포화

탐욕

무지 때문이다

–「멸종의 역피라미드」 전문[40]

---

40 앞의 책, p. 83.

지금까지 지구 생명의 역사에서 있었던 다섯 차례의 대멸종(mass extinction)은 대개 화산 폭발이나 지진, 운석 충돌 등 거대한 천재지변에 의해 이루어진 것으로 보고된다. 그런데 여섯 번째 대멸종은 호모 사피엔스라는 단일종에 의해 현실화할 가능성이 높다는 예측이 많다. 어쩌면 여섯 번째 결정적 대멸종 이전이라도 인류에 의해 멸종 위협, 멸종, 취약, 멸종 위기, 멸종 위급 상태에 놓인 다른 생물종들의 위험 정도에 비해 인류의 절멸 위기는 더욱 큰 것이 사실이다. 이런 위기 상황을 역피라미드로 도상화하면서 메시지를 분명히 한다. 그러면서 그 절멸 위기의 원인으로 과잉 탐욕을 지목한다. "수의(壽衣)에는 주머니가 없"(「수의에는 주머니가 없다」)[41]음에도 불구하고 끊임없이 이런저런 주머니를 채우려고 하는 욕심, 멈추지 못하는 거대한 욕망, 그 폭력적 탐욕의 가속도를 줄이고 멈추지 않는 한 지구 전체가 '돌연사박물관'이 될 것이라는 시인의 전언은 서늘하다 못해 무시무시하다. 어떻게 이런 멸종의 역피라미드 상황으로부터 벗어날 수 있을까? 혹은 돌연사박물관을 줄일 수 있을까? 사라진 롱고롱고 숲에서 잃어버린 야생의 기억을 어떻게 회복할 수 있을까? 이런 고뇌들이 이 시집 전편에 스미고 짜여 있다.

41 앞의 책, p. 114.

5. 우주의 비듬과 천상의 나비들

이 시집을 여는 첫 시 「숲에서 숲속으로」에서 시인은 "내가 무얼 찾고 있는지는/ 나도 잘 모르겠네"라고 고백한다. 「꽃을 흘리다」에서는 "바람도 굳이 어디로 가기 위해 부는 것도 아니니"라고 되뇐다. 이런 무목적의 목적성이야말로 자연의 순례자가 지닌 미덕에 속할 터이다. 굳이 뭔가 목적을 두지 않고 바람처럼 물결처럼 떠돌며 세상의 이치에 숨결을 함께 하는 오랑우탄-시인이 보기에, 인간이 탐욕을 줄이면 상당한 정도로 충분(enough)의 윤리[42] 지평을 열 수 있고 나아가 절멸의 위기를 줄일 수도 있다. 이를 위해서는 큰 것 콤플렉스로부터 우선 벗어날 수 있어야 한다. '작은 것이 아름답다'[43]는 진리 지평을 응시할 필요가 있고, 작은 것에 깃든 철리를 헤아릴 수 있는 예지가 요구된다. "이 모든 오고감의 시작"이나 "이 모든 순례의 끝 또한" "모래알 하나"[44]라는 인식을 이끌어낸 「순례의 본산」을 보더라도 그렇다.

---

42 『이만하면 충분하다(*Enough is Enough*)』에서 로버트 디에츠와 대니얼 오닐은 '모두가 더 적게 소비하면 더 행복하게 잘 살 수 있다'라며 충분의 윤리를 제안한다. 성장 시스템의 비상 경제를 넘어서 지구와 더불어 행복할 수 있는 지속 가능한 살림의 경제, 그 정상 경제를 추구하기 위한 윤리에 대한 제안은 지구촌 시대의 새로운 윤리로 의미심장하다. 로버트 디에츠, 대니얼 오닐, 『이만하면 충분하다』, 한동희 옮김, 새잎, 2013. 충분한 윤리와 관련하여 김병익의 「'성장 없는 발전'을 향하여」의 다양한 논거들을 참조할 수 있음. 김병익, 『시선의 저편』, 문학과지성사, 2016, pp. 56~62.

43 E. F. 슈마허, 『작은 것이 아름답다: 인간 중심의 경제를 위하여』, 이상호 옮김, 문예출판사, 2002.

44 최계선, 『롱고롱고 숲』, p. 133.

"한 알의 모래 속에 세계를 보며/ 한 송이 들꽃에서 천국을 본다"[45]라고 했던 영국 시인 윌리엄 블레이크의 「순수의 전조」를 떠올리게 하는 이 시에서 순례 길 전체와 모래알 하나는 거의 등가를 형성한다. 아니 모래알 하나에 그 모든 과정이 농축되어 있음을 성찰하고 있는데, 그런 인식은 「비듬」에서도 나타난다. "나를 떠난 한때의 나였던 먼지들―어깨 위에 떨어진 기억들, 뽑혀 나간 머리카락의 망념妄念들, 한가로이 깎인 손톱들―그 모든 내 비듬들"을 통해 나를 성찰하려는 의지가 상당하다. 그 비듬들은 단순히 사라지는 것이 아니라 우주의 다른 에너지로 변환되어 나를 되비추는 각별한 거울이 된다. 그야말로 우주의 비듬이다. 그 거울과의 대화를 통해 시인은 이런 인식을 이끌어낸다. "연기緣起에 따라 나는 나를 죽이면서 아무렇지도 않게 다시 태어난다 진리가 그렇듯 내가 나를 모르겠는 것은 자연스럽다".[46] 우주의 비듬들은 종종 천상의 나비들로 비상하기도 한다. 「천상의 나비들」은 하늘에서 내리는 눈을 보면서 생명 다양성을 묘사한 시다. "눈은/ 눈처럼/ 똑같이 생긴 눈이/ 하나도 없다"는 각별한 감각부터 인상적이거니와, 저마다 제 생명으로 살아 "순수 무색의 눈발"의 풍경을 포착하는 인식안이 눈부시다.

없는 것도 없이는 아무것도 없는 것이고
없는 것 없이는 아무거나 다 있는 것이니까
그러니까 햇빛 날개 들추며

45 W. 블레이크, 『천국과 지옥의 결혼』, 김종철 옮김, 민음사, 1974/1996, p. 82.
46 최계선, 『롱고롱고 숲』, p. 120.

지상의 축복으로 새롭게 내려앉는
똑같은 것도 없는 눈은
없는 것도 없는 눈은
모든 한 생명의
천상의 나비들

–「천상의 나비들」 4연[47]

시인은 부정의 부정을 통해 불능과 무한 사이의 광대한 스펙트럼을 조망하면서 "모든 한 생명의/ 천상의 나비들"의 풍경첩을 독자에게 선사한다. "순수 무색의 눈발"은 단순히 하늘에서 땅으로 하강하는 물질이 아니다. "지상의 축복" 속에서 "천상의 나비들"이 된다. 눈의 하강 운동을 미분하면서 하늘에서 날갯짓하는 나비의 춤으로 점묘하는 기술 또한 '구름책'이 주관하는 시창작교실에서 오랑우탄–시인이 익힌 게 아닐까 짐작한다. "향기의 숲"에서 "천지의 발아發芽", 그러니까 "세상의 고운 색들 모두 모아 터트리며"[48] 물들이는 야생의 풍경을 점묘한 「헛꽃」의 상상력 또한 그럴 터이다. 반복이 되겠지만, 구름책의 시창작교실에서 시적 주체는 한없이 겸손하고 허허로워야 한다. 읽을 수 없고, 감각할 수 없고, 알 수 없는 것이 참으로 많다는 사실을 겸허하게 받아들이면서 끊임없이 진정한 자연의 순례자로서 나의 참모습에 다가가려는 수행적 노력이 필요하다. 진아(眞我)는 없거나 모르겠는 것이기에 부단히 거기로 가까이 가려는 각고의 발원과 추구가

47 최계선, 『롱고롱고 숲』, pp. 102~103.

48 앞의 책, pp. 58~59.

긴요하다. 이 시집의 Ⅲ부 '달마를 마중하다'에 실린 시편들은 『저녁의 첼로』의 마음시편들 계보에서 함께 읽으면 더 좋겠다. 마음을 얻기 위해서는 우선 마음을 버려야 하는 것일까. 오랑우탄-시인은 숲속에서 대자연의 리듬에 온몸과 마음을 맡긴다. 따라간다.

> 이슬걷이 풀밭 거닐다
> 대자연의 미소에 홀려
> 까르르륵~ 길 잃었는데
> 걱정이 없다
> 혹시
> 걱정도 잃어버렸을까?
>
> ―「그 미소에 길을 잃다」 전문[49]

이 시집 『롱고롱고 숲』을 닫는 끝 시 「그 미소에 길을 잃다」에서 시인은 대자연의 미소에 홀려 길을 잃었는데도 걱정이 없다고 했다. "걱정도 잃어버렸을까?" 그러면서 해탈의 경지에 가까이 가려는 것일까, 우리의 오랑우탄-시인은? 길을 잃음으로써 길을 얻은 것일까, 역설적으로? 여섯 번째 대멸종의 위기를 성찰하고자 오랑우탄-시인은 숲에서 숲속으로 더 깊이 들어갔다. 거기서 대자연의 순례자가 되어 구름책의 시창작교실에 동참했다. 그것은 야생의 풍경이 되는 것이기도 했고, 그러면서 오래된 야생의 기억을 환기하는 것이기도 했다.[50] 한편으

49 앞의 책, p. 141.

50 최계선의 시는 "매사추세츠 주의 콩코드 마을 근처에 있는 월든 호숫가의

로는 공포와 불안과 걱정을 그로테스크하게 극화하면서 지구 살림을 위한 생태학적 책임의 윤리[51]를 제안하기도 하고, 다른 한편에서는 충분과 겸손의 미학으로 승화하기도 했다. 아니 어쩌면 극화니 승화니 하는 말도 필요 없다. 그냥 아무 생각 없이, 생각을 계속 비우면서, 나 중심이나 인간 중심에서 벗어나 오롯한 숲속 우주의 감각을 구름책의 도움을 받아 옮겨놓은 것이라고 말하는 게 더 정확할지도 모르겠다. 구름책을 따라 천상 나비들의 날갯짓을 공경하는 겸손한 시인, 한없이 자유롭지만 누구보다도 공존과 공생의 윤리에 충실한 오랑우탄-시인, 『롱고롱고 숲』을 읽으면서, 우리는 그런 생태시인의 초상을 그려볼 수 있겠다.

숲 속에 집 한 채를 지어 홀로" "2년 2개월 동안을 살"며, "야생에 세상의 구원이 있다"라는 메시지를 포함하는 『월든』, 그 최초의 녹색 저서를 저술한 소로우를 떠올리게 하는 측면이 많다. 최계선이야말로 야생의 통한 세상의 구원에 관심이 많은 생태시인이기 때문이다. 『월든』의 서두에 환기되는 이런 정서는, 숲에서 숲으로 향하는 야생의 생태시인 최계선이 제법 닮고 싶은 생태적 비전일 터이다. "시 한 줄을 장식하는 것이/ 나의 꿈은 아니다./ 내가 월든 호수에 사는 것보다/ 신과 천국에 더 가까이 갈 수는 없다./ 나는 나의 호수의 돌 깔린 기슭이며/ 그 위를 스쳐가는 산들바람이다./ 내 손바닥에는/ 호수의 물과 모래가 담겨 있으며,/ 호수의 가장 깊은 곳은 내 생각 드높은 곳에 떠 있다."(헨리 데이빗 소로우, 『월든』, 강승영 옮김, 은행나무, 1993/2016, pp. 7~9.)

51 한스 요나스에 따르면 도덕적 의지를 가지고 행위되어야 할 것을 수행하는 책임을 다하는 것이, 현재의 공동체와 미래의 후세를 책임지는 생태학적 윤리이다. 한스 요나스, 『책임의 원칙: 기술 시대의 생태학적 윤리』, 이진우 옮김, 서광사, 1994; 졸저, 『책의 질문』, 열림원, 2023, p. 66.

3부

'푸른 광장'과 녹색 수사학

11장
포괄의 언어와 복합성의 생태학[1]
—이문구의 『관촌수필』

1. 생태 언어와 생태 서사

이문구의 『관촌수필』은 결코 간단한 텍스트가 아니다. 장르, 문체, 세계관 등 여러 측면에서 매우 복합적인 텍스트이다. 일찍이 이 연작소설의 초간본이 출간될 때 해설을 쓴 김주연은 이렇게 지적한 바 있다. "한학의 박식한 어휘와 국어사전에도 없는 낯설고 상스러운 토속어의 모순에 찬 공존은 소설 『관촌수필』이 지니는 최대의 특징이다. 그것은 단순한 문체상의 문제를 넘어선다. 보수적이며 관료주의적

1 이 장은 『문학과환경』 9권 2호(문학과환경학회, 2010.12.) pp. 53~72에 발표된 논문을 이 책의 맥락에 맞게 수정한 것임. 이 장의 내용 중 '나무의 수사학'과 관련되는 부분은 졸저, 『나무의 수사학』, 문학과지성사, 2018, pp. 249~254에도 일부 개정되어 수록됨.

인 조부와 급진적 공산주의자인 부친의 공존 또한 모순에 가득 차 있기 때문이다. 그러한 모순은 생각과 행동이 제멋대로 어긋나는 무수한 시골의 등장인물들을 거의 한결같이 지배하고 있다."[2] 이를 한수영은 이문구의 소설에서 "'말'은 다양한 이데올로기가 서로 충돌하고 길항하는 '공간'인 동시에 일종의 '사회적 사건'으로 존재"[3]한다고 논의했다. 흔히 "잃어진 육친과 쫓겨난 고향에 대해 바치는 최대의 문학적 헌사요 낳아 길러 준 땅에 되돌리는 가장 귀한 갚음"[4]이라고 얘기되는 『관촌수필』에 대한 많은 논의들은 기실 이런 성격에 대한 재귀적 재검토의 성격이 강하다. 이 장의 출발 또한 이와 크게 다르지 않다.

권성우는 본격적인 산업화 도시화 근대화 일로에 있던 1970년대에 "저자가 유년 시절을 영위한 농촌 공동체에 대한 그리움과 도시화의 물결에 의해 훼손당하고 있던 농촌 사회의 아픈 세태에 대한 묘사를 통해 역설적으로 당시 우리 사회의 근대적 기획에 대한 비판적 성찰을 수행하고 있는 연작소설집"[5]이라고 평가했다. 황종연은 『관촌수필』이 근대문명에 의해 침식되기 이전의 농촌의 풍경과 풍속, 농촌 사람들의 심성을 풍부하게 담지하고 있음을 주목했다. "반상차별의 문

2 김주연, 「폐쇄 사회, 인정주의, 이데올로기」, 이문구, 『관촌수필』, 문학과지성사, 1977/1996, p. 387.

3 한수영, 「국가와 농민」, 『우리 동네: 이문구전집 12』, 랜덤하우스 중앙, 2005, p. 421.

4 염무웅, 「도시-산업화 시대의 문학」, 『민중시대의 문학』, 창작과비평사, 1979, p. 330.

5 권성우, 「1991년에 읽은 『관촌수필』」, 이문구, 『관촌수필』, 문학과지성사, 1996, p. 392.

화적 잔재가 사라지지 않았고, 희로애락을 함께하는 공동생활의 풍습이 생생히 살아 있으며, 전설과 속신이 여전히 지식의 중요한 부분으로 통"하는 이문구의 성장기 체험 속에 남아 있는 관촌의 이미지는 "자연적, 사회적 세계에 대한 합리적 인식이 미처 정착되지 못한 사회, 막스 베버의 유명한 구절을 빌려 말하자면 '세계의 탈마법화 disenchantment of the world'가 아직 진전되지 않은 사회"[6]를 떠올리게 한다고 지적했다. 비슷한 맥락에서 김만수는 "자연의 체질을 위반한 인공적인 질서에 대한 반감"[7]을 표출한 측면을 주목했다. 우정권은 토포스의 상실, 근대화 담론의 허상, 엔트로피의 증대와 에너지의 치환 등 세 측면에서 이문구의 『관촌수필』이 환기하는 1970년대 농촌 풍경의 문제적 함의를 논의했다.[8] 신재은은 이문구의 연작 글쓰기 행위의 핵심을 "잃어버린 고향에 대한 욕망인 토포필리아를 표출하는 과정에서 오히려 그 욕망의 지연을 통해 끊임없이 잉여적 희열을 찾아가는 필사적인 시도의 흔적"[9]에서 찾는다. 신철하는 작가 이문구의 『관촌수필』에서 "궁극적으로 우리가 흔히 생명적 지향이라고 말하는,

6 황종연, 「도시화·산업화 시대의 방외인」, 『작가세계』 4권 4호, 세계사, 1992년 11월, p. 63.

7 김만수, 「전래적 농촌에 대한 회고적 시각」, 『작가세계』 4권 4호, 세계사, 1992년 11월, p. 75.

8 우정권, 「1970년대 농촌과 환경의 문제—이문구 소설을 중심으로」, 『문학과 환경』 5권 1호, 문학과환경학회, 2006. 6., pp. 59~62.

9 신재은, 「'토포필리아'로서의 글쓰기—이문구의 『관촌수필』 연작을 중심으로」, 『한국문학이론과비평』 7권 3호(20집), 한국문학이론과비평학회, 2003. 9., p. 129.

'관계의 휴머니티'를 지속적으로 추구"[10]한 측면을 주목한다. 임우기는 이문구의 소설 문체를 '교감의 문법', '생명의 문법', '생활의 문법'으로 살폈다. 그는 "이문구의 문체가 궁극적으로, 대화와 지문, 객관적 묘사와 심리 묘사, 일인칭과 삼인칭과 전지칭 사이의 분간을 넘어서려 하고, 또 넘어서고 있다는 사실"[11]을 주목하여 이런 넓나듦이 가능한 정황, 넓나듦의 시선, 교감과 관계 등을 중심으로 이문구 소설의 문체를 해명하고자 했다. 이문구 소설의 서술 구조를 분석한 최시한은 "인물 위주, 대화 혹은 입씨름 장면 중심, 회귀 구성, 연작 형식 등의 서술을 통해 공간성이 강화된 소설 곧 '공간적 소설'"[12]이라는 미적 형태에 이르렀음을 밝혔다.[13]

여기에서는 이상의 기존 논의 중에서 특히 임우기와 최시한의 논

10 신철하, 「한국 현대문학의 생태학적 고찰」, 『상허학보』 16집, 상허학회, 2006. 2., p. 460.

11 임우기, 「'매개'의 문법에서 '교감'의 문법으로—'소설 문체'에 대한 비판적 검토」, 『문예중앙』 1993년 여름호, p. 185.

12 최시한, 「이문구 소설의 서술 구조」, 『한국문학이론과비평』 12권 3호(40집), 한국문학이론과비평학회, 2008. 9., p. 81.

13 이런 분석을 통해 그는 이문구 소설이 "한국 근대 이야기문학사가 직면해 온 문제들"을 혼합하여 보여준다고 논한다. "그것은 구어적/문어적, 전(傳)적/소설적, 기록적/허구적, 주제 중심적/형식 중심적, 인물 중심적/사건 중심적, 경세적 충동/미적 충동 등의 대립으로 나타난다. 거기서 이문구의 작품은 각 항의 앞 항목들에 쏠린 상태에서 개성과 미적 형태를 얻는다. 이문구의 작품이 부각시키는 이러한 '낯 선' 양상은, '한국 근대소설'은 어떤 모습을 지녀야 하고 또 지니고 있는가에 대해 소홀해왔음을 일깨워 준다. 이문구는 자기 이야기 전통에서 타자이기를 거부함으로써, 근대화 서구화의 격랑에 휩쓸려 한국소설이 스스로 주체이기를 포기해 왔음을 폭로한다."(최시한, 앞의 글, p. 81.)

의를 비판적으로 이어받아, 이문구의 소설 언어와 담론의 특성을 복합성의 수사학의 측면에서 구체적으로 재조명하고, 이를 복합성의 생태 윤리의 측면과 연계하여 해석해 볼 예정이다. 이문구의 소설이 기본적으로 복합성의 수사학의 소산이며, 그 수사학적 연원이나 과정의 심연에서 이문구가 착목한 '생태학적 무의식'이 매우 중요하게 작용하고 있다고 보기 때문이다. 프롤로그와 1부 3장에서도 언급한 바 있지만, 생태학적 무의식은 근대 이후 인공 문명 지향의 의식에 의해 현저하게 억압되었다고 파악될 수 있는 어떤 것인데, 본고에서는 로작(Theodore Roszak)과 메츠너(Ralph Metzner)의 논의를 종합하여, 로작이 강조한 생태학적 무의식을 심층 생태학적 심연으로서 자연과 인간, 인간과 인간이 교감할 수 있는 열린 기반으로 고려하고, 메츠너의 생태학적 의식 또는 생태학적 양심을 생태학적 무의식이 구체적으로 발현되는 과정에서의 생태 윤리의 측면에서 고찰하면서, 그 언어적 담론적 특성을 구체적으로 논의해 보고자 한다.

2. 포괄의 언어와 복합성의 수사학

(2-1) 상고어와 토속어의 포괄

『관촌수필』 연작은 1972년에 발표된 「일락서산」부터 1977년에 발표된 「월곡후야」에 이르기까지 모두 8편이 발표순으로 엮여 있다. 최시한이 자세하게 검토한 대로 각 연작은 전(傳)의 성격이 강해, 주인공의 조부(「일락서산(日落西山)」), 윤영감네 가족(「화무십일(花無十日)」), 옹점이(「행운유수(行雲流水)」), 대복이(「녹수청산(綠水青山)」), 석공(「공산토월(空山吐月)」), 유복산 부자(「관산추정(關山芻丁)」), 신용모(「여요주서(與謠註序)」), 김희찬(「월곡후야(月谷後夜)」) 등 개인이나 그 가족이 이야기의 중심이 된다. 이 연작이 계기적으로 문제되기보다는 병렬적으로 보이는 것은 이렇듯 인물을 중심으로 하는 전(傳)의 성격이 강한 이야기들로 엮여 있기 때문이다. 그 중에서 김희찬이 귀농한 지식인이고 대부분이 머슴이거나 식모 또는 소작인 등 민중들이고, 최후의 사대부였던 조부만이 특별한 존재감으로 부각된다. 이런 인물 구성은 그 언어적 구성과도 호응되어 복합적인 수사학을 형성하는 기본 정황을 조성한다. 포괄의 언어를 구사하는 몇몇 국면들을 살펴본다.

"상주목사(尙州牧使)의 아들이요, 강릉부사[江陵大都護府使]의 손자로"[14] 태어난 "고색창연한 이조인(李朝人)이었던 할아버지"(p. 9)는 "사대부 가문의 후예라는 기개만은 대단한 것이었고 평생을 자랑으로 알며 살았던"(p. 41) 인물이다. 그는 비록 출사하지 않고 "사액서원인 화암서원(花巖書院)의 도유사이며 보령향교(保寧鄕校)의 직원(直員)"(p. 41)에 머물러 있었지만, 사대부의 선비정신과 분별력으로 평생을 일관되게 살았던 인물로 가족이나 지역사회에 대단한 영향력을 행사했던 것으로 얘기된다.[15] 이런 조부의 의식과 언어는 그로부터 교육을 받은

---

14 이문구, 『관촌수필』, 문학과지성사, 1977/1996, p. 41. 앞으로 텍스트 인용 출처는 이 책의 쪽수를 본문의 괄호 안에 직접 적기로 한다.

15 "할아버지의 존재는 비단 수복(守僕)이들에게만 위엄과 고고(孤高)의 상징은 아니었다. 서원말 일대의 주민들에게도 추상 같은 권위자였으며 행교 안의 대성전이나 동서재를 거들어온 향반 토호의 가문과 유림에서도 함부로 근접할 수 없는 근엄한 선비의 기풍을 유감없이 발휘하고 있었던 것이

손자인 주인공에게 지대한 영향을 미친다. 연작의 첫 머리를 장식하는 「일락서산」에서 주인공이 고향을 찾는 으뜸 되는 이유는 조부 묘역 성묘이며, 성묘 행위 못지않게 그의 의식에서 할아버지의 존재감은 엄청난 것이었다.[16] "당신 생전에 받은 가르침이야말로 진실로 받들고 싶도록 값지게 여겨지는 터임에, 거듭 할아버지의 존재와 추억의 조각들을 모든 것으로 으뜸으로 믿을 수밖에 없었던 것이다."(p. 10). 사대부 의식 혹은 선비정신에 입각해 평생을 일관되게 살았던 할아버지의 언어는 "삭거한처(索居閒處)요 산려소요(散慮逍遙)라고 배웠으면 배운 만침 알 만두 허련마는……"(p. 30) 같은 부분에서 명료하듯 경세적이고 교훈적이다. 상고적이고 의고적이다. 이 소설의 언어적 특성의 일부를 형성하는 상고적 의고투는 모두 할아버지의 언어이거나 그의 영향 아래 집적된 말들이다.

이에 반해 옹점이, 대복이 등 민중들은 생기발랄하고 때로는 구수하면서도 때로는 야성적인 호서지방 사투리를 질박하게 구사한다. 예컨대 「행운유수」에서 옹점이는 주인공의 아버지 때문에 자주 집안을 출입하며 귀찮게 구는 순경에게 다음과 같이 말거리를 하는데, 그 생동감은 이문구가 실감 있게 재현한 토박이말이 아니라면 아마도 훨씬 덜해질 수밖에 없었을 것이다.

다."(「일락서산」, pp. 43~44.)

16 이승준은 이 연작에서 할아버지가 주인공의 '자아이상'이라고 지적한 바 있다.(이승준, 「한국 현대소설에 나타나는 '나무' 연구」, 『문학과환경』 4, 문학과환경학회, 2005. 10., p. 104.)

"너 몇 살 먹었네?"

"멥쌀두 먹구 찹쌀두 먹구, 열두 가지 곡석 다 먹었슈."

하고 나서 그녀는 치맛자락 밑으로 어슬렁대던 검둥이 뱃구레에 냅다 발길질을 하며,

"이런 육시럴늠으 가이색깃 지랄허구 자빠졌네. 주둥패기 뒀다가 뭣 허구 이 지랄허여. 너 니열버텀 잘 굶었다. 생전 밥 구경을 시키나봐라."

하고 거듭 발길질을 하여 금방 어떻게 되는 비명 소리가 들리도록 했다. 내가 듣기에도 담 넘어 들어오는 순경을 물어뜯지 않았다는 핀잔이었다.(「행운유수」, pp. 90~91.)

특히 맥락 없이 "멧 살" 먹었냐며 나이를 묻는 순경의 말에 "멥쌀두 먹구 찹쌀두 먹구, 열두 가지 곡석 다 먹었슈." 라고 받아치는 대목이 일품이다. '멧 살'과 '멥쌀' 사이에서의 말놀음[語戱]이 이 소설의 수사학적 효과에 크게 기여한다. 이러한 「행운유수」의 옹점이를 비롯해 「녹수청산」의 대복이나 대복 어메, 「여요주서」의 신용모 등의 말투가 대개 그러하다.

그러나 이 연작의 수사학적 묘미는 상고어와 토속어가 물리적으로 결합된 것이 아니라 화학적으로 융합되면서, 서로가 서로를 포괄하면서 수사학적 효과를 빚고 있다는 사실이다. 가령 「관산추정」에서 복산이를 묘사하는 한 대목을 보자. "그는 이틀 품을 하루에 쪄낼 만큼 근신골강(筋信骨强)하였고, 동냥 나온 걸인이 울안에서 쉬어가도록 결곡하고 겸용스러운, 정자나무 폭의 붙박이 그늘이 되어 있었다."(p. 297). 수평적인 한 문장 안에 "이틀 품을 하루에 쪄낼 만큼"이나 "동

냥 나온 걸인이 울안에서 쉬어가도록" 같은 토박이 표현과, "근신골강(筋信骨强)"이나 "결곡하고 겸용스러운" 같은 상고적 표현이 복합적으로 얽히며 독특한 수사적 효과를 자아낸다. 통상적으로는 한 문장 안에서 비슷한 계열의 언어값을 가진 언어들을 조응시키는 것이 관례인데, 이문구는 그런 문장 관습을 훌쩍 비껴나 있는 셈이다. 상고어에 토속어를 포괄하고, 토속어에 상고어를 포괄하여 언어 표현을 보다 웅숭깊게 한다. 특히 주목되는 것은 이문구가 재현한 토속어나 상고어는 근대화 이후 점차로 화석화되다 못해 퇴행하는 언어라는 사실이다. 작가가 포괄의 언어 전략에 의해 사라져가는 상고어와 토속어를 융합하여 재현한 것은 생태학적 무의식으로 회귀하려는 언어 전략과 맥락을 같이 한다고 볼 수 있다.

(2-2) 공식어와 비공식어의 포괄

앞 절에서 논한 상고어와 토속어의 포괄이 시간의 고금과 관련된 포괄의 수사 전략이라면, 현재의 언어 공간에서 공식어와 비공식어를 포괄하면서, 현재 순간의 산문적 담론을 반성적으로 숙고하게 하려는 수사 전략도 구사되고 있다. 「녹수청산」에서 좀도둑질하는 대복을 찾으러 순경이 집으로 와 '대복 어메'에게 아들의 행방을 묻는데, 피차 말투가 심상치 않다.

> "에미가 요 따우니께 새끼두 고 따우란 말여. 새끼를 내질렀으면 책음지구 질르야지."

순사가 금방 귀쌈이라도 도려낼 듯이 호통치자 대복 어메도 질제라고 목통껏 악을 썼다.

"오냐, 워너니 그렇겄다. 이 사람 여럿 잡어먹을 늠아, 내 새끼가 도적질허는 거 니 눈구녕으루 봤으면 왜 진작 못 잡어놓읏데?" […]

"이 뻔뻔스런 여편네 봐, 아무 날 아무디서 뭣뭣 훔쳤다구 종조목을 대주람? 사람 같잖은 소리 웬만침 했걸랑 싸게 대복이 튄 디나 대여. 워디루 튀였어?"

"이 왜간장에 졸여 청국장에 다져놓을 늠아, 나를 잡아먹어라, 나를 잡아먹어."(「녹수청산」, pp. 148~149)

여기서 순경의 말도 이데올로기적 국가 장치의 일환인 공식적인 경찰의 탐방 언어로 보기 어렵거니와, 취조당하는 대복 어메의 말투 또한 피취조인의 긴장된 말투가 아니다. 차라리 그것은 역동적인 판소리 공간에서 공식적인 것을 강등시키고 비공식적인 것을 상승시키는 역설적 말싸움 장면을 연상케 한다.[17] 공식적이고 이데올로기적인 언어에 대한 비판적 담론은 다른 자리에서도 거듭 된다. 가령 「여요주서」에서는 국가 이데올로기와 그에 대한 비판과 동시에, 공식어에 의한 민간어의 타락 양상에 대한 반성적 성찰을 모색한다. 이 연작의 즉결재판 장면에서 신용모 앞서 재판을 받은 한 피의자는 법정 모욕

17 진정석은 이문구 소설에 대해 판소리사설 같이 구술적인 이야기의 이야기체라고 논의한 바 있다.(진정석, 「이야기체 소설의 가능성」, 『1970년대 문학연구』, 문학사와비평연구회, 1994, 구자황 편, 『관촌 가는 길』, 랜덤하우스, 2006(재수록), p. 184.

죄로 들어가고 싶지 않으면 사과하라는 판사의 말에 "국민 여러분께 죄송허게 생각합니다. 용서하십시오."(p. 342) 라고 주워섬긴다. 이 대목에서 주인공은 실소를 금치 못한다. "근년에 들며 먹고 살 일이 생긴 것치고 개나 걸이나 라디오 텔레비전에만 나오면 으레 판박이로 '국민 여러분의 덕택' 안 찾는 것이 없고, '국가와 민족 앞에 고개 숙여 감사한다'는 말 할 줄 모르는 자가 없더니, 이제는 즉결 재판소에 나온 피의자마저 그런 말을 해야만 되는 줄로 아는 꼴이 우습던 것이다."(p. 342). 공식어의 타락과 비공식어에의 감염 양상에 대한 도저한 풍자가 들어 있는 대목이다. 법정의 공식 언어도 제 구실을 하지 못해 "동물에 물격이 있으면 저두 인격이 있으니 말입니다. 저두 야생 동물 — 아니 그게 아니라, 야생 인간인디 말입니다……"(p. 346)라며 "저도 법의 보호를 받고 싶습니다"라고 호소하는 신용모의 진실한 그리고 사무치는 청원은 받아들여지지 않는다. 진실이 소통되지 않고 강제와 규율만이 횡행하는 공식어의 현상에 대하여 이문구는 매우 날카롭게 비판하고 있다.

「월곡후야」에서 귀농한 희찬은 동생인 수찬 세대를 걱정스러운 눈초리로 바라본다. 이렇다할 주관도 정립되지 않은 처지에 객관적인 상황 인식도 제대로 하지 못하면서도 힘으로 밀어붙이려 하는 청소년들이 못마땅한 것이다. 다음 인용문 (가)는 형 희찬의 말이고, (나)는 성폭행범 김선영을 자체적으로 응징하려 하는 동생 수찬의 발언이다.

> (가) "뭐든지 힘으로 해결하려는 디가 있어. 그렇다구 뚜렷허게 무슨 주관이 서 있는 것두 아니면서 당최 두려운 게 읎구 뒷

갈망도 않는 거라. 무슨 일이건 먼저 저질러 놓구보는디, 높이 된 사람들이 하두 말보다 행동, 이론보다 실천, 허구 외쳐댄 영향인지 자칫허면 일내겄더라구. 우격다짐이건 뭐건 어쨌든 허면 된다는 사고방식들이여."(「월곡후야」, p. 359)

(나) "우리가 지역 사회 발전과 근대화를 위해서 발벗고 나섰다는 것은 당신두 잘 알 거여. 머리를 써서 더 좋은 생각 허구, 손으로 봉사하며 진실하고 동정하는 마음으로 건강을 유지하여 가정과 지역 사회에 이바지하자는 것이 우리들 모임의 목적이었다 이게여. […] 잘 살어보자는 의지와 근면과 협동 정신이 투철한 마을이라구 평판이 났어. […] 그에 힘입어 우리는 또 80년대에 가서 호당 소득 2백만 원을 목표로 사업을 시작했던 거라. 그런데 당신은 어떻게 했는지 말해봐. 반생산적, 반사회적, 반도덕적인 행위만을 일삼었다구 어디 네 입으로 직접 읊어봐. 싫은감?"(「월곡후야」, pp. 375~376)

(가)의 희찬의 발화는 '하면 된다' 세대와 그 시절의 세태에 대한 정치적 풍자이다. 과정의 진실성과 절차의 민주성을 차치하고 '고지가 바로 저기인데' '하면 된다'며 밀어붙였던 1970년대의 사회적 분위기와 맥락을 떠올리면, 이 풍자는 바로 이해된다. 그런데 희찬의 풍자 담론이 완성되는 것은 그 자체의 발화로서가 아니다. (나)의 동생의 발화를 포괄하여 융합될 때 풍자의 수사학적 효과는 증폭된다. 희찬의 동생 수찬을 비롯한 4H 회원들은 성폭행을 한 김선영을 자체적으로 응징하기로 결의하고 그에게 마을을 당장 떠나라고 으름장을 놓는데, 그들의 말투 또한 국가 이데올로기에 감염된 언어처럼 비쳐지면서

우회적으로 비판의 대상이 된다. 공식 언어와 질서 및 규율에 감염된 줏대 없는 젊은 세대의 망동에 대해 우려와 비판의 시선을 분명히 하고 있는 셈이다.

이렇게 공식어와 비공식어 사이의 교호 및 상호 포괄은 우선 공식어와 그 이데올로기 및 거기에 감염된 비공식어의 부정적 화용에 대한 비판의 양상을 보인다. 또 다른 중요한 측면은 비공식어 및 토속어 중심의 기층 수사학으로 이 땅 기층 민중들의 집단무의식, 혹은 생태학적 무의식의 심연을 풍성하게 탐사하고 있다는 점이다. 예컨대 앞서도 보았던 대복 어메의 발화에서 "왜간장에 졸여 청국장에 다져 늫을 늠아" 같은 표현도 그렇고, "자슥새끼 만나보기가 바깥사둔 요강 가시는 꼴 보기보덤두 어려우니……"(「녹수청산」, p. 165) 같은 대복 어메의 말도 그렇다. 또 "구부러진 나무가 선산 지킨다더니 내가 바루 그 짝이지."(「관산추정」, p. 297) 같은 복산이의 발화나 「여요주서」에서 신용모의 재판 장면을 바라보다가 주인공이 떠올리는 "물은 부드러우나 추운 겨울에 얼면 굳어져 부러진다던"(pp. 346~347) 같은 표현 등등은 모두 기층 민중들의 넓고 깊은 집단무의식에 길어 올린 포괄의 수사학의 소산이라고 하겠다. 이런 수사학은 이 땅의 기층 민중들이 나눠가졌던 사람과 자연에 대한 교감에서 불화에 이르는 다양한 엔트로피와 생각 무늬들에 상응한다.

(2-3) 전근대와 (반)근대의 포괄

2-1에서 살핀 대로 『관촌수필』 연작에서 서술자의 조부는 전근대

를 상징하는 대표적인 인물이다. 그에 반해 사회주의자였던 아버지는 근대적인 인물을 표상한다. 할아버지에게는 그토록 대단한 자부심의 대상이었던 "대대로 공경대부를 배출한 사대부가의 후예"라는 사실이 아버지에게는 조금도 대견한 일에 속할 수 없었다. 아버지는 결코 양반 가계의 족보를 우려먹는 행위를 하지 않았다고 보고된다. 그 대신 근대적인 현실주의자로서 이재(理財)를 추구하기도 하고, 사회주의자가 된 이후에는 혁명을 위해 헌신했다.

> 사법서사를 개업했던 아버지는 미두로 가세를 되살리기 위해 몇 척의 어선을 가진 선주(船主)였으며, 여러 두락의 염전(鹽田)을 소유하여 상당한 수입을 보고 있었다. 그것만으로도 이재(理財)에 어둡지 않았던 사람이었음을 짐작할 수 있었다. 그러나 해방을 전후해서, 아니 내가 태어난 그해부터, 아버지는 종래 회고조의 가풍이나 실속 없는 사상을 스스로 뒤집어엎는 데에 서슴지 않았다. 사농공상의 서열을 망국적 퇴폐 풍조로 지적했고 '무산 계급의 옹호와 인민 대중의 사회적인 위치를 쟁취한다'는 구호와 함께 그것의 실천을 위해 앞장서서 주도하기 시작한 거였다. 아버지는 장날마다 한내천 모래사장에서, 또는 쇠전이나 싸전 마당에서 강연회를 열었으니 그것은 힘없는 농민과 노동자들의 감동과 지지를 얻는 데에 조금도 부족함이 없는 웅변이었다고 들었다.(『일락서산』, pp. 44~45.)

특히 할아버지가 강조했던 사농공상의 위계 서열을 '망국적 퇴폐 풍조'로 지목하고 무산대중을 위한 공산 혁명을 주창했다는 점에서

전적으로 대척점을 형성한다. 이와 같은 할아버지와 아버지의 대립, 그러니까 전근대와 근대의 대립은 그 자체로 이 소설 내에서 어떤 구조적인 기능을 하는 것이 아니다. 둘 사이의 심각한 갈등 문제를 다루지도 않았으며, 어떤 사건이나 파탄으로 결과하지도 않았다. 그도 그럴 것이 아버지가 한국전쟁 와중에 피살되고 이어 할아버지도 타계하는 등 전쟁과 수명 등의 외적 정황에 의해 그 대립이 묻혀버리고 만 형국이기 때문이다. 그렇다면 이 부자간의 전근대와 근대의 대립항은 이 연작에서 어떤 의미망을 형성하는가. 대립 그 자체가 아니라 대립의 속성들이 3대인 주인공에 의해 포괄되고 융합되는 지점에서 이문구다운 의식과 언어가 생겨나는 것이 아닐까 싶다. 『관촌수필』 연작의 주인공은 전근대적 이조인이었던 할아버지로부터는 선비다운 품격과 고담(高談)의 언어를 물려받았다. 사회주의자 아버지로부터는 더불어 사는 인간다운 세상에 대한 꿈과 기층 민중들의 선근(善根)과 집단무의식을 전수받았다. 얼핏 보면 서로 화해하기 어려울 것 같은 반대의 자질들을 이문구는 포괄의 언어로 융합하여 아주 이채로운 수사학적 효과를 빚었던 것으로 보인다. 반대되는 각각의 장점들을 취하고 단점들을 반성하는 지양(止揚)의 과정을 거침과 동시에 장점에 해당되는 자양분들이 변화된 현실과 세태에서 제대로 작동하지 않을 때는 비판과 풍자의 어조를 통해 반성적 숙고를 요청하는 수사학적 전략을 구사한다. 예를 들어 「여요주서」에서 죄 진 것 없이 억울하게 "이기면 얼굴 날리고 지면 재산 날리는 게 시골 재판"(p. 324)을 받게 된 신용모의 다음과 같은 말도 그렇다. "인권인지 인격인지는 배운 사람 배운

값 허는 소리구. 이런 디서 이렇게 사는 나 같은 것들은 그냥 살게만 해줬으면 좋겠어. 남에게 못 헐 노릇 않구 폐 끼치지 않을 테니 생긴 대루 살게나 해줬으면 살겄단 말여."(p. 324). 이런 신용모의 소망은 할아버지의 선비정신에 비추어도, 아버지의 사회주의 이념을 참조해도 안타까운 일이 아닐 수 없다. 이와 같은 비원(悲願)에서 대립적인 것을 지양한 포괄의 언어는 전통과 현실, 전근대와 근대를 가로지르며 의미 있는 소통의 자장을 마련하게 되는 것이다.

(2-4) 복합성의 담론과 수사학

살펴본 것처럼 이문구의 『관촌수필』에서 양가적인 언어 자질들은 포괄의 언어 전략에 의해 복합성의 수사학을 형성한다. 전근대적 사대부 선비 담론과 언어를 대변하는 조부의 상고어나 의고투는 기층 민중들의 토속어와 때로는 대립하고 때로는 호응하면서 독특한 수사학적 효과를 빚어낸다. 공식어와 비공식어의 대립과 포괄, 전근대와 근대의 대립과 포괄도 상충하면서도 서로 포괄하면서 융합한다는 역동적 과정을 보이면서 복합성의 수사학을 형성하는 것이다. 그런데 이문구가 펼쳐 보인 복합성의 수사학에서 각별한 주목을 요하는 것은 생태언어학적 관심의 맥락에서이다. 이 연작에서 다채롭게 구사하고 재현한 상고어나 토속어, 선비 담론이나 민중 담론은 공식화되고 표준화되고 과학화되고 이성화되는 근대적 언어 공간에서 점차로 사라져가는 언어와 담론들이다. 말하자면 멸종 위기에 있는 오래된 생태 언어들[18]을 되살려냈다는 것이다. 그렇게 재현한 포괄의 생태 언어들을 통해 오래된 생태학적 무의식을 자극하고 생태 윤리를 환기하고 있다는 점이야말로 이문구의 『관촌수필』이 펼치는 포괄의 언어와 복합성의 수사학의 핵심적 특징에 속한다 하겠다.

3. 융섭(融攝)의 감각과 복합성의 생태학

(3-1) 자연과 인간의 융섭

2절에서 살핀 것처럼 『관촌수필』에서 대립적으로 보이는 양가적 언어들은 대립하면서도 서로를 끌어당기며 복합적으로 얽히고설킨다. 어울릴 것 같지 않은 대립소들이 새롭게 어울려 '낯 선' 융합의 복합 수사학을 형성한다. 이는 언어적 측면뿐만 아니라 주제적 측면에서도 그러하다. 그렇다는 것은 자아와 세계, 인간과 인간, 인간과 자연 사이의 관계망을 작가가 매우 복합적으로 인식하고 있으며, 서로가 서로를 끌어당기며 포섭하고 융합하는 '융섭(融攝)'[19]의 지평을 응시하고

18 세계적으로 존재하는 언어들의 멸종 위기는 중요한 생태학적 관심사가 아닐 수 없다. 그런 측면에서 다음과 같은 그리피스의 언급은 의미심장하다. "하나의 언어가 죽을 때마다 인간 마음의 나무에서 잎이 떨어진다. 숲은 유서 깊은 도서관이다. 숲이 품고 있는 식물에 관한 지식은 어마어마하지만, 그것을 사람들이 읽을 수 있게 되는 것보다 훨씬 더 빠른 속도로 숲은 불태워지고 있다. 숲이 사라지고 생물종들이 멸종될 때마다, 생물다양성은 위협받으며 생태계의 건강성은 훼손된다."(제이 그리피스, 박은주 옮김, 『시계 밖의 시간』, 당대, 2002, p. 445.)

19 융섭이란 말은 사전에는 등재되어 있지 않으나, 서로 끌어들이고(포섭하고) 융합한다는 복합적인 의미망을 구축하기 위해 필자가 예전에 제안한

있다는 것을 암시한다. 스스로 존재하되 더불어 존재하는 생태적인 양상에 대한 복합적인 감각을 작가는 잘 보여준다.

『관촌수필』이 보이는 융섭의 제1지평은 당연히 자연과 인간의 융섭이다. 관촌이라는 고향 마을에서의 유년 시절을 그리며 지은 이야기이기 때문에 고향 마을에 대한 토포필리아와 함께 그 융섭의 감각은 웅숭깊게 드러난다. 「일락서산」에서 고향 마을에 들어 선 주인공은 변화된 고향에 대한 안타까움을 드러내는 데 "그 중에서도 맨 먼저 가슴을 후려친 것은 왕소나무가 사라져버린 사실"(p. 10)이라고 서술한다. "4백여 년에 걸친 그 허구헌 풍상을 다 부대껴내고도 어느 솔보다 푸르던, 십장생(十長生)의 으뜸다운 풍모로 마을을 지켜온 왕소나무가 아니던가."(p. 11). 그래서 "마을의 주인"(p. 12)으로까지 여겼던 나무였다. 이 나무에 대한 각별한 애착과 안타까움에는 이유가 있다. "토정(土亭: 李之菡) 할아버지께서 짚고 가시던 지팽이를 꽂아놓셨는디 이냥 자란 게"(p. 11)라며, 주인공의 할아버지가 평생 가장 애호하던 나무라는 것, 할아버지의 타계와 더불어 이 왕소나무도 생명을 잃었다는 것 때문이다. 물론 토정이 집던 지팡이가 뿌리내려 자란 왕소나무라는 '전설'의 매개에 의한 것이기는 하지만, 그 왕소나무는 단순한 자연물이 아니라 토정과 할아버지, 그리고 주인공을 연결하고 융섭하는 질료가 된다. 혹은 이 가문의 운명의 풋대와 같은 것이었는지도 모른다.

용어이다. 융합보다는 능동적 상호작용과 생기가 더 깊고 넓어 보이는 용어라고 생각한다.(졸고, 「'융섭(融攝)'의 상상력과 한(恨)의 포월(匍越)」, 『상처와 상징』, 민음사, 1994, pp. 41~42 참조 바람.)

왕소나무라는 생물과의 교감과 융섭은 물론 무생물인 바위와의 교감과 융섭도 이문구의 독특한 감각에 의해 심원하게 수행된다. "범이 누운 형상의 세 번째 바위 역시 엉성해진 덤불을 들러리로 한 채 그 위엄스런 풍모를 타고난 그대로 간직하고 있"었고, "두 그루의 옻나무와 찔레덩굴, 그리고 까치밥과 개다리 넌출이 어우러져 멧새들을 부르고 있"(p. 17)었다는 부분에서 보듯이, 바위와 나무와 덩굴, 그리고 그것을 보는 주인공과의 어우러짐이 완연하다. 이러한 자연과 인간의 융섭 지평은 다음 인용문에서 분명한 의미 맥락을 획득한다.

> 바위들과 당신이 한몸임을 알았다면 바람이나 눈비 따위, **모든 자연계의 현상과 자신의 존재가 어떤 성질 혹은 체질을 서로 나눴는지**도 알았을 것이었다.
>
> 나는 그 바위들이 무심무태한 한갓 자연 물질로서 그치는 것이 아닐 것 같았다. 할아버지의 의지와 얼이 굳어져버린 영구불변의 영혼이며, 아니면 최소한 그 상징일 것 같았으므로 신성하고 경건하게만 보였던 것이다.(「일락서산」, p. 23, 진한 강조는 인용자에 의함.)

특히 필자가 강조한 "모든 자연계의 현상과 자신의 존재가 어떤 성질 혹은 체질을 서로 나눴는지" 같은 부분이 의미심장하다. 서로 나누어 가졌다는 것, 그러기에 그 바위는 단순한 바위일 수 없으며 할아버지의 영혼과 등가가 될 수 있는 것이다. 이렇게 자연과 인간이 서로 나누어가진 어떤 것이 있다는 생각은 바로 생태학적 무의식에 재귀하려는 태도의 일환이다. 그러기에 자연의 대지 위에서 혼연일체가 되어 놀던 유년 시절에 대한 동경의 형식은 매우 자연스럽다. 특히 「녹수청산」 같이 유년 시절의 놀이를 대상으로 한 이야기에서 그런 성격은 분명하게 드러난다.[20]

이와 같은 자연과 인간의 융섭 감각 및 자연과 더불어 나누어 가졌다는 생태 윤리는 그의 비유나 수사학에도 영향을 미친다. 돌이나 나무 등 자연물을 비유 체계에 긴밀하게 사용하고 있는 것이다. 예컨대 "냇자갈처럼 야무지고 매끄러운 알로 깐 자와, 말 많고 잔주접 잘 떠는 되다 만 인간"(「공산토월」, p. 178) 같은 부분도 그렇고, 대전의 두 시인 박용래씨와 임강빈씨를 홍시감에 빗대는 대목도 그렇다. "홍시는 겉과 속이 한 가지 색깔이며 어루만지기 더없이 부드러운 피부를 가졌으되, 외부의 강압적인 폭력만 작용하지 않는다면 스스로 물러터지거나 깨어짐이 없음에서이다."(p. 179). 이런 수사학은 이문구 특유의 한학 지식과 상고적 문체와 어우러질 때 더욱 인상적이다.

> 돌은 천년을 값없이 내버려져 있다가도 문득 필요한 자에게 쓸모가 보이면서 비로소 석재(石材)라는 허울을 얻으며 가치가

20 가령 다음과 같은 본문이 그 대표적인 예에 속한다. "논배미 이끼가 파래 빛으로 고와지기 시작하면 새로 퍼진 미나리아재비 잎새 밑엔 올챙이들이 옴닥옴닥 놀기 시작한다. 우리가 해마다 제비 소리보다 며칠 뒤처져 논두렁에서 들을 수 있던 소리는, 부리가 날카롭고 깃털이 반짝이는 파랑새 노래였다. 물총새를 우리는 파랑새라고 불렀던 건데, 물총새 구멍을 뒤져내는 데엔 대복이와 겨룰 아이가 아무도 없었다. 물총새는 산골짜기 깊은 개랑의 깎아지른 듯한 흙벽에다 게구멍처럼 깊숙이 굴을 파고 살고 있었다. […] 물총새가 논다랭이로 올챙이·송사리 따위 먹이를 찾아나간 구멍이면 두어 시간씩이나 기다렸다가 잡기도 했다."(「녹수청산, p. 134.)

주어진다. 그럴 기회를 얻지 못한 돌은 만년을 묵어도 골동이 될 리 없으며 어떤 품목(品目)에 끼여들 명분도 없다. 그렇듯 돌은 용모가 곧 쓸모이되 장중한 바위로부터 간지러운 자갈에 이르기까지 타고난 성질만은 매한가지로 같다. 더위에 늘어짐이 없고 장마에 젖으며 물러지지 않으며, 추위에 움츠러들지 않고 바람에 뒹굴지언정 가벼이 날아가지 않는다. 가벼워지거나 무거워지지 않고 망치로 얻어맞아 깨지긴 해도 일그러지거나 무름해지지 않는다. 옛 글에도 "丹可磨 而不可奪其赤 石可破 而不可奪其堅 …… 단사(丹砂)를 갈더라도 그 붉은 빛은 빼앗을 수 없고, 돌을 깨뜨려도 그 굳음은 빼앗을 수 없다"고 일렀음을 알고 있다.(「공산토월」, p. 193)

돌의 속성에 대한 생태학적 지혜와 그와 관련된 동양 문헌의 기록을 호응시켜 가면서 융섭의 감각을 보이고, 이 감각을 통해 자신이 이야기하고자 하는 석공이라는 인물의 특성을 핵심적으로 설명하려는 수사학적 기제이다. 요컨대 이문구의 『관촌수필』에서 핵심적인 것은 자연화된 인간도, 인간화된 자연도 아닌, 자연과 인간의 상호 교감과 상호주관적인 융섭의 지평을 생태학적 무의식에 입각해 모색했다는 점이다.

(3-2) 양반의 살림과 민중의 살림의 융섭

『관촌수필』에서 주인공의 할아버지는 최후의 사대부답게 유교적 분별력으로 일관한 인물이다. 그는 예의범절은 물론 의식주 일반에서도 반상의 격식과 구별을 강조했다. "세상이 아무리 앞뒤가 읎어졌더

래두 가릴 게라면 가려야 쓰는 게여. 생치(生雉)는 양반 반찬이구 비닭이는 상것들이나 입에 대는 벱이니라."[21](p. 24). 그래서 어머니는 할아버지의 규범과 의식에 맞게 양반의 음식을 제대로 마련하느라 애쓴 것으로 얘기된다. 예컨대 양반의 음식 살림은 이렇다.

> 어머니는 원래 뛰어난 음식 솜씨를 자랑하였고, 극노인을 모신 덕분에 시식(時食)과 절식(節食)에 남달리 유의를 하던 편이었다. 정초의 떡국은 으레 있는 것, 대보름의 약식과 식혜와 갖가지 부럼, 해토머리부터 시작되는 칠미국, 한식의 개피떡, 삼짇날의 화전, 단오에는 수리치떡을 특히 잊지 않고 만들었으며, 복중에는 닭곰과 밀전병이었고, 동지 팥죽과 납향날의 고기구이까지 용케도 찾아 솜씨를 보였던 것이다.(「일락서산」, pp. 35~36)

이런 양반의 살림 저편에 민중의 살림 또한 연작 곳곳에서 생생하게 묘사된다. 「화무십일」에서 윤서방네, 「녹수청산」에서 대복이네, 「공산토월」에서 석공네, 「관산추정」에서 유서방네 살림살이는 모두 그 전형적인 예에 속한다. 여기서 눈여겨 볼 것은 양반의 살림과 민중의 살림의 대립관계가 아니다. 그보다는 주인공의 아버지와 어머니가 실천하는 나눔의 살림에 관심을 가질 필요가 있다. 아버지는 사회주의 혁명 실천을 통해 구체적인 나눔을 실천하려 했고, 어머니는 일상에

---

21 다음도 같은 예이다. "할아버지는 채중개강(菜重芥薑)을 설명하면서 검생려수허고 옥출곤강인 법, 이전버텀 군자는 푸성귀일수록이 가려 먹으랬어. 부디 채중개강이란 말을 닞지 말 것이니, 푸성귀 속에 게자와 새양이 안 들어가면 상것들 음석으로 예겨라."(p. 52)

서 집안의 하인들이나 동네 사람들과 무던한 나눔을 실천하는 모습을 보인다. 또 한 가지는 비록 경제적 형편 때문에 민중들이 당장 양반의 살림처럼 할 수는 없지만, 그럼에도 양반의 살림을 하는 품격과 지조는 지녀가질 필요가 있다는 생각에도 주목을 요한다. 「행운유수」에서 미군들이 구걸하는 아이들을 상대로 빵에다 가래침을 뱉아 던져주었다는 말을 들은 옹점이는 어린 주인공에게 절대로 그런 거 받아먹지 말라고 몇 번씩이나 다짐을 받는다. "그것들이 조선 사람은 죄다 그지라구 여북이나 숭보면서 비웃었겄네. 개헌티두 그렇게는 안 던져주겄더라. 너는 누가 주더라두 받어먹지 말으야여."(p. 107). 옹점이는 주인공네 집에 부엌살림을 맡았던 하녀였다. 그런 처지지만 그녀의 자존감은 하녀의 그것이 아니라 주인의 그것에 가깝다. 「관산추정」에서 유서방은 자기 집안일은 제대로 감당하지 못하지만 동네의 온갖 궂은일을 도맡아 한 인물이고, 그런 성격은 그의 아들 복산이에게도 대물림된다. 「행운유수」에서 대복이는 순심이 때문에 곤혹을 치루지만 그녀네 집에 머슴으로 들어가 돕는다. 「공산토월」에서 석공은 "자기 자신이 희생되더라도 이웃과 남을 위해 몸을 버릴 수 있었던, 진실로 어질고 갸륵한 하나의 구원한 인간상"(p. 192)을 대변한다. 요컨대 양반의 살림과 민중의 살림이 긍정적으로 융섭할 때 수립될 수 있는 생태 윤리는, 인간적 품격과 자존감에 입각한 나눔과 섬김의 윤리 같은 것이 될 터이다.

(3-3) 실향 감각과 고향 지향의 융섭

이 연작에서 주인공은 때때로 실향 감각으로 인한 애수에 젖어 있다. 다음과 같은 표현들은 자주 산견되는 실향민 의식이다. 고향을 두고도 고향을 잃어버렸다고 여기는, 그러기에 유년기적 고향에 대한 동경이 더욱 진해지는 그런 대목이다.

> 이젠 완전히 타락한 동네구나 — 나는 은연중 그렇게 중얼거리고 있음을 스스로 깨달았다. 마을의 주인(왕소나무)이 세상 뜬 지 오래라니 오죽해졌으리라 싶기도 했다. (「일락서산」, p. 12)

> 실향민. 나는 어느덧 실향민이 돼버리고 말았다는 느낌을 덜어버릴 수가 없었다. 고향이랬자 무덤[墓]들밖에 남겨둔 게 없던 터라 어차피 무심하게 여겨온 셈이긴 했지만, 막상 퇴락해버린 고향 풍경을 대하니, 나 자신이 그토록 처연하고 헙헙하며 외로울 수가 없던 것이다.(「일락서산」, 13)

> 온 동네를 바깥마당으로 여기며 18년 동안이나 산 토박이가 이토록 나그네 같은 서툰 몸짓밖에 취할 수 없단 말인가. 진실로 서글픈 일이었다.(「일락서산」, 15)

18년 동안이나 살았던 고향을 방문하여 역설적으로 실향민 의식에 젖는 주인공은 그런 감각 안에서 "내가 뛰놀며 성장했던 옛 터전들을 두루 살피되, 그 시절의 정경과 오늘에 이른 안부를 알고 싶은 순수한 충동을"(p. 13) 드러낸다. 마을에서 아궁이에 불 때는 냄새를 맡으며 그는 금세 유년기적 고향으로 되돌아간다.[22] 이렇게 고향의 냄새와 더불어 옛 기억을 떠올리고 예전의 사람들, 그러니까 할아버지를 비롯한 아버지, 어머니 등의 가족, 옹점이, 대복이, 윤서방네, 유서방네 등 그 시절의 사람들, 그리고 그 시절과 오늘에 이러지는 석공, 복산이 등의 인물들을 떠올리며 그들의 이야기를 풀어낸 것이 이 연작이다. 다시 말해 실향 감각과 고향 지향 의식이 상호작용하고 융섭하면서 빚어진 이야기라는 것이다.

실제로 현실에서 고향은 고향으로 여겨지지 않을 정도로 낯설게 변해 있다. 그런 상황에서 주인공은 곧잘 변하지 않은 자기 시절의 고향을 동경하곤 한다. 「관산추정」에서 주인공은 복산이의 집에서 한밤 중에 도깨비불을 보면서 모처럼 가슴이 벅차오르는 것을 느낀다. "도깨비불—그렇다. 왕대뫼 밑 먹탕곶 개펄에 푸른빛을 내뿜는 도깨비불이 즐비하게 늘어서 있던 것이다. 하나 둘 서이 너이…… 나는 어느새 도깨비불들을 손가락으로 헤아려나가고 있었다. 변치 않은 것이 한 가지 더 있다는 반가움, 반가움과 즐거움에 들떠 그것들을 차곡차곡 빠뜨리지 않고 세어 나갔다."(p. 305) 그러나 그것은 도깨비불이 아니라 "서울서 온 낚시꾼들의 간드렛불"이라는 복산이의 말을 듣게 되자 "무엇에 받혀 하늘 높이 떠올랐다가 거꾸로 떨어진 기분"(p. 306)이

22 "아궁이가 내는지 연기가 밖으로 흩어지기 시작하자 나는 아궁에 무엇이 타고 있는지를 단박에 알아낼 수 있었다. 가을걷이 지치러기인 콩깍지와 메밀대를 때고 있었다. 구수한 냄새가 바로 그것을 뜻하는 거였다. 오랜만에 맡아보는 굴뚝 냄새에 나는 불현 듯 콩깍지와 메밀대를 군불 아궁이에 때어볼 수 있었던 옛날이 그리웠다."(「일락서산」, pp. 34~35.)

된다. 이 「관산추정」에서 주인공은 다음과 같은 의식을 드러내는데, 이는 이 연작의 성격을 이해하는데 매우 중요한 단서가 될 수 있다.

> 세월은 지난 것을 말하지 않는다. 다만 새로 이룬 것을 보여줄 뿐이다. 나는 날로 새로워진 것을 볼 때마다 내가 그만큼 낡아졌음을 터득하고 때로는 서글퍼하기도 했으나 **무엇이 얼마만큼 변했는가는 크게 여기지 않는다. 무엇이 안 변했는가를 알아내는 것이 더 중요**하겠기 때문이다. 그리고 그것은 관촌부락을 방문할 때마다 더욱 절실하게 느껴졌다.(「관산추정」, p. 295)

현실적으로 근대화 과정을 통해 '변한 것'들이 많다. 이 변한 것들은 그로 하여금 실향 감각에 빠지게 한다. 그가 더욱 중시한다는 '변하지 않은 것'은 그의 고향 지향의식이 가 닿은 자리이다. 물론 유년기적 동경의 대상으로서의 고향 말이다. 그러면 왜 그는 그토록 실향 감각을 넘어서 고향 지향 의식을 보이는가. 고향적인 사람살이, 그 살림의 생태가 있었기 때문이다. 무엇보다도 그의 고향 지향의식의 그윽한 심연에 감동적으로 자리잡고 있는 인물은 「공산토월」의 석공이다. "자기 자신이 희생되더라도 이웃과 남을 위해 몸을 버릴 수 있었던, 진실로 어질고 갸륵한 하나의 구원한 인간상이 내 정신 속에 굳게 자리잡고"(p. 192) 있다는 석공은 누구인가. 무수한 고난 속에서도 가장 진실한 삶의 궤적을 살다가 백혈병으로 일찍 타계한 안타까운 인물이다. 어려운 상황에서도 주인공의 아버지와 가족에게 헌신했고, 또 마을 공동체에 헌신했던, 평생 나눔과 섬김의 삶을 살았던 그의 삶과 죽음의 이야기는 이 연작 전편을 통해 가장 감동적으로 다가오거니와, 이는 실향 감각과 고향 지향 의식의 융섭을 통해 빚어진 중핵적인 이야기이다. 고향적인 것의 알맹이다.[23]

(3-4) 경계인의 시선과 복합성의 생태학

이 연작의 주인공은 기본적으로 경계선의 존재자로 보인다. 그는 어려서부터 친구들과 자유롭게 섞여 놀 수 없었다. "그 상것들 자식허구 워치기 한자리에 앉혀놓고 읽힌단 말이냐."(p. 47)는 할아버지의 말 때문에 처음에는 천자문도 혼자 배우는 처지였다. "할아버지가 범백사에 문벌을 찾아 간격과 층하를 두어 행세했던 영향"으로 "근본적인 고립"(p. 32) 상태에 놓여 있었던 것이다.[24] 이런 유년 시절의 고립은 상

---

23 "동네 들무새로 남의 뒷수쇄로, 남 못 할 힘드는 일만 골라 자청해서 치다꺼리해주기 바"(p. 314)쁜 「관산추정」의 복산이도 이 계열의 인물에 속한다.

24 "그 결과는 안팎 삼동네를 다 뒤져도 친구랄만한 친구가 있을 수 없었던 소년 시절이 비롯된 쓸쓸한 것이었지만, 정말 친구가 생기지 않았다. 친구삼아 놀려고 애써도 아이들이 어울려주지 않았던 것이다. 갈머리만 해도 한두 살 아래위나 동갑내기가 여남은이 넘었지만 아이들은 또 저희들 부모가 어려워하던 것에 못잖게 할아버지를 두려워했던 것이다. 할아버지의 걱정을 무릅쓰고 몰래 숨어다니며 썰매타기와 자치기를 하고, 가오리연도 만들며 팽이를 깎아줘고 아이들 뒤를 열심히 뒤쫓아다녔지만, 마을의 아이들은 여간해서 속을 터놓으려고 하지 않았던 것이다."(「일락서산」, p. 30). 또한 장편『장한몽』에서도 작가의 초상을 닮은 인물인 김상배는 철저히 소외된 경계인으로 외롭게 홀로 어린 시절을 보냈음을 밝히는 대목이 나온다. "혼자 놀며 혼자 공부했다. 한 해, 이태, 매년 매양 그렇게 되어지곤 했다. 한데 그 가운데서도 잊을 수 없는 일은, 그렇게 혼자서 홀로 지내기를 계속한 동안 자신도 모를 사이 어느덧 그 외롭고 쓸쓸한, 허전하고 적막한 심사와 그런 분위기를 즐기게 된 일이었다. […] 오륙 년 동안을 그는 그

처처럼 오래도록 해소되지 않는다. 반상의 구분이 사라지고, 전형적인 이조인이었던 할아버지가 타계한 지 오래되었건만, 주인공은 좀처럼 경계선의 존재자를 벗어나 영토화된 의식 지평을 마련하지 못한다. 혹은 그러지 않는다. 성인이 된 현재 오랜만에 고향을 방문한 길임에도 고향에 남아 있는 이웃들을 만나기가 꺼려져 결국 만나지 않기로 하는 장면이[25], 그것을 일목요연하게 보여준다.

이러한 경계인의 시선이 포괄의 언어를 낳고, 융섭의 상상력을 빚고, 융섭의 생태 윤리를 형성하는 데 기본적인 정황으로 작용하는 것처럼 보인다. 경계선의 존재는 애당초 자기 영토를 주장하려 하지 않는다. 영토화보다는 탈주와 탈영토화가 기본이다. 만약 그가 한 쪽 영토화에 안주하는 기질이었다면 그토록 선비의 상고어와 민중의 토속어 사이에서, 공식어와 비공식어 사이에서, 전근대와 근대, 근대와 반근대 사이에서 복합적인 포괄의 언어로 '낯 선' 문체를 형성하느라 애쓰지 않았을 것이고, 우리 이야기 문학사에서 어떤 자리는 텅 비어

런 나날로 메워버렸고, 성장과정에 있어 그 기간이 가장 중요한 시기였음을 이젠 상배 스스로도 알 수가 있었다."(이문구, 『장한몽』, 책세상, 1987, p. 347.)

25 "마을에는 아직 오랫동안 이웃해 살았던 낯익은 사람들도 여럿 남아 있을 터였다. 하지만 그네들을 방문하기는 그리 간단하지 않았다. 그전에도 장정이 되어 장가들을 들고 일가를 이뤘던, 만형 또래나 그 위아래한테도 으레껀 옛 버릇을 못 버려 '허우' '허소' 또는 시종 반말로만 대한 터라, 그네들과 자리를 같이 하게 되면 그네들을 지칭할 명칭의 마땅찮음 때문이었다. 갑자기 무슨 명칭으로 바꿔 부르며 대꾸해야 십상일 것인가. 결국 나는 마을을 돌지 않기도 작정했다. 아니 되도록 알 만한 사람과 마주쳐도 얼굴을 돌리고 싶었다. 그리고 그렇게 하리라 작정하고 발걸음을 놓기 시작했다."(「일락서산」, p. 29)

있었을 것이다. 또 자연과 인간 사이의 융섭, 양반의 살림과 민중의 살림 사이의 융섭도 마찬가지다. 특히 자연과 인간의 문제를 투쟁 관계에서 파악하지 않고, 계급 문제를 대결 구도로 이끌지 않은 것은, 이문구가 경계선에서 사려 깊게 숙고하며 생태학적 무의식에 침잠하면서 오래된 복잡계의 지혜와 교감했기에 가능한 것이었을 터이다. 그 결과 실향의 감각으로 고향보다 더 그윽한 고향의 풍경 및 고향 사람들의 구원한 심성을 실감 있게 재현할 수 있었던 것이다.

4. 포괄의 생태 언어와 그 생명성

이문구의 연작소설 『관촌수필』은 장르, 문체, 세계관 등 여러 면에서 논란이 되어왔던 텍스트이다. 그 논란은 텍스트 자체가 매우 복합적인 성격을 지니고 있기 때문이다. 유럽에서 수입한 근대적 소설 장르의 특성만으로 논의하기도 어렵고, 그렇다고 전통적 판소리 어법만으로 해명하기도 쉽지 않다. 그 복합성을 해명하기 위해 이 장에서는 포괄의 언어 양상들을 주목하여 『관촌수필』의 스타일을 새롭게 밝히고, 복합성의 생태학적 성격을 해명하면서 주제적 양상을 고찰하여, 그 둘을 종합했다.

『관촌수필』에는 고색창연한 '이조인(李朝人)이었던 조부의 언어는 유가적 선비 담론의 전형을 보인다. 경전의 언어에 바탕을 둔 상고 취향을 분명하게 보여준다. 그 저편에 기층 민중들의 토속어들이 활발하게 펼쳐진다. 이러한 상고어와 토속어는 때로는 불협화음을 일으키기도 하고 협화음을 일으키기도 하면서, 텍스트의 역동적 구성과 리듬에 기여한다. 수직적으로는 조부의 언어로부터 영향을 받고 수평적으로는 기층 민중들과 교감하는 서술자 주인공의 언어는 그 양자를 포괄하면서 소설 담론에 복합적인 생기를 부여한다. 공식어와 비공식어의 포괄, 전근대어와 근대어 그리고 반근대어의 포괄 등 다채로운 포괄의 언어를 통해 작가는 복합성의 수사학을 정립한다.

주제적인 측면에서 융섭(融攝)의 감각과 생태 윤리가 주목된다. 자연과 인간, 생물과 무생물의 융섭, 양반의 살림과 민중의 살림 사이의 융섭, 실향의 파토스와 원초적 고향 지향의 그리움 사이의 융섭 등을 통해 복합성의 생태학을 구축한다. 특히 경계인의 시선으로 포착하는 복합성의 생태학은 전근대와 근대, 농촌과 도시의 생태를 융합하고 포섭하면서 이질혼성적 생태의 실상을 구체적으로 부감한다.

요컨대 이문구의 『관촌수필』은 포괄의 언어를 통해 복합적인 융섭의 감각과 주제들을 다양하게 펼치고 있는 소설이다. 복합성의 수사학을 통해 복합성의 생태학이 재현되고, 복합성의 생태학을 통해 복합성의 수사학이 새롭게 창안된다.

12장
슬픔의 사회생태학과 신명의 미학성: 신경림

1. 변두리 정서와 스타일의 주류화

신경림의 시는 주로 농경 사회에서 산업사회로 이행하던 시절에 농민들의 애환과 좌절, 변두리 도시 빈민들의 고난과 절망을 구체적으로 형상화하면서, 잔잔한 감동을 이끌어낸다. 그 감동은 민중의 고난을 과장하거나 높은 목소리로 고발하는 것에서 오지 않는다. 그보다는 차라리 시종 차분하고 절제된 목소리로 있는 그대로의 실상을 잘 보여주는 것에서 비롯된다. 그가 보여주는 고난과 슬픔은 단지 개인적인 그것에서 그치지 않는다. 시적 화자가 그리는 슬픈 인생은 사사로운 단수가 아니라 그가 속한 공동체 전체의 슬픔으로 확산된다. 곧 그 슬픔의 사회생태적 차원을 획득한다. 아울러 그 슬픔을 눅진한 감상 언어로 그리지 않고 역설적 신명의 언어, 활력으로 넘치는 언어로 그리고 있기에 미학적 아름다움 속에서 독자들은 감동을 느낀다.

신경림은 1935년 충북 충주에서 태어나 1955년에 등단했다. 등단작의 하나인 「갈대」에서 시인은 밤에 갈대들이 부딪치는 소리에서 "제 조용한 울음"을 듣는다. 그 청음을 통해 시인은 "산다는 것은 속으로 이렇게/ 조용히 울고 있는 것"이라는 직관을 얻는다. 실존주의 경향과 모더니즘 시풍이 강했던 당대의 시적 경향과 크게 다르지 않다. 쓸쓸함이나 슬픔 같은 감정들이 현실에서 구체적인 계기를 마련하지 못한 채 추상적으로 진술되고 있다는 점에서 그렇다. 이런 경향의 시에 대해 그는 스스로 회의를 느껴 시작을 중단한 채 낙향하여, 다양한 민중적 삶을 체험한다. 이 낙향 체험을 구체적인 에너지로 삼아 1965년부터 다시 시작 활동을 재개한다. 초기의 시풍과는 달리 구체적인 농촌 현실을 바탕으로 농민들의 애환과 울분을 평명한 언어로 노래했다. 그의 시에서 절제된 슬픔의 정조가 사사로움을 넘어서 사회생태적 차원을 획득하기 시작하는 것은 이 무렵부터이다. 이때부터 60년 가까운 기간 동안 그는 줄곧 한국의 민족 정서가 짙게 깔려 있는 농촌 현실을 바탕으로 민중들과 교감하는 시편들을 발표한다. 『농무』(1973), 『새재』(1979), 『달넘세』(1985), 『남한강』(1987), 『가난한 사랑 노래』(1988), 『길』(1990), 『여름날』(1991), 『쓰러진 자의 꿈』(1993), 『어머니와 할머니의 실루엣』(1998), 『뿔』(2002), 『신경림 시전집』(2004), 『낙타』(2008) 등 다수의 시집을 펴내면서 그의 시는 "민중의 사랑을 받을 수 있고 받아 마땅한 문학"이라는 평을 받았다. 신경림은 시작 활동뿐만 아니라 문학인으로서 사회 정치적 참여와 실천에도 앞장섰다. 한국의 권위적인 정치 현실에 비판적으로 저항하는 문학 단체인 민족문학작가회의 이사장과 민족예술인총연합회 회장을 역임하기도 했다.[1]

유종호, 염무웅 등 여러 논자의 기존 논의를 가로지르며, 신경림 시 세계의 특성을 요약 제시하자면 다음과 같다.[2] i) 그의 시는 변두리 정서와 스타일을 주류화했다. 그가 구체적인 세목을 통해 노래하기 이전에는 별로 시인들의 주목을 받지 못했던 변두리 농민 현실과 정서를 적극적으로 시 세계 안에 끌어들였다. 아울러 공동체 사회 붕괴 이후 뒷전으로 밀려났던 민요 가락 등 전통적 리듬을 오늘의 현실에 되살려 시의 새로운 스타일을 창조했다. 단형의 서정시에서 멈추지 않고 장형의 서사시까지 시 세계를 확대했다. ii) 그의 시는 1950년대 한국 모더니즘 시의 관념성, 추상성, 난해성을 추문화하면서[3], 1970년

---

1 신경림에 관한 전기적인 정보는 이재무, 「우리 시대의 민족 시인」(신경림·이동순·이재무, 『신경림 문학 앨범』, 웅진출판, 1992, pp. 27~72.)와 『신경림 문학 앨범』의 연보 및 정희성·최원식과 함께 한 좌담 「신경림 시인과의 대화: 삶의 길, 문학의 길」(구중서·백낙청·염무웅 엮음, 『신경림 문학의 세계』, 창작과비평사, 1995, pp. 11~46)을 참조.

2 이는 이동순의 「우리 시대의 시정신과 시적 진실」(신경림·이동순·이재무, 『신경림 문학 앨범』, pp. 91~120)과 정희성·최원식과 함께 한 좌담 「신경림 시인과의 대화: 삶의 길, 문학의 길」(구중서·백낙청·염무웅 엮음, 『신경림 문학의 세계』, pp. 11~46), 그리고 『신경림 문학의 세계』에 수록된 유종호의 「서사 충동의 서정적 탐구」(pp. 47~69), 염무웅의 「민중의 삶, 민족의 노래」(pp. 70~103), 박혜경의 「토종의 미학, 그 감정이입의 세계」(pp. 104~124), 조태일의 「열린 공간, 움직이는 서정, 친화력」(pp. 127~151) 등을 참조하여 필자가 나름대로 정리한 것임.

3 유종호는 신경림이 "가난하고 힘없는 사람들의 생활의 세목과 생활감정의 무늬를 진솔하고도 경제적으로 처리하여 보여줌으로써 기존의 시들을 부분적으로 추문화시켰던 것이다. 특히 모더니즘이란 이름으로 한때 창궐하던 시 경향을 복귀불능의 지경으로 추문화시켰다."(유종호, 「고향의 노래」,

대 리얼리즘 시의 개화를 주도했다는 시사적 의의를 갖는다. iii) 비극적 민중 현실을 신명나는 가락으로 형상화한 그의 시는 역설의 미학을 보여준다. iv) 그의 시에는 서경과 서사가 절묘하게 결합되어 있다. 특히 그의 시에서 보이는 이야기성 지향은 민중 현실의 구체적 세목을 압축적이면서도 생생하게 보여주는 기능을 한다. v) 결국 그의 시는 범속한 소재나 이야기로 비범한 삶의 통찰을 보여준다고 할 수 있다. 더불어 사는 사람들은 물론 자연에 존재하는 모든 것들에 대한 시인의 가없는 애정이 이런 통찰을 가능케 한다.

2. 범속한 삶과 비범한 서정적 울림

신경림의 시적 공간은 주로 시골이다. 그 시골은 한폭의 풍경화 같은 목가풍의 전원이 아니다. 대체로 가난한 사람들의 단조로운 삶 속에 애환과 좌절의 기미들이 섞여 있는 공간이다. 협동조합 구판장, 주막집, 목로, 장바닥, 학교 마당, 가설 무대, 이장집 사랑방, 씨름판, 방앗간 등이, 그의 시 속에 자주 등장하는 장소의 목록이다.[4] 이런 열린 생활 공간[5]에서 신경림 시의 인물들은 장기 마작 등 놀이를 하거나, 술을 마시거나, 혹은 농무를 춘다. 고달픈 삶의 고통을 술과 춤으

신경림 시선집, 『여름날』, 미래사, 1991, p. 141)라고 지적한 바 있다.

4 신경림은 어렸을 적부터 장터나 조합공판장, 운동장 등 여러 사람들의 삶의 냄새가 배어 있는 공간을 좋아했다고 한다. 신경림, 「나의 시 나의 길」, 『시와 시학』 1993년 봄호, p. 94.

5 신경림이 대상화한 열린 공간에 대해서는 이미 조태일 등 여러 논자가 지적한 바 있다.

로 달래는 모습은 매우 빈번하게 제시된다.

못난 놈들은 서로 얼굴만 봐도 흥겹다
이발소 앞에 서서 참외를 깎고
목로에 앉아 막걸리를 들이키면
모두들 한결같이 친구 같은 얼굴들
호남의 가뭄 얘기 조합 빚 얘기
약장사 기타 소리에 발장단을 치다 보면
왜 이렇게 자꾸만 서울이 그리워지나
어디를 들어가 섰다라도 벌일까
주머니를 털어 색시집에라도 갈까
학교 마당에들 모여 소주에 오징어를 찢다
어느새 긴 여름해도 저물어
고무신 한 켤레 또는 조기 한 마리 들고
달이 환한 마찻길을 절뚝이는 파장

–「罷場」 전문[6]

구체적인 설명이 없이도 이 시를 보면서 우리는 가난한 시골 사람들의 범속한 삶의 풍경을 실감할 수 있다. 13행의 짧은 시편이지만 그 구체적 세목이 다채롭고 풍성하다. 구체적 사실성을 경제적으로 처리하면서 시적 울림을 자아낸다. 우선 "못난 놈들은 서로 얼굴만 봐도 흥겹다"라고 시작하는 첫 행부터 친근하면서도 낯설고 인상적이다. "흥겹다"라는 시어 선택이 전경화된다. 결코 흥겹지 않은 내용들이 이

6 신경림, 『신경림 시전집 1』, 창비, 2004, p. 24.

후의 시적 진술 대부분을 차지하기 때문이다. 그러나 가난하고 비루한 삶 속에서도 사람들은 가능하면 발장단의 흥을 놓치지 않으려 한다. 이 흥 때문에 "모두들 한결같이 친구 같은 얼굴들"이 가능해진다. 그럼에도 시골 사람들은 이 단조로움과 가난을 못 이겨 하고 자꾸만 서울(도시)을 그리워한다. 물론 그들은 서울에서 고급한 생활을 할 수 있는 처지가 아니다. 그저 시골 장거리에서 "고무신 한 켤레 또는 조기 한 마리 들고/ 달이 환한 마찻길을 절뚝이는 파장"만을 경험할 수 있을 따름이다. 그러니 서울에 대한 그리움은 실제로는 애환이 된다. 애환이 비극적 절망에 빠지지 않는 것은 시인이 가난한 사람들이 지닌 건강한 생명력을 직관하고 있는 까닭이다. "절뚝이는 파장"을 "흥"으로 견딜 수 있는 가난한 농민들에 대한 시인의 신뢰 덕분이다. 신경림은 한국 민중들을 "한"의 정서를 "흥"으로 넘어설 수 있는 생명력 넘치는 존재로 파악한다. 그렇다는 것은 그의 평판작 「농무」에서도 확인된다.

징이 울린다 막이 내렸다
오동나무에 전등이 매어달린 가설 무대
구경꾼이 돌아가고 난 텅빈 운동장
우리는 분이 얼룩진 얼굴로
학교 앞 소줏집에 몰려 술을 마신다
답답하고 고달프게 사는 것이 원통하다
꽹과리를 앞장세워 장거리로 나서면
따라붙어 악을 쓰는 건 쪼무래기들뿐
처녀애들은 기름집 담벽에 붙어 서서

철없이 킬킬대는구나
보름달은 밝아 어떤 녀석은
꺽정이처럼 울부짖고 또 어떤 녀석은
서림이처럼 해해대지만 이까짓
산구석에 처박혀 발버둥친들 무엇하랴
비료값도 안나오는 농사 따위야
아예 여편네에게나 맡겨 두고
쇠전을 거쳐 도수장 앞에 와 돌 때
우리는 점점 신명이 난다
한 다리를 들고 날나리를 불거나
고갯짓을 하고 어깨를 흔들거나

–「농무」[7]

농무를 제재로 농민들의 애환을 사실적으로 그리고 있는 이 시의 분위기는 매우 쓸쓸하다. 비록 가난하고 단조롭고 폐쇄적인 삶일지라도 시골 생활에도 그 나름의 흥취를 돋구는 행사가 있게 마련이다. 명절 때의 민속놀이를 비롯해, 잔칫날 행사라든가, 농무라든가 하는 것들 말이다. 산업화 이전, 그러니까 농업이 산업의 중심이었던 농경 사회에서는 그런 행사들을 비교적 흥성하게 진행했다. 특히 농무는 매우 신명 넘치는 놀이판이었다. 그런데 이 시에서는 매우 쓸쓸하기만 하다. 산업화 이후 이촌향도 현상으로 인해 농촌의 공동화(空洞化) 현상과 경제적 불평등 기조가 가속화되었던 것이 1970년을 전후한 한

7 앞의 책, p. 26.

국의 풍경이었다. 그 이전이라면 아마도 농무의 신명이 절정을 이루는 대목이 포착되었을 수도 있을 것이다. 그러나 이제 공동화(空洞化) 직전의 농촌 분위기에는 농무가 끝난 이후, 즉 사람들이 대부분 떠나고 난 허전하고 쓸쓸한 분위기가 제격이다. 농무가 끝난 뒤 사람들은 소줏집에서 답답하고 고달픈 심정을 술로 달랜다. 그러다가 장거리에 나서지만 "쪼무래기들"만 뒤따를 따름이다. 억지로 춤사위를 돋우지만 "발버둥친들 무엇하랴"라는 한탄이 가시지 않는다. 그럼에도 그 한탄을 딛고 시인은 "우리는 점점 신명이 난다"라고 노래한다. 이 대목은 중의적이다. "아무래도 신명이 나지 않는다" 라는 아이러니로 읽힐 수도 있고, "그럼에도 신명이 난다"라는 역설로 읽힐 수도 있다. 어떤 경우든 슬픔과 신명, 혹은 한과 흥 사이의 정서적 소통을 통한 역설적 효과를 보이고 있기는 마찬가지다. 신경림의 시가 범속한 삶을 평이한 언어로 다루면서도 비범한 서정적 울림을 주는 것은 이런 역설적 효과 덕분이다. 그가 아니면 시적 표현을 얻지 못했을 가난한 사람들의 설움과 쓸쓸함, 그리고 한과 흥이 교차하는 이중 감정을, 신경림 시에서 실감 나게 읽을 수 있다는 것은 매우 값진 일이다.

3. 이야기와 민요 가락의 어울림

신경림은 사람을 매우 좋아하는 시인이다. 사람들, 특히 처지가 고단한 사람들 사이에 섞여 그들과 더불어 세상살이의 한을 나누고 흥을 지피기를 좋아한다. 그러니 그들의 이야기가 그의 시적 리듬을 타고 흐르는 것은 차라리 자연스럽다. 여기서 '그들'의 이야기란 시인 자신을 포함한 '우리'의 이야기라는 성격을 갖는다.[8] 「겨울밤」에서 1인칭 복수화자 '우리'는 눈 내리는 겨울밤에 협동조합 방앗간에 모여 묵내기 화투를 치며 이런저런 신세 한탄을 나눈다. "들과 산은 온통 새하얗구나"는 표현에서 명료하듯, 눈은 온 세상을 평등하게 하얀 세상으로 뒤덮는다. 그런데 사람살이의 불평등은 그렇지 않다. '우리'가 한탄하는 세목들이 그것을 증거한다. 그러기에 화자는 "우리의 슬픔을 아는 것은 우리뿐" 혹은 "우리의 괴로움을 아는 것은 우리뿐"[9]이라고 말하는 것이다.[10]

이런 '우리'의 이야기들이 신경림의 여러 시편에서 간명하지만 생생하게 펼쳐진다. "나는 죽은 당숙의 이름을 모른다."로 시작되는 「제삿날 밤」은 당숙의 제삿날 밤 풍경을 스케치한 것이다. 여기서 인상적인 대목은 "울분 속에서 짧은 젊음을 보낸"이란 시행이다.[11] 이 짧은 표현을 통해서 독자들은 이름도 모르는 당숙의 비극적 일생을 강력하게 감지한다. 물론 이 시에는 그 짧은 비극적 일생의 구체가 드러

---

8 최두석은 이런 이야기풍의 시에 대해 "사회적, 역사적 현실로부터 도피하지 않고 사람살이의 문제를 본격적으로 취급하기 위해서는 시 속에서 이야기를 제대로 구사할 필요가 있다. 즉 서사지향성의 문제는 시의 현실 대응력 문제이고 시에서의 리얼리즘 실현 문제에 연결"(최두석, 「이야기시론」, 『리얼리즘의 시 정신』, 실천문학사, 1992, p. 20)된다고 언급했다.

9 신경림, 『신경림 시전집 1』, p. 16.

10 유종호는 「겨울밤」을 평가하면서 "협동조합 방앗간 뒷방의 묵내기 화투판을 시로 끌어올린 위와 같은 작품(「겨울밤」: 인용자)을 농촌 일상의 최초의 시적 탐구라고 말하는 것은 어폐가 있겠으나 그 최초의 성공 사례라고 지적하는 것은 어폐가 없다."(유종호, 「서사 충동의 서정적 탐구」, 구중서·백낙청·염무웅 엮음, 『신경림 문학의 세계』, p. 55)라고 지적했다.

11 신경림, 『신경림 시전집 1』, p. 25.

나 있지는 않다. 다만 다른 시편들과의 상호텍스트적 연관을 통해 볼 때, 불확실하나마 역사적 불행기에 희생된 인물이 아닐까 짐작할 수 있을 따름이다. 가령 "전쟁통에 맞아 죽은 육발이의 처"(「경칩」)[12]나, "아우성 울부짖음 속에 세상 뜬 제 사내"(「나루터 일기」)[13]나, "느티나무 아래/몰매로 묻힌" 친구(「개치 나루에서」)[14], 혹은 "칼빈총 멘 채 등에 칼 꽂고 금점굴에 처박"(「마주치면 손톱을 세우고 이빨을 갈다가도」)[15]힌 족형, 그리고 "전쟁이 끝났는데도 마을 젊은이들은/ 하나하나 사라져선 돌아오지 않았다"라는 진술을 담고 있는 「폐광」의 "그날 끌려간 삼촌"[16] 등은 한결같이 1945년 해방에서 한국전쟁 시기에 이르기까지의 역사적 정황과 그 무렵의 희생 사례들이다. 그들은 대부분 "울분 속에서 짧은 젊음"을 보내야 했던 이들이다. 불행과 좌절과 수난의 짧은 생애를 보내야 했던 그들은 죽어 이제는 존재하지 않는다. 죽어 부재하는 그들은 시인의 기억과 상상력을 통해 오히려 이야기 시 속에서 살아 생생한 존재를 드러낸다. 산 자와 죽은 자가 더불어 '우리'를 형성하는 순간이다. 그 '우리'는 「제삿날 밤」의 표현처럼 "답답한 가슴"을 지닌 이들이다.

실제로 집성촌이었던 신경림의 고향 마을에서는 한국전쟁을 전후한 시기에 수많은 역사적 수난을 겪은 것으로 얘기된다. 그의 시에서 가족이나 친척의 불행한 희생 사례가 자주 보고되는 것은 이런 이유

12 앞의 책, p. 50.

13 앞의 책, p. 138.

14 앞의 책, p. 119.

15 신경림, 『신경림 시전집 2』, 창비, 2004, p. 90.

16 신경림, 『신경림 시전집 1』, p. 49.

때문이다. 이런 사연들을 기억하고 재현하는 주체인 신경림의 자전적 면모를 느끼게 해주는 시로 「더딘 느티나무」, 「어머니와 할머니의 실루엣」, 「아버지의 그늘」 등이 있다. 「더딘 느티나무」는 범속한 삶을 살다 간 할아버지, 할머니, 아버지 이야기를 압축적으로 제시한다. 이런 가족사적 배경에서 '나'는 「어머니와 할머니의 실루엣」에서 얘기되는 것처럼 성장한다. 램프불-칸데라불-전등불로 바뀌는 상황에서 화자는 서서히 성장해 "세상이 넓다"는 것을 알게 된다. 그래서 넓은 세상으로 나온다.

> 나는 대처로 나왔다.
> 이곳 저곳 떠도는 즐거움도 알았다,
> 바다를 건너 먼 세상으로 날아도 갔다,
> 많은 것을 보고 많은 것을 들었다.
> 하지만 멀리 다닐수록, 많이 보고 들을수록
> 이상하게도 내 시야는 차츰 좁아져
> 내 망막에는 마침내
> 재봉틀을 돌리는 젊은 어머니와
> 실을 감는 주름진 할머니의
> 실루엣만 남았다.
>
> 내게는 다시 이것이
> 세상의 전부가 되었다.
>
> —「어머니와 할머니의 실루엣」, 2, 3연[17]

17 신경림, 『신경림 시전집 2』, pp. 98~99.

압축된 자전적 성장소설 형식의 이 시에서 시인은 인생 전체에 대한 나름의 통찰을 보인다. 사람들은 흔히 자기 꿈과 욕망을 좇아 고향을 떠나 대처로 나간다. 타지에서 성공을 하든 그렇지 못하든 결국 누구나 고향으로 돌아가고 싶어하는 게 인지상정이다. 굳이 정신분석학의 설명을 빌리지 않더라도, 인간의 근원 지향 의식이나 귀향 의식은 모태 회귀 본능과 관련된다. 이 시에서 시인은 '어머니적인 것'이 "세상의 전부가 되었다"고 말한다. 바로 이것이 문제적이다. 어머니적인 것은 현실에서 실재하는 것이 아니기 때문이다. 시인이 돌아가고 싶은 어머니적인 것과 실재 사이의 괴리가 "답답한 가슴"을 만들고 애환에 빠지게 하기 때문이다. 응당 어머니적인 것으로 있었으면 하고 소망하는 고향 현실은 이미 피폐해질 대로 피폐해진 상태다. 그러기에 거기서 다시 만난 "답답한 가슴"을 지닌 사람들의 사연을 시인은 이야기하듯 노래한다. 신경림의 많은 시편은 그렇게 태어난다. 「파장」의 못난 놈들이나 「농무」의 농부들을 비롯해, 「걸인행」의 거지 등 실제로 고향에 사는 사람들이거나, 앞서 언급한 「제삿날 밤」 등 여러 시편에 등장하는 부재하는 것으로서 강력한 존재의 실감을 주는 많은 인물의 경우들이 그러하다. 이렇게 고통받는 사람들의 이야기를 구체적으로 제시하는 것으로 시인은 현실에 대응하는 서정의 논리를 확보하면서 리얼리즘의 실현 가능성을 탐문한다. 이런 성향을 더 밀고 나간 경우가 「새재」나 「남한강」 같은 장시들이다. 일제시대부터 해방기에 이르는 동안 민중들이 겪은 고난의 역사를 형상화한 이 장시들은, 이야기 지향을 통한 리얼리즘 지향 의식이 아주 잘 드러난 경우다.

1인칭 단수 서정을 넘어선 복수 "우리"의 이야기 혹은 3인칭 그(들)의 이야기들은 대체로 개인적으로나 역사적으로도 잃어버린 것이나 잃고 있는 것에 대한 서정적 탐구 작업의 일환이다. 이 과정에서 시인은 그의 시어가 아니라면 표현의 길을 찾지 못했을 서럽고 답답한 가슴을 언어로 위로하고 씻어준다. 때때로 신경림이 원통한 넋을 씻어주는 '샤먼-시인'의 면모를 보이는 것도 이 때문이다.

편히 가라네 날더러 편히 가라네
꺾인 목 잘린 팔다리 끌고 안고
밤도 낮도 없는 저승길 천리 만리
편히 가라네 날더러 편히 가라네.

[…]

꺾인 목 잘린 팔다리로는 나는 못 가,
피멍든 두 눈 고이는 못 감아,
못 잡아, 이 찢긴 손으로는 못 잡아,
피묻은 저 손을 나는 못 잡아.

되돌아왔네, 피멍든 눈 부릅뜨고 되돌아왔네,
꺾인 목 잘린 팔다리 끌고 안고
하늘에 된서리 내리라 부드득 이빨 갈면서.

이 갈가리 찢긴 손으로는 못 잡아,
피묻은 저 손 나는 못 잡아,

골목길 장바닥 공장마당 도선장에
줄기찬 먹구름되어 되돌아왔네,
사나운 아우성되어 되돌아왔네.

— 「씻김굿」 1, 4, 5, 6연[18]

씻김굿은 원통한 넋을 위로하여 저승으로 편히 보내려는 목적으로 행해왔던 한국의 샤먼 제의 중의 하나다. '떠도는 원혼의 노래'라는 부제가 붙은 이 시에서 원혼은 샤먼-시인의 입을 빌어 저승으로 편히 갈 수 없는 자신의 원한을 구성지게 노래한다. 편히 가라 하지만, 편히 갈 수 없는 상태를 신체적인 불구성의 이미지로 적나라하게 묘사하면서 자꾸만 이승의 장바닥이나 도선장으로 되돌아올 수밖에 없는 사연을 풀어헤친다. 여기서 떠도는 넋은 원한도 원한이지만, 그 넋을 위해 자기 입과 말을 고스란히 내어주는 시인의 태도가 인상적이다. 이렇듯 신경림은 원통한 사람들, 가난한 사람들, 고통받는 사람들의 가슴과 넋을 위해 자기 시를 내어준다. 그의 시가 민요 가락과 어울리는 사정도 이와 관련된다. 민요는 "민중의 삶과 생활 속에서 살아가는 가운데 자연발생적으로 생겨난 노래"라고 말하는 시인은 실제로 한국의 민요를 찾아 오랜 세월 동안 전국을 누빈 사람이다. 민요의 가락과 민중적 삶의 구체적 현실이 서로 어울리면서 '우리'의 노래가 되기를 그는 소망했다.[19] 「목계장터」 같은 시는 그런 소망이 빚어

---

18 신경림, 『신경림 시전집 1』, pp. 150~151.

19 이와 관련해 신경림의 다음과 같은 발언을 참조할 필요가 있다. "여기서 저는 구체적으로 시가 민중으로부터 사랑을 받기 위해서 시 속에 우리 고유

낸 좋은 시편이다.

하늘은 날 더러 구름이 되라하고
땅은 날 더러 바람이 되라하네.
청룡 흑룡 흩어진 비개인 나루
잡초나 일깨우는 잔바람이 되라네.
뱃길이라 서울 사흘 목계나루에
아흐레 나흘 찾아 박가분 파는
가을볕도 서러운 방물장수 되라네.
산은 날더러 들꽃이 되라하고
강은 날더러 잔돌이 되라하네.
산서리 맵차거든 풀속에 얼굴묻고
물여울 모질거든 바위뒤에 붙으라네.
민물새우 끓어넘는 토방툇마루
석삼년에 한 이레쯤 천치로 변해
짐부리고 앉아쉬는 떠돌이가 되라네.
하늘은 날 더러 바람이 되라하고
산은 날 더러 잔돌이 되라하네.

—「목계장터」 전문[20]

의 민요적 가락을 되살리는 것이 어떻겠느냐 말씀드리고 싶습니다. […] 아직도 농민들 사이에 전승되어오고 있는 민요 가락처럼 저에게 커다란 감동을 준 것은 없었습니다. 결코 정교하게 다듬어진 것은 아니었지만 거기에는 우리의 어떠한 현대문학 작품도 형상화하지 못했던, 이 민족의 한과 설움, 견딤과 참음, 끈질긴 생명력이 넘치고 있었습니다."(신경림, 「나는 왜 시를 쓰는가」, 『삶의 진실과 시적 진실』, 전예원, 1983, pp. 52~53.)

20 신경림, 『신경림 시전집 1』, p. 100.

목계는 시인의 고향 근처에 있는 지방으로 남한강가의 여러 나루터 중에 가장 번성했던 곳이다. 그 장터를 배경으로 하여 떠돌이 장사꾼들의 삶의 애환을, 시인은 토속적인 언어와 4음보의 민요조 리듬으로 그려낸다. 구름과 잔바람, 방물장수로 표상된 유랑의 이미지와 들꽃과 잔돌로 표현된 정착의 이미지가 대조적 긴장을 일으키면서 목계장터 사람들의 건강한 생명력을 느끼게 해주는 시이다.

신경림은 「내 시에 얽힌 이야기들」이란 에세이에서 "내 시가 또 한 번 껍질을 벗기 위해서는 민요에서 그 가락을 배워와야 하고 또 참다운 민중시라면 민중의 생활과 감정, 한과 괴로움을 가장 직정적이고도 폭넓게 표현한 민요를 외면할 수 없다"라는 생각에서 민요에 관심을 가지게 되었으나, "민요가 보여주는 민중의 참삶의 모습, 민중의 원한과 분노, 지배 계층에 대한 비판과 풍자는 원래의 동기와는 관계없이 차츰 나를 깊숙이 민요 속으로 잡아끌었다."[21]라고 밝힌 바 있다. 민요의 리듬을 통해 민중 생활의 실상과 감정을 이야기 형태로 표현하기를 좋아한 그의 시를 이해하는 데 도움이 될 만한 대목이다.

4. 역설적 발견과 사회생태학적 상상력

신경림의 시는 부담 없이 잘 읽힌다. 쉬운 언어, 친근한 정서로 구체적인 삶의 세목을 노래하기 때문이다. 그러나 쉬운 시이긴 하되 쉽

21 신경림, 「내 시에 얽힌 이야기들」, 『나의 시, 나의 시학』, 공동체, 1992, p. 210.

게 읽고 지나칠 시는 결코 아니다. 앞에서도 언급했듯이 범속한 삶을 이야기하되, 그 안에 비범한 통찰을 담고 있기 때문이다. 이런 측면에서 우선 시적 대상에 대한 시인의 관찰 태도가 주목된다. 난세의 고단한 사람들의 "조각난 꿈, 깨어진 뜻, 그 핏자국을" 구체적으로 응시하면서 "사람이 사는 슬프고 깊은 속까지도"(「초승달」)[22] 성찰하려고 하는 태도를 지니고 있음을 우리는 그의 여러 시편에서 확인하게 된다. 그 "깊은 속"이 있기에 소박한 이야기나 전원적 서경(敍景) 풍의 시를 넘어설 수 있었던 것이 아닐까 싶다. 가령 「가난한 사랑 노래」라는 시를 보면 "가난하다고 해서 외로움을 모르겠는가" "가난하다고 해서 두려움이 없겠는가" "가난하다고 해서 그리움을 버렸겠는가" "가난하다고 해서 사랑을 모르겠는가"[23] 등의 진술이 변화를 포함한 채 반복된다. 이 반복을 통해 시인은 가난한 사람들의 "깊은 속"으로 들어간다. 이때 그 깊은 속을 보아내는 시인의 깊은 속은 어떠할까. 그 깊은 속은 많은 경우 존재하는 모든 것들에 대한 가없는 연민의 정조로 이루어져 있다고 말해도 그리 과장이 아니다. 타인에 대한 연민 없이 깊은 속에 들어가기는 어렵다. 그 연민이 농민이나 장터 사람들, 도시빈민 등 어려운 처지에 놓인 사람들의 "깊은 속"에 표현의 길을 열어준다. 물론 여기서 오해가 있어서는 곤란하다. 그 연민이 불의와 부정까지를 끌어안는다는 것은 아니다. 부정적인 대상들에 대해서는 단호하게 비판과 풍자의 시선을 보낸다.

22 신경림, 『신경림 시전집 2』, p. 44.

23 신경림, 『신경림 시전집 1』, p. 275.

타인에 대해서는 지극한 연민의 시선을 가진 시인이지만, 자기에 대해서는 매우 엄격한 편이다. 자기반성과 자기 쇄신의 태도를 보이는 시편들을 주목해 보자. 「아버지의 그늘」에서 "아버지를 증오하면서 나는 자랐다"라고 말하는 화자는 아버지처럼 되지 않겠다는 것을 좌우명으로 삼는다. 그러면서 "나는 내가 잘못했다고 생각한 일이 없다." 그런데 어느 날 거울을 보면서 깜짝 놀란다. "나는 간 곳이 없고/ 나약하고 소심해진 아버지만이 있어서."[24] 자기반성이란 코드 말고도 삶의 숙명과 관련된 깊은 생각을 보이는 시편이긴 하지만, 어쨌든 내 안에 내가 없다는 인식은 매우 도저한 편이다. 또한 "사람들은 자기들이 길을 만든 줄 알지만/ 길은 순순히 사람들의 뜻을 좇지는 않는다"(「길」)[25]라는 표현이라든지, "지금 우리는 혹시 세상을/너무 멀리서만 보고 있는 것은 아닐까 아니면/ 너무 가까이서만 보고 있는 것은 아닐까"(「장자(莊子)를 빌려」)[26]라는 부분에서 보이는 인식론적 태도에 대한 반성적 사고 같은 것들을 우리는 그의 시편에서 자주 발견한다. 독선과 아집, 오만과 편견으로 넘쳐나는 오늘날의 현실을 볼 때 이런 윤리적 태도는 매우 값진 것이 아닐 수 없다. 이와 관련하여 「고장난 사진기」라는 시도 매우 흥미롭다. 아무리 수준 높은 사진사라 하더라도 꼭 바라는 것만 찍을 수는 없는 노릇이다. 바라지 않는 것도 찍히게 마련이다. 그런데 화자는 그 사실을 수긍하면서도 현상된 사진을

24 신경림, 『신경림 시전집 2』, pp. 101~102.

25 앞의 책, p. 12.

26 신경림, 『신경림 시전집 1』, p. 363.

보면 "늘 바라던 것만 나와 있어" "안심한다"라고 적는다. 아전인수격의 자기기만이며, 자기 알리바이에 급급한 모습이다. 이런 자기의식의 문제를 2연에서 시적 대상인 사진기의 문제로 되돌려 말하는 것도 인상적이다. 다름 아닌 '고장난 사진기'였다는 것이다.[27] 오랫동안 그것을 알지 못했고, 이제 알게 되었는데도 그것을 버리지 못한다. 그러면서 오히려 안심한다는 것이다. 자기 환각 혹은 자기기만의 심상은 마지막 행에서 보이는 위안의 포즈에서 극대화된다. 이 시에서 시인이 직접적으로 언표화하는 것은 고장난 사진기다. 그러나 실제로는 아이러니에 입각한 고장난 인식안(認識眼)에 대한 자기비판의 시라고 할 수 있다. 내 눈이 잘못된 것을 기계인 사진기 탓으로 돌리는 이 사태는 단순한 듯 보이면서도, 실은 삶에서 되풀이되는 양상이다.

이렇듯 신경림 시의 "깊은 속"에는 타인에 대한 연민과 자기반성의 태도가 복합적으로 어우러져 더 "깊은 속"을 형성한다. 그런데 시인의 연민은 현실에서 패배하기 쉽다. 현대 문명의 폭력성과 현대인의 거친 성정은 그 연민의 정조를 조롱하듯 타락의 풍경들을 연출한다. 그 타락상은 정도가 심해지면 세계 파국의 위기 상황을 낳는다. 다음은 「幽閉」라는 시다.

> 모래가 주저앉으며 고속도로가 무너진다. 언 땅이 녹고 탄탄한 대로가 붕괴된다. 우리들의 꿈이 사막과 동토 위에 놓였었음을 비로소 안다. 뒤늦게 허둥지둥 돌아서지만 금세 길은 토막난

27 신경림, 『신경림 시전집 2』, p. 127.

다. 자랑스럽게 도처에 만들었던 마을과 도시가 고립하고, 그것
들을 버텨주던 공단과 환락가가 섬이 된다.
 탕아와 창녀가 돌아갈 수 없는 섬에 갇힌다.

-「유폐」 전문[28]

설명적인 시제가 암시하듯 텍스트의 의미는 분명하다. 앞에서도 언급되었지만, 「길」에서 시인은 "사람들은 자기들이 길을 만든 줄 알지만/ 길은 순순히 사람들의 뜻을 좇지는 않는다"고 경고한 바 있다. 그런데도 사람들은 그것을 모른다. 혹은 무시한다. 그러다가 길의 역습을 당한다. 고립되고 유폐되기에 이른다. 길의 뜻을 폭력적으로 무시했던 사람들은 이 시에서 "탕아와 창녀"라는 오명으로 비판된다. 물론 이 시의 의도가 그런 타락자들에 대한 비판에서만 그치는 것은 아니다. 그들을 포함한 인간 일반, 나아가 지구촌 전체의 생존 문제로 의식이 확산되는 것처럼 보인다. 1990년대 이후의 시편들에서 두드러지는 생태학적 상상력이 주목되는 것도 이런 맥락에서다. 사회생태학적 관심과 심층 생태학적 인식이 복합적으로 어우러지는 가운데 신경림의 생태학적 상상력은, 단지 경제적인 계급 문제에 그치지 않는다. 가난하고 고통받는 농민, 노동자 등 민중 문제는 더 심층적인 문제의 발견과 인식으로 연결된다. 전지구적인 공동 살림의 문제와 관련되는 더 크고 더 깊은 문제틀로 심화된다. 이런 시대정신의 요구를 잘 반영하고 있는 시편들로 「이제 이 땅은 썩어만 가고 있는 것이 아니다」나

28 신경림, 『뿔』, 창작과비평사, 2002, p. 27.

「흘러라, 동강, 이 땅의 힘이 되어서」 등이 눈길을 끈다. 「이제 이 땅은 썩어만 가고 있는 것이 아니다」에서 시인은 "꽃과 노래와 춤으로 덮였던 내 땅/ 햇빛과 이슬로 찬란하던 내 나라가/ 언제부터 죽음의 고장으로 바뀌었는가"라며 절규한다(2연). 그러면서 그 부정적 형성인(形成因)으로 "우리는 너무 허둥대지 않았는가,/ 잘살아보겠다고 너무 서두르지 않았는가,/ 이웃과 형제를 속이고 짓밟고라도/ 잘살아보겠다고 너무 발버둥치지 않았는가"라며 반성적 인식을 촉구한다(3연). 4연에서는 범지구적인 생태 파괴 현상을 조감한다. 5연에서는 핵 문제의 위험을 경고한다. 이런 내용들을 종합하면서 6연에서는 지구 생태 위기의 극점을 강조한다. "마침내 그 벼랑에까지 와 서 있다."[29]라는 벼랑 끝 의식이 독자들의 가슴을 친다.

이런 위기 상황은 우주적 연민을 지닌 시인 신경림이 바라는 바가 결코 아니다. 아니 그 누구도 그것을 바라지는 않을 것이다. 그럼에도 세상은, 반성 없는 세속은 위기의 벼랑으로 질주하는 형국이다. 그러니 이제 시인의 몫은 분명해진다. 그 벼랑 끝에서 지구를 살리고, 존재하는 모든 것들이 진정한 생명 가치를 지닌 채 살아갈 수 있도록 상상적 지혜를 부단히 제공하고 일깨우는 일이다. 신경림의 생태시편들은 이런 의도의 소산이다. 천혜의 자연조건을 갖춘 절경인 강원도 지방의 동강을 인공적으로 막아 댐을 만들겠다고 할 때 한국의 많은 환경단체는 물론 문인이나 지식인들은 그것의 반생명성을 들어 반대

29 신경림, 「이제 이 땅은 썩어만 가고 있는 것이 아니다」, 이혜원·우찬제 엮음, 『#생태-시』, 문학과지성사, 2021, pp. 66~70.

운동을 벌였다. 그때 지은 시가 「흘러라, 동강, 이 땅의 힘이 되어서」이다. 이 시의 끝 부분은 이렇다. "더 많은 것을 낳으면서 더 많은 것을 기르면서/ 더 많은 것을 살리면서// 흘러라 동강, 이 땅의 힘이 되어서."[30] 어디 동강의 강물뿐이겠는가. 풀이며 동물살이도 그렇고, 사람들의 지혜나 사랑, 연민이나 도덕성, 평화 감각 등 일련의 생태학적 가치들이 더 많이 태어나고, 더 많이 길러지면서, 더 많은 것들을 살릴 수 있어야 한다. 그렇게 흘러야 한다는 사실을 시인은 분명하게 노래한다. 이 참 생명의 유장한 흐름에 대한 동경은 비단 한국 시인만의 몫일 수 없다. 지구 살림을 걱정하고, 인간의 미래를 걱정하는 모든 세계 시인들의 공통된 상상적 과제다. 가장 한국적인 현실의 구체성이라는 강에서 출발한 시인 신경림은 이 지점에서 세계문학의 보편성이라는 바다에 이른 것으로 보인다. 생태학적 상상력의 바다는 그만큼 넓고 깊다.

30 신경림, 『뿔』, p. 83.

13장
유기적 순환과 무위(無爲)의 이삭: 이상인

1. 일만년 곶자왈과 오로라의 춤

(1-1) "어느 별 마을" "허허한 詩"

낳으시고 기르신 어머니에 대한 가없는 그리움, 그 "모정(慕情)의 갈피"(「오월의 라일락」)를 먼저 응시해 보자. 시인 이상인은 「어머니의 바다」, 「소천」 등에서 어머니의 최후의 나날들을 반추하면서 추모하고 애도하는 서정을 펼친다. 「어머니의 바다」에서 어머니는 점차로 기억을 망실하는 증상을 보인다. "가까운 기억마저/ 자작자작 졸아져" 있는 어머니는 "뒤엉킨 방향으로" 배회하시다가 "파도소리" 따라 "기억의 바다로 헤엄쳐 가 버리신 게"라고 안타까워한다. 「소천」에서는 더 구체적으로 어머니를 애도한다. 시인은 봄철 뒤뜰에 화사하게 피어난

"새하얀 목련"과 어머니가 "오랜 그림자"처럼 "등 밑에 깔고" 누웠던 "죽음의 꽃/ 빨간 등창"을 대조한다. 흰빛과 붉은빛의 뚜렷한 대조는 그만큼 어머니의 환우를 깊게 파고든다. 인간의 어쩔 수 없는 숙명인 신체의 단독성을 극적으로 실감하는 경험이 바로 육친이 깊은 질병에 걸렸을 때다. 어머니의 고통을 대신 내 몸으로 아파 드리고 싶어도 도저히 그럴 수 없기에, 내 몸이 감당할 수 없는 그 엄혹한 숙명 때문에 내 마음은 더욱 아릴 수밖에 없다. 아픔의 심연을 파고들면서 바람이 분다. 그 바람에 목련꽃 떨어진다. 2연에서 화자는 하얀 목련꽃의 낙화(落花)와 어머니 등창의 개화(開花) 내지 만개(滿開)를 다시 대조한다. 그러면서 하강한 흰빛 "목련 안고/ 승천하는 어머니 모습"을 떠올리며 "가슴이 아릿하다"라고 되뇌인다. 어머니를 보내드리는 아들의 말못할 심사를 두 개의 대조를 통해 인상적으로 점묘한 시편이 바로 「소천」이다. 어머니가 비록 천수를 누리셨다 하더라도 자식의 입장에서는 "짧은 인연"(「동백 모정(慕情)」)일 수밖에 없기에 더 안타깝고 아릿할 따름이다.

그런 애도 작업 가운데 시인은 사라지는 것들을 더욱 깊이 있게 성찰하면서 남은 자의 윤리를 모색한다. 「유성은 미련을 남기지 않는다」에서 시인은 "우주의 삶 마치고/ 별무리에서 떨어져 나와/ 차디찬 공간으로 승화되어 가는 별/ 유성은 미련을 남기지 않았다"라고 적는다. 그러면서 미련을 남기지 않고 사라진 유성을 닮고 싶다는 소망을 펼친다. "나도 사그라질 때/ 제 한 몸 태우며/ 빛 한 줌 뿌리고 소멸되어가는/ 유성을 닮고 싶다."[1] 여기서 "빛 한 줌 뿌리고 소멸되어가는" 부분에 눈

1 이상인, 『바다에서 이삭을 줍다』, 명성서림, 2021, p. 16.

길이 오래 머문다. 그리고 질문한다. "빛 한 줌"은 무엇일까? 어떤 메타포를 함축하는 시어일까? 생의 마지막 의미망으로 포괄적으로 답할 수 있을 터인데, 개개인이 저마다 그 빛의 함축을 상상하게 될 게다. 이상인 시인의 시를 읽으면서 나는 그 빛 한 줌 뿌리고자 하는 마음을 시를 쓰는 마음으로 읽는다. 「유성은 미련을 남기지 않는다」만 보면 다소 비약처럼 보일 수 있지만 「유성」을 함께 읽으면 제법 수긍이 간다.

어느 별 마을에서는
궤도를 잃고 미아로 떠돌다
심연의 허공으로 몸을 던져
파랗게 죽어가는 별 하나 있다
은하계의 권태로
지구를 향한 일탈
뜨거운 욕망이 선향불꽃처럼 피었다가
덧없이 사그라져가고
우주의 질서 속에서
사멸의 슬픔이 이별처럼 내리며
허허한 詩 하나 남기고
먼 공간으로 사위어간다

— 「유성」 전문[2]

"어느 별 마을" 유성 이야기를 전하며 "사멸의 슬픔"을 정서적으로 환기한다. "뜨거운 욕망이 선향불꽃처럼 피었다가/ 덧없이 사그라

2 앞의 책, p. 20.

져가"지만, 그 덧없음이 사라져가는 모든 것에 대한 비애감을 자아내지만, 그러나 놀랍게도 시인은 그렇게 사라져가는 유성이 "허허한 詩" 하나 남겼다고 보고한다. 살아서 절실했던 것, 그러다가 안타깝게 사라지는 것이 "허허한 詩"로 남았다는 이 상상, 이 인식이야말로 이상인 시인의 절실한 시적 태도이자 지향처럼 보인다. 최종적인 자기 증명의 징표로 시를 택한 이의 소망적인 발언처럼 여겨지기도 한다. 고등학교 시절까지 문학청년으로서의 "뜨거운 욕망"을 "불꽃처럼" 지폈던 이상인은 가정 사정으로 인해 건축학과에 진학했고 졸업 후 설계업무로 평생의 생업에 종사하다가 은퇴했다고 한다. 은퇴 전 생업을 위한 삶에서 은퇴 후의 삶으로 건너가는 갈피에서 그는 '가지 않은 길'을 떠올리며, 남은 시간 바라는 대로 하더라도 후회를 덜어낼 수 있는 길을 모색하다가 시 창작에 열심을 내게 되었다는 것이다.

> 나의 바람[望]은
> 주머니에 들어있는 바람[願] 하나
> 끄집어내어
> 바람결에 날려보내
> 너의 무릎에 살포시 내려앉아
> 읽다 만 책처럼 쌓여있는 너에 대한 후회들이 하나씩 떨어져 나가도록
> 염원하는 일이다.
>
> —「바람」 1연[3]

3 앞의 책, p. 21.

은퇴 무렵에는 흔히 시간에 대한 폐쇄 불안을 느낄 수 있다. 젊은 시절 무료하거나 권태롭던 시기에는 시간의 광장 불안을 겪을 수 있었던 몸과 마음이 이제 시간이 그리 많지 않다는 불안에 사로잡히게 된다. 시인이 "이제 돌아가야 할 터인데"라며 노년의 시간의식을 웅숭깊게 형상화한 「종심」에서 "몇 번의 석양이 나에게 남았을지/ 가늠조차 안 되는/ 늙어가는 햇볕 같은 나이/ 오늘을 살고 나면/ 또 하루가 줄어 있을 것"이란 대목에서 그 불안감을 감지하게 된다. 이런 노년의 시간 의식에서 비롯된 서원이 「바람」에 나타난다. 여기서 바람결에 날려보낸 '바람[願] 하나'가 살포시 내려앉는 무릎의 주인인 '너'의 상징성이 주목된다. 2연에서는 나의 사랑 고백의 대상으로 전개되는 이 '너'는 누구인가? 시의 전체적 맥락에서 볼 때 너는 상당히 모호하다. 1연과 2연의 맥락이 겹쳐지는 듯 어긋나면서 풍요로운 상징 해석의 가능성을 산출하기 때문이다. 여러 가능성에도 불구하고, 우리는 '너'를 '시' 그 자체로 해석할 수 있다는 가정을 해본다. 시인의 시 사랑은 혹은 시에 대한 욕망은 시와 내밀하게 교감하고 시로 살면서 시에 대한 후회들을 덜어나가는 것이다. 후회 없이 '허허한 詩'를 쓰는 창작만이 이 지구라는 별 마을에 온 자신이 돌아갈 때 가장 후회를 덜하게 될 의미심장한 일이라는 순정하고 절실한 생각을 견지한 것처럼 보이기 때문이다.

이상인의 시는 오랜 그리움의 갈피다. 현실원칙 때문에 미뤄둘 수밖에 없었던 '가지 않은 길'에 대한 순정한 욕망이 그 그리움의 갈피를 증폭시켰다. 시에 대한 그리움은 곧 존재하는 모든 것들에 대한,

그리고 존재했다가 사라져간 많은 것들에 대한 가없는 그리움으로 확산 심화되고, 그 과정에서 시적 관찰과 인식 및 서정적 수행이 다양하게 전개된다. 그런데 그것이 은퇴 무렵이라는 갈피의 시간에 집중적으로 이루어졌다는 점에서 갈피의 상상력이라고 해도 좋을 것이다. '갈피'의 사전적 의미는 "겹치거나 포갠 물건의 하나하나의 사이 또는 그 틈" 혹은 "일이나 사물의 갈래가 구별되는 어름"이다. 생업의 시간대와 은퇴의 시간대가 구별되는 어름에 시인은 다채로운 그리움의 갈피들을 인상적인 무늬처럼 새겨 놓았다. 그가 그리움의 바다에서 길어 올린 이삭들에 더 가까이 가보기로 하자.

(1-2) 시간의 철리(哲理)와 인간의 도리(道理)

첫 시집의 표제작인 「바다에서 이삭을 줍다」는 시인의 시적 감수성이 대상과 교감하며 상상력의 새로운 이삭들을 길어 올리는 경로를 생생하게 보여준다. 노을 진 다음 태양의 마지막 기운이 점점 희미해지고 그 박명(薄明)마저 희미하다 못해 어둠을 맞이하는 그 순간, 시인은 바닷가에서 역동적인 감각의 자맥질을 수행한다. 먼저 먼 눈길로 하늘에서 바다 아래까지 수직으로 하강하며 핵심적 풍경을 직관한다. 하늘엔 별들이 "쪼르르 달려 나오"고 "먼 데서 파도가 데려온 조가비/ 갯가에서 재잘거리"는 소리를 공감각적으로 듣고, 또 바다 깊이 드리운 "그물에 든/ 고기의 탄식"마저 감각하고, "금귤 같은 남포등이 한 둘씩 켜지는" 포구의 풍경을 담아낸다. 포구의 모래톱에서는 일상처럼 "단풍 든 미역이삭, 비단 빛 조개이삭,/ 작은 물고기이삭들"

을 보게 마련이지만, 그 이삭들이 시적 언어로 표현을 얻게 되는 것은 오로지 "방황하는 想念들의 발자국이삭과/ 어지럽게 섞이"기 때문이다. 마찬가지로 "파도에 깨어진 달빛이삭과/ 바람에 흩날리는 잔 별이삭"을 감각하고 "잠 못 이루는 바다"와 교감할 수 있는 것 역시 그 바다에서 "서성이는/ 사념(思念)의 이삭들"이 그것들과 "흥건히 버무려"질 수 있을 만큼 내밀하게 상호작용한 덕분이다. 이처럼 "방황하는 想念들"과 "서성이는 사념(思念)들"이 바다에서 이삭을 줍게 하는 것이다. 여기서 이삭이란 무엇인가. 존재의 모든 것들이 그 결실을 향해 치닫는 중핵적 알맹이가 바로 이삭 아닌가. 벼나 나물, 과일의 이삭처럼 흔히 보이는 이삭을 보는 것은 누구나 할 수 있는 일이다. 그러나 시인은 다르다. 보이는 이삭들은 물론 보이지 않는 이삭들마저 상상의 눈으로 그윽하게 응시한다. 3연에서 '달빛 이삭'이며 '잔 별 이삭'이 돌올하게 드러나는 것은 그런 그윽한 눈의 감각적 인식의 결과다. 그러나 그 감각은 단순한 몽상이나 환각에서 그치지 않는다. 구체적 현실의 풍경과 실존적 인간의 결여를 엄중하게 성찰하는 가운데 "흥건히 버무려"지는 감각에 속한다. 그래서 4연이 눈길을 끈다.

사람들은
파시(波市)의 그물에 붙은
고기 쪼는 괭이갈매기처럼
썰물 되어 빠져나간 고단(孤單)한 갯가에서
허기진 가슴을 해루질 해가며
휑한 가슴을 꾹꾹 눌러 채우듯

오만(五萬) 가지 이삭들을 줍고 또 줍는다

— 「바다에서 이삭을 줍다」 4연[4]

여기서 "孤單(고단)한 갯가"나 "허기진 가슴", "휑한 가슴" 같은 표현들에 주목하면 시인의 감각적 실존이 어떤 텃밭에서 이루어지는지 헤아리기 어렵지 않다. 시간적으로는 1연에서 확인해준 대로 "아늑한 밤저녁"이다. 공간적으로는 "고단(孤單)한 갯가"다. 그런 시간, 그런 장소에 "허기진 가슴", "휑한 가슴"의 사람들이 해루질하듯 이삭들을 줍고 또 줍는다고 했다. 「통영주막」에서는 "검은 돛배에 실려와 어두운 숙명을 펴 나르는" "리스본 항구 뒷골목" "파두(fado)"나 "사람 가슴 우비적 파내는" "통영 장터" "갯배와 버무려진 니나노"를 부르는 사람들의 "기박(奇薄)한/ 시름 밴 듯"한 "가슴패기"로 변주된다. 그런 가슴들을 주목하면 이삭은 결실이지만, 그것은 충만이 아닌 결여에서 비롯된다. 4연에서 보인 결여의 가슴이 아니었다면 상상의 이삭은 움트지 않을 수도 있다. 나아가 바다에서 이삭줍기 같은 것을 생각하지 않을 수도 있었겠다. 이삭은 바다보다는 땅 위의 사건일 개연성이 더 크니까 말이다. 그런데 시인은 바다에서 이삭줍기를 수행한다. 그 결과 식물성, 동물성, 광물성 이삭줍기를 망라하고 달빛이며 별빛에 이르기까지 우주적 이삭줍기에 도전할 수 있었다. 이와 같은 이상인 시인의 이삭줍기 상상력은 '휴지기(休止期)'에 대한 도저한 인식과 성찰과도 연관된다. 그의 「휴지기(休止期)」는 13행의 간명한 시편이지만,

---

4 앞의 책, p. 125.

시간의 철리(哲理)와 인간의 도리(道理)를 함축하는 지혜로운 성찰을 인상적으로 보여준다.

새벽이
그리 오래 머물지 못하는 것은
어제의 해가 돌아와
오늘 나의 하루를 열어야 함이고
노을이
거기에 그리 오래 머물지 못하는 것은
또 다른 내일을 위해
오늘을 밀어내어
나의 하루를 비워줘야 함이다
그것은
나 이후의 나를 위해
비워야 할 공간과 시간이
넓고 길지 않은 휴지기(休止期)인 것처럼

— 「휴지기(休止期)」 전문[5]

무릇 동트는 새벽과 노을 지는 저녁은 경계의 시간이다. 그런 경계의 시간대를 '휴지기'로 포착하면서 새벽과 노을의 시간적 윤리를 포착해낸 시인의 인식은 평범한 듯 비범하다. 범속한 가운데 놀라운 트임의 지평을 열어 보인다. 고집하지 않고 머물지 않고 자신만의 영토라고 우기지 않는 덕성, 그 덕성이 우주의 자연스러운 순환을 가능

5 앞의 책, p. 115.

케 한다. 그 덕성은 곧 개인의 생태 윤리와도 연결된다. 새벽이나 노을이 "나 이후의 나를 위해/ 비워야 할 공간과 시간이/ 넓고 길지 않은 휴지기(休止期)"라고 받아들이는 것처럼, 세상의 개인들 또한 자신의 존재기를 전체상 가운데서 미분화해서 성찰하면 일종의 휴지기일 수 있지 않을까? 시인은 그렇게 질문하는 것 같다. 그렇다면 "나 이후의 나를 위"한, 더 나아가 지속 가능한 인류의 삶을 위한 윤리적 성찰의 자리가 어디인지 짐작하고 실천할 수 있을 것이라는 메시지를, 시인은 심연에서의 성찰을 통해 넓고 깊게 환기한다.

"나 이후의 나를 위해/ 비워야 할 공간과 시간"을 성찰하는 것은 "나 이후의 나"를 위함이기도 하지만 당장의 "나"를 위한 것이기도 하다. 자연의 철리를 헤아리는 사람은 끝에서 시작을 보고, 시작에서 끝을 헤아리는 사람이기 때문이다. 「파장(罷場)」이 주목되는 것은 그런 이유 때문이다. 상식적으로 파장은 장의 마감, 끝을 지시한다. 그럼에도 시인은 "파장(罷場)은 또 다른 시작"이라고 말한다.

시간을 닫기 위해
달음질쳐도
오늘을 닫으면 또 내일이
열리는 하루
파장(罷場)은 또 다른 시작입니다
그것은
질곡(桎梏)의 반추
내일의 막(幕)을 여는
서글픈 피에로의 몸짓

퇴장하여도 언제나 등장하는 오늘

– 「파장(罷場)」 부분[6]

파장에서 새로운 시작을 예비하는 이 성찰, 질곡의 지난 시간을 반추하면서 거기서 절망하지 않고 새롭게 내일을 열고자 하는 희망의 조짐, 비록 그것이 "서글픈 피에로의 몸짓"을 닮았다 하더라도, 언제나 새롭게 등장할 수 있는 희망의 마중물을 마련하는 시인의 곡진한 마음이 퍽 미덥다. 노년층 빈곤 문제가 심각하고 우울증과 자살률이 높은 사회적 정황을 고려하면, 파장에서 새로운 시작을 환기하는 이런 정서는 개인이나 사회 전반을 더 건강하게 고양할 수 있는 값진 촉매제가 될 수 있으리라. 퇴장한다고 그냥 끝나는 게 아니다. 끊임없이 새롭게 등장한다. 그런 생각이 아름다운 인간의 도리를 지킬 수 있도록 견인할 수 있을 것으로 본다.

(1-3) "그리운 슬픔", 그 우주적 연민

그렇다고 해서 시인이 어설프게 윤리적으로 권유하는 것은 아니다. 문학하는 근본 마음이라고 해도 좋을 우주적 연민(cosmic pity)의 심연에서 성찰하는 깊은 마음을 그는 간직하고 있는 것 같다. 가령 「오로라와 춤을」은 역동적 복합 감각으로 형상화된 우주적 연민의 정서를 느끼게 하는 시편이다.

---

6 앞의 책, p. 106.

하늘에 끝을 둔 듯 솟아오른
자작나무 사이로 삭바람 불면
자작
그리운 슬픔을
하얗게 벗는다

겹 겹 벗겨진 자작나무 껍질에
전사(戰士)의 한(恨)으로 쓰여진 연서(戀書)와
피의 맹세로 기록된 역사
동토(凍土)에 전설로 묻혔다

서편 하늘에 해가 걸어 들어가면
숲을 찬미하고 하늘을 경탄하듯
사념(思念)의 빛들 한데 모여 춤춘다

맹렬한 춤사위 초록빛 환희로 피어나고
바람이 설렁 불면
자작과 오로라 뒤엉키어
애잔한 군무(群舞)로 동토의 밤 깊어가고
잔 별 하나 아득한 하늘에서 사라진다

—「오로라와 춤을」 전문[7]

자연사에 새겨진 인류사의 족적을 헤아리는 시적 화자이기에 오로라의 빛들은 "사념(思念)의 빛들"로 성찰된다. 하늘에선 "맹렬한 춤

7 앞의 책, p. 22.

사위 초록빛 환희로 피어”난다. 땅에서 하늘을 향해 있는 자작나무는 “戰士의 한(恨)으로 쓰여진 연서(戀書)와/ 피의 맹세로 기록된 역사”를 함축한 “동토(凍土)”의 “전설”이다. 이 전설에 삭풍이 불면 “자작과 오로라 뒤엉키”며 “애잔한 군무(群舞)로 동토의 밤 깊어”간다. 여기서 시인은 애잔한 군무라고 했다. 그 우주적 연민은 “잔 별 하나 아득한 하늘에서 사라”지는 모습을 보태면서 더욱 깊어진다.

로마 신화에서 아우로라는 오리온이 사랑했던 여명의 여신이었다. 밤하늘에서 영혼의 소나타를 연주하며 춤추는 것 같은 특별한 빛의 향연을 발견한 17세기 프랑스 과학자 피에르 가센디가 오로라라고 이름 붙였다는데, 캐나다의 노스웨스트 준주의 주도(州都)인 옐로나이프, 대서양 북부의 북극권 바로 남쪽에 위치한 아이슬란드, 호주의 태즈메이니아 호바트 등 오로라를 관측하기 좋은 지역의 겨울은 오로라 헌터들로 붐비게 마련이다. 아마 시인도 그 어디쯤에서 오로라의 춤사위를 보았을 터이다. 보통 사람들은 오로라를 보면서 그 황홀경에 그만 취하고 만다. 그런데 그 황홀경을 “애잔한 군무(群舞)”로 낯설게 인식한 시인은 “그리운 슬픔”으로 껍질 벗겨지는 자작나무, 아득한 하늘에서 사라지는 ‘잔 별’ 이미지와 포개면서 우주적 연민의 심연을 깊게 한다. 그렇다는 것은 이상인이 ‘반(反)’의 동력[8]을 투시하는 깊

8 『노자의 목소리로 듣는 도덕경』에서 최진석은 “노자가 보기에 이 세상은 모든 것이 반대편을 향해 열려 있고, 반대편과의 관계 속에서 존재”한다는 것, “자신의 존재 근거가 자신 안에 있지 않고, 상대편과의 관계 속에 있”다는 것, “모든 사물은 이런 원리를 바탕으로 반대편을 향하여 부단히 변화한다”는 것, “이 세계에 있는 모든 것은 그 반대편 것과의 관계 속에서 비로소 그것이 된다”는 점을 강조한다. 노자의 도(道)도 그런 맥락에서 분명

은 시적 감수성을 지녔다는 사실을 추론케 한다. 환상적인 황홀경은 그 반대인 깊은 슬픔, 혹은 그리운 슬픔에서 빚어진다는 것을 통찰할 수 있는 시인으로 보이기 때문이다. 「곶자왈」에서는 "꽃을 피우지 못한 채 숲을 만"든 곶자왈 이끼와 향내 나는 꽃으로 피어난 것 사이의 '반(反)'의 동력을 응시하면서 생명 현상을 성찰한다.

하늘이 갈라진 어느 날
천둥과 번개 속에 끼어 든 꽃씨 하나
검은 숲에 날아 들어
오랜 산고(産苦)끝 덩굴 한마디 내더니
낮고 고요한 속삭임으로 향내 나는 꽃 피어나고
나비 한 쌍이 꽃 사이로 날아다닌다

숲 속은 천신만고 탄생한 생명들과
유장(悠長)하게 결합되며

해진다는 것이다. "노자는 이 세계를 반대되는 것들이 꼬여서 이루어진 것으로 본다. 즉 이 세계는 대립쌍들[유(有)/무(無), 고(高)/저(低), 장(長)/단(短), 상(上)/하(下)]이 서로 꼬여서 이루어져 있는데, 이것이 이 우주의 존재 원칙[恒]이자 법칙[常]이고, 이런 존재 형식 내지는 원칙에 도라는 기호를 붙인 것이다. 다시 말하면 이 세계는 반대되는 것들이 서로 꼬여서 이루어져 있는데, 반대되는 것들이 서로 꼬여서 이 세계를 이룬다는 이런 원칙을 '도'라고 부르는 것이다. [...] 이 세계가 반대되는 범주들의 꼬임으로 이루어졌다면 그런 꼬임을 이루는 힘 즉 운동력은 무엇인가. 노자는 그것을 『도덕경』 제40장에서 "반대편으로 나아가려는 경향이 도의 운동력이다"(反者道之動)라고 표현했다. 반대편으로 나아가려는 경향을 운동력으로 해석해서 반대되는 것들이 서로 관계를 맺는다는 뜻이다. 그러면 이 운동력은 어디서 오는가. 그것은 바로 자연이 본래적으로 갖추고 있다."(최진석, 『노자의 목소리로 듣는 도덕경』, 소나무, 2001, pp. 40~41.)

사라짐에는 무상(無常)의 탄식이,
생겨남에는 환희의 바람이 숲을 메우고
나뭇잎 사이로 볕이 들어
어두운 바위에 아지랑이 새기며 하얀 기운 퍼질 때
사슴 한 마리 숲에서 튀어나오고
기나긴 호흡에 일만년 곶자왈이 열렸다

— 「곶자왈」 2, 3연[9]

시인은 곶자왈 숲속에서 "천신만고 탄생한 생명들"과 무상(無常)하게 사라지는 생명들을 동시에 바라본다. 그 '반(反)'의 동력이 서로 기운을 지피면서 "기나긴 호흡"으로 "일만년 곶자왈"이 열렸다는 상상력은 생명 현상을 성찰하는 시인의 인식론적 깊이를 짐작하게 하는 대목이다. 특히 「유성」을 비롯한 여러 편에서 그랬듯이 사라지는 생명들에 대한 극진한 그리움의 정조가 느껴진다. 「버림받은 명왕성」에서 "버림받은 명왕성에게 미안한 일"이라고 토로했던 시인의 마음, 이런 그리운 슬픔이 그리움의 갈피를 더욱 곡진하게 한다. "아릿하게 그리운 밤"(「停電」), "재릿한 그리움"(「짝사랑」) 등 여러 시편에서 반복되는 정서다. 시인은 "내 사랑에게 완전히 맺히지 못하는/ 나의 불민(不敏)한 사랑에/ 한없이 괴로울 따름"(「내 사랑에게 염려되는 일」)이라면서도, "至極한 사랑을 만날 수 있을 것 같아서"(「하지의 기쁨」) '고행'에 가까운 '글쓰기'를 수행한다. 자연의 생명 현상들을 예민한 촉수로 관찰하고 감상하면서 자연스러운 정동(情動)을 일으킨다. 서로가 서로에게

9 이상인, 『바다에서 이삭을 줍다』, pp. 152~153.

열리고 그리워하며 스미는 반(反)의 동력에 상상력의 탄력을 보탠다. 시인의 그리움의 갈피는 그런 생명의 글쓰기로 수렴된다. 가지 않은 길에 대한 그리움, 이루지 못한 사랑에 대한 아릿한 그리움, 그 그리움의 갈피는 현실에서는 결여이고 "맥 끊긴 길"이다. 그 "맥 끊긴 길"을 이을 수 있는 그윽한 심연의 길을 이상인은 시 쓰기에서 새삼 발견한다. 아니, 예전에 걸었다가 오랜 시간 방치해 맥이 끊어진 그 길을 다시 이어 붙인다. '일만년 곶자왈'과 '오로라의 춤'이 함께 어우러지며 생명의 춤을 출 수 있게 된 것은 그와 같은 생태적 글쓰기의 결과이자 새로운 형성 과정이다.

2. 이동의 상상력과 천지공(天地空)의 화엄

(2-1) 한나절의 가능성

"바람이 인다!…… 어쨌든 살아야 한다!"[10]는 구절로 널리 회자되는 발레리의 「해변의 묘지」는 "언제나 다시 시작하는 바다" 이미지로 시작한다. 그렇다. 하늘과 별과 달과 바람과 새들과 더불어 바다는 늘 다시 구성되고 다시 태어난다. 아무런 물성(物性)도 동성(動性)도 느낄 수 없다면 그것은 바다가 아니다. 끊임없이 다시 태어나고 다시 시작하는 것으로 바다는 제 생명을 새롭게 지핀다. 그런 바다를 친밀한 애호의 공간으로 품어 지닌 이들은 바다가 다시 살아날 때마다 새

10 오생근, 『프랑스 현대 시 155편 깊이 읽기 2』, 문학과지성사, 2023, p. 86.

로운 감각의 지평을 열어갈 수 있다. 비슷하지만 언제나 역동적으로 달라지는 바다. 거기서 시인 이상인은 노을 이삭, 별빛 이삭, 달빛 이삭을 주어 바닷새들과 더불어 한 끼 잘 해먹었다는 상상력을 펼친다. '다시 태어나는 바다'와 더불어 늘 '다시 태어나는 시인'의 초상을 생태학적 상상력으로 묘출한다. 바다에서 그는 그리움의 갈피를 그리워하고, 피고지는 것들에 대한 연민의 시선을 그윽하게 보낸다. 생을 마치는 새들의 영혼은 어디에 깃들게 되는지, 둥지를 짓지 않는 철새들은 어디로 가는지, 빛을 잃은 별들은 어디로 갔는지, 허망하게 떨어진 꽃자리는 어떻게 되는지…… 바다에서 다시 태어나는 시인의 생태학적 상상력은 우주적 순환 속에서 심원하고도 광활하다. 바다처럼 생각하며 나를 찾아가는 상상 여정은 때때로 파도처럼 격렬하다.

폴 발레리는 「해변의 묘지」의 제사(題詞)로 고대 그리스 시인 핀다로스의 시구를 인용했다. "내 영혼이여, 영생을 바라지 말고 가능성의 세계를 천착하라." 「아폴로축제경기 축가」의 일부인 이 시구에서 우리는 자연스럽게 "가능성의 세계"를 주목하게 된다. 바람이 불고, 그 바람에 꽃이 떨어지고, 파도가 일렁거리고, 그 파도에 백사장의 모래가 휩쓸리고 바위가 깎이더라도 움직이는 흐름은 언제나 가능성의 현재로 받아들여질 수 있다. 그래서 발레리는 바람이 일더라도 어쨌든 살려고 애써야 한다는 메시지를 전하고 싶었던 것일 터이다.[11] 기원

11 핀다로스의 시구를 제사(題詞)로 인용한 것과 관련해 오생근은 이렇게 해석했다. "이것은 인간에게 '가능성의 세계'인 현재의 삶을 긍정하고, 가능한 한 열심히 살기를 권고하는 말이다. 이 말처럼 이제 바람이 불고, 파도는 일렁이는 흐름 속에서 시인의 영혼은 명상의 단계를 지나 행동의 단계

전 5세기 전반에 활동했던 핀다로스 역시 "유한한 인간의 기쁨의 시간도,/ 어두운 운명에 흔들려 땅에 떨어지는 꽃이 피어 있는 시간도 신속히 지나갈 뿐,/ 한나절의 일일 뿐"이라면서도 그 한나절 "그림자의 꿈"의 가능성의 세계를 탐문하고 "인간은 무엇이고, 인간은 무엇이 아닌가?" 질문했던 시인이다. 핀다로스의 "가능성의 세계", 발레리의 "가능성의 의지"와 비슷하게 이상인 역시 가능성의 세계와 그 의미를 웅숭깊게 응시한다. 특히 잔일(殘日)에 대한 정직한 성찰을 통해 얼마 남지 않은 시간과 그 이후의 가능성에 몰입한 것이 인상적이다.

그러니까 한나절이라는 시간은 가능성의 뭉치다. 인생 전체가 한나절로 표현될 수도 있고, 남은 잔일을 그렇게 부를 수도 있겠는데, 어떤 경우든 그 시간대는 가능한 잠재태의 온갖 집합으로 이루어져 있으며, 그 집합들과 주체 사이의 상응으로 가능성의 밀도는 달라진다. 이상인의 경우 지난 것도 그리움의 대상이고, 다가올 것도 역시 그러하기에 곳곳에 그리움의 갈피를 설정한다. 그리움이 과거로 향할 때 존재의 근원이라는 구심에서 인생역정과 기억의 편린으로 확산하는 경향을 보인다. 반대로 미래를 지향하면 우주적 상상력의 프리즘으로 펼쳐진다. 원심력적 상상력을 보일 때 "저무는 자의 예감"(「원(願)」)은 종종 예언적 증인이 된다. 시간의 과거와 미래 사이에, 그 현재에 온갖 생명이 가능성의 세계를 현상학적으로 연출한다. 그런 생명의 축제를 감각하는 녹색 시인은 행복하다. 게다가 바다에서의 몽

로 전환한다. 이것은 끊임없는 사유의 전개 과정에서 온갖 유혹을 무릅쓰고 이룩한 정신의 승리이자, 인간의 유한성을 극복할 수 있는 인간 승리이기도 하다."(오생근, 앞의 책, pp. 96~97.)

상은 행복감을 더욱 제고한다. 그러나 그 행복감은 소멸과 상처까지 끌어안으면서 그윽한 연민의 체를 통과한 것이어서 종종 화엄의 세계를 동경한다. 그런 의식을 바탕으로 이상인은 오늘 처음 태어난 파도의 말들을 모아 자신만의 뮤즈의 신전으로 들어간다. 그렇게 나날이 녹색 시인 이상인은 다시 태어난다.

(2-2) 그리움과 이동의 상상력

이상인의 「인생 복기」는 "어머니가 잉태하여 나를 받아들인 그날", "세상을 향해 미세한 신호를" 보낸 인생의 "실마리"부터 시작한다. 모태 양수에서의 "첫 번째 성장통", "모태의 문을 열고 막" 나오면서 한 "세상을 향한 첫 주먹질", "아버지의 무등을 타고/ 내 키보다 아득한 저 세상을 바라보"던 유년의 기억…… 이런 식으로 복기해 나간다. 「가족사진」에서도 그렇지만 아버지에 대한 시인의 기억은 매우 긍정적이고 아름답다. "아버지의 목 위는 누구도 넘볼 수 없는 성역이었다"라고 쓸 수 있는 원천은 오이디푸스 콤플렉스의 저편에서 행복한 부자 관계를 유지했던 가족 상황 덕분이 아니었을까 싶다. 부모에게는 따스한 기억을 지닌 시인은 유독 자신에게는 엄격한 사념을 보인다. "아버지의 무등"에서 내려와 "두 발이 땅에 닿은 이후" "쥐는 것보다 빠져 나가는 일이" 많아지며 "상실"이 시작되었다는 이 압축적 표현도 그렇지만 이어지는 복기 내용에서도 거듭 확인할 수 있게 된다.

천지공(天地空)에 홀로 앉아 시간과 놀다 보면
말할 수 없었던 치욕과 후회와
새삼 발견되는 오류와
나만 알고 있는 부끄러운 치부가 보이고
문득 내 유년도 보이고, 청년도 보이고, 죽음도 간간히 보인다

욕망이라는 덧없는 무게로
나는 항상 기우는 삶을 살았다
내 삶을 저울질하던 천칭(天秤)에서 분동(分銅)을 조금만 들어내어
기울어가는 내 인생의
헝클어진 평형을 잡아야 한다

– 「인생 복기」 7, 8연[12]

부끄러운 치부와 치욕, 오류와 후회의 장면들을 복기하면서 "기우는 삶", 기울어 헝클어진 인생에 '평형'을 잡고 싶은 소망과 의지를 보인다. 아마도 평형을 잡기 위한 심미적 실천 방안으로 선택한 것이 시쓰기가 아닐까 짐작된다. 고희를 앞둔 시인이 지난 인생을 복기하다 보면 자연스럽게 가족 이야기가 빠질 수 없다. 「가족사진」, 「어머니의 바지랑대」, 「어느 연 1」, 「어느 연2」, 「가는 길 같이 가면 참 좋으련만—결혼 사십 주년을 맞으며」 등의 시편들이 그렇다. 가족에 대한 그리움이나 애틋한 사연들이 맑은 언어로 형상화된다. 시인이 자신과 가족사를 복기하면서 단순한 감상에 젖어 있는 게 아니다. 아, 옛날이

12 이상인, 『바다에서 주운 이삭으로 한 끼를 해 먹었습니다』, 명성서림, 2022, p. 14.

여… 투의 회고를 넘어서 현재의 가능성을 위한 각별한 성찰의 지평을 열어 보인다. 가령 「극간풍」 같은 시를 보자.

극간풍(隙間風, infiltration)은 "건물의 출입구, 창, 벽, 바닥, 천장 따위의 틈 사이를 통하여 외부에서 실내로 들어오는 공기"[13]를 말한다. 외풍이 그 좁은 틈을 틈입해 들어오면서 바람의 밀도와 강도가 순간적으로 더 강해질 수 있다. 사람의 말도 그렇다. "시작은 작은 말", "실바람 같은 말"이었다가 "우레 같은 말이었다가" "우리를 헤집는 사이클론 같은 말들"로 증폭되는 경향을 보일 수 있다. 그런 "바람의 말들이 질주"하는 풍경을 직관한다. 일상적으로 흔히 경험하는 것이지만, 아마도 시인이 건축 전문가가 아니었다면 시로 형상화되기 어려운 소재일 수도 있는데, 그런 '극간풍' 소재를 취해 사람과 사람 사이의 관계와 커뮤니케이션 윤리에 대한 성찰로 이어간다. '극간'을 막을 수 있는 문풍지가 되자는 제안이 그것이다. "나는 너의 문풍지가 되고/ 너는 나의 문풍지가 되어/ 창과 창 사이 문과 문 사이 벽과 벽 사이의 틈으로 새어드는/ 외풍(外風)에도 흔들리지 않는 막이 되어/ 우리 방 안에 서로의 사랑을 잘 봉인하여 두곤" 했던 시절을 떠올리면서 그 "오래된 문풍지"가 세월 따라 조금씩 닳아지다 보니 예전에는 없던 틈이 다시 생기기도 하는데, 때로는 그 "바람의 말들"이 서로를 흔들기도 하는데, 그러니 "오래된 문풍지를 갈아 끼우고 서로의 가

13 https://ko.dict.naver.com/#/search?query=%EA%B7%B9%EA%B0%84%ED%92%8D (검색일: 2024.12.31.)

슴을 밀어내던/ 바람을"[14] 다시 막아보자는 이 곡진한 제안은 단지 부부 사이의 관계뿐만 아니라 인간 일반의 윤리 감각을 숙고하게 한다. 서로가 서로의 문풍지가 되어 바람을 막아줄 수 있을 때 서로의 가슴이 열리고 그러면 세상은 한결 더 따스하게 될 것이 아닌가.

그런 '바람의 말들'을 포착하여 상상력의 바람을 일으킬 수 있는 생태 시인이기에 이상인은 제 자리에 고여 있으려 하지 않는다. 움직인다. '이동'의 상상력이 주목되는 것은 그런 맥락에서다. 「숲」에서 이동의 상상력은 현묘한 생명의 물길을 튼다. 시인이 보기에 존재하는 것은 이동하는 것이기에 "늙는다는 것은 조금씩 느리게 이동하는 것"이고 그렇게 느려지다가 "이동을 멈추는 것은 소멸"이라고 말한다. 그런데 이동은 한 개체의 이동을 투시하면서 동시에 다른 개체 다른 존재자로의 이동을 성찰한다. "달의 전이(轉移)에 의해/ 죽은 물결과 산 물결이 번갈아 오듯이// 나의 변이(變移)에 의해/ 나의 子로, 나의 子에게서 나의 子의 子로/ 내 멈춰질 이동에 다른 이동이 이동해 온다"

> 숲은 벗어가며 입어가며
> 두터워지며 부요해지며 새로운 천이(遷移)를 맞는다
> 새와 바람과 일부의 별들과 함께
>
> 그리고 품으리라
> 이동하며 사라지는 것들이 이야기와 태어나는 모든 것들의 소망과
> 소멸하며 숲을 버리는 나와, 숲을 지키며 살아갈

---

14 이상인, 『바다에서 주운 이삭으로 한 끼를 해 먹었습니다』, pp. 86~88.

나의 손(孫)들을, 그리고 그의 손(孫)들을……

—「숲」 6, 7연[15]

핀다로스가 "한나절 일일 뿐"이라고 했던 존재의 철리(哲理)를 이 상인은 이동의 상상력으로 돌파하려 한다. 만약 이동을 인식할 수 없다면, 존재의 전이, 변이, 천이를 헤아릴 수 없다면 그저 "한나절"의 쇠우리 안에 갇힐 수도 있겠는데, 이동을 통해 열린 해방과 새로운 가능성을 모색하는 것이다. 이동은 한때, 그곳 그 자리를 넘어서게 하는 역동적 에너지다. 「철새는 둥지를 짓지 않는다」는 "한나절" 그 다음의 상상력으로 변형 생성된 경우다. 한 자리에 오래 머물지 않고 새가 떠나가는 것은 "그리운 것들이 그리워 떠나는 것"이고, 꽃잎이 제 자리에 오래 머물지 못하고 지고마는 것은 "지고 난 자리에 언제나 사랑의 결실이 맺혀있"다는 사실을 환기하기 위함이라고 시인은 직관한다. 그러면서 그 다음을 추리한다. "멀리 날아간 새는, 요즘 보이지 않는 새는/ 꽃잎이 되었다거나/ 더러는 별이 되어 꽃잎처럼 지워졌다는 말도 있지만요."[16] 꽃이 진 자리에 사랑의 결실이 맺히고 심지어 별이 될 수도 있다는 이런 이동의 상상력이 현존에 갇힌 허무와 상실감으로부터 벗어나게 한다. 다른 시에서 "마음이 충충하니/ 내 칠십의 허무만 보인다 내 업보만 보인다"(「마음이 충충하니」)[17] 라며 아파하기도

---

15 앞의 책, p. 41.

16 앞의 책, p. 36.

17 앞의 책, p. 75.

하는 시인이지만, 이동의 상상력을 통해 그것을 부단히 넘어선다. 「어느 병사의 기도」에서도 그렇다. "눈물은 별이 되어 밤하늘에 반짝인다/ 슬픈 것은 아름다움 것이리니/ 별빛을 머리에 이고/ 모아진 마음은 아름답다."[18]

앞에서도 언급했듯이 그리움이 이후 그러니까 미래를 향하면 우주적 상상력으로 비상하는 경향을 보인다. 「내가 사랑하는 별 이야기」에서처럼 "자오선을 방황하는 별들"이며 "안드로메다의 은하", "토성에서 만날 천사"들과 "수다를 떨"기도 한다.[19] 그런 상상력을 더 밀고 나가면 "죽어서는 어디에 깃들이는가"와 같은 근본적인 질문에 몰입하게 된다. 「생을 마치는 새들은 어디에 깃들이는가」는 제목 그대로 근원 질문을 던지는 시편이다. "새들의 지저귐이 바스러져 풍화되어가는 어느 날/ 깃털은 변검(變臉)하여 낙엽과 같이 뒹굴기도 할 것 같고/ 날개는 영혼을 달아 천상으로, 뼈는 비밀의 동굴에,/ 작은 심장은 아직도 환생의 방에서 할딱거리고 있을 것 같다"와 같은 식으로 상상하면서 그 여지를 열어둔다. 어차피 죽음 이후를 제대로 알기 어렵기 때문이기도 하거니와 현재의 가능성과 감각에 더 충실하기 위해 그런 것인지도 모른다. "봄이 되면 어김없이 종다리는 창공을 날고/ 가을 참새가 여전히 허수아비와 신경전을 벌이고/ 감나무에 까치가 익은 감만 쪼고/ 뜸부기는 아이들 입술로 오빠를 불러내고,/ 비둘기도 언제나 빨간 신발을 신고 공원을" 쪼는 모습을 그리며 시인은 다

18 앞의 책, p. 51.

19 앞의 책, pp. 16~17.

행스럽다는 생각을 내비친다. 어떤 새가 죽어 어디로 깃들이는지 정확히 헤아리기는 어렵지만 뒤의 생명이 앞의 생명을 이어 여전한 자연의 풍경을 보이는 것을 보며 다행스럽다고 한 것이다. 그러면서도 그 날짐승 생명들의 안부를 묻기도 하고 걱정하기도 하는 시인의 모습은 녹색 생태 시인의 어떤 초상에 가깝다. "그래도 한 겨울 폭설이 내려 온 세상이 설국이 되는 날은/ 어디에서 깃드는지/ 먹고는 있는지 언제나 걱정이다".[20] 있는 제 자리를 고정적으로 소유하고 영토화한 이들은 그런 연민이며 자비의 정서를 발견하기 쉽지 않다. 끊임없이 움직이며 탈영토화하고 이동하는 상상의 유목민들이 보이는 열린 감각이라서 더욱 생태학적 상상력의 가능성을 추론하게 한다.

(2-3) 바다에서의 행복한 몽상과 천지공(天地空)의 화엄

이상인은 두 번째 시집에 '바다에서 주운 이삭으로 한 끼를 해 먹었습니다'라는 표제를 붙여 놓고 그 밥상에 독자를 초대한다. 세상이나 우주와 대면하면서 시인이 더 능동적이고 더 적극적이게 된 것 같다. 줍기에서 머물지 않고 주운 이삭으로 허허롭게 한 끼를 해 먹었다는 이 발상이 이미 많은 것을 시사하기 때문이다. 조금 과장해서 말한다면 백척간두에서 진일보를 시도하는 느낌이다. 첫 시집에서도 그랬지만 제2시집에서도 시인 이상인에게 바다가 얼마나 친밀한 장소이고 행복한 공간인지를 감지하게 된다. 또 바다에서의 광활한 몽상과

20 앞의 책, pp. 18~19.

바람처럼 일어나는 상념이 시적 원천의 어떤 핵심이라는 점을 짐작하게 한다. 특히 표제작이 그러하다. 화자는 바닷가에서 파도에 쓸려 온 "금빛 잔 물결"을 보며 "양식에 쓰일 노을 이삭을 한 광주리 담아" 둔다. "별 이삭들"도 "한 소쿠리" 담아 두고, "달빛 이삭"도 넉넉하게 "한 냄비 담아" 둔다.

> 오오, 노을 별빛 달빛 이삭들
> 그것은 바다에 그저 떨어진 무상의 자비요
> 허기진 자를 위한 무위의 덤이었습니다
>
> 이제는 바다에 너부죽이 깔린 나의 슬픈 상념을,
> 서성이던 나의 사념의 이삭들을 거두어
> 노을에 담갔다가
> 별빛과 달빛에 잘 헹구어 둡니다
>
> 포구의 일상을 일기장처럼 접고
> 금귤 같은 남포등을 끌 시간이 지나고 있어요
>
> 허리 굽혀 몹시 겸손하게
> 신이 떨구어 주신 은혜의 빛들을 거두고
> 내 비탄의 사념과 허기진 상념을 벗어 던져
> 내 아까운 이삭들이 어둠에 파묻히기 전에,
> 밀물에 쓸리기 전에
> 바다의 이삭들을 안쳤습니다
>
> 바닷새들이 총총 날아와 나와 밥상을 마주하고

바다에서 주은 이삭으로 한끼를 해 먹었습니다.

– 「바다에서 주은 이삭으로 한끼를 해 먹었습니다」 4~8연[21]

때로는 자세히 설명하지 않고 시 텍스트 그 자체를 직접 보여주면서 독자들이 직접 감상할 수 있는 시간을 제공하는 것이 더 좋은 시가 있는데, 이 시도 그런 경우에 속한다. 시적 상황에 너무나 감각적으로 그려지기에 그저 교감하고 호응하는 추임새를 넣으면서 읽으면 그만이다. 우주의 삼라만상과 교감하면서 천지간의 넉넉한 양식으로 바다에서 수행되는 행복한 만찬의 풍경은 그저 흐뭇할 뿐이다. 그 누구라도 바닷새들과 함께 그 밥상에 마주 앉고 싶은 분위기다. 그러면 “비탄의 사념과 허기진 상념을 벗어 던”질 수 있을 것 같은 느낌에 더불어 행복의 감각에 취한다. 혹시 이런 바다 만찬이 일종의 침례식인 것은 아닐까. 비탄과 허기를 바닷물에 씻어내고 정화되어 별빛 달빛 몽상에 동참할 수 있는 침례식 말이다. 그런 침례식을 거치면 우주의 별별, 별난 ‘별나는’ 이야기라도 청취할 수 있는 행운도 지닐 수 있게 된다.

우주의 산호초 숲에서는
죽어가는 별들이 모여
새 별이 되는 별나는 이야기를 아시나요

21 앞의 책, pp. 25~26.

저 먼 곳에서
가만하게 들리는 별빛의 소리
그것은 죽어가는 별들의
절규 같은 것
억겁을 살다가 죽어가는 별은
발광(發光)을 하고
억겁을 생각하며 죽어가는 우리는
빛이 꺼져 갑니다

빛을 내며 죽어가는 신성(新星)
그 빛이 모여 새 별이 탄생하는 별나는 이야기와
우리가 죽으면 별이 된다는
별나는 이야기
또는 별이 진다는 이야기

별빛이 침묵하는 사이
별별 이야기가 다 들려 옵니다

—「별난 이야기」 전문[22]

처음에 나는 제목을 따라 본문에서도 "별난 이야기"로 읽었는데 다시 확인해보니 "별나는 이야기"였다. 아마도 이동과 존재 전이, 생성의 역동성을 강조하기 위해 진행형을 쓴 것 같다. 스러져가는 별빛을 모아 새 별이 탄생하는 진행형의 '별나는 이야기'는 또한 '별난 이

22 앞의 책, pp. 60~61.

야기'이기도 하다. 그러니 잠시 별빛이 침묵하더라도 별별 이야기가 다 들려 오는 것 아닐까. 이렇게 바다에서 새 별이 나는 이야기를 들을 수 있을 때 우리는 여전히 희망을 견지하게 된다. 바다에서의 행복한 몽상과 별난 이야기는 시인에게 희망의 지렛대로 작용한다. "바다에서 희망을 보는 나"를 따라온 고추잠자리에게 「바다 위 고추잠자리」의 화자는 "너도 결국 보헤미안. 나와 다르지 않다"며 그 인연에 새삼 감사하는 정감을 드러낸다. "허공 업고 날아온/ 지기(知己) 같은 너를 보니/ 너와 나, 그저 무위(無爲)는 아닌 듯/ 참 인연인 듯"(「바다 위 고추잠자리」).[23] 감사하는 마음은 더 그윽한 배려의 심상으로 깊어진다. 이 시인이 더불어 살아가는 모든 존재에 얼마나 살가운 마음을 보이는지를 「쓸데 있는 걱정」은 잘 보여준다. "새에게"는 "위험한 가지에 앉지 말거라/ 하늘 길 조심하고/ 밤 늦도록 다니지 말고 너무 높게/ 날지 말거라"는 걱정을, "물고기"에게는 "익사 당하지 않도록/ 너무 깊은 데는 가지 말거라/ 찬물에 너무 오래 놀지 말아라 감기 걸린다/ 바늘 조심하고"라는 당부를 한다. 이런 걱정은 동물이나 식물뿐만 아니라 바람 같은 기체를 넘어 하늘의 별에까지 이어진다. 가령 꽃이 벌에 쏘이지 않고 나비에게 밟히지 않고 사람의 가위에 함부로 잘리지 않기를 걱정한다. 또 바람이 전기 줄에 걸릴까 부러진 가지에 찔릴까 걱정이다. "별에게"는 "떨어지지 않도록 단디하거라/ 다른 별과 부딪히지 않도록 천천히 돌거라/ 시간이 되거든/ 내 가슴에 너의 빛을 달아다

23 앞의 책, p. 109.

오"[24]라고 걱정과 부탁을 곁들인다.

이런 연민과 배려는 존재하는 모든 것들에 대한 가없는 존중과 겸손의 윤리에 기반한 것이다. 존재하는 사물과 물질을 걱정하고 배려하는 마음에 앞서 그 자체로 존중하며 숨은 의미를 길어내는 태도를 보인 것 또한 미덕이다. 예컨대 「해바라기」에서는 수동적 바라기의 형상이 아니라 역동적 비상 의지를 지닌 존재로 그 염원과 가치를 재설정한다. 「동백꽃 아래에서」 시인은 "천지공(天地空)의 화엄"[25]을 듣는다. 그런가 하면 꽃의 생태를 통해 사람살이의 실상을 정직하게 반성하기도 한다. "꽃은/ 매 시절마다 한 번씩 피어나지만/ 나무에 피는 꽃도, 풀에 피는 꽃도/ 제 향기 달리 뿜은 적 없고/ 꽃잎 색 바꾸어 핀 적 없네/ 꽃은 지워질 때 언제나 사랑의 열매를 내지/ 시간을 꼭 기억하는 꽃/ 봄 여름 가을 겨울 다투며 피지 않네"(「꽃」)라며 꽃의 자연 질서를 환기한다. 그와 대조적으로 "미워하고 아파하는" 사람은 고작 "향기 없이 피고 지는" 사랑에서 그칠 따름이다. 꽃은 결코 "사람같이 살지 않으려" 한다는 것, 그런 성찰로 "사람처럼 사는 꽃은 어디에도 없네"[26]라는 시린 문장으로 마감되는 「꽃」의 진정성 있는성찰은 「봄 일기」에도 이어져 "노려보지도 않고, 샘도 하지 않는 봄 꽃을 닮기로" 했다는 다짐으로 표출된다. 생명을 공경하는 시인의 의식은 변변한 이름 하나 지니지 못한 들꽃에게도 합당한 영혼의 목소리를 되살

24 앞의 책, pp. 84~85.

25 앞의 책, p. 125.

26 앞의 책, pp. 132~133.

려준다.

마구 살았다고 말하지 말라
거친 바람도 견디고 궁핍도 견뎠다

내 벗은 몸에서 낯선 꽃잎 피워내도
내 이름 알려고 식물도감 펼치지 말아라
다시 버려질 이름이니

나를 꺾고 싶으면 그래도 된다
내 뿌리는 잘 결속되어 있어, 또 피면 되니

몇 번이나 지워질 뻔했던 나

봄이 되거나 말거나
내 꽃잎
바람이 몹시 흩날릴 터이니

―「들꽃」 전문[27]

결코 어설픈 의인화가 아니다. 들꽃의 생명, 그대로의 목소리다. 그 실감이 어지간하다. 이런 들꽃의 소리를 직접 듣게 되면 우리는 더욱 겸손해지게 된다. 만물의 영장이라 자부했던 인간이 그 오만을 반성하고 겸손하게 '작은 존재'라는 사실을 받아들일 때 존재하는 모든

27 앞의 책, p. 119.

것들과 더불어 화엄의 경지를 응시할 수 있을지도 모른다. 화엄까지 아니더라도 생명의 기쁜 잔치에 동참할 수 있게 된다. 가령 이런 풍경은 어떤가. "누가/ 새치름한 실을 뽑아 저렇게 흔들어 대나요/ 봄 아지랑이 꼬물거리며/ 모든 생명에 태기가 돌면/ 새들의 겨드랑이에도/ 봄이 드나 봅니다/ 강구 해안을 나는 갈매기가/ 베어먹은 새털구름은 참 맛날 것 같아요"(「통영에서 온 편지1」 2연)[28]. 「삼월의 낙동강」도 이런 공감과 공생, 공존의 감각이 잘 빚어진 시편이다. 또 앞에서 말한 전이와 이동의 상상력이 현묘하게 드러난 텍스트다.

> 내가 다니던 강어귀 어디쯤 질펀한 생명의 뻘 하나를 만들어 두었네
>
> 그 뻘에는 쓰러져가는 늙은 갈대를
> 젊은 갈대가 받쳐주며 사는 공존의 이치와
> 언젠가는 젊은 갈대에게 자리를 내주는 이타의 이치를
>
> 달의 의지로 바다로 나갔다가 돌아온 삼월의 강이 일깨워 주네
>
> 삼월의 낙동강에는 버들치들이 왁자지껄 떠들며 헤엄쳐 다니고
> 밀 물결과 썰 물결이 잘게 쓸리어 돌아오며
> 겨울을 밀어낸 봄이 흐르고 있네
>
> –「삼월의 낙동강」 6~8연[29]

28 앞의 책, p. 136.

29 앞의 책, pp. 142~143.

달과 지구, 강과 육지, 늙은 갈대와 젊은 갈대, 겨울과 봄이 서로 몸과 마음을 주고받으면서 역동적으로 전이하면서 조화로운 공존, 넉넉한 이타의 이치를 잘 드러내고 있기 때문이다. 이 시에서 분명히 전하는 "공존의 이치"와 "이타의 이치"야말로 시인 이상인이 바다에서 홀로 행복한 몽상에 젖어 있었던 게 아니라는 사실을 웅변한다. 노을 이삭, 별빛 이삭, 달빛 이삭을 버무려 만든 식탁에 바닷새와 마주 앉아 있었다고 했지만, 실은 그 밥상에는 생명 있는 모든 것들이 차별 없이 초대되었다고 말해도 좋으리라.

(2-4) 처음 태어난 파도의 말들을 위하여

첫 시집 『바다에서 이삭을 줍다』의 「여름 글쓰기」나 「고행」 등 여러 편에서도 그랬지만 두 번째 시집 『바다에서 주운 이삭으로 한 끼를 해 먹었습니다』에서도 시인으로서 자의식을 분명히 드러내는 시편들이 여럿이다. 「내 시집에 쓰일 말들」은 시인의 시적 관심과 소망을 잘 드러낸 시다. 일종의 창작 노트처럼 보이기도 하는데, 자신의 관심사를 셋으로 요약했다. 우선 "그리운 것들을 그리워하며"가 첫째다. "그리워서 갈피를 못 잡는 그 그리움의 갈피를 그리워합니다. 갈래가 다른 사랑들을 갈피처럼 끼워두고 책장을 넘기듯 넘겨버렸던 그리움을 그리워합니다." 둘째는 "피고 지는 것들을 서러워하며"다. "곧 내려올 석양을 바라보고, 넘어가는 노을을 오래 만지다 보면 지는 것에 대하여, 다시 필 것에 대하여 아름다운 석별을 하면서도 늘 서러워집니다." 그리고 셋째는 "흔들리는 것을 염려하며"다. "정전 된 날밤

어두운 방구석에서 내 사랑이 아파하며 흔들리는 것을 염려하고, 겨울 갈대 밭에서 바람을 맞으며 흔들리는 나를 염려하듯 모든 흔들리는 것에 염려합니다." 이런 서정과 인식, 혹은 시적 관심사가 바다에서의 행복한 몽상을 가능케 하고, 천지공의 화엄의 경지에 접근하게 한다. 그러나 시인은 또한 겸손한 태도를 잃지 않는다. 이렇게 세 가지 시적 관심사를 드러내면서도 그 불가능성을 짐작하고 토로한다. "그러나/ 내 시집에 어찌 그리운 것들을, 피고 지는 것들을, 흔들리는 것들을/ 다 쓸 수 있을까요." 욕망이 늘 미끄러지게 마련인 것이어서, 욕망의 여집합에 욕망이 자리하고, 내가 생각하지 않은 자리에서 내가 있게 되고, 내가 쓰지 않은 말들 속에 내가 있다고 생각해서일까. 시인은 이렇게 적는다. "나의 시집에는 나의 시집에 쓰이지 않을 말들로 채우고 싶습니다."[30]

그런 말들을 줍기 위해 시인은 오늘도 다시 태어나는 바다로 나간다. 거기서 새로 태어난 첫 파도에서 말들을 발견하고 처음 불어오는 바람결에 끼쳐오는 시어를 감각하고 싶어 한다. "오늘 처음 태어난 파도를 보고 싶습니다/ 오늘 처음 불어온 바람을 맞고 싶습니다"(「그리움에게」 1연)[31]. 그러니까 처음 태어나는 파도의 말들을 위하여 바닷가에서 산책하고 행복하게 몽상하는 것이다. 반복이 되겠지만, 이상인에게 바다는 가능성의 공간이고, 바닷가에서의 시간은 가능성의 시간이다. 무엇보다 시적 가능성의 시간이고 공간이다. "아, 이제 남은 시

30 앞의 책, pp. 46~50.

31 앞의 책, p. 20.

절이 얼마 없는데도/ 하고 싶은 것들이 이렇게 많은 줄은 미처 몰랐습니다”(「이제 남은 시절이 별로 없어」)[32]라는 구절을 읽으면서도 우리는 그토록 많은 “하고 싶은 것”이 다름아닌 시 쓰기임을 어렵지 않게 짐작하게 된다. 얼마남지 않은 잔일을 시 쓰는 것으로 심미화하고 의미화함으로써 가능성으로 충일한 시간이 되게 하고 싶은 것이다. 그러나 「고행」에서 분명히 인식했듯, 시 쓰기는 한가로운 여기(餘技)를 넘어서는 일이다. 창작, 그 아픔의 뒤안길에서 고통을 충분히 지불하지 않으면 수행하기 어려운 심미적 여정이다. 시인도 그것을 잘 안다. 알면서도 감당하려 한다.

“나는 글의 광부입니다/ 갱도에 몸을 싣고 태고의 말을 캐내는 시인입니다”라는 시인 선언으로 시작하는 「사인(死因)」은 이상인이 시어를 캐내고 “허구의 만나라”를 짓기 위해 얼마나 악전고투를 해야 했던가를 우회적으로 환기한다. 대부분의 시인이 경험하듯이 그도 “말言이 나를 밀어 낭떨어지로 몰고”가는 악몽을 자주 꾼다. 그 악몽 속에서 말의 광산은 점점 줄어들고 고갈되어 간다. 마침내 “시어는 낙석에 묻히고 갱도는 무너져 내”리기에 이르고, 거기서 시인은 순교한다. “시인은 죽었습니다/ 死因은 시어(詩語)를 캐다가 시(詩)에 눌린 질식사입니다.”[33] 시를 쓰다가 순교할 때까지 이상인의 행복한 고행은 계속될 것으로 보인다. “하면(夏眠)에 들어 꿈쩍 않던/ 나의 곰 같은 시심(詩心)도 깨어나서// 가을이 서서 찬찬히 걸어오는 날// 말갛게 헹구어진

32 앞의 책, p. 71.

33 앞의 책, pp. 71~72.

말들이 보석처럼 꿰어져/ 아름다운 시 한편 만들어질까요"(「입추」).[34] 여름철 낮잠에서 깨어난 이후 잔일의 가능성을 성원한다. 처음 태어난 파도의 말들과 더불어, 다시 태어나는 바다처럼, 시인은 다시 태어난다. 생태적 유기성의 순환 고리 안에서 거듭 태어나며 새로 시작하는 것이다.

3. 유기적 상호작용과 무위의 이삭

(3-1) 바다의 노느매기와 무위의 이삭

이상인은 1954년 부산에서 태어났다. 그를 키운 것은 팔 할이 바다였다. 창랑을 들숨으로 별빛을 날숨으로 교감하며 별을 사랑하는 문학청년으로 성장했다. 일찍이 용정에서 태어난 별을 사랑했던 어느 시인과는 달리 생업을 위해 건축 전문가로 일가를 이루었다. 그러다가 2021년 더 이상 미룰 수 없다는 마음으로 시단에 나왔다. 웅숭깊은 그리움의 갈피로 빚어진 그의 시는 미뤘던 '가지 않은 길'에 대한 순정한 그리움의 소산이었다.

첫 시집 『바다에서 이삭을 줍다』(2021), 제2시집 『바다에서 주운 이삭으로 한 끼를 해 먹었습니다』(2022), 제3시집 『바다에서 주운 이삭을 심다』(2023) 등 세 시집 모두에 그 표제어로 '바다'와 '이삭'이 화두처럼 들어 있다. 그 화두를 작동하는 서술어의 변화가 인상적이다.

---

34 앞의 책, p. 145.

특히 '줍다'에서 '먹다'를 거쳐 '심다'로의 변화가 주목된다. 그 변화의 이력을 확인하기 위해 우선 이전 시집의 표제작들을 반추해보기로 한다. 「바다에서 이삭을 줍다」는 이상인 시인의 시적 원천 및 시적 수행 과정을 짐작하게 한다. 온갖 우주적 질료들과 교감하며 상상력의 새로운 이삭들을 길어 올리는 경로를 생생하게 보여주기 때문이다. 노을 진 다음 태양의 마지막 기운이 점점 희미해지고 그 박명(薄明)마저 희미하다 못해 어둠을 맞이하는 그 순간, 시인은 바닷가에서 역동적인 감각의 자맥질을 수행한다. "단풍 든 미역이삭, 비단 빛 조개이삭,/ 작은 물고기이삭들" 같은 시적 대상들과 시적 주체의 "방황하는 상념(想念)들의 발자국이삭"과의 대화가 역동적이다. 또 "파도에 깨어진 달빛이삭과/ 바람에 흩날리는 잔 별 이삭"을 감각하고 "잠 못 이루는 바다"와 시적 주체의 "서성이는/ 사념(思念)의 이삭들" 사이에 "흥건히 버무려"지는 교감 역시 어지간하다. 그런 교감의 역동성은 '달빛이삭'이며 '잔별 이삭' 등 "오만(五萬) 가지 이삭들"로 확산되고 "흥건히 버무려"진다.[35] 이렇게 첫 시집에서 시인은 바다에서 이삭줍기를 수행한다. 그 결과 식물성, 동물성, 광물성 이삭줍기를 망라하고 달빛이며 별빛에 이르기까지 우주적 이삭줍기에 도전할 수 있었다.

이런 이삭줍기의 상상력은 제2시집에서 더 능동적이고 적극적이다. 「바다에서 주운 이삭으로 한 끼를 해 먹었습니다」는 교감과 수용을 넘어 적극적 상호작용의 결과로 마련된 즐거운 몽상의 밥상이다. 줍기에서 머물지 않고 주운 이삭으로 허허롭게 한 끼를 해 먹었다는

35 이상인, 『바다에서 이삭을 줍다』, pp. 124~125.

이 발상이 인상적이다. 바다에서의 광활한 몽상과 바람처럼 일어나는 상념으로 상상적 탈주를 수행한다. 시적 주체는 바닷가에서 파도에 쓸려 온 "금빛 잔 물결"을 보며 "양식에 쓰일 노을 이삭을 한 광주리 담아" 둔다. "별 이삭들"도 "한 소쿠리" 담아 두고, "달빛 이삭"도 넉넉하게 "한 냄비 담아" 둔다. "허기진 자를 위한 무위의 덤"인 "노을 별빛 달빛 이삭들"에 담그고 헹구어 "바다의 이삭들을 안"친다. 그리고 행복한 만찬을 즐긴다. "바닷새들이 총총 날아와 나와 밥상을 마주하고/ 바다에서 주은 이삭으로 한끼를 해 먹었습니다."[36] 우주의 삼라만상과 교감하면서 천지간의 넉넉한 양식으로 바다에서 수행되는 행복한 만찬의 풍경은 오로지 시적 몽상을 통해서만 가능하다. 이런 만찬에 스스로를 초대하고 가까운 지인들을 환대하기 위해 시인은 시를 짓는 것 같다.

바닷새들과 더불어 수행했던 행복한 만찬을 계속하기 위해서는 '줍기', '먹기'만 해서는 안 된다고 생각한 것일까? 행복한 감각의 지속 가능성을 위해 시인 이상인은 '심다'의 지평을 새롭게 창출한다. 제3시집 『바다에서 주운 이삭을 심다』의 표제작에서 시인은 "떨구어진 이삭만으로도 먹고" 살 수 있지만 "이제 무위의 이삭을 한번 심어 보자꾸나"라고 제안한다. "모래 위에 떨어져 호젓이 빛나는 별빛이삭을 심"으니 별빛이 위로 자라고 "잔물결에 남실거리는 달빛이삭을 심자" 누리에 달빛이 두루 퍼지게 되었다고 노래한다. 그렇게 주운 이삭들을 심다보니 자신에 대해서도 새로 성찰하게 된다. "아비의 이삭", 그러니

36 이상인, 『바다에서 주운 이삭으로 한 끼를 해 먹었습니다』, p. 26.

까 아비가 '심은' 이삭의 결과인 자기가 "바다의 온갖 이삭들 틈에서 자랐"음도 새삼 인식하게 되는 것이다.

> 아!
> 저 너머에서 길어와 심어둔 노을이삭은
> 벌써 붉게 익어 넘어가는데
>
> 어느새 별빛 달빛 묘목들이 자라나고
> 그 열매들이 풍요롭게 열려, 온 바다가 자르르 하누나
>
> 가끔 세찬 비바람이 별빛 달빛 나무를 흔들리라
> 빛나는 열매들이 우수수 떨어져
> 내 가여운 상념은 별빛에 덮이고, 내 우둔한 사념은
> 달빛에 묻혀라
>
> 미처 거두지 못한 숱한 이삭들이 또 바다에 뒹굴어도
> 바다에서 서성이는 뭇 가련한 것들과
> 방황하는 이들의 노느매기로 남겨두자!
>
> 바다는 너그러워지리라
> 내가 떨구어낼 내 이삭도 부요(富饒)해지리라
>
> – 「바다에서 주운 이삭을 심다」 부분[37]

바다에서 주운 이삭으로 한 끼 잘 차려 먹었다는 행복한 만찬의

---

37 이상인, 『바다에서 주운 이삭을 심다』, 명성서림, 2023, pp. 108~109.

경험을 대승적으로 나누기 위해서는 '심기'의 상상력이 요긴하다고 생각한 것 아닐까. 바다가 베푸는 선물을 '노느매기'하기 위해서라도 '줍다'에서, '먹다'를 거쳐, '심다'로 인식론적 전환이 필요하다고 성찰했을 터이다. 사전적으로는 여러 몫으로 갈라 나누는 일 또는 그렇게 나누어진 몫을 노느매기라고 말한다. 바다의 이삭들을 오로지 내 몫으로만 배타적으로 소유할 수 없고 또 그러지 않겠다는 것, 그 바다의 노느매기 정신은 '무위의 이삭'과 관련한 상상력과 더불어 깊어지고 넓어진다.

「바다에서 주운 이삭을 심다」의 1연에서 "이제 무위의 이삭을 한번 심어 보자꾸나"라고 했던 시적 제안은 심오한 생명 윤리 혹은 자연 윤리와 관련한 오래된 미래를 연상케 한다. 두루 알다시피 '무위(無爲)'는 노자의 핵심 범주 중의 하나다. 『도덕경』 제2장에서 "자연의 이런 원칙을 본받아 성인은 무위하는 일을 하며[是以聖人處無爲之事]"라고 했던 대목을 도가 철학자 최진석은 이렇게 풀어 보인 바 있다.

> 무위는 아무런 행위도 하지 않는다는 의미가 아니다. 무위와 반대되는 행위는 인위(人爲) 즉 유위(有爲)인데, 이것들은 무슨 목적이나 욕망을 가지고 하는 행위로서 인위적인 성격을 강하게 포함하는 행위들이다. 특히 특정한 체계나 기준에 맞추어서 하는 행위이다.
>
> 하지만 자연의 질서는 어떠한가. 자연은 어떤 욕망이나 목적 혹은 체계로 닫혀 있지 않다. 자연은 아무런 목적도 없이(天道無親: 제79장) 무심하게 운행한다. 그런데 우리가 어떤 의욕이나 욕망 혹은 목적을

근거로 행위[有爲]하면, 그것은 하나의 초점을 향해 나아가는 것일 테고, 그런 행위 과정에 나타나는 그 초점은 다른 것들을 모두 제치고 행위자를 향해 명료하게 드러나는데, 그것은 자연의 원래 모습이 아니다. 그래서 자연의 존재 형식을 모델로 하는 행위는 무위하는 자연을 따라 무위해야 한다는 것이다.[38]

그러니까 노자의 무위는 공자의 인위와는 달리 자연의 상도(常道)를 헤아리고 세계의 진상에 접근하는 방법의 일환이다. 아무런 목적도 없이 그저 무심하게 운행하는 자연처럼 무위를 실천할 때 상생의 지평을 열 수 있다. 『도덕경』 제2장의 본문처럼 '유무상생(有無相生)'의 도(道)는 "무엇을 하되 그것을 자신의 뜻대로 하려 하지 않[爲而弗志]"을 때, 혹은 "잘 살게 해주고도 그것을 자신의 소유로 하지 않[生而弗有]"을 때, 그리고 "공이 이루어져도 그 이룬 공 위에 자리 잡지 않[功成而弗居]"을 때 열릴 수 있다는 말이다.[39] '무위의 이삭'을 심자는 시인 이상인의 제안은 이런 맥락과 조응한다. 그러니까 바다에서 주운 이삭을 심는 행위는 어떤 목적이나 욕망에 따른 것이 아니다. 그렇게 심어서 어떤 소출이 있을 때 그것을 배타적으로 소유하자는 것도 아니다. 내가 심은 이삭이라고 말하려는 것도 물론 아니다. 요컨대 무위의 이삭은 서로 살게 해주고, 서로 이뤄주며, 서로 따르게 되는 상생의 지평을 위한 기본적이고 자연적인 덕성을 향한 시적 몽상과 심층

38 최진석, 『노자의 목소리로 듣는 도덕경』, pp. 43~44.

39 앞의 책, pp. 34~35.

상상력의 요체라 할 것이다. '줍다'와 '심다' 그리고 '먹다'가 서로 어울릴 수 있는 지속 가능한 상생을 상상하는 시인의 구도적 수행 원리이기도 하다. 무위의 이삭을 위한 이상인 시인의 시적 에너지가 주목되는 이유는 바로 이 지점에 있다.

(3-2) 시종(侍從)과 시종(詩宗) 사이에서

상생을 위한 상상력과 그 실천적 기획은 우리 시대의 지구적 과제에 속한다. 그렇다는 것은 그 지향 가치의 정당성과 현실적 실천 가능성 사이의 거리 때문이다. 상생을 위한 무위의 기획보다는 무한 욕망과 과도한 경쟁으로 치닫는 유위의 사회 생태계가 험하기 짝이 없는 게 현실 아니던가. 존재보다는 소유가, 협업과 공생보다는 경쟁과 승자 독식이 우선시되는 현실에서라면, 존재자들은 점점 불안의 늪에 빠질 수 있고 위험 사회에 포획될 가능성이 높다.[40] 이런 시대 상황

40 미국의 진보적 정치경제학자 가 알페로비츠(Gar Alperovitz)와 초당파적 싱크탱크이자 공공정책 연구가인 루 데일리(Lew Daly)가 공저한 『독식비판』은 '지식 경제 시대의 부와 분배'의 문제를 경제사상사의 관점에서 다룬다. "자신의 독창적 재능만으로 시장에서 최대 가치로 보상받는 사람들이 많다"라고 말하는 미국의 한 CEO나 "이만큼 세우기까지 우리는 어느 누구한테도 의존하지 않았다"라는 미국 금융가의 거물 샌포드 웨일의 입장보다는, "내가 번 것 중에 아주 많은 부분은 사회에서 나온 것"이라고 말한 워런 버핏의 견해가 타당함을 논증한 책이다. 시간을 가장 위대한 발명가라고 했던 이는 프랜시스 베이컨이었다. 『독식비판』의 저자들이 보기에 현재의 성취는 오랜 시간적 축적의 보상 혹은 과거로부터 전해진 선물이다. "현 상태의 국가는 우리 이전에 살았던 모든 세대의 발견, 발명, 개선, 숙달, 분발의 결과"라고 했던 프리드리히 리스트를 각별히 주목하는 것도 그 때문이다.(졸저, 『책의 질문』, 열림원, 2023, pp. 96~98 참조)

과 관련하여 우선 「거미와 누에」가 주목된다. 각각 거미와 누에의 입장을 초점화하여 그 생태와 생각을 보여주거나 들려준 다음 시적 화자의 논평으로 마무리되는 텍스트이다. 우선 묘사부에서 시인은 거미와 누에의 생태에 비범한 관찰 결과를 묘출한다. 〈거미〉에 대해 "거미의 일상은 측량도 깃발도 없이 허공을 짓는 일/ 허공을 헛디디는 일 없이/ 제 안의 전부를 헐어/ 다랭이 논 경작하듯 시(時)와 공(空) 짠다/ 발 아래가 모두 제 영토다/ 바람 위에서 한뎃잠 자며 고립만큼 깊은 적막을 기다린다/ 걸리는 놈은 바람 빼고 다 죽는다"라고 형상화했는데, 여기서 "측량도 깃발도 없이 허공을 짓는"다는 발상은 건축 전문가의 경험이, "시(時)와 공(空)을 짠다"라는 '무위의 이삭'을 심는 시인의 상상력이 촉발한 시적 표현이라 할 것이다. 〈누에〉 부분에서도 "갇히는 일과 열리는 일이 같은 듯 다른 듯/ 탈피의 잠"을 자서 "허기진 누에는 닫히기 위해 실을 잣고,/ 날기 위해 밀실에" 든다고 했다. 그렇게 "일생을 들여 짠 고치 속 번데기"는 "비상(飛上) 위한 우화(羽化)를 꿈"꾸며 "제 살던 집을 헐고/ 필사의 날갯짓"을 한다면서 누에의 일생을 아주 특징적으로 점묘한다. 이어지는 대화부도 무척 흥미롭다.

> 〈누에〉
> "실(絲)은 먹기 위해 짜는 것이 아니네
> 날기 위해 짜는 것이지, 자유를 찾아서"
> 〈거미〉
> "허공이 나의 거처야. 온 사방이 탁 트인….
> 고치에 갇혀 번데기로 쫄며 살지 않지, 자유란 그런 것이야"

〈누에〉
"아무리 애써도 자네는 거미줄 위 바람의 포로야
산 입에 거미줄 치는 날이 더 많지"
〈거미〉
"너는 명주실 잣다가 평생을 보내고
천신만고 날다 내 그물에 걸려 들 거야!"

— 「거미와 누에」 부분[41]

이렇게 자유에 대한 그리고 일생의 노력에 대한 거미와 누에의 대화를 일목요연하게 들려준 다음 시인은 "날짐승과 절지동물의 유사類似 방적업紡績業/ 다만 협업할 수 없는, 비정한 야생의 운명적 생태계"라는 논평부로 시를 마감한다. "협업할 수 없는, 비정한 야생의 운명적 생태계"라는 말이 오래 가슴을 울린다. 현실적 삶의 생태계는 이런 거미와 누에의 경우처럼 아니 그 이상으로 협업하기 어렵거니와 심지어 불화하거나 갈등을 빚거나 충돌하는 사례도 많다. 실제 현실은 상상이나 상징보다 훨씬 위태롭고 불안하다. 「아이 엠 쌈씽」에서 "잘못 쓰여진 연극의 각본처럼/ 착오로 만들어진 인연을 운명이라 여기며 막장까지 살았다"라고 술회하는 화자의 처지를 우리는 그런 맥락에서 헤아리게 된다. "나는 소도구처럼 치워지고/ 무대 위는 침묵만이 여운이 되어 떠다닌다// 각본에도 없던 나는, 주연이 뱉어낸 애드리브/ 올이 풀려나간 솔기의 양말처럼 버려졌다"라고 했다. 그렇게 되돌이키다 보니 "아이 엠 낫씽!"이라고 한탄하는 것도 차라리 자연스

41 이상인, 『바다에서 주운 이삭을 심다』, p. 141.

럽다. "지구의 표면에 기어 다니는 겨우 보이는 흔적"이거나 "격랑에 내리는 가랑비"에 불과했던 것이 아닐까 하는 비극적 자기 인식이 도저하다. 그러다가 "나에게도 무엇 무엇인 적이 있었지 정말!"이라고 가까스로 기운을 회복하기도 한다. 그렇게 Fade in과 Fade out의 무대화 전략에 따라 인식의 양극을 오가던 화자는, 부정의 변증법으로 최소한의 가능성을 확보하려는 의지를 내비친다. "기웃거리다 사라져가는 유성처럼, 심연의 아메바 발광체처럼……/ 결국 아이 엠 낫씽. But 쌈씽!"[42]

『도덕경』에서 노자도 그랬던 것처럼 시인 이상인도 반(反)의 동력에 의해 존재 지평을 자연스럽게 성찰해 나간다. 「아이 엠 쌈씽」에서 어떤 존재감이 있었거나 아예 전무했거나 하는 양항 대립을 보였던 시인은 「나를 추심하려는 자에게」에서는 일생의 대차대조표를 작성한다. "삶은 언제나 수척했고/ 인생의 대차대조는 늘 차변 쪽으로 기울었"지만 "내 생을 재단하려는 자" 혹은 "나를 추신하려는 자"에서 대변도 두루 살펴달라고 호소한다.

차변(借邊)에 있는,
모든 것을 사랑하지 못해 어쩔 수 없이 버린 일부의 인연과
감추려 했던 수치와
비겁하게 받아냈던 굴욕, 등등의 항목과

대변(貸邊)에 있는,

---

42 앞의 책, pp. 150~151.

살기 위해 흘린 땀과, 달과 별과 바람과 시(詩)를 사랑한 것과
미워하지 않으려 애썼던 것과
꽃을 함부로 꺾지 않았던 등등의 항목을
두루 살펴 주시라

—「나를 추심하려는 자에게」 부분[43]

차변의 부정성과 대변의 긍정성을 두루 살펴봐 달라는 것은 정당한 요구라고 하겠거니와, 여기서 주목되는 것은 대변의 목록들이다. "살기 위해 흘린 땀"은 노동하는 인간으로서의 도리를 다했다는 것이고, 그러면서도 "달과 별과 바람과 시(詩)를 사랑한 것"과 "꽃을 함부로 꺾지 않았던" 것은 생태 시인으로서의 덕성을, 그리고 "미워하지 않으려 애썼던 것"은 존재하는 모든 것들을 긍휼히 보살피려는 윤리적 덕성을 시사한다. 이것은 나를 추심하려는 자에게 건네는 간곡한 호소이자 자기 내부를 향한 진정한 성찰의 정신이다. 나를 깊이 헤아려 참 깨달음에 가는 길로 나아가기 위한 실천선의 방법적 경지에 가깝다. 현재까지의 자기 삶 70년을 성찰하며 새롭게 삶의 자세를 다짐하는 「천치(千卮)」에서도 그런 경향은 이어진다. "나의 제일 큰 장애물이 나 라는 사실을 아는데/ 칠십 년이나 걸렸"다는 말로 시작하는 이 시에서 중도반단, 체념, 그 체념 뒤의 고통 등을 고해하는 심정으로 밝힌다. 그러면서 고백한다. "천 번의 술잔을 엎어야 했던 나는 천치(千卮)입니다." 그리고 바보천치라는 의미에서 "이 시절(時節)의 시절"이

43 앞의 책, pp. 76~77.

라고 고해한다. 비록 천 번의 술잔을 엎어야 했지만, 그럼에도 불구하고 시에 대한 순정한 추구나 시를 향한 순도는 진심이었다고 술회한다.

> 내 글이 산문(散文)이 되어 흩어지기 전에 시(詩)하나
> 세워야 했습니다.
>
> 각고(刻苦)의 끌로 내 뼈에 아픔을 새기고,
> 인고(忍苦)의 인두로 내 살에 증오(證悟)의 문장(紋章) 하나
> 지져야 했습니다
>
> 허투(虛套)루 쓰지 않고 절제할 것입니다.
> 시종(詩宗)으로
> 살지 못할지언정 시대의 시종(侍從)으로 살지 않겠습니다.
>
> 글에 매여 절치부심 하지 않고 한 줄의 글이라도 여생(餘生)에
> 착실히
> 새기겠습니다.
> 내가 살아야 하기 때문입니다.
>
> – 「천치(千卮)」 부분[44]

이전의 두 시집에서도 시를 향한 진심을 여러 차례 고백한 바 있지만 「천치(千卮)」에서 그것은 매우 숙연하다. "시종(詩宗)으로/ 살지

44 앞의 책, pp. 92~93.

못할지언정 시대의 시종(侍從)으로 살지 않"기 위해 결코 "허투(虛套)루 쓰지 않고 절제할 것"이라는 다짐, "인고(忍苦)의 인두로 내 살에 증오(證悟)의 문장(紋章) 하나" 새기겠다는 결기가 참으로 어지간하다. 「거미와 누에」의 경우처럼 "협업할 수 없는, 비정한 야생의 운명적 생태계"는 종종 그 생태계 참여자를 "시종(侍從)으로" 살도록 억압하는 경우가 많다. 마치 "슬픈 멍에를 등에 이고/ 구부러진 들을" 가거나 "내 심장의 코뚜레/ 침묵의 고삐가 끄는대로 끌리며 밭이랑을"(「반추」)을 갈고 있는 형상처럼 말이다. 그런 현실에서 올바른 지혜로 진리를 터득하기 위해서는, 그 "증오(證悟)의 문장(紋章)"을 새기기 위해서는, 부단히 '시종(詩宗)'을 지향하는 각고의 노력이 필요하다는 사실을, 누구보다도 잘 알고 되새기며 서정적 실천을 수행하는 시인이 바로 이상인이라고 할 수 있다.

(3-3) 아름다운 이별을 위한 잔일(殘日)의 잔망(殘望)

올바른 지혜로 진리에 이르기 위한 "증오(證悟)의 문장(紋章)"을 새기기 위해서라도 시인은 여러 시편에서 자전적 성찰의 기획을 거듭한다. 탄생과 성장의 줄거리를 압축적으로 다룬 「내 인생의 시작과 끝」, 아버지와의 이별을 다룬 「어찌할 도리 없이」, 어머니와의 이별을 다룬 「추억」, 그리고 젊은 시절 심은 느티나무 이야기를 내면화한 「내 몸의 나무 한 그루」 등 다수의 시편에서 시인의 자전적 편린이 때로는 명시적으로 때로는 암시적으로 시사된다. 지난 삶을 "끊임없는 무반주의 반추로"(「반추」) 성찰하면서 생의 악보를 연주한다. "신(神)은/ 내

생의 악보를 어떤 모색으로 그렸을까/ 나의 실마리를 어떻게 풀어 내실까”라는 질문으로 시작하는 「내 생의 악보」는 이렇게 펼쳐진다.

내 하루는 단조였다가 장조였다가
내 시간의 기복(起伏)은
높은 음 자리와 낮은 음 자리가 교차하며
거친 운명이 문을 두드리는 격렬한 포르테의 바다였다가
전원의 풍요로운 아다지오처럼 살아지기도 했다

때로는 마디의 종선(縱線)에 갇혀
허우적거리기도 하였고, 엇박자에 걸려 넘어지기도 했다

도돌이표의 지시대로, 내키지 않은 길도 갔다가
되돌아 나오기도 했지만
유쾌한 나비처럼 오선(五線)을 훨훨 날기도 했다

삶이 지치고 힘들 때면
나의 악보가 변주 되기를 간절히 바란 적도 많았지만

어느 듯 연주는 끝나가고
도돌이표는 있으나 되돌릴 수 없는 나의 生

– 「내 생의 악보」 부분[45]

장조와 단조, 높은음자리와 낮은음자리, 포르테와 아다지오의 대

45 앞의 책, pp. 144~145.

립과 기복 속에서 지난했던 지난 시절의 풍경은 이렇게 연주된다. 어느덧 연주는 막바지로 치닫고 다시 되돌이킬 수 없는 지점까지 와 있기에 「반추」에서처럼 "무반주의 반추"는 더욱 진지하게 감각된다. 그러면서 시인은 아쉬운 대로 자기 삶을 긍정하고 격려하고자 한다. "지난했던 내 삶에/ 끝나가는 무대를 향해, 나에게 무한한 갈채를 보낸다." 그 자기 성원에 힘입어 "내 가당(可當)한 이유 안에서 터무니 있는/ 욕망에 갇히고 싶다"(「종심(從心) 2」)면서 '종심'의 경지를 응시한다. "모든 이가 자기 색을 이야기 할 때/ 무채색으로 살았었"는데 이제는 "色의 세계에 들어/ 무언가를 채색하는 인간이고 싶다"며, 그렇게 존재 전이를 하는 과정에서 "이동하는 환희를 맛보고 싶다"는 소망이 전경화된다.

이상인은 미뤄두었던 시창작을 재개하면서 단속(斷續)적으로 죽음의 시간, 그 최후의 소실점을 응시하며 시적 몽상을 펼쳤다. 가령 "내 안의 나무에서 내 인생이 피고, 자라고, 지고/ 이제 어느덧 떠나야 할 것 같네"(「내 몸의 나무 한 그루」), 혹은 "꽃이 진다는 것, 세상 문을 닫는 것입니다/ 몸을 닫고 사람을 떠나는,/ 생애의 향기를 거두어 가는 것입니다"(꽃과 임종」) 같은 시적 진술들이 산견된다. 그럴 때 그의 시는 얼마 남지 않은 시간에 얼마 남지 않은 소망이라는 의미에서 '잔일(殘日)의 잔망(殘望)'과도 같은 성격에 가까워진다. 그러기에 그 소망은 매우 간절하고 곡진하기 마련이다. 그것은 또한 "아름다운 이별"을 위한 것이기도 하다. "꽃봉오리 뚝 떨어지는 결연(決然)의 이별"(「노을과 이별」)을 위해 결연하게 잔일의 잔망을 그리워한다. "허공에 무덤

짓지 않고/ 바람과 살며 바람처럼 울다 죽어가는 뭇 새들/ 향기만 설핏 남기고 아슴하게 떨어지는 낙화들"(「풍화라는 말」) 같은 이별의 풍경, 또는 "내가 있던 자리에서" "장엄한 분열" 혹은 "거룩한 비산(飛散)"(「민들레」) 같은 결연의 이별 풍경과, 시인은 감각적인 공생을 하고 있다. 잔일(殘日)이 그리 많이 남아 있지 않다는 절실한 시간 의식은 세상에 존재하는 생명 현상에 대한 우주적 인식의 깊이도 더해준다. 여러 시편에서 생명을 경외하는 이상인의 생태 인식이 드러나는데 그 종합의 지평이 「世上 위에서」에 펼쳐진다.

"꽃 지는 길 위에서" 시인은 "떨어지는 꽃잎을 결코 밟고 지날 수가 없"다고 했다. "피워내기 위해 견디며 간직한 향기"며 "피워내면서 완성한 색"에 대한 경외감과 "또 다른 탄생을 위해 떨어진 주검"에 대한 경의감 때문이라는 것이다. "들판 위에서" 시인은 "우리의 먼 조상들이 들판에서 우리를 낳아 길렀듯/ 들판에서 우는 어미들의 산고(産苦) 같은 울음을 듣"는다. "꽃이든 풀이든 새든 짐승이든/ 생겨나는 것들의 경이로운 소리입니다/ 하늘이 그 여린 소리를 축복하듯이/ 살아있는 것들의 아픈 소리를 어찌 그냥 흘려 듣겠어요?" 또 "창랑(滄浪) 위에서" 푸른 물결 소리며 별빛이 속삭이는 소리, "적막한 어둠 속에서 심해어의 숨결 소리"를 듣는다. 이렇게 1연에서 3연까지는 자연적 대상에 대한 경외감, 경의감, 경이감 그리고 연민과 교감의 정서 같은 것들이 웅숭깊게 드러나 있다. 4연에서는 "길 따라 길을 가고 있는 별"과 "길 잃은 길을 가는" 나, 그리고 "제 갈 길을 놓쳐 방황하는 아픈 별"의 동행을 형상화한다. 방황하는 별의 지도를 따라 "기억도 사유도 없는 공간의 별들에게 나만의 의미를 챙겨 주"기도 한다. 그리고 5연에서 이렇게 종합된다. "아! 나는 꽃 지는 길 위에서나, 생명의 들판 위에서나/ 창랑에서나, 하늘에서/ 아니, 그저 세상 위에서/ 살아있는 것들과 언제나 함께 하고 싶었을 뿐입니다". "살아있는 것들과 언제나 함께 하고 싶었을 뿐"이라는 것.[46] 이제껏 70년 생의 역사를 그렇게 요약하고 있다. 시인의 생철학을 짐작하게 하는 대목이다. "언제나" 함께 하고 싶었지만, 그 "언제나"가 무한 지속될 수 없을 것이라는 잔일의 잔망으로 인해 이런 생철학적 숙고는 더욱 숙연하게 다가온다.

주지하다시피 근대 이후 인간 중심주의, 이성 중심주의에 의한 문명의 가속도로 인해 자연은 무차별적으로 황폐화되고 인간 이외의 다른 생명들이 타자화되는 경향이 역력했다. 그런데 '바다의 아이'로 자라며 바다에서 이삭을 줍고 그 이삭으로 한 끼 잘 해 먹고, 또 새로운 생명들이 이삭을 주울 수 있도록 '무위의 이삭'을 심기까지 하는 이상인은 그런 근대문명의 경로에서 비켜난 감수성을 보인다. 그런 거칠고 험한 현상을 거슬러 심층 생태학적 인식의 지평에서 뭇 생명들과 교감하고 상생할 수 있는 생태 감수성의 이삭을 형상화하고 있다고 말해도 좋을 것이다. 살아있는 생명에 대한 곡진한 연민과 그윽한 사랑이 그로 하여금 시를 쓰게 한다. 결국 잔일의 잔망 또한 그런 방향으로 수렴된다. 「한나절 꿈이라 해도」에서 시적 화자는 세월에 훼손되어 "가난한 뼈대만" 앙상한 자기 모습에 "노도와 같이 분노"한다. 그럼에

46 앞의 책, pp. 110~112.

도 결코 삶을 속절없이 포기할 수는 없다. "그래도 살아야 한다 살려고 애써야 한다/ 내 영혼이 살아 숨쉬며 죽는 날까지". 이런 결연한 의지는 어디서 나오는가? "한나절 꿈이라 해도, 아니 반나절 꿈에서라도/ 사랑의 노래를 쓸 것이다/ 흙이 되어 흩어지는 그날까지".[47] 남은 잔일 동안 살아있는 것들에 대한 "사랑의 노래"를 쓰겠다는 단호한 잔망이, 폴 발레리의 시적 의지와 겹쳐지면서 인상 깊게 독자들에게 전달된다. 시인 이상인이 소망하는 아름다운 이별, 그리고 아름다운 이별을 위한 잔일의 잔망, 그 심연에서 우리는 문득 가시나무새를 떠올린다. 세상에서 가장 길고 뾰족한 가시를 찾아 마침내 세상에서 가장 아름다운 노래를 부르며 세상과 이별하는 가시나무새 이야기처럼, 살아있는 것들을 위한 사랑의 노래를 부르며 아름다운 이별을 하고 싶어 하는 녹색 생태 시인일 것 같다는 느낌이 들기 때문이다.

---

47 앞의 책, p. 120.

14장
'푸른 광장'을 응시하는 녹색 수사학[1]

1. 분단 환경과 경계선의 생태론

이 장에서 우리는 남북으로 분단된 한반도의 정치적 조건이 한국의 생태 환경과 한국인의 실존적 삶에 의미 있는 영향을 끼치고 있다는 전제 아래, 그 구체적인 양상을 대표적인 한국 소설 3편에서 찾아보고자 한다. 여기서 다루고자 하는 최인훈의 『광장』(1960), 박상연의 『DMZ』(1997), 그리고 강희진의 『유령』(2011) 등 3편의 소설들은 분단 환경으로 인한 비극성을 다루었다는 공통점이 있으면서, 각각 냉전시대, 탈냉전시대, 디지털시대의 생태 환경과 분단 캐릭터를 변별적으로

1 이 장은 『동아연구』 61권(서강대학교 동아연구소, 2011.8.) pp. 5~36에 발표된 졸고, 「분단 환경과 경계선의 상상력」을 이 책의 맥락에 맞게 수정한 것임.

환기한다는 점에서 문제적이다.[1] 이 소설들에 나타난 경계선의 상상력을 생태학적 측면에서 복합적으로 논의하고자 한다.

세상에는 경계들이 많다. 그것들은 자연적 경계, 인공적 경계, 심리적 경계로 나누어 볼 수 있다. 산이나 계곡, 바다나 강에 의한 경계가 자연적 경계이다. 인공적 경계는 국경이나 지방의 경계, 기업의 조직, 사회적 집단 같은 경우처럼 인간들이 인위적으로 정치적 경제적 사회적 조작을 가해 만든 것이다. 심리적 경계는 개인의 취향, 선호도, 정치적 성향, 종족적 기질, 젠더적 특성 등에 의해 생겨나는 눈에 보이지 않는 경계선이다. 이 셋은 서로 복합적인 상호작용을 하면서 새로운 경계를 만들기도 하고 옛 경계를 해체하기도 한다.

한반도 허리에는 남과 북을 가르는 휴전선이 있다. 한국전쟁이 끝난 것이 1953년이니, 어느덧 70년도 더 넘긴 경계선이다. 이는 한국의 환경을 구성하는 가장 기본적인 요소의 하나이다. 이 경계가 아니었더라면 필요 없었을 많은 군사적, 정치적, 경제적, 사회적, 심리적 비용들이 남과 북 양쪽에서 지불되었다. 만약 그 누구도 함부로 넘을 수 없는 이 경계가 없었더라면 한국과 한국인들은 전혀 다른 환경에서 전혀 다른 삶을 살 수 있었을 것이다. 더 자세히 설명할 필요도 없이 이 휴전선이라는 경계는, 한국이라는 분단국의 정치적이면서도 사

1 분단과 전쟁 이후 수많은 분단 문학들이 전개되었다. 그 중 특별히 이 3편을 선정한 이유는 『광장』에서 제기된 '푸른 광장'의 상징성과 문제의식을, 『DMZ』이 탈냉전시기의 상상력으로 접목하고 있다는 점을 주목했고, 『유령』은 디지털 시대의 문제의식으로 그것을 해체, 재구성하고 있다고 생각했기 때문이다. 맥락을 달리하면 다른 탈북소설이나 무국적시대의 소설들과 관련하여 새로운 논의틀을 다양하게 마련할 수 있겠다.

회적이고 자연적인 복합 기호이다. 이 경계선을 도외시하고 한국의 생태 시스템을 논할 수는 없다. 이 경계선과 관련한 상상력으로 인해 한국문학은 독특한 정치적 (무)의식 혹은 생태학적 (무)의식을 드러내는 인물들을 형상화해 왔다.

휴전선이라는 경계선의 복합적 성격 못지않게 그와 관련된 생태 의식도 복합적이다. 이를 해명하기 위해 우선 핵심 개념이 전제될 필요가 있다. 먼저 '생태학적 동일성'의 세계를 상정한다. 동서를 막론하고, 흔히 로맨스의 세계를 논의할 때 동일성의 상실과 회복의 드라마를 언급하는데, 이때 동일성은 자아와 세계 사이에 갈등 없는 화해를 의미한다. 낙원의 세계나 천상계의 존재론을 신화적으로 암시한다. 근대 이전에는 상실된 동일성을 회복하는 드라마가 가능했는데, 근대 이후 자아와 세계의 험악한 분열로 인해 그 회복의 드라마가 불가능하다는 것이, 근대 인식의 비극이기도 하다. 그런데 이런 로맨스의 드라마는 은연중 이원적 세계관에 기초한 것이다. 천상계와 지상계, 혹은 낙원과 낙원을 상실한 지상이라는 이원적 세계관이 그것이다. 이 이원적 세계관을 넘어서 리얼리즘 문학론을 전개하면서 루카치는 총체성을 강조했다. 이때는 사회경제적 기초와 이데올로기가 주된 관심사였다. 그러나 루카치의 총체성 개념은 모더니즘 시대 특히 포스트모더니즘 시대에 의혹의 대상이 되었다. 내가 구상하는 생태학적 동일성은 루카치의 총체성 개념에 생태 환경이라는 자연적 요소와 생태학적 의식과 무의식이라는 심리적 요소를 추가한 더 복잡하고 넓은 개념이다. 루카치의 총체성은 인간 중심적이고 이성 중심적인 개념이지만, 내가 제안하는 생태학적 동일성은 그것을 넘어선 생태학적 패러다임에 기초한 소망스런 삶의 지평을 은유한다.

흔히 생태학적 존재는 매우 복합적인 그물 속에서 다른 존재와 관련하여 살아가기 마련이다. 그러면서도 스스로 있는 그대로의 삶 혹은 자기 생명을 유지하거나 발전시킬 수 있을 때 생태학적 동일성은 유지될 수 있다. 그러나 현실에서 생태학적 동일성이 유지되기는 매우 어렵다. 내가 스스로 존재하는 것과 타인이나 다른 사물이 스스로 존재하는 것 사이에 허물없는 조화 가능성이란 실제로 매우 희소한 것이기 때문이다. '프롤로그'에서도 언급했지만, 생태학적 무의식 혹은 공동체적 집단 무의식에 기초했던 중세까지의 삶과는 달리 근대 이후의 삶에서 생태학적 동일성이 유지되기는 결코 쉬운 일이 아니었다. 근대 이후 생태학적 무의식이 억압되는 경우가 많았기 때문이다. 그래서 테오도르 로작(Theodore Roszak)은 산업사회와 공모한 광기에 의해 억압된 생태학적 무의식으로의 귀환을 강조했다. "생태학적 무의식에 대한 열린 접근이야말로 제정신으로 가는 길"[2]이라고 생각하기 때문이다. 그런데 랄프 메츠너(Ralph Metzner)는 생태학적 무의식의

2 Theodore Roszak, *The Voice of the Earth*, New York: Simon & Schuster, 1992, p. 320. 로작은 집단무의식에 대한 C. G. 융의 견해가 원래는 인류 이전의 동물과 생태학적 원형들을 포함하는 것이었지만, 나중에 주로 전인류적인 종교적 상징들이 되었다고 지적한다. 그러면서 집단무의식의 본래 의미를 되살려 우주적 진화의 살아있는 기록으로서 '생태학적 무의식'이라고 부르자고 제안한다. 로작은 프로이트 학파의 이드라는 개념 또한 고대 생태학적 지혜의 저장소로 볼 수 있다고 언급한다. 이드의 문을 통해 가이아와 우리가 만날 수 있는 통로를 얻을 수 있다는 것이다.

개념도 호소력 있는 전문 용어가 될 수 있겠지만, 무의식적인 것을 구체화하거나 이해하는 것이 중요하다면서 생태학적 의식 또는 생태학적 양심의 측면을 강조한다.[3] 이때 생태학적 무의식이나 의식은 생태학적 동일성을 해명하는 데 중요한 심리적 기제가 된다. 생태학적 동일성의 세계가 기본적으로 생태학과 심리학의 복합 지평이기 때문에 이와 같은 심리적 기제가 실제 접근에 매우 유용하다. 문학에서 생태학적 무의식은 생태학적 동일성에 대한 꿈, 소망, 혹은 생태학적 동일성의 세계가 상실된 상황에서의 징후 등을 통해 읽어낼 수 있다. 텍스트에 언어와 플롯으로 구조화되는 생태학적 의식은, 인물이나 이야기가 주제화하거나 강조하려는 의도와 관련된다. 생태학적 의식은 물론 생태학적 무의식과 현실의 생태 환경 사이에서 역동적인 심리적 스펙트럼을 보일 수 있다.

남과 북 사이의 경계인 휴전선이라는 생태 환경을 응시하는 이 장의 특성상 정치적 생태학이나 사회적 생태학[4] 및 심리적 생태학의 접근 방법들이 심층 생태학의 철학과 관련하여 원용될 것이다. 휴전선은 한국의 생태 환경에서 매우 중요한 복합 기호이다. 생태학적 동

3 Ralph Metzner, "The Psychopathology of the Human–Nature Relationship", Theodore Roszak, Mary E. Gomes, & Allen D. Kanner ed., *Ecopsychology: Restoring the Earth Healing the Mind*, San Francisco: Sierra Club Books, 1995, p. 63.

4 변증법적 자연주의(dialectical naturalism)의 접근 방식을 통해 현 단계의 생태 문제가 사회 문제로부터 야기되었음을 강조한 머레이 북친 등의 논의를 떠올릴 수 있다. Murray Bookchin, *The Philosophy of Social Ecology: Essays on Dialectical Naturalism*, New York: Block Rose Books, 1995, p. 35.

일성을 상실케 한 핵심 원인 중의 하나이다. 그래서 한국문학은 냉전시대, 탈냉전시대, 디지털시대를 거치는 동안 분단 모순으로 인한 생태학적 동일성의 상실 상태와 회복에의 욕망을 지속적으로 형상화하면서 각 시대에 따라 변별적인 징후를 보였다. 그 징후 읽기를 통해 분단 환경에서 보인 한국문학의 경계선의 상상력을 복합적으로 살피고자 한다.

2. 냉전시대 비판과 푸른 광장 탐문: 최인훈의 『광장』

1960년에 발표된 최인훈의 『광장』은 냉전시대에 한국의 분단 상황 및 세계 체제에 대한 관념적 성찰을 바탕으로 쓰인 소설이다. 이 소설은 표제가 암시하는 것처럼 공간 생태가 배경이면서 주제로 확산되는 양상을 보인다. '광장'과 '밀실'로 상징되는 대립상의 해소를 통한, 다시 말해 '광장–밀실'의 변증법적 지양을 통한 제3의 공간 혹은 제3의 길을 모색하고자 하는 희망의 추구와 그 현실적 좌절이 기본 골격을 이룬다. 이 작품에서 광장이 집단적 삶, 사회적 삶을 상징한다면, 그 반대편에서 개인적 삶, 실존적 삶을 상징하는 것이 곧 밀실이다. 타락한 밀실 위주의 남한 자본주의 사회와 타락한 광장 위주의 북한 공산주의 사회에서 공히 실망하고 절망한 이명준이 제3국으로 가는 배 위에서 바다로 투신자살하는 이야기가 이 소설의 중심이다.

소설 『광장』에서 작가가 상정해 본 광장과 밀실이 조화를 이루는 세계는 곧 생태학적 동일성이 구현된 세계이다. 그러나 이 욕망은 현실에서 충족하기 매우 어렵다. 주인공 이명준이 광장을 없애고 밀실로 스며든 남쪽의 삶에 만족하지 못했던 이유도, 심지어 밀실마저 온전하지 못한 남쪽의 삶에 혐오를 느끼며 상처를 받는 이유도, 다 생태학적 동일성의 세계와 거리가 먼 현실 때문이다. 자기가 소망하는 생태학적 동일성의 세계와 거리를 느낀 이명준은 현실 거부의 징후를 보이며 남한을 탈출하여 북한으로 수평이동한다. 그것은 남한의 삶에서 결여된 부분을 채워 좀 더 생태학적 동일성의 세계에 다가서려는 노력의 일환이다. 그러나 개인의 밀실을 폐쇄한 채 집단적인 광장만을 강요하는 북쪽의 삶, 게다가 광장마저 철저하게 타락해 버린 북쪽의 삶에도 격한 분노를 느낀다. 그곳 역시 생태학적 동일성의 세계와는 거리가 멀었다. 포로 석방 때 제3국을 선택한 것도 이 때문이다. 남도 북도 모두 소망스러운 생태학적 동일성의 세계와는 거리가 멀었기에, 이명준은 제3의 가능성을 모색하려 했다. 그러나 냉전 시대였던 1960년에 제3의 길은 추상일 뿐 현실일 수 없었다. 당시 지구상에 자본주의와 공산주의라는 양대 이데올로기를 넘어설 수 있는 제3의 이데올로기는 존재하기 어려웠다. 그렇다고 약관 20대 중반의 철학도 출신 포로가 그 제3의 이데올로기를 당장 제출할 수도 없는 노릇이었다. 결국 이명준은 이데올로기라는 암초에 걸려 꼼짝도 못하게 된 형국이었던 셈이다.

냉전 시대에 이데올로기는 암초였다. 생태학적 무의식은 물론 정치적 무의식도 억압되기 일쑤였다. 이데올로기의 길은 닫혀 있었다. 그렇다면 다른 길은 없는가. 억압이 심한 바로 그 지점에 다른 길의 잠재적 가능성도 깃들어 있게 마련이다. 이명준은 정치적 상황으로 말미암아 이미 사랑의 상처를 받았다. 그러기에 우선 사랑의 길은 매우 소중하다. 주인공 이명준이 그토록 소망하던 '광장-밀실'이 어우러진 삶의 소망스러운 지평을 은혜에게서 발견하는 장면에서 그것은 뚜렷하다. 낙동강 전선에서 둘이 만나 동굴에서 나누는 야생의 사랑은, 생태학적 무의식이 억압받지 않고, 생태학적 동일성이 구현된 원형적 모습처럼 보이기도 한다. 그 어떤 경계나 금기도 넘어선 야생적 공간에서, 그 어떤 정치적 억압이나 사회적 억제로부터도 자유롭고, 오로지 가이아의 리듬에 따라 조화롭게 어우러진 사랑이었다. 그러나 이데올로기에 의해 훼손된 현실에서의 사랑이란 또한 상처뿐이었다. '광장-밀실'이 조화를 이룬 생태학적 동일성이 구현된 소망스런 삶의 생태는 현실에서 쉽게 이루기 어려웠다. 전쟁 도중 은혜의 죽음으로 말미암아 그 소망은 추락하고 만다.

그래서 작가는 현실의 길이 아닌 신화의 길을 응시한다. 이명준은 제3국행 배 위에서 바다 위를 나는 두 마리의 갈매기를 보게 된다. 처음에는 알지 못했었는데 차츰 이명준은 두 마리 갈매기와 교감하면서, 그들이 바로 은혜와 뱃속의 아이라는 짐작을 하게 된다. 은혜는 현실의 세계에서는 이데올로기의 포화 속에서 사랑을 상실한 채 추락했으되, 신화의 세계에서는 날개를 달고 갈매기로 수직 상승한 셈이었다. 현실적인 수평 이동으로 생태학적 동일성이 구현된 세계를 만날 수 없을 때, 불가피하게 신화적인 수직 이동을 꿈꾸는 것이다. 일찍이 스스로 미로를 만들었던 다이달로스가 그랬고, 이상의 「날개」

의 주인공 역시 날개 달기를 소망했던 것은 수평 이동이 불가능했기 때문이었다. 그러나 수직적 상승 이동은 신화의 세계에서나 가능하다. 이명준이 하늘의 갈매기를 보았을 때, 눈 아래 바다는 문득 잃어버린 광장처럼 다가왔다. 크레파스보다 진한 푸른 바다로 그가 뛰어든 것은, 현실에서 더 이상 수평적으로 이동한 공간도 없고 그렇다고 신화처럼 수직적 상승 운동도 불가능함을 보여준다. 다음 본문은 소설의 대미를 장식하는 이명준의 최후 부분이다. 소설의 이야기 전체를 '부채' 형상으로 압축, 통합하고 있는 이 부분에서 우리는 또한 작가의 묘사 태도에 깃든 생태학적 상상력을 확인할 수 있다.

> 부채를 쭉 편다. 바다가 있고, 갈매기가 있는 그림이 그려져 있다. 부채를 접었다 폈다 하다가, 스르르 눈을 감는다. 머릿속으로 허허한 벌판이 끝없이 열리며, 희미한 모습이 해돋이처럼 차츰 떠올랐다.
>
> ……ⓐ**펼쳐진 부채**가 있다. 부채의 끝 넓은 테두리 쪽을, 철학과 학생 이명준이 걸어간다. 가을이다. 겨드랑이에 낀 대학신문을 꺼내 들여다본다. 약간 자랑스러운 듯이. […] 다음에, ⓑ**부채의 안쪽 좀더 좁은 너비**에, 바다가 보이는 분지가 있다. 거기서 보면 갈매기가 날고 있다. 윤애에게 말하고 있다. 윤애 날 믿어줘. 알몸으로 날 믿어줘. 고기 썩는 냄새가 역한 배 안에서 물결에 흔들리다가 깜빡 잠든 사이에, 유토피아의 꿈을 꾸고 있는 그 자신이 있다. 조선인 꼴호즈 숙소의 창에서 불타는 저녁놀의 힘을 부러운 듯이 바라보고 있는 그도 있다. 구겨진 바바리코트 속에 시래기처럼 바랜 심장을 안고 은혜가 기다리는 하숙으로 돌아가고 있는 9월의 어느 저녁이 있다. 도어에 뒤통수를 부딪치

면서 악마도 되지 못한 자기를 언제까지나 웃고 있는 그가 있다. 그의 ⓒ**삶의 터는 부채꼴, 넓은 데서 점점 안으로 오므라들고 있었다.** 마지막으로 은혜와 둘이 안고 뒹굴던 ⓓ**동굴이 부채꼴 위에 있다.** 사람이 안고 뒹구는 목숨의 꿈이 다르지 않느니. 어디선가 그런 소리도 들렸다. ⓔ**그는 지금, 부채의 사북자리에 서 있다.** 삶의 광장은 좁아지다 못해 끝내 그의 두 발바닥이 차지하는 넓이가 되고 말았다. 자 이제는? 모르는 나라, 아무도 자기를 알 리 없는 먼 나라로 가서, 전혀 새 사람이 되기 위해 이 배를 탔다. 사람은, 모르는 사람들 사이에서는, 자기 성격까지도 마음대로 골라잡을 수 있다고 믿는다. 성격을 골라잡다니! 모든 일이 잘 될 터이었다. 다만 한 가지만 없었다면. 그는 두 마리 새들을 방금까지 알아보지 못한 것이었다. ⓕ**무덤 속에서 몸을 푼 한 여자의 용기를, 방금 태어난 아기를 한 팔로 보듬고 다른 팔로 무덤을 깨뜨리고 하늘 높이 치솟는 여자를, 그리고 마침내 그를 찾아내고야 만 그들의 사랑을.**

ⓖ**돌아서서 마스트를 올려다본다.** 그들은 보이지 않는다. 바다를 본다. ⓗ**큰 새와 꼬마 새는 바다를 향하여 미끄러지듯 내려오고 있다. 바다.** 그녀들이 마음껏 날아다니는 광장을 명준은 처음 알아본다. 부채꼴 사북까지 뒷걸음질친 그는 지금 핑그르 뒤로 돌아선다. ⓘ**제정신이 든 눈에 비친 푸른 광장이 거기 있다.**

자기가 무엇에 홀려 있음을 깨닫는다. 그 넉넉한 뱃길에 여태껏 알아보지 못하고, 숨바꼭질을 하고, 피하려 하고 총으로 쏘려고까지 한 일을 생각하면, 무엇에 씌었던 게 틀림없다. 큰일날 뻔했다. 큰 새 작은 새는 미칠 듯이, 물 속에 가라앉을 듯, 탁 스치고 지나가는가 하면, 되돌아오면서, 그렇다고 한다. ⓙ**무덤을 이기고 온, 못 잊을 고운 각시들이, 손짓해 부른다.** ⓚ**내 딸아.** 비로소 마음이 놓인다. 옛날, 어느 벌판에서 겪은 신내림이, 문득 떠오른다. 그러자, 언젠가 전에, 이렇게 이 배를 타고 가다가, 그 벌판을 지금처럼 떠올린 일이, 그리고 딸을 부르던 일이, 이렇게 마음이 놓이던 일이 떠올랐다. 거울 속에 비친 남자는 활짝 웃고 있다.[5](부호 및 진한 강조는 인용자)

이 묘사 시퀀스에서 첫 단락에는 묘사의 시작을 알리는 일련의 표지들이 들어 있다. 묘사자와 묘사 대상인 부채 사이의 관계 설정 및 묘사 대상의 지각을 가능케 하는 요인들이 서술되어 있는 것이다. 두 번째 단락의 2/3부분까지는 부채로 비유된 자신의 과거 삶 전체, 의식과 무의식 전체가 총람적으로 압축되어 있다. ⓐ에서 ⓔ까지 강조한 부분을 주의하여 읽어보면, '펼쳐진 부채'로 상징되는 생태 환경 혹은 존재 광장의 축소 괴멸 과정을 점층적으로 묘사한 것임을 알게 된다. 부채의 사북자리 끝까지 내몰렸던 주인공은 환멸 속에서 자기를 방기한 채 제3국으로 표류하고 있었던 것임을 ⓕ를 통해 반성하게 된다. 동굴 속에서 나누었던 은혜와의 사랑은, 전쟁 상황의 급박함이나 죽음의 풍경과는 아랑곳없이, 생태학적 동일성이 확보될 수 있었던 무의식의 풍경이었다. 그것이 은혜의 죽음으로 끝난 줄 알았는데, ⓕ는 죽음에서 새로운 삶을 예비하는 생태학적 환상을 환기한다. 자기 아이를 잉태했던 은혜의 죽음은 죽음으로 그친 것이 아니었다. 이런 ⓕ단위로 인해 주인공은 ⓘ처럼 제정신이 들게 되고, 상징적인 '푸른 광장'을 보게 된다. 또 ⓙ의 손짓에 ⓚ처럼 간절하게 응답할 수 있

5 최인훈, 『광장/구운몽』, 문학과지성사, 1978/1996, pp. 186~188.

게 된다. 그러기에 '신내림'의 분위기 속에서 '활짝 웃'으며 '푸른 광장'으로 몰입해 들어가게 되는 것이다.[6] ⓘ의 앞 문장에 '돌아선다'는 서술어가 나오는데, 지금까지 그가 찾고자 했던 수평축에서의 '광장'이 밀실과 대립되는 현실의 광장이었다면, 그래서 실패할 수밖에 없었던 광장이었다면, 그가 돌아서서 볼 수 있었던 '푸른 광장'은 수직축에서 새롭게 열리는 영원의 광장이 되는 것이다. 그 푸른 광장은 광장과 밀실이 더 이상 대립하지 않고 조화를 이루며 생태학적 동일성을 이루는 세계를 상징한다. 그러므로 이제 수평축은 사라지게 된다. 수직축만이 의미 있는 공간 구도가 된다. ⓖ에서 "돌아서서 마스트를 올려다보"는 장면은 방향 전환 후의 지각 행위를 나타낸다. 위쪽에서 그녀들이 보이지 않는다. ⓗ에서 보이는 것처럼 "큰 새와 꼬마 새는 바다로 향하여 미끄러지듯 내려오고 있"었던 까닭이다. 여기서 지향점과 공간 운동의 방향이 암시된다. 게다가 '바다'라는 한 단어가 한 문장을 구성하고 있지 않은가. 이런 시각적 지각 행위는 곧 ⓙ와 ⓚ의 내면적 교감과 대화로 이어진다.[7]

현실에서 의미 있는 광장도, 밀실도 지닐 수 없었고, 더더욱 소망스런 '광장-밀실'의 조화로운 삶을 살 수도 없었던 이명준이 바다에

---

6 이를 간단한 표로 제시하면 다음과 같다.

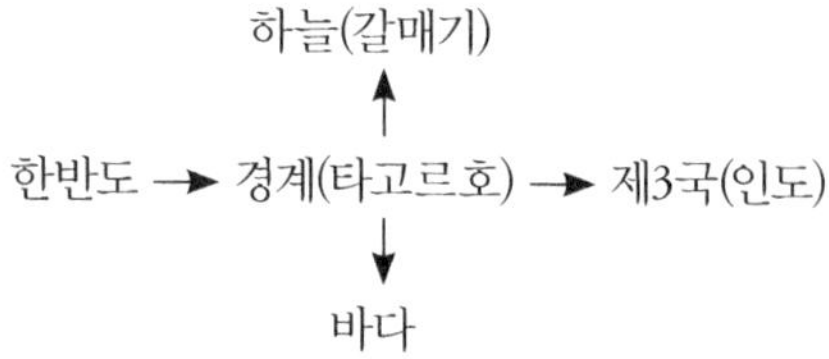

7 졸저, 『텍스트의 수사학』, 서강대학교출판부, 2005, pp. 323~324 참조.

투신하기 직전에 보았다는 '푸른 광장'에 대해서는 조금 더 구체적인 논의가 필요하다. 물론 현상적으로 푸른 바다가 그렇게 보였을 것이다. 그러나 작가는 여기에 매우 다각적인 의미망을 형성해 놓는다. 무엇보다 '푸른 광장'은 분단시대의 작가 최인훈의 대안 상상력과 관련되는 문화적 약호다. 민족적으로 혹은 이데올로기적으로 남북 분단이 해소된 광장, 정치적으로 개인과 집단의 갈등이 해소된 조화로운 광장, 경제적으로 타락한 욕망과 부의 불평등이 해소된 광장, 문화적으로 창조의 열정이 꽃피는 광장 등을 포괄적으로 상징하는 기호다. 그것은 또한 이데올로기 때문에 사랑이 훼손되지 않는 광장의 모습이기도 하다. 나아가 생태학적 동일성이 훼손되지 않은 삶의 환경에 대한 동경을 암시하기도 한다. 작가 최인훈은 '푸른 광장'이라는 문화적 약호를 통해 그가 소망하는 거의 모든 것을 함축하고자 했던 것으로 보인다. 그 최종 심급에서 이데올로기와 사랑의 경계를 넘어선 소망스런 삶의 지평을 떠올릴 수 있다면, 이제 '푸른 광장'은 비록 분단국 작가의 대안 상상력에서 비롯되었으되, 인간 존재 그 자체를 웅숭깊게 성찰하는 세계 문학 작가의 대안 상상력으로 심화의 길을 걷는 문화적 약호로 재해석될 수 있겠다.

요컨대 『광장』의 주인공 이명준은 '광장–경계–밀실', '남한–경계–북한', '한반도–경계–제3국' 등의 수평적 삼원 구조 안에서 고민한 인물이다. 그 고민들은 '좌절–방황–모색'의 계기체의 변화 있는 반복을 통해 구조화된다. 이 수평적 구조 또는 수평적 공간 이동을 통해 통합적 지향 공간을 발견할 수 없음을 알게 됨과 동시에 갈매기들의 정체를 환각 속에서나마 알게 된 그는, 수직적 공간 이동으로 선회하게 된다. 이때 '하늘–경계(배)–바다'라는 수직적 삼원 구조가 개입한다. 갈매기들의 상하 수직 운동을 따라 영원성의 '푸른 광장'으로 상징되는 바다로 투신하는 수직적 하강 운동으로 주인공은 '좌절–방황–모색'의 계기체를 마감한다. 『광장』에서 수평적 삼원 구조와 수직적 삼원 구조가 결합되면서, '이데올로기–경계–사랑'의 종합이라는 지향의식이 생산된다. 그리고 그것은 가장 소망스런 정치적 무의식 및 생태학적 무의식을 반영한 것이다. 이데올로기가 강고하게 관철되던 냉전 시대를 분단국에서 살던 작가 최인훈은 그 어떤 세계문학 작가보다도 예민하게 그 냉전 이데올로기를 넘어선 사랑의 총체성, 생태학적 동일성이 구현된 소망스런 '푸른 광장'을 동경하고 추구하기 위해 역설적으로 이명준을 죽음으로 안내하고 애도하지 않으면 안 되었던 것이다. 이명준에 대한 애도는 곧 아직 구현되지 않은 희망의 원리인 푸른 광장에 대한 애도이자 강렬한 소망이기도 하다.

3. 탈냉전 시대에 냉전의 비극적 조건 재성찰하기: 박상연의 『DMZ』

『광장』에서 이명준의 현실적 절망은 자살로 마무리되었다. 제1의 길에서도, 제2의 길에서도 그에게 생태학적 동일성은 허락되지 않았다. 그래서 제3의 길로 향한 여행을 시도했던 것인데, 그 여로는 시작되자마자 그렇게 끝나고 말았다. 그럴 수밖에 없었다. 이명준이 제3의 길에서 꿈꾸었던 '푸른 광장'의 지난한 상징성 때문이었다. 바로 이

지점에서 박상연의 『DMZ』는 새로운 소설의 길을 찾아 떠난다.[8] 제3의 길 위에서 자살한 이명준을 되살려 그 이후의 세월을 조망하기 위함이다. 이제 최인훈의 이명준은, 박상연의 이연우가 된다. 그러나 이연우는 이명준과는 달리 이미 주인공의 자리를 차지할 수 없다. 길을 열어나가는 주체의 입장일 수 없다. 아들에 의해서 반성적으로 조망되는 한갓 피사체에 불과한 운명일 따름이다. 새롭게 주인공의 자리를 차지한 아들 베르사미에게 있어 그는 비판의 대상일 뿐이다. 냉전시대의 피해자인 아버지에 대해, 탈냉전시대를 사는 아들 베르사미는 다음과 같이 생각한다.

> 그는 『광장』이라는 소설을 이야기하며 나의 아버지와 비슷한 삶을 산 사람을 주인공으로 한 책이라는 설명을 덧붙였다. 그 소설의 주인공은 마지막에 자살을 한다고 한다. 아버지도 강중위가 말한 그 주인공처럼 '크레파스보다 더 진한 인도양'에 몸을 던졌어야 했다. 아버지의 인생이라는 소설도 그렇게 매력적인 결말을 가지는 게 나았다. 나와 쿠비, 아버지 자신을 위해서도 그게 좋았다……[9]

『광장』보다 한 세대 후의 소설인만큼 박상연의 『DMZ』는 이명준

8 필자는 이전에 「제3의 길을 찾아서: 박상연의 『DMZ』 읽기」(『고독한 공생』, 문학과지성사, 2003, pp. 411~426)에서 박상연의 『DMZ』에 대해 전반적으로 논의한 바 있다. 이 책의 맥락에 따라 그 논의를 이어받았음을 밝힌다.

9 박상연, 『DMZ』, 민음사, 1997, p. 162.

이 아니라 그 아들 세대가 이야기의 주역을 담당하는 것은 자연스럽다. 판문점 북쪽에서 벌어진 남한 병사에 의한 북한 병사 총기 난사 사건을 수사하는 과정의 이야기가 일종의 추리 기법으로 전개된다. 수사 담당자인 서술자–주인공은 한국–켈트 혼혈로 스위스 국적을 가진 중립국감독위 소속 소령이다. 주인공은 이 사건을 수사하는 과정에서 자신의 가족사와 한반도의 분단사 및 현 단계의 분단 상황을 포개어 놓는다. 현재의 비무장지대 출신인 주인공의 아버지는 한국전쟁 직전 남로당의 일원으로 월북하여 전쟁 때 인민군 소좌로 참전, 낙동강 전투에서 포로가 된다. 맹렬한 공산 포로의 선두에 섰던 그는 어처구니없게도 포로수용소에서 반공 포로였던 동생을 조건 반사처럼 살육하고 만다. 그 후 인도를 거쳐 브라질에서 살다가 브라질 주재 스위스 여기자를 만나 결혼, 주인공을 낳는다. 이런 아버지의 마지막 열망은 남한도 북한도 아닌 통일된 한반도로 귀향하는 일이었다. 이런 아버지를 이해할 수 없었던 주인공은, 남/북의 군인들이 이데올로기와는 상관없이 휴전선 이북에서 몰래 만나 인간애를 나누다가 조건 반사처럼 총기를 난사하고 그것에 대한 자책감에 시달리다 자살하는 사건을 체험하면서 서서히 아버지를 이해하게 되고 또 자기정체성을 깨닫게 된다.

한반도에서의 절망으로 인해 제3국으로 떠났으면서도 끝내 수구초심을 버릴 수 없었던 아버지, 그래서 자식에서 한국인임과 한국어를 강조했던 아버지나, 그런 아버지를 이해하지 못하는 아들이나 비극적이기는 마찬가지다. 이에 베르사미의 아내 쿠비는 둘 다 피해자라며, 차라리 그 불행의 진원지인 극동에 가서 피하지 말고 많은 것을 느끼고 상처를 치유할 기회를 마련하라고 권한다. 이에 아내 쿠비가 들려준 아버지의 진군일기를 가지고 판문점으로 부임한 주인공은 한편으로는 김수혁을 수사하고, 다른 한편으로는 아버지의 일기를 보거나 아버지의 고향 마을을 다녀온다. 물론 그는 시종 냉담한 이방인의 시선으로 그 모든 것을 진행하지만, 의도와는 달리 그 모든 것들과 차츰 심리적으로 연루되기에 이른다. 그러면서 한반도의 분단 현실과 역사 그리고 그와 관련된 아버지의 궤적에 대한 나름의 이해 지평을 확보하게 된다. 이해 지평 속에서 죽이기의 대상이었던 아버지는 거듭 반추되면서 연민 어린 되살리기의 대상으로 옮겨진다.

> 난 지금 남에도 북에도 있지 않았다. 이 벽돌위의 폭 15 센티미터 정도의 자그마한 면적은 어느 나라의 것일까? 그 벽돌위에서 왼쪽으로 넘어지면 조선인민공화국, 오른쪽으로 넘어지면 대한민국…… 이 좁은 벽돌 위로 중심을 잡고 균형 있게 걸어보았다. 그러다 대한민국 쪽으로 내려왔다. 이 벽돌 위에 누군가 살 수 있다면 아버지는 브라질까지 오지 않아도 되었을 것 같다. 아버진 이런 곳을 원한 것이 아닌가. 남도 북도 아닌 곳……[10]

15센티미터 정도의 경계선 벽돌 위에서 분단 현실을 새삼 인식하고 나서 "아버진 이런 곳을 원한 것이 아닌가. 남도 북도 아닌 곳……"이라는 생각을 추스르는 아들은 이제 아버지를 아주 많이 이해하게

10 앞의 책, p. 148.

된다. 그 경계선이 없었다면 아버지의 생태학적 동일성이 그토록 험하게 훼손되지 않았을 것이며, 제3국으로 간 이후의 아버지의 삶도 그토록 힘겹지 않았을 것이라는 사실을 환기한다. 이와 같이 아버지의 비극적 삶이 비롯된 지점에서 주인공은 아버지에 대한 심경의 변화를 일으킨다.

> 아버지에게 혁명과 통일이 무엇이었는지 몰라도, 최후의 이데올로기의 전장 끄트머리에 서서 나는 이 땅이 갈라져 있는 것이 결코 바람직하지 않음을 뼈저리게 느낄 수 있었다. 도대체 뭐하는 짓들인가? 같은 민족끼리, 형제끼리 총을 겨누게 하고 세상에서 유일하게 같은 언어를 소유한 집단끼리 한마디 말도, 몸짓도 금지당해 언어가 정지된 곳…… 언어는 존재다. 이곳엔 싸늘하고 낡은 이데올로기의 그림자 이외엔 존재하지 않는다. 어떻게 이런 장소가 존재할 수 있단 말인가? 정말 아버진 이런 자신의 조국을 견딜 수 없어서 인도를 택했을까? 내가 상관할 바는 아니지만 이 땅은 참 안스러워 보였다.[11]

여기서 "내가 상관할 바는 아니지만 이 땅은 참 안스러워 보였다"는 복합적인 목소리로 구성되어 있다. 이방인의 절제된 감정과 분단국 2세대의 연루된 감정이 병치되어 있는 가운데, "참 안스러워 보였다"의 지시대상이 "이 땅"에 한정되지 않고 "아버지"로도 대치될 수 있는 개연성을 보이고 있는 것이다. 그런 가운데 분단 상황의 현재와 과

11 앞의 책, p. 228.

거, 이방인을 자처하는 아들과 비극적 정한의 과거사에서 헤어나기 어려운 아비가 대화적 관계를 형성하게 된다. 이런 대화적 상상력은 분단 한국의 역사적 대화이기도 하며, 분단 상황에 대한 세계의 이해를 구하는 대화 요청이기도 하다.

최인훈과는 달리 박상연은 탈냉전시대의 작가이다. 탈냉전시대의 작가로서 냉전시대의 비극을 떠올리면서 그것의 역사성과 현재성을 성찰하려는 것이 이 소설의 의도처럼 보인다. 냉전시대의 피해자인 아버지와 관련해 '아비 죽이기'에서 '아비 되살리기'에 이르는 복합적인 감정을 보이는 이유도 그 때문이다. 여기서 중요한 것은 분단된 환경의 생태 조건에 대한 탐문을 사회생물학적으로 시도하고 있다는 사실이다. 아버지가 한반도를 떠난 것도, 자신이 혼혈로 태어난 것도 모두 한반도의 분단 환경에서 비롯된 것이었다. 이 분단 환경에서 변함없이 지속되어온 비극적 삶의 생태를, 작가는 '조작적 조건 형성, 오퍼런트 컨디셔닝'의 문제로 접근한다.

소설 『DMZ』에서 서사적 현재의 핵심사는 김수혁의 북한 병사 살해 사건을 수사하는 과정이다. 묵비권을 행사하는 김수혁을 취조하는 데 핵심적인 단서가 됨과 동시에 분단 환경을 꿰는 하나의 잣대로 조작적 조건 형성이 문제된다. 심리학과 출신의 군견병인 김수혁은 전임자가 길들인 대로 자기 개를 식사시킨다. 며칠 굶겨 사나워진 개가 먹이를 보고 달려들면 몽둥이로 때린다. 몇 번이고 먹이만 보여주고 패는 과정을 되풀이하다가 개의 눈에 후랫쉬 불빛을 비추고 먹이를 준다. 그러면 개는 얻어맞은 기억 때문에 망설이면서도 배고픔에 못이겨 먹이를 먹는다. 이를 되풀이하다 보면 개는 후랫쉬의 강렬한 불빛이 비춰지지 않으면 식사를 하지 않게 된다. 파블로프의 조건반사처럼 후랫쉬 불빛만 비추면 침을 질질 흘리게 되는 것이다. 바로 이 같은 조작적 조건 형성의 문제에 대해 작가는 심각한 의문을 제기한다. 따분하고 지루한 군견병의 스트레스 때문에 인위적으로 비정상적인 조작을 가한 것이 빌미가 되어, 건강했던 개가 피폐해지고 마침내 미치고마는 사태의 반생태적인 문제성을 주목한다. 조작적 조건에 휘말릴 수밖에 없었던 개의 영혼을 어찌 보상할 수 있겠는가.

이와 같이 동물과 인간 사이의 반생태적인 오퍼런트 컨디셔닝은 인간과 인간 사이에서도 비슷하게 전개된다. 같은 상황이 개에게 그것을 형성시켰던 군견병 김수혁에게도 되풀이된다. 다만 군견 마루와의 관계에서 조작 주체이던 그가 조작 대상이 된다는 점만 다르다. 김수혁은 DMZ 수색 도중 지뢰를 밟는 바람에 대열에서 낙오하고 만다. 설상가상으로 인민군과 조우하게 되어 영락없이 죽었구나 생각했었는데, 인정 많은 인민군 오경필에 의해 구조된다. 이 일을 계기로 인민군 오경필, 정우진과 남북을 넘나들며 교분을 맺게 되고 남성식까지 끌어들인다. 그러는 가운데 "내 나이 또래의 청년은 남에서나 북에서나 고민하는 종류와 정도가 비슷하다는 것에 동질감을" 느끼게 된다. 자연스런 인정의 교감이 진행되는 것과는 달리 남북의 대치 상황은 날로 악화되고 경계에 비상이 자주 걸리게 된다. 그러던 어느 날 휴전선 이북에서 다른 때처럼 만나 정을 나누다가 그들은 엄청난 사건을 저지르고 만다. 우연한 총기 오발사고에 의한 총소리가 DMZ

의 정적을 깨뜨리는 순간 김수혁이 권총을 뽑아 인민군 정우진과 오경필을 겨냥하는 조건반사적 반응을 보인 것이다. 잠깐 동안 나눈 인민군과의 인간적 교분에 앞서 서로 죽이고 죽을 수 있는 적성국가의 군인이라는 생각이 김수혁의 조건반사를 자극했고, 그에 따라 뿜어낸 총탄에 의해 인민군 정우진이 죽고 오경필이 중상을 입는 사건이 발생한다. 남과 북의 군인들이 허심탄회하게 정을 나눈다는 것은 탈냉전의 가능성을 함축한다. 그러나 그러다가도 조건반사처럼 총질을 했다는 것은 냉전시대의 적대적 이데올로기가 얼마나 강고했는가를 단적으로 보여주는 사례이이다.

작가는 김수혁과 남성식의 조건반사적 총질을 철저하게 조작적 조건 형성의 시각에서 다룬다. 초동 수사 단계에서 남성식은 "지난 50여년 동안 치밀하게 짜여진 각본"을 지목했고, 김수혁은 자기 "삶 전체가 이 사건의 동기"가 되었다고 말한다. 다소 길게 전개되는 김수혁의 24년간의 삶의 이야기가 입증하는 것처럼, 반공 이데올로기에 의해 철저하게 길들여진 의식과 삶, 그리고 무엇보다 그 경계선을 조작하는 분단사회의 환경이 이 사건의 범인이라고 둘러대도 좋을 정도로 조작적 조건의 의미는 강조된다. 이는 시간을 거슬러 올라가 주인공의 아버지 이연우의 사건과 포개어진다. 포로수용소에서 반공 포로가 된 동생을 만난 공산 포로 이연우는 동생의 목을 직접 베는 어처구니없는 난행을 저지른다. 정찰조에서 '미군이다'라고 소리치자 그는 미군에 대한 공포로 인해 "등골이 오싹하면서 모든 세포가 거꾸로 서는 느낌"에 사로잡힌다. 그때, 꿇어앉아 있던 동생 연철이 급히 일어났는데, 그것이 칼을 빼앗아 형을 공격하기 위해서였는지, 그냥 단지 이야기를 하기 위해서였는지 확인할 겨를도 없이 칼을 뻗고만 것이다. "선피를 쏟으며 반이상 잘려나간 연철의 목이 나에게로 떨구어지던 기억…… 그 연철이의 마지막 고개짓…… 나 비명을 질렀지만 아무도 내 비명을 듣지 못했고 내 귀에도 그 비명은 들리지 않았다. 내가 무슨 짓을 했나……"[12] 이런 기록을 남길 수밖에 없었던 이연우, 자기가 무슨 짓을 하고 있는지 의식할 겨를도 없이 저지른 엄청난 충격에 절망할 수밖에 없었던 좌절한 혁명전사 이연우 역시 조작적 조건 형성의 가해자이자 피해자 중의 하나인 셈이다.

'유령'처럼 작동하는 조작적 조건 형성이 문제라는 것, 그런 환경 때문에 '그렇게 될' 수밖에 없었다는 것, 이런 반생태적인 현실에 대한 비판적 의식을 구성적으로 형상화해 놓은 것이 소설 『DMZ』의 문제성이다. 이를 중심으로 한반도의 분단사와 그 비극성의 한 단면을 묘파하고자 한 것이 이 소설의 중심적 의미망이다. 특히 이 소설에서 집중적으로 탐문한 오퍼런트 컨디셔닝 테마는 세계 체제나 국가 이데올로기에 의해 반생명적이고 반생태적인 비극을 인상적으로 강조하는데 효과적이다. 소설에서 '조작적 조건 형성'의 피해자들은 모두 비극적인 최후를 맞이했다.[13] 특히 이연우는 죽어서도 그가 원하던 고국으로

12 앞의 책, p. 235.

13 김수혁은 모든 진실을 털어놓은 다음에 강중위의 권총을 빼앗아 자살했고, 그가 기르던 군견은 비참한 광태를 보이다가 주인공의 권총에 죽어갔다. 주인공의 아버지 이연우는 이역만리 정신병원에서 싸늘하게 육신을 거두어갔다.

돌아올 수 없었다. 그가 진정으로 원하던 곳, 즉 '남도 북도 아닌 곳'은 아직 마련되지 않았기 때문이다. 모두 경계선의 고정을 강조하는 영토화된 이데올로기, 혹은 그것이 형성해 놓은 조작적 조건에 의한 희생양의 형식이라 할만하다. 이러한 경계선의 경향과 인물들의 비극은 인위적 경계나 조작적 조건 형성이 아니었다면, 다시 말해 생태학적 동일성이 보장되고 생태학적 무의식에 따라 자연스럽게 존재하고 행하는 '푸른 광장'에서였다면 일어나지 않았을 수도 있다는 사실을 환기한다.

4. 디지털 시대의 현실과 가상현실 사이의 경계: 강희진의 『유령』

근대 이후 산업사회에서 인간은 진정한 생태학적 의식을 견지하고 일상적 삶을 살기 어려웠다. 생태학적 의식은 각종 근대적 제도나 규율에 의해 억압되었고, 효율성을 강조하는 경제 논리에 의해 시대착오적인 것으로 치부되기도 했다. 후기산업사회 혹은 포스트모던 사회에서는 양면적 혹은 다면적 현상이 나타났다. 한편으로는 생태학적 의식을 억압했던 과거를 반성하는가 하면, 다른 한편에서는 억압 기제를 더욱 심화하여 심지어 생태학적 무의식마저 억압하려는 양상도 나타난다. 특히 디지털 가상공간에서 이루어지는 각종 스토리텔링들의 경우 한편으로는 생태학적 무의식으로 귀환하려는 상상의 노력을 펼치는 경우도 있지만, 다른 한편에서는 디지털 규범에 의해 그 무의식마저 억압하는 경향이 짙게 나타나는 경우가 많다. 물론 이러한 산업사회와 후기산업사회의 특성은 세계적이고 보편적인 현상일 수 있다. 이런 보편성에 분단국인 한국의 특수 상황을 결합하면 새로운 문제의식을 도출할 수 있다.

2011년 작 강희진의 『유령』은 바로 그런 상상력을 보이는 소설이다. 북한에서 탈북한 주인공과 그 동료들의 생태를 사실적이면서도 상징적으로 형상화했다.[14] 사실적이라고 한 것은, 탈북할 수밖에 없었던 북한의 정치적 경제적 사정, 탈북 이후 남한의 경제적 문화적 사정 등을 실감 있게 기술했다는 말이다. 상징적이라는 것은 단순한 탈북자들의 생리를 그린 것이 아니라 21세기 세계의 문제의식을 독특하게 구성해 놓고 있다는 뜻이다. 개인과 집단, 가족과 사회, 남한과 북한, 한국과 세계, 양성애자와 동성애자, 현실과 가상현실 사이의 경계를 중층적으로 탐문한다. 이러한 경계선의 인물인 문제적 주인공을 통해 작가는 분단 문제와 가상현실 문제를 복합적으로 성찰한다.

14 『유령』 이전에도 탈북자들을 다룬 소설들은 여럿 있었다. 박덕규의 『고양이 살리기』(청동거울, 2005), 강영숙의 『리나』(랜덤하우스코리아, 2006), 황석영의 『바리데기』(창비, 2007), 권리의 『왼손잡이 미스터 리』(문학수첩, 2007), 이대환의 『큰돈과 콘돔』(실천문학, 2008), 정도상의 『찔레꽃』(창비, 2008), 이호림의 『이매, 길을 묻다』(아이엘앤피, 2008) 등 이외에 몇몇 단편들이 있다. 이런 탈북자를 다룬 소설에 대한 논의로는 다음과 같은 것들이 있다. 이성희, 「탈북자 소설에 드러난 한국 자본주의의 문제점 연구」, 『한국문학논총』 51, 한국문학회, 2009; 고인환, 「탈북자 문제 형상화의 새로운 양상 연구」, 『한국문학논총』 52, 한국문학회, 2009; 홍용희, 「통일시대를 향한 탈북자 문제의 소설적 인식 연구」, 『한국언어문화』 40, 한국언어문화학회, 2009; 이경재, 「네이션과 2000년대 한국소설」, 『문학수첩』, 2009년 겨울호; 백지연, 「타자의 인식과 공공성의 성찰」, 『창작과 비평』, 2009년 겨울호; 김효석, 「'거울'의 서사와 '탈북'을 둘러싼 다양한 시선들」, 『문예운동』 105, 문예운동사, 2010.

『유령』의 주인공은 『광장』의 이명준보다 2세대 다음 세대이다. 한국전쟁 당시 주인공의 할머니는 아버지를 잉태한 몸이었다. 지주였던 할아버지는 전쟁 중에 월남했다. 북한에서 아버지는 월남한 지주의 자식이라는 오명 때문에, 노래를 잘 불러 배우로 중앙 무대에 서보고 싶었던 그의 꿈을 이루지 못하고 농민으로 전락해 어렵게 살았다. 그럼에도 아버지는 북한 공산주의 사상이 강해 함께 탈북하자는 아들의 말을 일언지하에 거절한다. 그러나 주인공은 먹고살기 어려운 북쪽의 삶을 과감히 포기하고 탈북하여 중국을 거쳐 남한에서 살게 된다. 북한에서 쓰던 본명 주철을 버리고 중국에서 아사한 친구 하림의 이름으로 산다. 대학에서 연극을 했던 그는 아버지가 북쪽에서 못 이룬 배우의 꿈을 남쪽에서 펼칠 수 있게 되었지만, 북쪽 가족에서 피해가 될까 두려워 TV에 나가는 것을 꺼리다 보니 어느새 단역 하나 맡기 어려운 룸펜이 되어 탈북자들이 모여 사는 허름한 곳에서 지낸다. 이렇게 현실에서는 비루한 처지지만, 온라인 가상현실에서는 그렇지 않다. 리니지 게임 공간에서 그는 쿠사나기 군주로서 한 용맹한 혈맹을 이끈다. 현실의 비루함과 가상현실[15]의 행복함 사이의 대조가 그

15 마리로르 라이언은 가상현실(버추얼 리얼리티)에 대한 기존 논의들을 종합하면서, '버추얼'의 의미 정립을 위해서 '실제(actual)'와 '가상(virtual)'의 대립적 자질들을 나열한 바 있다. "일어난/잠재적인, 사실적인/비사실적인, 이루어진/가능의, 닫힌/열린, 물질적인/정신적인, 구체적인/추상적인, 특별한/일반적인, 종결적인/비종결적인, 결정적인/비결정적인, 유형의/스펙트럼상의, 현세적/비현세적, 공간내적/탈영토적, 단수의/복수의, 현재/과거와 미래, 여기/거기, 우리/그들 혹은 타인, 고체적인/휘발적인, 실체적/비실체적, 형상/기저, 가시적인/잠복된, 현존/부재, 면대면(面對面)/중개적인, 기계적인/전자적인, 물질/정보, 공간/가상공간, 계측적인/비계측

의 몸과 마음을 더욱 힘들게 한다. 그럴수록 현실과 가상현실의 경계를 지우려고 의식적으로 몸부림친다. "쿠사나기는 내 아바타가 아니다. 바로 나다."[16] 게임 속의 아바타인 쿠사나기가 바로 자신이라는 이런 인식은 디지털 시대의 게임 폐인의 한 단면을 엿보게 한다. 외상후 스트레스 증후군으로 정신과 치료를 받으면서도 의사에게 "게임은 현실이에요. 꼭 같은 건데요."[17]라고 말할 정도이다. 그에게 게임이 왜 현실인가 라는 질문은 곧 왜 사느냐는 질문과 같다. 그에게 현실은 불안을 가중시키는 환경이지만, 게임이란 가상현실은 편안한 모태와도 같은 생명의 공간으로 받아들여진다.

> 나는 게임을 하면 편안하다. 정말 그렇다. 실은 그곳은 현실보다 더 피가 튀기는 공간이지만, 게임 속에 들어가 있을 때는 따뜻한 방안의 이불 속 같다. 솔직히 말하면 이불 속이 아니라 자궁 안 같다. 엄마의 자궁. 나는 그 속에서 몸을 벌레처럼 돌돌 말고 있는 작은 생명체이다.[18]

모태에서 생명은 충만한 기운을 지닌다. 그래서 신화적으로 모태

적인, 존재/현상, 정체성/역할 놀이, 진지한 행동/가장하기, 생생한 경험/환상이나 꿈, 사실/허구, 본질/형상, 진정/거짓 혹은 시뮬레이션, 진실/환영, 원본/모사, 지시대상/이미지"(Marie-Laure Ryan, *Narrative as Virtual Reality: Immersion and Interactivity in Literature and Electronic Media*, The Johns Hopkins UP., 2001, p. 28.) 등이 바로 그 대립쌍들이다.

16 강희진, 『유령』, 은행나무, 2011, p. 25.

17 앞의 책, p. 51.

18 앞의 책, p. 51.

는 생태학적 동일성이 보장된 공간으로 논의된다. 가상현실의 게임 공간이 주인공이나 그의 탈북자 동료 일반에게 그런 느낌을 주었다는 것은 관심거리다. 그가 속한 게임 그룹 '내복단' 명의로 정리된 바에 따르면, 내복 한 벌 달랑 걸치고 두만강이나 압록강을 건너 그들이 찾은 세상이 바로 '리니지라는 천국'이라는 것이다. 중국에서와 마찬가지로 남한에서 비루하게 살다가 만난 새 세상이 바로 리니지 가상공간이라고 말한다. 그곳은 일종의 '푸른 광장'이기도 하다.

> 우리는 좋은 말로 게임 매니아, 솔직히 말하면 게임 폐인이 된 겁니다. 비루한, 너무나 비루한 삶을 살아가는 우리에게 인터넷은, 게임은, 위대한 수령의 교시 같은 것이었습니다. 그것이 비록 한여름 밤의 꿈일지라도…… 최소한 그 순간은 행복하니까요. 그 순간만은 비루하고 못난 자신을 잊을 수 있으니까요. 우리가 힘들게 도달한 조국인 남조선은 우리에게 게임이란 천국을 허락한 것입니다. 드디어 우리는 천국을 찾았습니다.[19]

이렇게 가상현실에서만 생명감, 행복감을 느끼는 탈북자들의 현실은 대체로 비루하다. 탈북 초기에는 남한 정부의 지원금에 의해 살아가지만, 그것도 충분하지 않고, 체제가 다른 남한에서 그들이 사회의 중심부에서 당당하게 활동하며 살기가 쉽지 않기 때문이다. 물론 소수의 예외가 있기는 하지만 많은 탈북자들이 남한 사회의 주변부에서 비루하게 살면서, 그들이 원했던 현실이 이게 아니었음을 떠올

19 앞의 책, pp. 285~286.

리며 불행해하는 경우가 많다. 그들은 북한을 떠나왔기에 더 이상 북한 사람이 아니다. 그렇다고 남한 사람으로 온전하게 정착한 것도 아니다. 남한 사람들은 탈북자들을 동류로 공감하기보다 특별한 그룹의 사람들로 취급한다. 이해나 공감이 부족하고, 삶의 터전도 막막한 환경이라, 그들의 삶은 더욱 비루해질 수밖에 없다. 그래서 젊은층들은 게임 폐인이 되거나, 마약 혹은 포르노 중독으로 피폐해지기도 하고, 중장년층들은 절망한 나머지 자살로 삶을 서둘러 마감하기도 한다. 정주 아주머니의 전남편이 그런 사례이다. 북한 평안북도 정주 출신의 시인 백석의 시 세계를 기려 서울에 조성한 백석공원의 플라타너스 나무에 목을 매고 그는 자살한다. 그는 북한에서 교사 생활을 하다가 정치적인 발언이 문제가 되어 농민으로 전락해, 아사가 북한을 덮칠 당시 아들을 잃고 탈북을 감행한 탈북자이다. 탈북 과정에서 아내와 딸을 압록강에서 잃었는데, 수장됐다고 믿었던 아내는 거꾸로 남편이 국경수비대의 총에 맞아 죽었다고 믿으며 한국에 들어와 목사의 아내로 살아가고 있다. 그러다가 둘이 서로 만나게 되고 이 기막힌 운명에 절망한 그는 결국 자살을 택하고 마는 것이다. 주인공 같은 젊은 세대와는 달리 정주 아주머니나 그녀의 남편은 잃어버린 고향에 대한 기억을 지니고 있는 세대이다. 북한이 공산화되기 이전의 시기에 백석이 그린 정겨운 고향의 풍경은 그야말로 생태학적 동일성으로 충만한 곳이었다. 생태학적 무의식이 억압되지 않아 조화와 상생의 풍경으로 기억되는 그곳을 정치적인 이유로 상실했다는 느낌, 이식된 남한 사회에서 그런 고향의 삶으로 돌아갈 수 없다는 절망감, 가족

파탄의 고통 등이 정주 아주머니의 전 남편으로 하여금 비극적인 종말을 맞이하게 했던 것이다. 이 사건을 한 잡지 기사는 이렇게 정리한다.

> 그러나 탈북자들은 그 상실의 기억을 그대로 가지고 있다. 남한에 와서 그들이 발견한 것은 더 이상 고향을 그리워하지 않는 사람들, 고향이 무엇인지도 모르는 사람들, 밥이 없어 굶어 죽는 그곳이 무슨 고향이냐며 경멸하는 사람들이었을 것이다. 백석의 시는 탈북자들에게 그들이 잃어버린 것이 무엇인지를 보여주고 있다. 남한에서만 줄곧 살아온 나에게 백석의 시는 어휘부터가 너무나 낯설다. 그리고 이 시를 보면서 눈물을 흘렸다는 그 정서도 솔직히 이해하기 힘들다. '아름답고 아늑한 마을 공동체, 눈물나게 숨막히게, 살가운 마을을 노래한 민족시인 백석. 한동안 북한의 농촌 마을은 그런 세상이었습니다. 내것 네것 없는 완전한 세상이었습니다' 그가 남긴 유서의 마지막 문장이다. 이것 역시 이해하기 힘들다. 완전한 세상이란 게 가능한 일인지…… 그 '이해하기 힘듦', 공감의 부재 속에서 탈북자들은 오늘도 유령처럼 우리 옆을 떠돌고 있는 것은 아닌가.[20]

백석이 시에서 그렸던 생태학적 동일성의 세계를 상실한 탈북자들은 이제 가상공간에서나마 새로운 '가능 세계'[21]를 모색하려 한다.

---

20 앞의 책, p. 140.

21 라이언은 소박한 리얼리즘 사고를 넘어서 객관적 현실, 실제 세계, 비실제적 가능 세계의 관계를 고려하면서 가능 세계 모형을 제시한 바 있다.(Marie-Laure Ryan, *Narrative as Virtual Reality: Immersion and Interactivity in Literature and Electronic Media*, The Johns Hopkins UP., 2001, pp. 99-102 참조.) 한편 돌레젤은 인간의 언어로 창조되는 세계를

그들이 리니지 게임에서 그토록 바츠 해방전쟁의 승리를 위해 고투하는 이유도 바로 그 때문이다. 그러면 그럴수록 그들은 더욱 생태학적 동일성의 세계로부터 멀어지는 경험을 한다. "온라인 게임 속으로 들어가 폐인이 되는 데는 이틀이면 충분하지만 폐인을 탈출하는 데는 한 달 이상이 걸린다. 어쩔 땐, 두 달 동안을 비몽사몽 가상공간도 현실도 아닌 곳을 헤매고 다닌 적도 있었다. 그보다 더 오랫동안 술에 취한 것 마냥 정신을 놓고 살기도 했다. 두 공간의 경계를 밟고 사는 것은 어렵고 고통스러운 일이다. 더구나 나는 차츰 기억을 잃어 가고 있는 마당이라 그 혼란이 더욱 힘들었다. 오래전부터 망각이란 놈이 서서히 내 영혼을 갉아먹고 있었다."[22] 그래서 예전에는 빼어난 기억력을 지니고 있던 주인공도 점점 쇠퇴하는 기억력으로 인해 고통받는다. 심지어 자신을 거울에 비추어보면서도 자기인 줄을 모르기도 한다. 북한에 남은 가족을 위해 죽은 친구 하림의 이름을 쓰고 있는 주

가능 세계라고 보았다. 라이프니츠의 형이상학적 개념 안에서 가능 세계는 직관적인 것이었으며 전지적이면서도 신성한 정신 안에 존재하고 있었다고 그는 보고한다. 그런데 이런 기원과는 달리 이제 초월적인 영역에서 발견되기를 수동적으로 기다리는 것이 아니라고 한다. 인간의 창조적인 정신과 육체 활동을 통해 가능 세계는 다양하게 구성될 수 있다는 것이다. 가능 세계는 강력한 망원경으로 발견되는 것이 아니라, 우리가 말하고 생각하며 추측하고 믿는 것 혹은 바라는 것으로부터 변형 생성된다는 논지다. 아울러 가능 세계는 실제 세계의 대안 세계적 성격을 지니며, 실제 세계에서 일어난 것과 일어날 것 모두를 포괄한다고 돌레젤은 논의한다.(Lubomir Dolezel, "Fictional and Historical Narrative: Meeting the Postmodernist Challenge", D. Herman ed., *Narratoligies: New Perspectives on Narrative Analysis*, Ohio State UP., 1997, pp. 253–255 참조.)

22 강희진, 앞의 책, p. 117.

인공은, 이름뿐만 아니라 자기 몸도 하림이 되어 있는 망상에 시달리기도 하는 것이다. "꿈에서 가족이 나를 알아보지 못한 이유를 알았다. 보위부 군인 복장 때문이 아니었다. 나는 북조선에 있을 때의 얼굴이 아니었다. 눈을 똑바로 떴다. 정말 북한에 있을 때와 다른 얼굴인가? 거울을 다시 쳐다보았다. 북쪽의 변방에 살던 하림이 이런 얼굴을 하고 있었다. 나는 하림이 아닌 주철이다. 하림은 내 이름이 아니다. 북쪽의 가족 때문에 본명을 사용할 수 없어 빌려 쓴 이름이다."[23] 그가 시달리는 외상후 스트레스 증후군에 대해 서술자는 이런 주석을 붙인다. "이것은 과거가 현재와 미래를 괴롭히는 병이다. 어떤 상처는 빨리, 어떤 상처는 아주 천천히, 기억을, 마음을, 고스트를 갉아먹는다."[24] 이런 주인공의 성격을 다음 본문은 효과적으로 보여준다.

> 웬 놈이 아름드리 플라타너스 나무에 기대서서 이쪽을 노려보고 있었다. […] 불빛 사이로 놈의 얼굴이 언뜻 드러났다 사라진다. 하림이다. 내 콩팥 속에 숨어사는…… 그럼, 나는 누구인가? 내 이름은 하림인데…… 놈은 나란 말인가? 아니다. 하림은 내 친구다. 그는 칼을 움켜쥐고 벤치 쪽으로 걸어온다.
>
> —주철아, 나 몰라?
>
> 놈의 입에서 말이 튀어나온다.
>
> —……
>
> 나는 아무런 대꾸도 하지 못하고 가쁘게 숨을 몰아쉰다. 나

23 앞의 책, pp. 107~108.

24 앞의 책, p. 136.

도 모르게 손가락을 움직인다. 눈앞에 나타난 것은 몬스터이다. 괴물을 물리쳐야 한다. 그렇지 않으면 내 모가지가 달아날지 모른다. 하림이라고? 내가 그 따위 구라에 속아 넘어갈 줄 알았나. 서둘러야 한다. 내 칼은, 쿠사나기의 투구는 어디로 갔나? 갑옷은…… 빨리 몸을 쿠사나기 캐릭터로 바꿔야 한다. 내 아바타로 놈의 목을 따야 한다. 한 칼에…… 바츠 해방전쟁 당시의 그 날렵한 솜씨로…… 그러지 않으면 내가 죽는다. 그것이 게임의 법칙이다. […] 그런데 마우스가 꼼짝하지 않는다. 온힘을 손가락에 쏟아 부었다. 왜, 움직이지 않는 것일까? 고장인가? 하필 이때…… 나는 자리에서 벌떡 일어났다. 놈은 다크엘프, 암살자다. 분명하다. 그의 칼을 내 몸속에 박아 넣을지 모른다. 나는 목이 달아나 피를 쏟고 공원 바닥에 꼬꾸라질 것 같다. 그런데, 놈은 몬스터가 아니다. 하림이다. 뭐 저런 놈이 다 있어. 은혜도 모르는 배은망덕한 놈…… 그가 나를 잡기 위해 달려온다. 그의 한쪽 눈알이 땅바닥에 떨어진다. 사과만한 눈알이 공처럼 구른다. 그는 개의치 않고 나를 향해 뛰어왔다. 나는 정신이 번쩍 들었다. 나도 뛰기 시작했다. 하림의 가면을 둘러쓴 적일지 모른다. 전설의 전사 쿠사나기의 모가지엔 현상금이 걸려 있다. 나는 이동할 때마다 손을 움찔대면서 마우스를 클릭하고 있다. 가면을 쓴 몬스터가 따라온다. 놈의 걸음이 빨라진다. 나는 마음속으로 중얼거리면서 마우스를 움직인다. 속도를 높이기 위해 손가락을 빠르게 누른다. 클릭 속도를 높여야 한다. 그래도 놈은 자꾸 따라온다. 꿈도 게임도 아니다.[25]

25 앞의 책, pp. 22~23.

먼저 정체성 혼란을 일으키며 분열증을 앓고 있는 주인공의 모습을 확인할 수 있다. 그는 자신이 하림인지, 주철인지 혼란스러워 한다. 그의 안과 밖이 분열되어 있다. 또 자신을 향한 위협이 실제 세계에서 일어나는 일인지, 가상세계에서의 일인지 혼란스러워한다. "꿈도 게임도 아니다"라고 말하고 있지만, 그는 게임 속에서 현실을 만나고, 현실에서 게임을 만나며 분열증을 일으킨다. 현실의 위협을 가상현실 속에서 해결하려 하고, 가상현실의 위협을 현실에서 느낀다. 현실이 가상현실이 되고, 가상현실이 현실이 된다는 점에서 일종의 뫼비우스의 띠 같기도 하다. 혹은 더 헝클어진 실타래처럼 분열되어 있다. 그런 혼란과 경계 착란 상태에서 한 달 넘게 게임방에 처박혀 폐인처럼 지내기도 한다. 그러다보니 모든 것이 뒤죽박죽이다. 이 소설의 줄기 중의 하나가 회령 아저씨를 살해한 범인이 누구냐인데, 주인공은 경찰에서 외적인 알리바이로 혐의를 벗었음에도, 자신이 그를 죽였는지 그렇지 않은지 기억하지 못한다. 또 자기가 회령 아저씨를 죽였다는 유서를 남기고 죽은 정주 아주머니의 유서를 보고도 그것이 자신이 위조한 유서인지 아니면 그녀의 필체인지 알지 못하는 것으로 얘기된다. 현실과 가상현실 사이에서 그에게 분명한 것은 아무것도 없다. 그는 더 이상 그가 아니다. 그 어떤 행위도 기억도 분명치 않다.[26] 분단 환경에서 이식된 탈북자의 비극적인 초

26 이지훈은 고립된 개인의 유아론적 관점의 위험과 가상의 악을 지적하면서, '전체에 대한 통찰'의 중요성을 강조한 바 있다.(이지훈, 「가상현실의 형이상학」, 『철학』 Vol. 58 No. 1, 한국철학회, 1999, p. 149). 그러나 '전체에 대한 통찰'로 생태학적 동일성의 회복 도정에 이르기보다는 『유령』의 주인

상의 한 단면을 극적으로 환기한다. 북한을 탈출하면서 꿈꾸었을 푸른 광장에 대한 기억조차 상실한 모습이다. 1960년 이명준이 꿈꾸었던 '푸른 광장'으로부터 2011년의 주철은 너무 멀리 떨어져 있다.

5. '푸른 광장'의 녹색 수사학

최인훈의 『광장』의 이명준은 분단 1세대이며 한국전쟁 참전자이다. 박상연의 『DMZ』의 베르사미는 참전자인 이연우의 아들로 분단 2세대이지만, 켈트 혼혈의 스위스 국적자로 이방인의 시선을 지니고 있다. 강희진의 『유령』에서 주철은 분단 3세대의 탈북자로서 현실과 가상현실 사이에서 유령처럼 살아간다. 이명준은 자살 직전 환각 속에서나마 '푸른 광장'을 응시했었다. 푸른 광장은 정치 경제 사회 문화 전반적으로 소망스런 공간의 상징이다. 인류의 집단무의식이 오래 꿈꾸었던 유토피아에 가까운 공간이고, 거기에서라면 생태학적 동일성이 훼손되지 않았을 것이라고 추정되는 공간이다. 물론 남과 북의 경계가 사라진, 그러니까 분단 상황이 해소된 한반도의 모습을 상징하기도 한다. 그러니까 작가 최인훈이 제시한 푸른 광장의 상징성은 한국인의 오랜 정치적 무의식과 생태학적 무의식을 반영한 것이라고 할 수 있다. 분단 시대를 사는 한국인들의 공통된 소망이 거기에 온축되어 있다. 그러기에 최인훈 이후 많은 작가들도 푸른 광장에 대한 재탐색을 계속했다. 냉전시대에 꾸었던 그런 소망은 탈냉전시대가 되어도

공처럼 반대의 경우가 현실적이며 문제적인 게 사실이다.

충족되기 어려웠다. 박상연은 『DMZ』에서 조작적 조건 형성 모티프를 통해 냉전시대의 비극이 계속 진행되고 있음을 시사하면서, 한국의 분단 환경에 대한 사회생물학적 성찰을 한다. 디지털시대를 배경으로 한 강희진의 『유령』에서는 현실에서 푸른 광장을 찾을 수 없었던 탈북자가 디지털 게임 공간에 빠져 현실과 가상현실의 경계에서 착란과 분열을 일으키며 고통스럽게 살아가는 모습이 나타난다. 그에게 있어서 가상현실은 불우한 현실에 대한 대안적 가능 세계이기도 하면서, 현실을 더욱 피폐하게 만드는 부정적 환경이기도 하다. 현실과 가상현실 사이에서의 유령 같은 존재는 생태학적 동일성의 세계를 담은 고향의 모습에서 너무 멀리 떨어져 있다. 푸른 광장에의 꿈으로부터 점점 더 멀어져만 가는 것이다.

물론 한국의 모든 생태 환경 문제가 분단 상황과 관련된 것은 아니다. 그러나 많은 이슈에서 분단 환경은 크고 작은 원인이 되는 게 사실이다. 이산가족, 실향민, 군비 증강 경쟁, 천안함 사건이나 연평해전 같은 국지전적 분쟁에서 북핵 문제에 이르기까지 분단 환경이 야기한 이런저런 현안들은 분명히 생태학적 동일성을 훼손하는 결과를 초래한다. 무엇보다 분단 환경에서 맞서 있는 상황 자체가 생태학적 무의식을 억압하는 것이 아닐 수 없다. 그래서 푸른 광장으로 상징되는 과제가 한반도에서는 매우 긴요하게 받아들여지는 것이다. 그러나 그것은 비단 한반도에서 그치는 것이 아니라, 아직도 여전히 생태학적 동일성의 세계로부터 멀리 떨어져 경쟁하고 갈등하고 파괴하는 일이 벌어지고 있는 지구촌 많은 곳에서 공통적으로 꿈꾸는 소망이기도 할 것이다. 그래서 인류는 여전히 '오래된 미래'인 '푸른 광장'을 찾아 나선다.

에필로그

1. 대전환의 상상력

작가 이청준과 시인 정현종이 황홀경에 몰입하고자 했던 자연의 풍경은 다른 게 아니었다. 푸른 숲속 무성한 나뭇가지들 사이에서 새들이 지저귀며 싱그럽게 합창하는 모습이었다. 하늘과 땅을 연결하는 그 오케스트라에 동참할 수 있을 때, 인간은 자연 상태에서 황홀한 행복감에 젖게 된다. 레이첼 카슨이 '침묵의 봄'(Silent Spring)이라고 불렀던 그런 풍경과는 전적으로 대조되는 풍경이다. 여러 변수로 환경이 크게 훼손되어 숲에 나무가 사라지고, 나무가 사라지면서 숲도 줄어들다 사라지고, 농약 살포 등으로 새들도 사라지는 상태, 그 침묵의 상태를 카슨은 생태 위기의 상징처럼 제시했던 터이다.

레이첼 카슨 이전에 숲으로 들어갔던 이가 있었다. 하버드대학에서 배운 근대적 계몽의 훈시를 뒤로 하고 진정한 생명과 대면하고 체험하기 위해서였다. 누구나 짐작할 수 있는 것처럼 『월든』의 저자 헨리 데이빗 소로우가 바로 그이다. 그 책의 2장 제목은 '나는 어디서 살았으며, 무엇을 위하여 살았는가'라는 질문으로 이루어졌다. 인간 중심주의에 입각해 자연을 저렴하게 이용하기 위하여 무자비하게 약탈하고 그러면서 문명의 이기를 누리고 경제적 이윤을 극대화하는 그런 삶, 에리히 프롬 식으로 말하자면 존재 지향의 삶이 아닌 소유 지향의 삶을 살았던 과거와 단절하고 새로운 전환을 모색하기 위해 소로우는 미국 동북부에 있는 월든 호수를 찾았다. 거기서 그야말로 자연 상태의 생활을 하면서, 근대적 '계몽'의 시선으로 보자면 '야만'에 가까운 삶을 살면서, 그는 존재 지향의 성찰을 깊게 한다. 가령 '콩밭' 장에서 그는 이렇게 적는다. "빵이 항상 우리를 배부르게 하지는 못한다. 그러나 인간이나 자연 가운데에서 어떤 너그러움을 깨닫는 것은, 그리고 순수하고 영웅적인 기쁨을 함께 나누는 것은 반드시 우리에게 이익이 된다. […] 농사가 한때는 신성한 예술이었음을 옛 시(詩)와 신화는 최소한 암시를 하고 있다."[1] 물질적 삶을 최소화하고 소박한 삶을 실천하면서 역설적으로 정신적 삶이 심화되고 고양되는 경험을 한 소로우의 성찰은 그런 식으로 형상화된다. 그로 하여금 월든 호수가로 가도록 간접적으로 인도한 이가 랄프 왈도 에머슨으로 알려져 있거니와, 에머슨을 비롯한 초월주의자들의 영향을 받은 소로우는 "자연과 깊이 교감하면서 신성(神性)을 경험"[2]하고 웅숭깊은 생태 의식을 보인다. 가령 「콩밭」의 마지막 단락을 보기로 하자.

1 헨리 데이빗 소로우, 『월든』, 강승영 옮김, 은행나무, 1993/2016, p. 249.

2 김욱동, 『적색에서 녹색으로』, 황금알, 2011, p. 270.

이 콩의 결실은 내가 다 거둬들이는 것은 아니다. 이 콩들의 일부는 우드척을 위해서 자라고 있는 것이 아니겠는가? 밀의 이삭이 농부의 유일한 희망이 되어서는 안 되겠으며, 그 낟알만이 밀대가 생산하는 모든 것은 아닌 것이다. 그렇다면 우리의 농사가 실패하는 일이 있겠는가? 잡초들의 씨앗이 새들의 주식일진대, 잡초가 무성한 것도 실은 내가 기뻐해야 할 일이 아닌가? 밭농사가 잘되어 농부의 광을 가득 채우느냐 아니냐는 비교적 중요한 일이 아니다. 금년에 숲에 밤이 열릴 것인지 아닌지 다람쥐가 걱정을 않듯 참다운 농부는 걱정에서 벗어나 자기 밭의 생산물에 대한 독점권을 포기하고, 자신의 최초의 소출뿐만 아니라 최종의 소출도 제물로 바칠 마음의 자세를 가져야 할 것이다.[3]

매우 단순한 듯 보이지만 실은 아주 심오한 성찰을 보이는 대목이다. 인간이 나 홀로 뿌리고 거두는 행위 주체가 될 수 없다. 인간은 오로지 자연 공동체의 일부에 불과하다. 인간은 밭에 콩을 심고 가꾸려 하지만, 바람이나 새 등 다른 자연의 존재들은 잡초를 자라게 한다. 인간만이 많이 거두겠다고 잡초를 제거해 버리면 새들의 양식이 없어진다. 잡초를 타자화하지 않을 때, 잡초와 연결된 새들도 타자화하지 않는 게 된다.[4] 땅의 생산물에 대한 독점권을 포기해야 한다는

3 헨리 데이빗 소로우, 『월든』, p. 251.

4 이 세상에 잡초라는 풀은 존재하지 않고 똑같이 존중받아 마땅한 생명이라는 지혜를 소로우는 인디언 원주민으로부터 배웠다고 한다. 체로키 족 인디언 추장 '구르는 천둥'은 이렇게 말했다. "문명인들은 자신들의 마음에 들지 않는 식물을 잡초라고 부르는데, 이 세상에 잡초라는 것은 없다. 모든 풀은 존중되어야 할 이유를 지니고 있고, 쓸모없는 풀이란 하나도 존재하지 않는다."(김욱동, 『적색에서 녹색으로』, p. 278.)

것, 그 소출들을 고스란히 자연에 바친다는 마음으로 살 때, 농사일 실패나 소유 욕망과 관련한 근심이나 불안에서 벗어나 평화롭고 행복하게 살 수 있지 않겠느냐는 생각인 것 같다. '승자독식'의 비극을, 경쟁의 과열로 인해 마침내 존재의 바탕인 지구 공동체가 위험에 처할 수도 있겠다는 위기의식을, 소로우는 미리 예감적으로 지녔던 것일까? 어쨌든 소로우의 생태적 예감은 근대적 계몽의 훈시로부터 벗어나 대전환의 상상력으로 탈주하면서 형성된 것이 아닐까 싶다.

우리가 앞에서 살펴본 일련의 문학 텍스트들이 보이는 생태학적 상상력은 대체로 그러한 대전환의 상상력을 예각적으로 환기한다. 현 단계 지구의 상황을 '대전환의 상상력'으로 치유하고 끊어진 생명의 고리들을 '다시' 연결하는 것이, 매우 중요함을 탐문하고 성찰한다. 칼 폴라니(Karl Polanyi)는 15세기에서 제2차세계대전에 이르는 시기, 그러니까 산업혁명 이전부터 산업화의 시대로 바뀌는 거대한 전환 과정을 다룬 『거대한 전환』(*The Great Transformationtion*, 1944)에서 상호성(reciprocity)과 재분배(redistribution)의 역할을 강조했다.[5] 폴라니의 이 저작 이후 '대전환'에 대한 관심은 다양하게 변형 생성되었다. 바츨라프 스밀(Vaclav Smil)은 『대전환』(*Grand Transitionstions*, 2021)에서 인구, 농업과 식량, 에너지, 경제, 환경 등 인류와 세계를 바꾼 5가지 획기적인 대전환의 서사를 다루면서 그 결과와 미래를 논의하여 주목을 받았다.

문화적 밈(meme)으로서 대전환은 1980, 1990년대에 '지구 생명

5 칼 폴라니, 『거대한 전환』, 홍기빈 옮김, 길, 2009, p. 37.

체 생존에 필수적인 변화'라는 혁명성을 드러내는 용어로 사용되었다. 1989년에 크레이그 신들러(Craig Shindler)와 게리 래피드(Gary Lapid)는 『거대한 전환』(*The Great Turning: Personal Peace, Global Victory*), Bear & Co., 1989)에서 전쟁에서 평화로의 전환을 주장했다. 이 용어를 조애나 메이시(Joanna Macy)와 몰리 영 브라운(Molly Young Brown)은 재연결의 '딥타임' 실습에 적용했다. 산업성장사회에서 생명지속사회로의 대전환을 강조하는 이들은 "1. 지구와 생명체에 가하는 피해는 늦추는 행동", "2. 일상의 토대 분석 및 변혁", "3. 세계관과 가치관의 근본적인 전환" 등 세 차원에서 동시에 그리고 상호보완적으로 이루어져야 함을 역설한다.[6] 그중 3에 해당하는 몇몇 사례들을 보자.

- 정신적 수행과 사회 운동 양쪽을 토대로, 지구를 존중하고 모든 생명체의 연기성(緣起性)을 적극적으로 가르치는 참여불교, 또 이와 흐름을 같이하는 힌두교, 도교, 신도(神道) 등 동양 전통
- 자연 세계와 관계를 깊이 맺고자 하는 욕구와 더불어 산업성장사회가 불러온 심리적 피해 등 정신건강에 대한 이해를 확장하는 생태심리학(ecological psychology)
- 정치 비평을 여성 운동과 결합하고, 자연 세계에 우리의 기반을 다시 다지고, 세상과 자신을 새롭게 바라보며, 둘은 근본적으로 상관관계가 있음을 주목하는 에코페미니즘(ecofeminism)
- 산업성장사회로 인해 불균형 피해를 입은 지역사회에서 인종주의와 식민주의 문제가 두드러지는 것에 주목하고 이를 알리

6 조애나 메이시·몰리 영 브라운, 앞의 책, p. 46.

는 환경정의 운동(environmental justice movement)[7]

이런 사례들은 우리가 살핀 텍스트들의 '대전환의 상상력'이 발원되었거나 지향하는 지점들과 관련한 맥락을 설정하는 데 의미 있는 참조의 틀을 제공한다. 이 책의 여정에서 다각적으로 숙고했던 것들이고, 앞으로 더욱 심화된 논의가 요청되는 사안들이기도 하다. 최근 많이 논의되는 여섯 번째 대멸종 관련해 '공멸이냐, 전환이냐'의 문제제기 담론 또한 우리가 동행한 텍스트들의 심층 문제의식 중의 하나이다. 많은 이들이 "기후 행동보다 더 중요한 일은 없다"[8]고 말한다. 더글러스 러미스가 일찍이 경고한 것처럼 '타이타닉 현실주의'를 엄정하게 성찰하고 실천해야 한다는 논의들이 많다. "타이타닉호의 경우는 하나의 빙산이 있고, 거기에 부딪힌다는 것입니다. 비유적인 타이타닉호, 즉 우리들의 정치경제 시스템의 경우, 빙산은 장래에 기다리고 있는 게 아닙니다. 재난은 이미 시작되었고, 말하자면 차례차례 빙산이 부딪히기 시작하고 있는 셈입니다."[9] 2019년부터 엄혹하게 경험한 코로나19 사태도 그 재난의 일환일 터이다. 실천적 환경운동에 헌신하면서 환경소설을 창작한 최성각은 "코로나19 이전으로 돌아가고 싶다고? 아니야! '다른 삶'으로 들어가야 해!"[10]라고 절실하게 호소한다.

7 앞의 책, p. 61.

8 최성각, 『욕망과 파국』, 동녘, 2021, p. 15.

9 더글러스 러미스, 『경제성장이 안되면 우리는 풍요롭지 못할 것인가』, 김종철/이반 옮김, 녹색평론사, 2002, pp. 18~19.

10 최성각, 『욕망과 파국』, 표4 글.

> 세상은 더 나아지지 않았고, 악화되고 있다. 최근에 인류에게 닥친 코로나19 또한 마찬가지다. 지금은 이 행성의 모든 인간 종이 오로지 역병 이전에 누렸던 삶으로부터 복귀를 간절히 소망하고 있지만, 역병이 돌게 된 원인이 무엇이든지 간에 확실한 것 한 가지는 이번 팬데믹이 그간의 인간 활동에서 비롯되었다는 점이다. 이 문제의 원인이 야생에 대한 인간의 침입, 넘으면 안 되는 선을 넘었기 때문에 발생했다는 데에는 역병으로 인한 고통 속에서도 모두들 어렴풋하게나마 짐작하고 있는 것 같다. 그럼에도 이번에 닥친 역병 이후에 전개될 '다른 삶'에 대한 다짐이나 각오는 증발해버렸다.[11]

그 '다른 삶'으로 들어가기 위해, 전속력으로 질주하는 타이타닉호를 멈추기 위해, 절박한 기후 행동을 위해, 문학은 대전환의 상상력에 몰입하지 않으면 안 된다는 지향의식을 견지한다. 단 하나뿐인 지구, 단 하나뿐인 생명, 단 하나뿐인 건강을 위해서 긴박하게 대전환의 과업을 함께 수행하지 않으면 공멸의 위기에 처할 수 있음을 인식하고, 병든 지구, 병든 몸을 치유하고자 대전환의 상상력을 펼치는 것이다.[12] 그런 대전환의 상상력을 통해 가이아 지구의 모든 존재가 깊은 고통을 넘어서 심원한 행복과 건강의 지평을 희구할 수 있는 가능성을 진지하게 모색하고자 하는 것, 그것이 바로 녹색문학의 푸른 소망이다.

11 앞의 책, p. 8.

12 가령 브뤼노 라투르와 니콜라이 슐츠는 사회의 기초가 '생산 시스템'에서 '생성 시스템'으로 대전환해야 함을 강조하는 정치생태학을 개진한다. 브뤼노 라투르·니콜라이 슐츠, 『녹색 계급의 출현』, 이규현 옮김, 이음, 2022.

2. 지속 가능한 희망을 위한 녹색 수사학

지난 20세기 말 어느 가을날이었다. 춘천에 있는 한 대학에서 환경과 문학 관련 강연을 했다. 생각보다 많은 청중이 깊은 관심을 보였다. 강연이 끝나고 한 청중이 대뜸 질문했다. 결혼하셨나요? 그렇다고 하니, 아이는요? 프라이버시라 좀 그랬지만, 딸 아이가 하나 있다고 했다. 그러자 추상같은 질책이 이어졌다. 어쩌자고 무책임하게 아이를 낳았느냐고, 환경이 이토록 급격하게 나빠지고 있는데 그 아이가 제대로 살아갈 수 있겠느냐고……? 난감한 질문이 아닐 수 없었다. 그 난관을 어떻게 수습했는지 지금은 기억나지 않는다. 그러나 그 질문의 장면은 그날 이후 한 번도 잊은 적이 없다. 솔직히 말하자면 그 질문이 너무 과격했고, 내가 그토록 무책임했던 것은 아니라는 것을 입증하고 싶어, 우리 지구 공동체 모두의 지속 가능한 희망을 위해 환경문제에 관심을 집중하고 생태학적 상상력을 숙고했다. 그런데 과연 그 질문은 과격하기만 했던가? '창백한 푸른 점'이 더욱 창백해지는 지구 환경을 생각하면 꼭 그렇게 볼 일이 아니었는지도 모르겠다.

최근 발표된 공현진의 「어차피 세상은 멸망할 텐데」(『악스트』 2023년 3·4월호)는 표제부터 춘천에서의 오래된 질문을 떠올리게 했다. 특히 지구적 차원으로 연결된 전체 속에서 자신의 행위와 의식을 반성하고 실천하는 모습은 매우 인상적이다. 가령 사라지는 꿀벌 사태를 보면서 가이아 지구의 모든 것이 연결되어 있다는 것을 절감한다. 생태적 양심의 회복, 생태 윤리적 각성의 계기를 생명 소진의 불안과 공포의 정동(情動) 가운데 서사적으로 잘 구사했다. "멸종당하는 존재의 보편성을 확인"하고, "소멸하는 지구의 생명체들과 인간 사이에 형성되는 동지애"[13]를 보여준 이 소설을 통해, 우리는 위기 상황에 대한 근원적 성찰과 전환으로 이끄는 정동의 이치를 새삼 절감하게 된다.

19세기 말에 타히티에서 제작한 폴 고갱의 「우리는 어디서 왔고, 우리는 무엇이며, 우리는 어디로 가는가」[14]라는 그림은 우리에게 오래된 근원적 질문을 너무나 인상적인 방식으로 던진다. 보스턴 미술관에 소장되어 있는 이 그림은 고갱이 자살하려고 시도하기 직전에 마지막 작품에 대해 쓴 것이라고 한다. 고갱이 그 질문에 대해 "온 곳도 없고, 아무것도 아니며, 갈 곳도 없다"라는 답을 남겼다는 이야기도 있지만, 중요한 것은 답이 아니라 질문이다. 매우 근본적인 성찰이 담긴 질문 아닌가. 이런 근본적 성찰이 왜 중요한가? 개인의 실존적 한계를 넘어서기 위해 생태적 '큰 마음'으로 존재의 열림을 지향하려는 이에게 단초가 되는 것이 바로 그런 성찰이겠기 때문이다. 김우창에 따르면 우리가 대면하는 세계는 "세계의 지극히 작은 부분"이고, "드러난 세계는 감추어진 세계의 아주 작은 사건"에 불과하다. "만물은 드러나면서 더 큰 세계로 자신을 감추기에" 세상이 신비로운 것이고, "드러남은 더 큰 감춤과 더불어 존재의 무한한 신비를" 느끼게 한다고 지적한다. 그렇다는 것은 "생존경쟁을 개체적 차원에서가 아니라

13 정주아, 「탈성장의 용기와 지구생활자의 미래」, 『창작과비평』, 2024년 겨울호, 창비, p. 103.

14 유화. 139cm(세로)×375cm(가로). 1897~1898. 고갱은 왼쪽 위 구석에 프랑스어 제목인 D'où Venons Nous / Que Sommes Nous / Où Allons Nous를 새겨 넣었다. 미술관에 소개된 영어 제목은 "Where Do We Come From? What Are We? Where Are We Going?"이다.

생명의 총체적 차원에서" 바라보는 생태학적 사고를 주목하게 한다. 그것은 인간중심주의를 넘어 "자연의 비인간성"을 제대로 성찰하고 "자연의 아름다움을 크게 느끼고 바로 알라는 의미"와 통한다. "크게 느끼고 바로 아는 큰 마음은 인애와 무사공평한 진실에 대한 존중을 포용하는 마음이다. 큰 마음은 자연의 냉엄한 기율을 통해 자신의 좁은 고통을 초월하는—사람이 자연 속에서 '생성 소멸하는 가운데 온전하게 있는' 조화를 배우는 마음이다. 그리하여 큰 마음의 눈은 세상의 모든 것에서 아름다움을 본다."[15] 이런 '큰 마음'은 앞에서 여러 차례 언급한 '우주적 연민'과 더불어 녹색 문학, 녹색 수사학의 기본적인 바탕이 되는 마음이자 정동이 아닐까 싶다. 대전환의 상상력에 생명을 불러일으키는 심연의 에너지 또한 또한 이런 마음이다.

토마스 베리와 토마스 클락은 『신생대를 넘어 생태대로』에서 "생태대는 우리에게 새로운 영성 훈련을 요청"한다고 했다. "인간중심주의를 극복하여 생명 중심주의와 지구 중심주의로", "민주주의를 바이오크라시로" 전환할 필요를 역설한다.[16] 실제로 지구에서 그런 전환의 에너지와 생태학적 상상력이 실천적으로 드러난 사례들도 적지 않다. 2002년 유엔에서 발표한 「지구헌장Earth Charter」 서문의 이런 대목을 보자. "인류는 진화하는 광대한 우주의 일부이다. 우리의 집인 지구는 고유한 생명 공동체로 살아 움직인다."[17] 또 2008년 9월 국민투

15 김우창, 『마음의 생태학』, 김영사, 2014, pp. 295~297.

16 안병진, 『제4부의 상상력』, 문학과지성사, 2024, p. 141.

17 앞의 책, p. 145.

표로 통과된 에콰도르 헌법의 71조는 이렇다. "생명이 재창조되고 존재하는 곳인 자연 또는 파차마마(Pachamama)는 존재와 생명의 순환과 구조, 기능 및 진화과정을 유지하고 재생을 존중받을 불가결한 권리를 가진다. 모든 개인과 공동체, 인민과 민족은 당국에 청원을 통해 자연의 권리를 집행할 수 있다." 2010년 볼리비아의 '어머니 지구의 권리에 관한 법률' 또한 비슷한 취지다. "서로 연관되고 상호 의존적이고 상호 보완적인 공동의 운명을 공유하는 모든 살아 있는 시스템과 살아 있는 유기체의 불가분의 공동체로 구성되는 역동적인 생명 체계다."[18] 프랑스의 경우도 헌법에 환경 전문을 추가하여 현행 생산과 소비 행태 및 과도한 자연 개발의 문제점을 적시하고, "자연과 인류의 공존 원칙, 미래 세대에 대한 책임, 생물 다양성, 지속 가능한 개발 원칙"[19] 등을 천명했다. 비슷한 맥락에서 "자연적 생활 기반과 동물을 보호하는 것이 미래 세대를 위한 책임"[20]이라고 규정한 독일 기본법도 주목된다. 이런 새로운 (헌)법정신에 근거하여 남미와 유럽의 여러 국가는 실질적이고 절차적인 권리를 마련하기 위해서도 골몰하고 있다.[21] 생명공화주의를 위해 기존의 입법·사법·행정부의 3부에 더해 제

---

18 앞의 책, p. 143.

19 오동석, 「지구법학 관점에서 한국 헌법의 해석론」, 『지구법학』, 문학과지성사, 2023, p. 138.

20 앞의 글, p. 130.

21 에커슬리(Eckersley)는 미국의 권리장전을 생태대에 걸맞게 새로운 차원의 생태 권리장전이 필요하다고 생각하여 다음과 같은 일련의 실질적이고 절차적인 권리를 명시한 바 있다.
- 환경 정보권

4부로서 미래심의부(Future Deliberative Body)[22]가 절실하게 필요하다는 대안을 역설하는 안병진도 제도적 전환과 아울러 시민 덕성의 전환이 요긴하다고 말한다. 애국주의나 세계시민주의를 넘어서는 새로운 공동체 감수성으로 생태 시민 덕성을 주목하며, "더 나은 시민성은 인간과 인간, 인간과 비인간, 인간과 지구 행성의 공존을 지향해야" 한다며 이렇게 적는다.

> 그러나 생태대로 이행하기 위한 제도를 갖추어도, 생태적 세계관이 마음의 습속이 되고 매력적인 삶의 방식이 되지 않고서는 기존 민주주의의 지평 너머를 보기 힘들다. 생태적 공유공간과 시민교육, 교육기관의 전면적 재편 등은 생명공화주의 정치질서로의 전환 및 지속 가능한 마음의 에너지를 만들어낸다. 1989년 동유럽의 사회주의 정권을 몰락시킨 가장 큰 요인은 비무장 대중 저항이 장기 집권한 사회주의 정권을 무너뜨릴 수 있다는

- 위험을 발생시킬 수 있는 정책 제안들에 대한 정보권
- 환경영향평가에 참여할 권리
- 환경기준의 협상에 참여할 권리
- 환경 구제권
- 제3자 소송권
- 모든 국가 의사 결정자와 기업의 예방적 책임
- 환경의 피해를 방지하거나, 필요한 경우에 이 피해를 받은 순수한 제3자에게 보상할 책임
- 미래 세대와 비인간 주체를 대표할 공적 권위 기구
- 국경을 넘는 환경 이슈의 상호 협의와 대표성
- 연방 국가의 경우 중앙 차원의 권한과 책임(안병진, 앞의 책, pp. 146~147.)

22 앞의 책, p. 121.

> 대중적 믿음이 확산된 것에 있다. 철권통치조차 시민들의 믿음 앞에서 비폭력에도 붕괴했던 것이다. 기후위기의 대안이 생명공화주의 정치질서라는 대중적으로 공유된 믿음이 형성되면 실질적 제도화도 가능해질 것이다.[23]

요컨대 생태공화주의에 걸맞은 생태적 시민 덕성이야말로 가이아 지구의 지속 가능한 희망의 효모이자 지렛대가 아닐까 싶다. 그리고 이러한 덕성은 새롭게 발명되어야 할 것은 아니다. 태초부터 인류의 오랜 집단무의식처럼 인류와 동행하다가 근대 이후 한없이 퇴행했으나 대전환의 상상력과 더불어 거듭 발견되고 다시 회귀할 '오래된 미래'일 터이기 때문이다. 이미 『성서』에도 그런 덕성에 충분히 표현되어 있지 않던가. 가령 널리 알려진 '욥기'의 이런 대목을 보자. "이제 짐승들에게 물어보게나. 그것들이 자네를 가르칠 걸세. 하늘의 새들에게 물어보게나. 그것들이 자네에게 알려 줄 걸세. 아니면 땅에다 대고 말해 보게. 그것이 자네를 가르치고 바다의 물고기들도 자네에게 이야기해 줄 걸세."(욥기, 12:7~8)[24]. 땅 위의 짐승들과 하늘의 새들, 바다의 물고기들, 그리고 땅에 물어보면 다 알려줄 것이라는 이 메시지는 생태적 시민 덕성으로 충만한 녹색 수사학의 전범이 아닐 수 없다. 알도 레오폴드가 역설한 '생태적 양심'이나 김우창이 언급한 '큰 마음', 안병진이 논의하는 '생태적 시민 덕성' 등은 인간에게 '만물협의

23 앞의 책, p. 161.

24 주교회의 성서위원회, 『성서』, 한국천주교중앙협의회, 2005, p. 874.

회(Council of All Being)에 기꺼이 동참할 수 있는 통로를 열어줄 것이다. 또 토마스 베리와 토마스 클락이 강조하는 것처럼 '신생대를 넘어 생태대로' 전환할 수 있는 심연의 에너지가 아닐까 싶다. 녹색 문학을 창작하고 수용하는 과정에서 우리가 녹색 수사학을 주목하는 까닭도 이와 관련된다. 감동적이고 설득적인 녹색 수사학이 가이아 지구의 만물들에게 생태적 덕성을 함양하고 도야하는 데 기여할 것이기 때문이다. 대전환의 상상력과 녹색 수사학은 적색 지구를 녹색 지구로 바꿀 수 있는 깊은 정동이다. '창백한 푸른 점', 그 가이아 지구의 지속 가능한 희망이 거기서 '푸른 꽃'처럼 지속적으로 피어나기를 지구족 만물이 소망하고 있다.

참고 문헌

텍스트와 자료

강영숙, 『부림지구 벙커 X』, 창비, 2020.
______, 『회색문헌』, 문학과지성사, 2016.
강희진, 『유령』, 은행나무, 2001.
김원일, 『도요새에 관한 명상/ 환멸을 찾아서 외』, 강, 2012.
김지하, 『결정본 김지하 시전집 1』, 솔, 1993.
______, 『결정본 김지하 시전집 2』,솔, 1993.
______, 『동학 이야기』, 솔, 1994.
______, 『중심의 괴로움』, 솔, 1994.
______, 『타는 목마름에서 생명의 바다로』, 동광출판사, 1991.
박상연, 『DMZ』, 민음사, 1997.
송찬호, 『분홍 나막신』, 문학과지성사, 2016.
신경림, 『가난한 사랑 노래』, 실천문학사, 1988.
______, 『길』, 창작과비평사, 1990.
______, 『남한강』, 창작과비평사, 1987.
______, 『농무』, 창작과비평사, 1974.
______, 『달넘세』, 창작과비평사, 1985.
______, 『뿔』, 창작과비평사, 2002.
______, 『새재』, 창작과비평사, 1979.
______, 『신경림 시전집 1』, 창비, 2004.
______, 『신경림 시전집 2』, 창비, 2004.
______, 『쓰러진 자의 꿈』, 창작과비평사, 1993.
______, 『어머니와 할머니의 실루엣』, 창작과비평사, 1998.
______, 『여름날』, 미래사, 1991.

______, 『삶의 진실과 시적 진실』, 전예원, 1983.
우한용, 『생명의 노래 1』, 푸른사상, 2001/2006.
______, 『생명의 노래 2』, 푸른사상, 2001/2006.
윤고은, 『해적판을 타고』, 문학과지성사, 2017.
이동시 엮음, 『절멸』, 워크룸프레스, 2021.
이동하, 『장난감 도시』, 문학과지성사, 1982/2009.
______, 「나에게 소설은 무엇인가」, 『한국문학』, 1984년 12월호.
이문구, 『관촌수필』, 문학과지성사, 1977/1996.
______, 『장한몽』, 책세상, 1987.
이문재, 『제국호텔』, 문학동네, 2004.
이상인, 『바다에서 이삭을 줍다』, 명성서림, 2021.
______, 『바다에서 주운 이삭으로 한 끼를 해 먹었습니다』, 명성서림, 2022.
______, 『바다에서 주운 이삭을 심다』, 명성서림, 2023.
이청준, 「귀향지 없는 항로」, 「지하실」, 「이상한 선물」, 『그곳을 다시 잊어야 했다』, 열림원, 2007.
______, 「날개의 집」, 「목수의 집」, 『목수의 집』, 열림원, 2000.
______, 「밤 산길의 독행자(獨行者)들」, 『머물고 간 자리』, 문이당, 2005.
______, 「새와 나무」, 『서편제』, 열림원, 1998.
______, 「존재적 언어와 관계적 언어 사이에서」, 『말없음표의 속말들』, 나남, 1985.
______, 「지배와 해방」, 『자서전들 쓰십시다』, 열림원, 2000.
______, 『당신들의 천국』, 열림원, 1976/2000.
______, 『인문주의자 무소작씨의 종생기』, 열림원, 2000.
______, 『축제』, 열림원, 2003.
______, 『흰옷』, 열림원, 1999.
장혜민, 『법정스님의 무소유의 행복』, 산호와진주, 2010.
정세랑, 『목소리를 드릴게요』, 아작, 2020.
정현종, 『고통의 축제』, 민음사, 1974/1984.
______, 『사람들 사이에 섬이 있다』, 미래사, 1991.
______, 『사랑할 시간이 많지 않다』, 세계사, 1989.
______, 『생명의 황홀경』, 세계사, 1989.
______, 『세상의 나무들』, 문학과지성사, 1995.

______, 『한 꽃송이』, 문학과지성사, 1992.
조세희, 『난장이 마을의 유리병정』, 동서문화사, 1982.
______, 『난장이가 쏘아올린 작은 공』, 문학과지성사, 1978/1989.
______, 『시간여행』, 문학과지성사, 1983.
최계선, 『검은 지층』, 세계사, 1990.
______, 『롱고롱고 숲』, 창이 있는 작가의 집, 2023.
______, 『은둔자들: 동물시편Ⅱ』, 강, 2021.
______, 『저녁의 첼로』, 민음사, 1993.
최성각, 『부용산』, 솔, 1998.
______, 『쫓기는 새』, 실천문학사, 2013.
______, 『욕망과 파국』, 동녘, 2021.
최승호, 『고슴도치의 마을』, 문학과지성사, 1985.
______, 『눈사람』, 세계사, 1996.
______, 『대설주의보』, 민음사, 1983.
______, 『반딧불 보호구역』, 세계사, 1995.
______, 『세속도시의 즐거움』, 세계사, 1990.
______, 『여백』, 솔, 1997.
______, 『진흙소를 타고』, 민음사, 1987.
______, 『회저의 밤』, 세계사, 1993.
최인훈, 『광장/구운몽』, 문학과지성사, 1978/1996.
편혜영, 『아오이가든』, 문학과지성사, 2005.
______, 『재와 빨강』, 창비, 2010.
하성란, 『곰팡이꽃』, 조선일보사, 1999.
한강, 『내 여자의 열매』, 창작과비평사, 2000.
______, 『채식주의자』, 창비, 2007.
황순원, 『신들의 주사위』, 문학과지성사, 1982/1989.

비평, 논문, 단행본

고인환, 「탈북자 문제 형상화의 새로운 양상 연구」, 『한국문학논총』 52, 한국문학회, 2009.
구수경, 「낙원의 회복을 위한 인류학적 탐색—김영래의 『숲의 왕』론」, 『문학과환경』 1호, 문학과환경학회, 2002.12.

구승회, 『에코필로소피』, 새길, 1995.
구자황 편, 『관촌 가는 길』, 랜덤하우스, 2006.
구중서·백낙청·염무웅 엮음, 『신경림 문학의 세계』, 창작과비평사, 1995.
권성우, 「1991년에 읽은 『관촌수필』」, 이문구, 『관촌수필』, 문학과지성사, 1977/1996.
권정민, 『이상한 나라의 그림 사전』, 문학과지성사, 2020.
김만수, 「전래적 농촌에 대한 회고적 시각」, 『작가세계』 4권 4호, 세계사, 1992년 11월.
김병익, 『시선의 저편』, 문학과지성사, 2016.
김우창, 『마음의 생태학』, 김영사, 2014.
김욱동, 『문학 생태학을 위하여』, 민음사, 1998.
______ 엮음, 『녹색경전』, 범우사, 2001.
______, 『적색에서 녹색으로』, 황금알, 2011.
김종성, 『한국 환경생태소설 연구』, 서정시학, 2012.
김종철, 『근대문명에서 생태문명으로』, 녹색평론사, 2019.
______, 『시적 인간과 생태적 인간』, 삼인, 1999.
______, 『땅의 옹호』, 녹색평론사, 2008.
김주연, 「폐쇄 사회, 인정주의, 이데올로기」, 이문구, 『관촌수필』, 문학과지성사, 1977/1996.
김치수, 「농촌소설을 넘어서—이문구론」, 『문학과사회』62호, 2003년 여름호.
김효석, 「'거울'의 서사와 '탈북'을 둘러싼 다양한 시선들」, 『문예운동』 105, 문예운동사, 2010.
도정일, 「최승호 시인의 10년」, 최승호, 『회저의 시간』, 세계사, 1993.
라명재 주해, 『천도교경전 공부하기』, 모시는사람, 2010.
문순홍, 『생태학의 담론』, 아르케, 2006.
박이문, 「생태학적 문화의 선택, 『문명의 미래와 생태학적 세계관』, 당대, 1998.
백지연, 「타자의 인식과 공공성의 성찰」, 『창작과 비평』, 2009년 겨울호, 2009.
송상용 외, 『생태문제와 인문학적 상상력』, 나남출판, 1999.
신경림·이동순·이재무, 『신경림 문학 앨범』, 웅진출판, 1992.

신두호·김원중·우찬제·임도한·정연정·최동오 엮음, 『환경위기와 문학』, 학고방, 2015.
신덕룡 엮음, 『초록 생명의 길』, 시와사람사, 1997.
신재은, 「'토포필리아'로서의 글쓰기—이문구의 『관촌수필』 연작을 중심으로」, 『한국문학이론과비평』 7권3호(20집), 한국문학이론과비평학회, 2003. 9.
신철하, 「한국 현대문학의 생태학적 고찰」, 『상허학보』 16집, 상허학회, 2006. 2.
안병진, 『제4부의 상상력』, 문학과지성사, 2024.
염무웅, 「도시-산업화 시대의 문학」, 『민중시대의 문학』, 창작과비평사, 1979.
오동석, 「지구법학 관점에서 한국 헌법의 해석론」, 『지구법학』, 문학과지성사, 2023.
오생근, 『프랑스 현대 시 155편 깊이 읽기 2』, 문학과지성사, 2023.
우정권, 「1970년대 농촌과 환경의 문제-이문구 소설을 중심으로」, 『문학과환경』 5권1호, 문학과환경학회, 2006. 6.
우찬제, 『고독한 공생』, 문학과지성사, 2003.
______, 『욕망의 시학』, 문학과지성사, 1993.
______, 『책의 질문』, 열림원, 2023.
______, 『텍스트의 수사학』, 서강대학교출판부, 2005.
______, 「분단 환경과 경계선의 상상력」, 『동아연구』 61, 서강대학교 동아연구소, 2011.8.
______, 「생태학적 무의식과 생태윤리」, 『동아연구』 59, 서강대학교 동아연구소, 2010.8.생명의 노래
______, 「'쓰레기-치유'를 위한 문학 윤리」, 『문학과환경』 19(2), 문학과환경학회, 2020.
______, 「융섭(融攝)의 상상력과 한(恨)의 포월(匍越)」, 『상처와 상징』, 민음사, 1994.
유종호, 「고향의 노래」, 신경림, 『여름날』, 미래사, 1991.
이경재, 「네이션과 2000년대 한국소설」, 『문학수첩』, 2009년 겨울호, 2009.
이남호, 『녹색을 위한 문학』, 민음사, 1998.
이남호·김원중·우찬제, 「환경문제와 문학」, 『한국문학이론과비평』 4권1호,

한국문학이론과 비평학회, 1992.2.

이성희, 「탈북자 소설에 드러난 한국 자본주의의 문제점 연구」, 『한국문학논총』 51, 한국문학회, 2009.

이승준, 「한국 현대소설에 나타나는 '나무' 연구」, 『문학과환경』 4, 문학과환경학회, 2005. 10.

이지훈, 「가상현실의 형이상학」, 『철학』 Vol. 58 No. 1, 한국철학회, 1999.

임우기, 「'매개'의 문법에서 '교감'의 문법으로—'소설 문체'에 대한 비판적 검토」, 『문예중앙』 1993년 여름호.

장남기 외 공저, 『생태학』, 아카데미서적, 1993.

정주아, 「탈성장의 용기와 지구생활자의 미래」, 『창작과비평』 206, 2024년 겨울호, 창비. 정효구, 『한국 현대시와 자연 탐구』, 새미, 1998.

최두석, 『리얼리즘 시정신』, 실천문학사, 1992.

최시한, 「이문구 소설의 서술 구조」, 『한국문학이론과비평』 12권 3호(40집), 한국문학이론과비평학회, 2008. 9.

최진석, 『노자의 목소리로 듣는 도덕경』, 소나무, 2001.

최진석·우찬제, 「이청준 소설의 노가적 해석」, 『한국문학이론과 비평』 8집, 한국문학이론과비평학회, 2000.

한수영, 「국가와 농민」, 『우리 동네: 이문구전집 12』, 랜덤하우스 중앙, 2005

허윤진, 「열정은 수난이다」, 한강, 『채식주의자』, 창비, 2007.

홍용희, 「통일시대를 향한 탈북자 문제의 소설적 인식 연구」, 『한국언어문화』 40, 한국언어문화학회, 2009.

황종연, 「도시화·산업화 시대의 방외인」, 『작가세계』 4권 4호, 세계사, 1992년 11월.

그렉 개러드, 『생태비평』, 강규한 옮김, 서울대학교출판문화원, 2014.

더글러스 러미스, 』경제성장이 안되면 우리는 풍요롭지 못할 것인가』, 김종철/이반 옮김, 녹색평론사, 2002.

도넬라 H. 메도즈·데니스 L. 메도즈·요르겐 랜더스, 『성장의 한계』, 김병순 옮김, 갈라파고스, 2012/2015.

레이첼 카슨, 『침묵의 봄』, 김은령 옮김, 에코리브르, 2011.

로버트 디에츠, 대니얼 오닐, 『이만하면 충분하다』, 한동희 옮김, 새잎, 2013.

리처드 하워스, 『오버스토리』, 김지원 옮김, 은행나무, 2019.
머레이 북친, 문순홍 옮김, 『사회 생태론의 철학』, 솔, 1997.
브뤼노 라투르·니콜라이 슐츠, 『녹색 계급의 출현』, 이규현 옮김, 이음, 2022.
빌 드발·조지 세션스, 『딥 에콜로지』, 김영준 3인 외 옮김, 원더박스, 2022.
시애틀, 「어떻게 땅의 온기를 팔 수 있다는 말인가」, 조애나 메이시·몰리 영 브라운, 『생명으로 돌아가기: 기후위기 시대 거대한 전환을 위한 안내서』, 이은주 옮김, 모과나무, 2020.
알도 레오폴드, 『샌드 카운티 연감』, 이동신 옮김, 이다북스, 2023.
알라이다 아스만, 『기억의 공간』, 변학수, 채연숙 옮김, 그린비, 2011.
앤드루 돕슨, 정용화 옮김, 『녹색정치사상』, 민음사, 1993.
어니스트 칼렌비크, 『생태학개념어사전』, 노태복 옮김, 에코리브로, 2009.
제러드 다이아몬드, 『문명의 붕괴』, 강주헌 옮김, 김영사, 2005.
제레미 리프킨, 신현승 옮김, 『육식의 종말』, 시공사, 2002.
제이 그리피스, 박은주 옮김, 『시계 밖의 시간』, 당대, 2002.
조애나 메이시·몰리 영 브라운, 『생명으로 돌아가기: 기후위기 시대 거대한 전환을 위한 안내서』, 이은주 옮김, 모과나무, 2020.
지그문트 바우만, 『쓰레기가 되는 삶들: 모더니티와 그 추방자들』, 정일준 옮김, 새물결, 2008.
칼 폴라니, 『거대한 전환』, 홍기빈 옮김, 길, 2009.
캐럴 J. 아담스, 이현 옮김, 『육식의 성정치: 페미니즘과 채식주의 역사의 재구성』, 미토, 2006.
피터 페이커, 「"우리는 정상으로 돌아갈 수 없다": 코로나바이러스가 세상을 어떻게 바꿀 것인가?」, 이종임 옮김, 『창작과비평』, 2020년 여름호.
한스 요나스, 『책임의 원칙: 기술 시대의 생태학적 윤리』, 이진우 옮김, 서광사, 1994.
헨리 데이빗 소로우, 『월든』, 강승영 옮김, 은행나무, 1993/2016.
E. F. 슈마허, 『작은 것이 아름답다: 인간 중심의 경제를 위하여』, 이상호 옮김, 문예출판사, 2002.
J. E. 러브록, 『가이아: 생명체로서의 지구』, 홍욱희 옮김, 범양사출판부, 1990.
Mary Evelyn Tucker, John Berthrong ed., 『유학사상과 생태학』, 오정선 옮김,

예문서원, 2010.
W. 블레이크, 『천국과 지옥의 결혼』, 김종철 옮김, 민음사, 1974/1996.
Bauman, Zygmunt, *Wasted Lives: Modernity and its Outcasts*, Cambridge: Polity Press, 2004.
Bookchin, Murray, *The Philosophy of Social Ecology: Essays on Dialectical Naturalism*, New York: Block Rose Books, 1995.
Commoner, Barry, *The Closing Circle: Nature, Man, Technology*, New York: Knopf, 1971.
Devall, Bill & George Sessions ed., *Deep Ecology: Living As If Nature Mattered*. Salt Lake City; Gibbs M. Smith Inc., 1985.
Dolezel, Lubomir, 1997, "Fictional and Historical Narrative: Meeting the Postmodernist Challenge", D. Herman ed., *Narratoligies: New Perspectives on Narrative Analysis*, Ohio State UP..
Dryzek, John, *Rational Ecology*, Blackwell, 1987.
Ralph Metzner, "The Psychopathology of the Human-Nature Relationship", Theodore Roszak, Mary E. Gomes, & Allen D. Kanner ed., *Ecopsychology: Restoring the Earth Healing the Mind*, San Francisco: Sierra Club Books, 1995.
Roszak, Theodore, *The Voice of the Earth*, New York: Simon & Schuster, 1992.
Rueckert, William, "Literature and Ecology", Cheryll Glotfelty & Harold Fromm ed., *The Ecocriticism Reader*, Athens: The Univ. of Georgia Press, 1996.
Ryan, Marie-Laure, 2001, *Narrative as Virtual Reality: Immersion and Interactivity in Literature and Electronic Media*, The Johns Hopkins UP.
Seed, John, "Anthropocentricism", Bill Devall and George Sessions ed., *Deep Ecology: Living As If Nature Mattered*, Salt Lake City: Gibbs M. Smith Inc., 1985.

찾아보기

작품명

ㄷ

ㄹ

ㅁ

ㅂ

ㅅ

ㅇ

ㅈ

ㅊ

ㅋ

ㅌ

ㅍ

책명

ㅇ

ㅈ

ㅊ

주제어

ㅇ

ㅈ

ㅊ

ㅋ

ㅌ

ㅍ

ㅎ

인명

ㅇ

ㅈ

ㅊ